西樵歷史文化文獻叢書

衍烈堂族譜（四）

（清）羅有聯 編修

廣西師範大學出版社
GUANGXI NORMAL UNIVERSITY PRESS
·桂林·

衎烈堂世行錄

23至29世

孟房二十三世

壽德字福添炳華子母陳氏生於嘉慶戊寅八月十
一終於道光乙巳三月十三享年二十八葬省城妻别適
無嗣

悦富字怡泰秋華長子母陳氏生於道光戊子十二
月初四終於同治癸酉十二月初二享年四十六葬逕墟
岡妻林氏妾黄氏一子　會才黄氏出

潤富字恒泰秋華次子母陳氏生於道光己亥十一
月二十三終於光緒壬辰八月二十一葬市口岡妻李氏
繼娶方氏妾陳氏一子　汝騷

祥富字　秋華三子母陳氏生於道光壬寅九月十
三終於咸豐癸丑十二月十六葬松仔岡早亡

錫富字　順華長子母陳氏生於同治丁卯十月二
十八終葬莫考

堂富字　順華次子母陳氏生於光緒庚辰五月二

十六終葬莫考
大珠字　遇錦長子母蘇氏生於
細珠字　遇錦次子母蘇氏生於
耀忠字　遇佳長子母蘇氏生於民國癸丑十一月
二十三
照忠字　遇佳次子母蘇氏生於民國乙卯十二月
十三無嗣
瑞芳字　發開長子母方氏生於光緒癸未五月初
二
喬芳字　發開次子母方氏生於光緒戊子三月初
十二妻省城　氏葬省城
才芳字寶泉別字杞南遇開長子嫡母潘氏生母鄧
氏生於咸豐丁巳六月十一終於民國壬子三月二十六
享年五十六葬竹逕側岡妻丹竈張氏葬何屋岡妾梁氏
葬竹逕側岡潘氏五子　雲漢　秦漢　星漢早亡俱梁

氏出　洪漢早亡　松漢俱潘氏出
芬芳字寶勝別字挺生遇開次子嫡母潘氏生母鄧
氏生於咸豐已未十一月二十妻丹竈張氏先故葬竹逕
側岡妾勞氏葬竹逕側岡蘇村陳氏五子　三騷早亡張
氏出　廣漢張氏出　英漢　森漢俱陳氏出　七騷早
亡勞氏出
錦芳字寶賢別字福田遇開三子嫡母潘氏生母鄧
氏生於同治丁卯二月十二終於光緒癸卯八月十一享
年三十七葬何屋岡妻大杏蕭氏妾龍氏三子　滿漢
朝漢　輝漢俱簫氏出
騰芳字寶珍別字達芝過開四子嫡母潘氏生母鄧
氏生於同治壬申十二月二十一終於光緒辛丑四月初
三享年三十葬横塘李側崗妻赤勘陳氏
林芳字寶棠別字深榆過開五子嫡母潘氏生母鄧
氏生於光緒丙子七月初三民國辛酉族衆公舉編輯譜

系妻大仙崗陳氏妾本里方氏八子　騷漢早亡陳氏出
凌漢陳氏出　恩漢陳氏出　澤漢方氏出　煜漢陳
氏出　燎漢陳氏出　楠漢方氏　桃漢方氏出
杰芳字寶釗別字俊生榮開長子母霍氏生於同治
辛未五月十二妻佛山李氏二子　銓漢　銘漢
華芳字寶枝榮開次子母霍氏生於光緒戊寅六月
十九妻佛山霍氏先故葬香港繼娶省城馮氏五子永漢
早亡　森漢早亡　棉漢早亡　偉漢早亡　甜漢俱霍
氏出
錫芳字　榮開三子母霍氏生於光緒辛己五月二
十五終於光緒戊戌三月　葬禪山未娶而亡
麗芳字寶華有成五子嫡母張氏生母黃氏生於光
緒癸未八月十四妻丹竈謝氏
慶芳字　有成六子嫡母張氏生母盧氏生於光緒
甲申十月初七

聯芳字　延魁長子母陳氏生於咸豐己未十月初
二終於光緒壬辰十月二十八葬南洋未娶而亡
茂芳字　寶林廷魁次子母陳氏生於咸豐辛酉九
月二十九妻大杏馮氏四子　昭漢　冬漢　江漢　河
漢
允芳字　寶英廷魁三子母陳氏生於同治癸亥十
二月初一終於光緒己亥九月二十二葬大松崗妻石牛
崗蘇氏無嗣
奇芳字　廷魁四子母陳氏生於同治丙寅四月初
九終於光緒乙未七月十四葬南洋未娶而亡
賢芳字　廷魁五子母陳氏生於同治庚午四月初
十終於光緒辛丑五月十四葬南洋未娶而亡
銘芳字　祥魁長子母陳氏生於光緒己丑二月十
六終於光緒丙申六月二十二葬石仔岡早亡
榴芳字　寶強別字錦飛祥魁三子母陳氏生於光

緒甲午二月初三妻大杏陸氏先故葬竹逕崗繼娶麗山
陳氏
元芳字　登魁長子母方氏生於光緒癸未十一月
十五終於光緒甲辰四月三十葬竹逕崗
定芳字　登魁四子母歐陽氏生於光緒庚子十二
月初八
灼芳字寶善經魁長子母梁氏生於光緒壬午十二
月初三妻大杏甘氏二子　大騷早亡　二騷早亡
鋭芳字　經魁次子母梁氏生於光緒丙戌六月十
二終於光緒壬寅二月初一葬竹逕崗未娶而亡妻大渦
謝氏歸家清守
盤芳字　寶銘經魁四子母梁氏生於光緒己丑七
月二十六妻西城崗游氏
渾芳字　經魁五子嫡母梁氏生母　氏生於光緒
乙巳隨生母外出

弟芳字　寶樹彥魁子嫡母陳氏生母鄭氏生於光
緒癸未七月十七終葬莫考妻徐氏別適無嗣
能文字　衍慶長子母林氏生終葬莫考無嗣
能仁字　衍慶次子母林氏生終葬莫考無嗣
能秀字茂標新有子母薛氏生於道光壬午二月十
四終葬莫考妻陳氏無嗣
能興字振標新定長子母方氏生於道光已亥五月
初三終於光緒戊寅二月二十九葬三社岡妻陳氏二子
其祥早亡　柏祥
能養字才標新定次子母方氏生於道光壬寅九月
初三終於民國辛酉正月十一享壽八十葬潤螺岡妻何
氏四子　壯祥　裕祥　世祥　煊祥
能婢字賢標新明子母黃氏生於咸豐甲寅十月二
十三終於光緒已丑二月十八葬省城妻陳氏一子　教
祥

滔秀字　棟材子母吴氏生於道光辛丑四月二十
四終葬莫考無嗣
錦錫字　彬村長子母陳氏生於道光癸巳終莫考
葬省城青龍嘴無嗣
輝錫字炳華彬材次子母陳氏生於道光庚子十二
月二十七即用把總終於光緒丙戌四月十一葬省城妻
陳氏妾陸氏無嗣
健錫字英華彬材三子母陳氏生於道光已巳十月
十四軍功六品終於光緒乙巳七月二十一葬省城妻黄
氏妾陳氏無嗣
基錫字元華杰材子母潘氏生於咸豐丙辰十月二
十一終於光緒已卯五月二十一葬省城妻李氏二子
長根　長遠
陶錫字　意材長子母程氏
現錫字　意材次子母程氏

千錫字　意材三子母程氏兄弟三人隨母外出
　襟錫字貴華杞材長子母陳氏生於咸豐丙辰六月
十一終於光緒甲申七月十六葬三丫衙岡妻方氏無嗣
　潛錫字卓華杞材次子母陳氏生於咸豐己未四月
二十六妻梅步何氏妾洪氏一子　長廉何氏出
　注錫字裕華杞材三子母陳氏生於同治戊辰十一
月三十妻陳氏
　能昭字敬標鉅富子母陳氏生於同治壬戌四月初
九終於民國辛酉七月初五享壽六十葬潤螺岡妻大杏
張氏葬潤螺岡妾何氏一子　侍祥何氏出
　能佳字遠標開富子母李氏生於光緒丙子十一月
初六妻大杏蕭氏繼娶赤勘陳氏二子　大騷早亡　新
騷
　世康字耀高昌隆子母杜氏生於同治丁卯十一月
二十六妻大果陳氏繼娶西城岡游氏五子　作贊　作

聯　作棉　作田　作廣俱游氏出

世朗字耀明聚隆子母高氏生於同治乙丑七月十四終於光緒辛卯十一月十七葬省城杉吼妻梁氏一子

作求

世響字耀渠福隆長子母陳氏生於同治壬申九月二十八終於民國庚申四月十一享年四十九妻蘇村陳氏

世忠字耀貞福隆四子嫡母陳氏生母黎氏生於光緒己卯二月十二終於民國戊午四月二十七享年四十葬一社岡妻蘇村徐氏一子　作基早亡

世儒字耀修福隆五子母陳氏生於光緒庚辰二月初七妻麗山陳氏

世滔字耀南兆隆長子母潘氏於道光戊申十一月二十九終於光緒戊戌七月初九享年五十一葬葫蘆岡妻孔邊方氏

世熾字耀新兆隆次子母潘氏生於道光庚戌七月
十四終於光緒丁未七月初六享年五十八葬三社岡妻
竹逕關氏三子　作祥　作堅　作慶
世熙字耀祺添隆長子母麥氏生於同治辛未正月
初四終於光緒丁未十一月十五葬村頭岡妻丹竈黎氏
一子　作儀
世英字耀齡添隆次子母麥氏生於同治癸酉八月
初一終於宣統庚戌二月二十妻大杏馮氏妾黃氏二子
作圖黃氏出　新騷早亡
世良字耀元添隆三子母麥氏生於光緒丙子閏五
月初七妻西城岡游氏三子　作為　作團　作盤
世杰字耀邦添隆四子母麥氏生於光緒戊寅十一
月初十妻大仙岡陳氏繼娶丹竈謝氏三子　作霖　作
標俱陳氏出　作燊謝氏出
世勤字耀般添隆五子母麥氏生於光緒辛巳五月

十八妻石牛岡蘇氏繼娶大仙岡陳氏妾林氏三子　作梅蘇氏出　作慈　作驥俱林氏出

順江字　萬進長子母陳氏生於咸豐己未八月十六終於同治丙寅十二月初四葬后岡無嗣

利江字保安萬進次子母陳氏生於咸豐辛酉八月初一屯莊頭馮氏六子　桂芬早亡　會芬早亡　獻芬外出　作芬外出　象芬

餘江字慶安萬進三子母陳氏生於同治甲子九月二十八終於光緒壬辰正月十五葬市口岡妻莊邊梁氏一子　領芬

接江字　萬進四子母陳氏生於同治丁卯七月二十九終莫考葬村頭岡妻蘇村陳氏無嗣

汝江字培安萬進五子母陳氏生於同治己巳十一月十九終於民國辛酉七月初五葬后岡妻大仙岡陳氏二子　衿芬　禮芬

喬江字　萬進六子母陳氏生於同治甲戌三月二
十一終葬莫考
八江字鉅安萬進八子母陳氏生於光緒乙亥七月
二十七妻蘇村馮氏七子　棉芬　楝芬　照芬　新騷
早亡　新騷早亡　新騷早亡　七芬
昆江字仲安萬進九子母陳氏生于光緒庚辰六月
二十八妻沙頭岸梁氏四子　楊芬　佑芬　新騷早亡
牛芬
銘江字能安別字麗生廣進長子母陳氏生於光緒
辛巳正月初二妻丹竈梁氏二子　鐵芬　鋒芬
祺江字維安別字公壽廣進次子嫡母陳氏生母陳
氏生於光緒戊子六月初四妻蘇村潘氏一子　淦芬
堯江字　廣進三子母陳氏生於光緒己丑十一月
二十一終葬莫考妻丹竈陸氏無嗣
志江字永安毅進子生于謝氏生於咸豐甲寅五月

初八終於光緒戊申三月二十五葬后岡妻丹竈梁氏一
子　培芬
添江字益安樂進長子母潘氏生於光緒辛巳九月
十九妻蘇村陳氏
熾江字　樂進次子母潘氏生於光緒癸未二月十
九終莫考葬后岡
禎江字元安樂進三子母潘氏生於光緒丙戌十月
十五終莫考葬后岡妻丹竈馬氏
容江字　允進長子母梁氏生於同治己巳終莫考
葬后岡
恩江字澤字允進次子母梁氏生於同治庚午十一
月二十六終於民國辛酉五月二十六享年五十二葬后
岡妻小杏何氏二子　流芬　聯芬
務江字仁安滿進長子母陳氏生於同治丙寅六月
二十三終於光緒丙申三月二十葬后岡妻孔邊方氏二

子　澄芬　燕芬
坤江字正安滿進次子母陳氏生於同治庚午二月
初十終於民國丁巳三月　二十葬后岡妻本里陳氏三
子　樹芬　鐘芬　桂芬
煜江字煒宇滿進三子母陳氏生於光緒辛巳三月
初一妻小杏何氏四子　禧芬早亡　新騷早亡　暇芬
煥芬
菘江字全安宙進長子母徐氏生於光緒辛巳七月
二十妻孔邊方氏妾省城梁氏東莞黄氏
享江字　宙進次子母徐氏生於光緒甲申八月二
十五終葬莫考
秋江字金安宙進三子母徐氏生於光緒丁亥　月
日妻竹逕關氏
錫江字　宙進四子母以氏生於光緒戊戌四月初
三

淡江字　宙進六子母鄧氏生於民國甲寅十一月
二十
杏江字　海進長子母陳氏生於光緒丁丑八月十
六終於光緒戊戌葬竹逕岡妻大杏甘氏無嗣
炎江字　海進次子母陳氏生於光緒己卯十月二
十
枝江字　海進三子母陳氏生於光緒辛巳十二月
初九終於光緒丙戌九月二十六葬后岡
發江字　海進四子母陳氏生於光緒乙酉十月初
九終葬莫考
煊江字　海進六子母陳氏生於光緒
溢江字　海進七子母陳氏生於光緒
猷江字　海進八子母陳氏生於光緒
盛　江字世安榮珍長子母蘇氏生於光緒壬午十月
初九妻南村梁氏二子　喜芬　祥芬

純江字　榮珍次子母蘇氏生於光緒丙戌十月三
十終莫考葬后岡
泮江字　占珍子母潘氏生於光緒
湘江字　道珍長子嫡母陳氏生母胡氏生於宣統
己酉二月十八
曉江字　道珍次子嫡母陳氏生母胡氏生於宣統
庚戌十二月初八
香江字　道珍三子母陳氏生於民國庚申十二月
二十五
良江字　騰珍子母方氏生於光緒戊戌二月十八
謙舒字　滔進子嫡母陳氏生母何氏生於光緒甲
申九月十三終莫考葬村頭岡
鵬舒字遥安霖進長子母陳氏生於同治戊辰八月
十四妻陳氏妾陳氏三子　昭芬嫡出　苟芬　禧芬俱
庶出

暢舒字　霖進次子母陳氏生於同治甲戌九月十
六終葬莫考無嗣
始雄字聯秀紹緒子母陳氏生於道光庚戌正月初
一終於光緒壬寅葬竹逕岡妻西城陳氏三子　利標
利泉　利忠
景雄字聯和官緒子母黄氏生於咸豐甲寅正月初
九終於光緒甲午四月十九葬村頭岡妻蘇村陳氏二子
利通　利添
理雄字聯新維緒長子母關氏生於同治甲子七月
十九妻大杏甘氏繼娶竹逕關氏俱葬后岡三子　利能
甘氏出早亡　利鐸早亡　利苟俱關氏出早亡
裕雄字　維緒次子母關氏生於同治丁卯五月初
六終莫考葬香港
周雄字　德緒長子母吴氏生於同治庚午五月初
六

禮雄字　德緒次子母吴氏生於光緒庚辰九月十
五終葬莫考
樂雄字　德緒三子母吴氏生於光緒乙酉十月十
六終葬莫考
偉文字卓華宣富長子母潘氏生於道光戊戌正月
二十一終於光緒甲辰三月初十享壽六十七葬村頭岡
妻蘇村徐氏三子　成燦　成亮　成金
仰文字　宣富次子母潘氏生於道光已亥六月十
五終於道光庚戌十月初二葬后岡
應垣字仕昭坤芳子嫡母謝氏生母辛氏生同治乙
丑十一月初九終於民國甲寅二月二十享年五十一葬
大坑岡妻大杏杜氏葬大坑岡無嗣
應鐘字惠昭定芳子母蘇氏生於光緒丙子六月二
十五妻子蘇村徐氏四子　乃鎏　乃耀　乃材　乃溎
錦如字　汝杰長子母黄氏生於同治乙丑正月十二

終於光緒乙巳七月二十葬后岡無嗣
廣如字達芬汝杰次子母黄氏生於同治丁卯七月
二十二終於光緒戊申七月十三享年四十二葬區屋岡
妻周氏三子　景渠　景燊　景楠
盛如字　汝杰三子嫡母黄氏生母林氏生於光緒
丁亥十二月初九
瀚如字榮芬號藹珊汝藏長子母謝氏生於道光庚
戌九月二十公幼讀詩書身進黌門在省港設館旋講授
學徒門生而獲芹鹿鳴者亦復不鮮但公生平品行端方
謙和處世辦理鄉事族事一秉大公同治甲戌年考章學
憲取進邑庠光緒丙戌拔補增生宣統元年由三十二鄉
公推為同人公局長歷任十載兼任三圍局局長排難解
紛無黨無偏民國元年選舉南海縣會議員且在鄉科會
份而建觀祠倡辦義學培養人材施棺木惠及貧民民國
乙卯西潦泛漲慘遭水患灾民遍野苦不堪言公只身赴

省稟請縣憲領米回鄉四方散濟謳聲載道鄉鄰德之終
於民國戊午十二月初七享壽六十九葬梅步五葉岡坐
坤向艮兼申寅之原妻沙浦杏陳氏葬村頭岡繼娶沙邊
廖氏葬區屋岡繼娶大渦張氏三子　景祥　景球　景
濂俱張氏出
　英如字雄芬汝藏次子母謝氏生於咸豐庚申正月
二十四終於民國壬子九月初四享年五十三葬后岡妻
李氏別適無嗣
　淦如字淇芬汝遵長子母林氏生於咸豐己未七月
初六終於光緒甲申九月二十八享年二十五葬逕墟岡
妻孔邊方氏無嗣
　桂如字　汝遵次子母林氏生於同治癸亥三月十
一終葬莫考無嗣
　佑如字　汝瑚長子母徐氏生於同治己巳九月二
十五終於甲戌十一月初六葬區屋岡無嗣

安如字和芬汝瑚次子母徐氏生於光緒丁亥十一月十九妻大杏甘氏先故葬逕墟岡

裕如字用芬汝泉長子母張氏生於光緒丙戌八月二十四妻灣頭杜氏先故葬后岡繼娶蘇村陳氏

蘭芳字兆恒業桂長子母黃氏生於道光戊申十月十六終於民國甲寅七月十九享壽六十七葬竹逕岡坐乾向巽兼辰戌之原妻灣頭杜氏葬土名孔岡坐申兼甲庚四子　南長　南慶　南永早亡　南顯

蘭瑞字福恒業桂次子母黃氏生于咸豐丁巳七月十九創辦本族義學妻大杏張氏三子　南柱　南潘早亡　南翰早亡

養大字深廣福松長子母朱氏生於同治庚午六月初一妻吴氏先故葬省城杉吼岡繼娶高要黃氏四子成濂　鏡濂　棣濂　晚濂

悠大字添廣福松次子母朱氏生於光緒己卯十二

月初九妻容池梁氏二子　華濂　二騷

樹大字　福松三子母朱氏生於光緒戊子七月二

十終於民國乙卯九月二十葬省城杉吼岡

秋大字志廣福善子母徐氏生於光緒辛卯正月初

八妻麗山孔氏

邦大字恩廣福炎子嫡母林氏生母李氏生於光緒

年　月　日妻陳氏

焜耀煜致華協啓長子母何氏生於道光甲午六月

初七終於咸豐戊午六月二十八享年二十六葬竹逕岡

妻蘇村陳氏繼娶石龍村區氏一子　瑞祥區氏出

焜焕字珍華協啓次子母何氏生於道光庚子正月

十四終於光緒壬寅十月十六享壽六十三葬區屋岡戍

向妻何氏二子　瑞禄早亡　瑞禧

焜燦字有華協啓三子母何氏生於道光辛丑十二

月二十八終於光緒庚寅四月二十五享年五十妻伏水

陳氏妾周氏合葬后岡路上東北向無嗣
焜煜字富華協啓四子母何氏生於道光丁未二月
初二終於光緒乙未五月十八享年四十九葬逕墟口岡
舜芝公脚妻蘇村陳氏五子　瑞英　瑞雄　瑞釗　瑞
廷　瑞斌
焜煊字桂華協鏜子母蘇氏生於同治庚午八月十
二妻沙浦杏陳氏三子　瑞河早亡　瑞次早亡　瑞錫
焜信字　協春長子母鄭氏生於咸豐乙卯十月二
十七終於同治癸酉十一月三十葬竹逕岡無嗣
焜著字　協春四子母鄭氏生於同治乙丑九月十
六終於民國甲寅二月葬省城杉吼
焜載字錫華協喬長子母方氏生於同治乙丑七月
二十八終於光緒癸巳九月初七享年二十九葬竹逕岡
妻丹竃謝氏二子　瑞通　瑞香
焜梅字雪華協喬三子母方氏生於同治壬申八月

初八終於光緒乙巳五月初七酉貢海扶柩歸葬妻南岸
梁氏一子　瑞荀早亡
焜禄字　協喬四子母方氏生於光緒丙子九月初
四
焜鎣字颸華協喬五子方氏生於光緒癸未正月二
十七妻用里陳氏一子　瑞標早亡
焜喬字開華協豐長子母陳氏生於同治甲子六月
二十一妻竹逕關氏
焜滿字溢華協豐次子母陳氏生於同治戊辰八月
十六終於光緒辛卯四月二十葬金山大埠妻丹竈謝氏
焜五字德華協豐三子母陳氏生於同治甲戌十二
月十五妻大仙岡陳氏妾許氏五子　瑞新早亡　瑞池
早亡　瑞江早亡　瑞泰早亡　瑞牛許氏出
玉宸字璧華承先子母陳氏生於道光己酉九月初
一終於光緒　葬石仔岡妻蘇村陳氏一子　瑞朝

日調字　爵珍子母黄氏生於道光丁酉七月三十

外出

長智字勤修爵盛子母蘇氏生於同治己巳十一月

初九終於民國庚申　月　日享年五十二葬竹逕岡東

向妻孔邊方氏無嗣

長倫字　爵韜長子母陳氏生於同治丁卯九月二

十六終葬莫考無嗣

長生字　爵韜次子母陳氏外出

長佳字　泰杰長子母劉氏生於同治己巳終葬莫

考無嗣

長交字　泰杰次子母劉氏生於光緒丙子外出

長允字信修爵華長子母陳氏生於道光己亥五月

十五終於光緒庚寅享年五十二葬沙岡妻麗山陳氏一

子　森遠

長丁字才修爵華次子母陳氏生於道光辛丑八月

二十六終於光緒甲申四月初二享年四十四葬星架坡
妻何氏無嗣
長壁字珍修爵華三子母陳氏生於道光乙巳十月
十四妻蘇村陳氏一子　懷遠
長瑞字應昌爵慶長子母梁氏生於道光庚戌十一
月初二終葬莫考妻丹竈梁氏無嗣
長賡字　爵慶次子母梁氏生于咸豐甲寅三月十
四終於光緒　葬竹逕岡南向
長均字　爵慶三子母梁氏生於咸豐已未九月十
二終於光緒　葬一社村頭岡附祀㲹江祖
長純字和修爵丕子母陳氏生於咸豐辛亥九月十
八民國初年往西樵山白雲泉仙館入道妻大杏高氏一
子　光遠
長賢字德修爵餘長子母何氏生於同治丁卯正月
二十七妻丹竈謝氏一子　熖遠

長田字干修爵餘次子母何氏生於庚午正月十八
妻沙浦杏陳氏
長暖字日修爵餘三子母何氏生於光緒癸未十月
二十九終於民國癸丑九月二十七享年三十一葬石仔
岡妻蘇村徐氏一子　材遠
長勝字　爵善長子母關氏生於同治甲戌四月初
四終莫考葬市口岡嘴
長進字敏修爵善次子母關氏生於光緒戊寅九月
二十四妻丹竈謝氏
長清字静修爵善三子母關氏生於光緒丁亥四月
初四妻麗山陳氏
長貴字廣修新桃長子母陳氏生於咸豐辛酉十月
初八終於光緒戊申八月二十六享年四十八葬區屋岡
北向妻梅步嚴氏二子　能遠　仲遠
長寬字用修新桃次子母陳氏生於同治癸亥八月

二十六終於民國乙卯十月初七享年五十三葬外省妻
竹逕關氏妾陳氏程氏白氏一子　月生白氏出
長珊字懿修新桃三子母陳氏生於同治丙寅四月
二十二妻沙頭岸梁氏繼娶竹逕關氏
長鉅字慎修新桃四子母陳氏生於同治戊辰八月
初二妻外省汪氏
長培字良修新桃五子母陳氏生於同治庚午十月
二十妻孔邊方氏四子　雄遠　次遠早亡　三遠早亡
盛遠
長七字禮修新桃七子母陳氏生於光緒乙亥七月
二十妻外省梁氏
長八字義修新桃八子母陳氏生於光緒庚辰十二
月十九終於光緒　停陝西義塾妻外省顧氏一子　定
遠
長崧字修爵輝長子母方氏生於同治庚午四月二

十三妻大澗張氏二子　潤遠　熾遠
三　長幼字　爵輝次子母方氏生於同治壬申五月十
三　長全字美修爵聯子母謝氏生於光緒癸未五月十
二終於宣統辛亥四月十五葬竹逕岡妻丹竃謝氏一子
寄遠　長符字　爵創子母游氏生於光緒甲辰十二月十
九　長沛字　炳賢長子母潘氏生於光緒己丑七月初
九　長涇字　炳賢次子母潘氏生於光緒丁酉正月十
四　長鎏字　炳賢三子母潘氏生於光緒丙午八月初
三
益學字振芳新貴長子母孔氏生於嘉慶丙子八月

十五終於道光丁酉八月十五葬石仔岡妻陳氏無嗣

成學字士泰新貴四子母孔氏生於道光壬辰十二月二十一終於光緒丙子十二月二十五葬后岡北向之原妻蘇村陳氏無嗣

志學字昌泰新發子母張氏生於道光戊申九月初六終葬莫考妻方氏無嗣

盤學字　新才長子母梁氏生於道光戊戌九月十一終莫考葬大坑岡東向之原無嗣

近學字　新才次子母梁氏生於道光庚子六月二十六外出

文明字炳泰九來長子母謝氏生於道光乙酉十一月初一終於光緒甲午八月二十一葬石仔岡妻梁氏妾夏氏三子　維梁　維照　維柱俱夏氏出

文升字登泰九來次子謝氏生於道光戊子七月二十六終於光緒戊子十一月二十葬石仔岡妻鐘氏三子

維林　維泉　維農

文德字福泰九來三子謝氏生於道光庚寅八月二

十二終於光緒壬寅八月二十八葬石仔岡妻陳氏無嗣

文利字　春來長子母梁氏生於道光壬寅五月初

二終莫考葬三丫街岡

文娣字榮泰春業次子母梁氏生於咸豐壬子三月

十二妻陳氏妾徐氏王氏四子　維焯　維邦　維浩

維佑

文現字　新來子母方氏生於道光辛丑九月十四

終莫考葬大竹園

利章字泰英炳芳子母陳氏生於道光癸未終葬莫

考妻　別適無嗣

利斌字均泰錦芳長子母馮氏生於道光丁酉正月

二十四妻鄧氏終葬莫考

利餘字永泰錦芳次子母馮氏生於道光已亥十二

月十六終於光緒辛丑九月十七葬石仔岡妻吴氏一子

維潤

汝廣字貴榮同章子母陳氏生於咸豐辛亥十二月二十一終於光緒丙子十二月十三葬庵邊岡南向原妻杜氏一子　享基

汝球字錦榮國才子母葉氏生於同治癸亥正月初八妻丹竈謝氏十子　繼成　繼二　繼三　繼四　繼五　繼六　繼七俱早亡　繼八　繼九早亡　繼十早亡

汝載字紹榮就才繼子繼母游氏生母陳氏生於同治丁卯正月二十八終於民國甲寅五月二十四葬沙岡妻西城游氏妾鄧氏陳氏陳氏十子　繼昌鄧氏出　繼全游氏出　繼德早亡　繼鴻鄧氏出　繼藻游氏出　繼忠三妾陳氏出　繼義早亡　繼明早亡　繼福早亡　繼孝四妾陳氏出

汝惟字溢榮就才繼子繼母游氏生母方氏生於咸豐丁巳九月十九終於光緒戊申五月初八葬星架坡妻蘇村陳氏妾陳氏三子 繼咸 繼茂 繼爽

汝松字冬榮凌才子母陳氏生於同治壬子六月二十六終於光緒壬寅九月初八葬大坑岡妻竹逕關氏無嗣

汝順字燦榮盛才長子母方氏生於咸豐己未終於光緒壬午七月二十五葬石仔岡南向妻陳氏無嗣

汝和字滙榮盛才三子母方氏生於同治乙丑三月二十八終葬莫考妻謝氏無嗣

汝揚字欣榮遇才長子母陳氏生於道光丁未八月二十一終於光緒乙酉四月初七葬庵邊岡妻關氏三子

繼聰 繼科

汝瑶字珍榮遇才次子母陳氏生於咸豐丁巳十一月十二終於民國甲寅三月二十一葬一社岡妻佘氏立

一子　繼程

汝潛字發榮號愛亭堯才長子母陳氏生於道光戊申四月初二終於民國戊午十二月十九享壽七十一葬石仔岡妻大果何氏妾陳氏周氏八子　大騷早亡　二騷早亡　繼淦陳氏出　繼谷陳氏出　繼教陳氏出

繼釗周氏出　繼七早亡　繼八早亡

汝達字邦榮堯才次子母陳氏生於咸豐辛亥閏八月十五妻大仙岡陳氏妾呂氏霍氏十六子　繼波早亡

繼浩早亡　繼悦呂氏出　繼四早亡　繼尚呂氏出

繼滿陳氏出　繼林呂氏出　繼華早亡　繼九早亡

繼十早亡　繼十一早亡　繼慶霍氏出　繼英霍氏出

繼申霍氏出　繼蘇早亡　繼珠霍氏出

汝琚字安榮堯才三子母陳氏生於咸豐乙卯六月十五妻大杏馮氏妾謝氏一子　繼棟謝氏出

汝澤字潤榮堯才四子母陳氏生於咸豐辛酉六月

十三妻沙浦杏陳氏繼室張氏妾黄氏梁氏十一子　繼
胡早亡　繼二早亡　繼三早亡　繼四早亡　繼五早
亡　繼熾張氏出　繼　煖張氏出　繼程出繼　繼九早
亡　繼十黄氏出　繼騷梁氏出
汝標字卓榮榜名占魁號燊南堯才五子母陳氏
浩封淑人生於同治乙丑六月二十八光緒辛卯科
中式武舉人五品頂戴妻岡頭梁氏　誥封淑人妾邵氏
黄氏四子　繼元梁氏出　繼錢邵氏出　繼江邵氏出
繼本黄氏出
興忠字　祖昌子母方氏生於咸豐癸丑五月初七
終葬莫考
有志字　祖恩次子母李氏生於道光癸巳十一月
二十六終於咸豐甲寅十一月十六葬對面岡南向之原
無嗣
兆倫字魁秀喬輝長子嫡母陳氏生母梁氏生于咸

豐辛亥四月二十七終於光緒丙申十二月初二葬石仔岡妻竹逕李氏二子　啓元　啓杰

兆棠字永秀喬輝次子嫡母陳氏生母梁氏生於咸豐生于丁巳九月十二終于民國己未十一月初一葬菴邊岡妻大仙岡陳氏妾李氏一子　啓明

兆球字　喬輝四子嫡母陳氏生母梁氏生於同治丙寅五月十九終於光緒壬辰五月初三葬莫考無嗣

兆海字　喬輝五子嫡母陳氏生母杜氏生於　丙寅五月二十五往星架坡

兆相字英秀喬輝六子嫡母陳氏生母杜氏生於光緒丙子四月初四妻西城游氏一子　啓林

兆藝字鈞秀喬森子母甘氏生於咸豐甲寅十一月初一終於光緒辛卯十二月二十四葬沙岡妻大果陳氏一子　啓湛

兆佳字靄秀喬才長子母陳氏生於咸豐辛亥七月

初三終於光緒乙酉十二月二十四享年三十六葬沙岡
西向之原妻孔邊方氏葬對面岡東向之原繼娶
西城游氏一子　啓鐸游氏出
兆隆字高秀喬才次子母陳氏生於咸豐癸丑三月
十三終於光緒壬寅六月三十妻潘氏俱葬對面岡東向
繼娶區氏無嗣
兆錫字基秀喬芳長子嫡母方氏生母連氏生於同
治壬申十一月十八終於光緒甲午四月二十一葬邊岡
妻大仙岡陳氏繼娶盧氏二子　啓騷　啓燦俱早亡
兆梁字樵秀喬著子母陳氏生於咸豐己未九月十
一終於宣統己酉閏二月二十二葬石仔岡妻沙頭岸方
氏妾李氏四子　啓允　啓義俱方氏出　啓崧　啓康
俱李氏出
兆驥字　喬業長子母蘇氏生於同治壬戌五月十
八終葬莫考妻西城岡游氏妾吴氏五子　啓流　啓發

啓聯 啓榮俱游氏出 啓勝吴氏出

兆清字 喬業次子母蘇氏生於同治戊辰七月十

六終莫考葬星架坡

兆鵬字雲秀喬蓁子母方氏生於同治壬申九月初

八妻西城游氏妾蓮塘謝氏一子 啓煊

兆普字 喬經子嫡母馮氏生母陸氏生於咸豐戊

午七月二十五往星架坡

兆鐺字盛秀喬慎長子母吴氏生於咸豐庚申十月

十六妻大杏張氏繼娶方氏四子 榮騷早亡 榮二早

亡俱張氏出 榮歪 榮標俱方氏

兆泮字福秀喬慎次子母吴氏生於同治壬戌閏八

月十二終於民國甲寅七月初八葬邊岡妻陳氏

兆東字恒秀喬慎三子母吴氏生於同治丙寅十一

月二十五妻陳氏

興池字啓騰萬安繼子繼母陳氏生母何氏生於咸

豐辛酉十月初三妻蘇村陳氏繼娶杜氏二子　自煥
自泰
興干字水騰萬官繼子繼母黄氏生母何氏生於咸
豐丁巳十二月十三終於光緒戊申十月初九葬石仔岡
妻大杏陸氏繼娶竹逕關氏妾陳氏三子　自成　自生
俱關氏出　自會陳氏出
興亮字善騰萬勝次子嫡母何氏生母黄氏生於咸
豐辛酉三月二十三終於光緒乙酉五月十四葬沙岡妻
本里陳氏一子　自培
興惠字耀騰萬勝四子母何氏生於同治丙寅六月
十六終於民國甲寅閏五月初五葬伏水岡妻温氏一子
自綿
興漢字開騰萬遠長子母區氏生於道光己亥八月
二十六終於光緒戊申十一月二十八妻徐氏繼娶余氏
俱葬獅頭岡西向之原無嗣

興贊字滿騰萬遠次子母區氏生於道光戊申六月初二終於光緒己卯九月二十三葬松園岡東向之原妻旺邊吴氏一子　仕壬

鎮倫字　勝湖子母何氏生於道光戊子十月二十六終莫考葬沙岡東向之原無嗣

紹倫字建昌勝裕繼子生母徐氏生於道光甲申七月二十四終於咸豐己卯四月二十葬大坑岡妻竹逕闢氏一子　成茂

紹仰字建輝勝楠次子母徐氏生於道光甲午二月二十三終於民國壬子九月初七葬沙岡妻丹竈謝氏五子　柏茂　永茂　高茂　高茂出繼　宏茂　年茂

紹協字建齡勝楠三子母徐氏生於道光丁酉五月十四終於同治丙寅二月初一葬沙岡妻蘇村陳氏立一子　高茂

紹恒字建開勝舉繼子生母陳氏生於道光甲辰十

二月三十終於民國庚申三月初九葬石仔岡妻何氏八
子　宇茂出繼　江茂早　樹茂早亡　念茂　木茂
六茂早亡　七茂早亡　水茂
紹興字　勝發次子母陳氏生於道光丙午九月初
一失傳
紹熙字　勝發三子陳氏生於道光丁未五月二十
二終於光緒乙亥葬松園岡東向之原立一子　宇茂
紹光字建升勝發四子母陳氏生於道光已酉五月
二十八終於光緒丙子八月十七葬松園岡東向之原妻
大沙劉氏一子　桃茂
聚慶字喜茂源德長子母李氏生於乾隆乙酉十二
月二十終於嘉慶甲戌二月初六妻胡氏合葬蚺蛇杏三
子　羽光　羽來　羽賁
聚昆字賢茂源德三子母李氏生於乾隆乙未十月
初一終於道光丁未正月十四葬白沙岡妻李氏一子

羽球
仲房二十三世
遇春字　新貴長子嫡母蘇氏生母陳氏生於道光
戊戌十二月二十一終葬莫考
遇冬字　新貴次子嫡母蘇氏生母陳氏生於道光
辛丑十月初四終葬莫考
遇清字　新貴三子嫡母蘇氏生母陳氏生於道光
丁未三月初一妻陳氏終葬莫考
遇枝字葉滔世蒼子母葉氏生於同治壬戌十一月
二十六終葬莫考
全弟字德滔祖光五子母劉氏生於同治乙丑二月
二十八自省業商性情和愛見人有為難之事盡力樂助
其急公好義實出天性妻仙溪陳氏繼娶大果杜氏妾歐
氏三妾方氏二子　顯來早亡杜氏出　本發方氏出
廣蔭字勝滔祖輝次子母杜氏生於咸豐丁巳正月

二十一終於光緒甲午八月十七葬石仔岡妻大杏高氏
妾竹逕闗氏無嗣

廣雲字隆滔祖輝三子母杜氏生於同治癸亥四月
初四妻沙浦陳氏二子　福來　南來

廣培字贊滔祖耀子生母杜氏生於道光壬寅二月
二十一終於光緒丙子四月初十享年四十六葬后岡妻
陳氏三子　清來　秋來　分來

廣勤字作滔祖力長子母陳氏生於同治壬戌六月
二十三終於光緒乙未五月十七葬大坑岡妻孔邊方氏

廣恩字澤滔祖力次子母陳氏生於光緒乙亥十二
月二十妻本里陳氏一子　勝根

悦錦字誠滔巨朋長子母李氏生於咸豐乙卯十月
初五終於光緒辛丑三月二十一妻蘇村陳氏二子　桐
章　廣章

泮錦字源滔巨朋三子母李氏生於咸豐庚申六月

初七妻大杏高氏
湧錦字漢滔巨朋四子母李氏生於同治丁卯九月
十七妻方氏終葬莫考
潤錦字　巨貞長子母勞氏生於道光戊申四月十
六終於同治甲子八月初四葬石仔岡無嗣
文錦字桂滔巨貞次子母勞氏生於咸豐甲寅三月
初七終於光緒癸卯九月二十六葬大竹園岡妻蘇村陳
氏一子　鑑章
燦錦字明滔巨扳長子母陳氏生於咸豐壬子九月
十九終於光緒丁未八月二十七妻伏水陳氏二子　敬
章早亡　燮章
君錦字和滔巨扳次子母陳氏生於咸豐丁巳二月
初十終於光緒丁未二月初七妻蘇村陳氏三子　浩章
昭章早亡　有章早亡
汝冲字　新發長子母蘇氏生於道光癸巳六月十

二終葬莫考
汝漢字　新發次子母蘇氏生於道光戊戌十二月
初一終葬莫考
汝枝字　永科子母徐氏生於咸豐戊午八月初四
終葬莫考
汝慶字成獻新魁長子母張氏生於道光庚戌十二
月初四終於光緒壬寅七月二十七葬　妻大杏張氏三
子　淡培　炎培早亡　冬培
汝周字宜獻新魁次子母張氏生於咸豐乙卯十二
月二十六妻西城潘氏三子　牛培　啓培　三牛早亡
汝劉字　新魁三子母張氏生於咸豐辛酉八月二
十一妻本里區氏
汝祥字　新魁四子母張氏生於同治辛未六月二
十三終於外埠莫考
汝丁字　新禧長子母區氏生於咸豐壬子五月十

二終葬莫考
伯成字德獻薪材長子母區氏生於咸豐丙辰五月
十二終於光緒乙未三月二十二葬竹逕岡妻關氏二子
俊洛　俊步
伯直字君獻新材次子母區氏生於咸豐己未十月
二十三妻方氏三子　俊生　俊定　俊朝
伯全字　新材三子母區氏生於同治壬戌十月二
十三往外埠
伯聯字　新材四子母區氏生於同治乙丑三月二
十五終於光緒庚寅十月初十葬石仔岡妻高氏
汝根字　新猷子母甘氏莫考
汝報字平獻新作長子母吴氏生於同治甲戌十二
月二十三妻丹竈周氏二子　渣培早亡　溢培早亡
汝求字桃獻新作次子母吴氏生於光緒庚辰二月
初十妻高氏一子　有培

汝嵩字恩獻新國子母陳氏生於同治丁卯十月十
六妻謝氏二子　康年早亡　澤年
汝礪字　新冠長子母何氏生於光緒丙子十月二
十八終葬莫考妻麗山陳氏未娶歸家守節
汝添字順獻新冠次子母何氏生於光緒癸未正月
二十四妻本里區氏繼室涌里陳氏一子　玲培
裕凌字惠如高柏長子母陳氏生於光緒壬午六月
二十五終於民國已未四月初二葬香港妻青塘鄧氏
晚凌字　高柏次子母陳氏生於光緒丁酉十月初
八
興凌字　高志長子嫡母關氏生母黎氏生於光緒
已卯二月二十二外出
亨凌字　高志次子嫡母關氏生母黎氏生於光緒
癸未十一月初八終葬莫考
熾凌字　高賜長子母陳氏生於光緒乙亥七月十

八早亡莫考
溢凌字　高賜次子母陳氏生於光緒癸未六月二
十七早亡莫考
健凌字　高賜三子母陳氏生於光緒丙戌十一月
初九早亡莫考
溪凌字渭南高榮長子母梁氏生於光緒壬午三月
十一妻本里陳氏五子　富鋭　富明　富景　富稔
富標
煥凌字　高榮次子母梁氏生於光緒乙酉十一月
十二終葬莫考
晃凌字　高榮三子母梁氏生於光緒丁亥十一月
十二早亡
坤凌字　高榮四子母梁氏生於光緒甲午九月二
十七妻丹竈張氏生一子　富永
德凌字渭澤高咸長子母謝氏生於光緒己丑六月

十六終於民國丁巳八月初二葬市口岡妻關氏
波凌字　高咸次子母謝氏生於光緒癸卯八月二
十九
滿凌字渭豐文海次子母麥氏生於光緒乙未七月
初十妻方氏一子　富漢
顯凌字　文海三子母麥氏生於光緒戊申九月初
四
喧凌字渭祺文卓子母關氏生於光緒甲午七月初
六妻蘇村陳氏
輝凌字　文照長子母謝氏生於光緒辛丑三月初
七
申凌字　文照次子母謝氏生於光緒甲辰三月初
二
鄧賢字碧輝容開子嫡母關氏生母陳氏生於光緒
壬辰六月初八妻蘇村徐氏

自勝字　容柏子母李氏生於同治庚午三月初三
終於光緒癸巳四月十二享年二十四無嗣
象賢字志輝容庚子母陳氏生於光緒乙亥六月十
六妻旺邊蘇氏
晉榮字業輝容乾子母何氏生於光緒乙酉五月二
十七妻梁氏五子　大蘇　大初　大金　大四　大五
早亡
保同字　容簡長子母方氏生於光緒丙戌三月十
八外出
朗賢字滿輝號朝星澤謙長子母陳氏生於咸豐壬
子十二月初四妻丹竈張氏六子　近冬　溢冬　春冬
年冬早亡　五冬早亡　六冬
熘賢字耀輝信長子母陳氏生於同治乙丑三月十
九妻伏水陳氏二子　明冬　利冬
海賢字澄輝澤信次子母陳氏生於同治已巳六月

初八妻大杏麥氏
端賢字　澤光子母陳氏生於咸豐戊午八月十五
終於光緒甲午九月十八享年三十八葬沙岡無嗣
棟賢字　輝澤沛長子母劉氏生於咸豐戊午十一
月二十五終於民國庚申四月十八享壽六十三葬省城
北門外鯉魚岡妻大杏高氏五子　熾冬　卓冬　煊冬
盈冬早亡　桂冬
文彬字艷光長子母陳氏生於道光庚寅九月十六
在省城住終葬莫考
文超字艷光次子母陳氏生於道光壬辰正月初五
終於光緒丙子十一月初二享年四十五葬省城小北門
外金釵領無嗣
文寬字艷光三子母陳氏生於道光丙申十一月十
八在省城住終葬莫考
文興字艷光四子母陳氏生於道光庚子十一月初

七終於同治癸亥七月初十葬省城小北門外杉吼岡無
嗣
文英字烈邦艷標子嫡母陳氏生於咸豐丙辰十月
初七終於民國癸丑五月初九享年五十八葬大坑岡妻
本里陳氏五子　章綿　相綿早亡　淦綿　銘綿　五
弟早亡
獻良字爵邦以卓長子母方氏生於道光戊申正月
初七公性情豪爽處世謙和鄉内挑築新涌救旱利農族
中興辦義學皆助力捐款焉終於光緒丙申十二月初六
享年五十九葬大松岡西向之原妻大仙岡陳氏妾潘氏
六子　巧綿早亡　澤綿陳氏出　秩綿陳氏出　禮綿
陳氏出　植綿潘氏出　禄綿潘氏出
奕良字意邦以卓次子母方氏生於咸豐癸丑正月
二十一終於同治甲戌十一月十一享年二十二葬大坑
岡妻旺邊蘇氏無嗣

煜良字翰邦以卓三子母方氏生於同治壬戌十一
月十六終於光緒壬辰九月初十葬大松岡脚享年三十
一妻本里陳氏二子　藝綿　焱綿
朝良字錫邦登卓長子母麥氏生於咸豐辛亥七月
二十三終於民國丁巳九月二十八享壽六十七葬花旗
舊金山大埠妻沙浦陳氏二子　在綿　浩綿
杰良字熾邦彥卓長子母方氏生於道光戊申十月
二十三妻赤勘陳氏先故終於光緒壬午十月十六再娶
辛生鄧氏終於光緒丙申四月初八合葬莊邊面前岡坐
甲向庚之原再娶蘇村關氏十一子　履綿陳氏出　祺
綿李氏出　能綿鄧氏出　時綿鄧氏出　五早亡　六
早亡　七早亡　八早亡　創綿關氏出　十早亡　世
綿關氏出
滔良字著邦彥卓次子母方氏生於道光庚戌九月
二十妻竹逕關氏四子　紹綿　活綿早亡　岳綿　業

綿早亡
緒良字煒邦號湘琴彥卓三子母方氏生於咸豐癸丑三月十六妻孔邊方氏先故終於民國戊午四月初二葬莊邊面前岡二子　暢綿　述綿早亡

附録房弟德滔序述行狀於后

湘琴榮芳公之第三子也性樸情摯任事有毅力處世有熱腸入則友恭出則和靄少年從父兄工營商業有所策畫輒冠其儕比其壯也以為桑弧蓬矢丈夫當有四方鬱志鄉居良非所願清光緒七年毅然游美習藝然賦性至孝又不忍重利輕別重雙親倚門倚閭之憂閱三年遂歸省親迨光緒十四年復赴美洲僑美梓桑為固結團體計先有協義堂之設

公為該堂值理之一份子解紛排難推有魯仲連之風旋集資倡設西樵信箱吾樵之旅美者雁札平安無復有效殷興喬故事者微　公之力不及此迨積款逾二萬

有奇除提存信費數千外值饑　公復狥梓友之請分其餘以濟僑商家屬千迦百折舌敝唇焦反對黨終無法以撓義舉蓋其任事處世毅力熱腸往往如此他如倡義會以培祖嘗興義學以育子弟辦平糶以濟饑饉督修基圍涌胼手胝足必躬必親數十年來矢志不懈鄉人茶酒之餘家民耕獲之暇縱談軼事多有樂道之者而　公猶飲然不自以為功也此次倡修族譜奔走號召公力為鄉邇者譜帙告成矣表揚盛德小子之責也德雖不文而知公最深聊叙涯略以告來者二十三傳德滔謹序鄉愚至陳靜波拜撰

裕良字顯邦號竹屏彦卓四子母方氏生於咸豐乙卯八月二十七創辦本族義學實心實力妻大甫李氏先故終於光緒甲辰二月十九葬莊邊面前岡妾大果鄧氏梁氏七子　喜綿李氏出早亡　經綿李氏出　桃綿李氏出　義綿鄧氏出早亡　六綿梁氏出早亡　七綿梁

氏出　八綿梁氏出
　享良字萬邦彦卓八子母方氏生於同治甲子十一
月二十二妻孔邊方氏五子　恂綿早亡　松綿早亡
昌綿　祥綿　五綿
　拾良字信邦彦卓十子母方氏生於同治己巳八月
初七妻蘇村康氏妾區氏二子　立綿區氏出　翰綿區
氏出
　玉良字作邦彦卓十一子母方氏生於同治壬申十
月二十四妻用里林氏三子　贊綿早亡　曠綿　杞綿
　怡良字坤邦儉卓長子母陳氏生於咸豐丙辰八月
初六妻梅步何氏四子　讓綿早亡　流綿早亡　忠錦
心綿
　悅良字亮邦儉卓次子母陳氏生於咸豐戊午十一
月十六妻蘇村陳氏五子　延綿　豪綿　同綿早亡
新生早亡　溢綿

棣良字懷邦恒卓次子嫡母陳氏生母李氏生於光
緒丁丑七月十七妻旺邊蘇氏
念良字 恒卓三子嫡母陳氏生母李氏生於光緒
癸未二月二十早亡
訓良字守邦幹卓三子母方氏生於光緒己卯二月
初十妻大果杜氏一子 華綿
壽良字富邦權卓次子母陳氏生於同治甲子八月
二十妻本里方氏妾申氏
德良字 達卓長子母杜氏生於光緒己卯十二月
二十七
維良字燕邦任卓長子嫡母陳氏生母陳氏生於光
緒己卯八月初七妻丹竈謝氏一子 多綿
志良字 任卓次子嫡母陳氏生母陳氏生於光緒
壬午十月初二妻林氏一子 法綿
仲良字京邦千卓四子嫡母梁氏生母林氏生於同

治乙丑九月初九終於民國己未八月十六葬獅頭崗妻
伏水陳氏先故葬沙崗繼室關氏二子　錦綿　根綿
教良字敬邦千卓五子嫡母梁氏生母林氏生於光
緒丙子二月十九終於民國辛酉二月十九妻方氏先故
繼室關氏別適一子　嘉綿關氏出
池良字衛邦山卓次子母陳氏生於咸豐丁己八月
二十二終於光終緒庚子八月十二葬大坑崗妻灣頭杜
氏葬大松崗二子　靜綿早亡　爽綿
煥良字秀邦山卓四子母陳氏生於同治癸亥十二
月初五終於光緒癸卯三月十二葬大松崗妻孔邊方氏
二子　潘綿早亡　漢綿早亡
監良字貽邦山卓五子母陳氏生於同治戊辰十二
月初二妻丹竈謝氏
大良字安邦積卓長子母關氏生於咸豐乙卯九月
十二終於光緒辛卯五月初三葬沙崗妻丹竈謝氏一子

江綿
河良字禮邦積卓次子母關氏生於咸豐辛酉十二月初四終於民國丙辰八月初六葬莫考妻丹竈謝氏二子
湛綿　莊綿
餘良字維邦積卓四子母關氏生於同治甲戌十月初七妻本里方氏
順良字　來卓長子母謝氏生於同治辛未四月十八終於光緒戊寅六月十六葬三丫銜崗無嗣
樹良字　來卓次子母謝氏生於同治甲戌十二月二十八終葬莫考妻陳氏一子　祚綿
潤良字　來卓三子母謝氏生於光緒癸未五月十一
翕良字　聯卓長子母方氏生於同治辛未六月二十三早亡
弼良字　聯卓次子母方氏生於光緒戊寅十月初

一早亡
昭良字　聯卓三子母方氏生於　往韶關住
驥良字　堯卓子母陳氏生於同治甲戌十月二十
三終於光緒丁未十二月十三妻丹竈謝氏無嗣
穀良字禄邦道卓子母陳氏生於光緒戊子十一月
二十四妻西城陳氏四子　壯綿　竈綿　三綿　新甦
早亡
定良字　興卓長子母陳氏生於光緒丙戌二月十
一早亡
允良字　興卓次子母陳氏生於光緒乙酉二月十
八
必良字建邦洪卓長子嫡母關氏生母吴氏生於光
緒庚子十一月十一妻丹竈方氏
又良字　洪卓次子嫡母關氏生母吴氏生於光緒
壬寅十一月初八

祝良字林邦聰帶長子嫡母李氏生母李氏生於道
光丁未六月二十七終於光緒壬午六月初八葬後崗妻
丹竈鄧氏一子 瑞綿
佳良字 聰帶次子嫡母李氏生母李氏生於咸豐
丁巳十月初五終葬莫考
舉良字 聰帶四子嫡母李氏生母李氏生於同治
壬戌八月初七終葬莫考
迪良字衍邦坤帶子母游氏生於同治癸亥五月十
一妻孔邊方氏别適終葬莫考
珠良字 斌帶長子母高氏生於同治辛未六月初
一早亡
錫良字近邦明帶子母杜氏生於同治壬午七月十
二妻本里方氏先故
惠良字 興帶長子母李氏生於同治丁卯九月初
三終葬莫考

本良字　興帶次子母李氏生莫考終於光緒丙戌
五月二十五葬三丫銜崗無嗣
金良字潤邦興帶三子母李氏生於光緒丁丑七月
十五終於宣統庚戌十月二十妻西城游氏一子建綿
交良字　興帶四子母李氏生於光緒壬午四月十
八外出一子　多綿
桂良字保邦繼帶長子母陳氏生於同治癸酉四月
二十五妻小杏何氏
煒良字　繼帶次子母陳氏生於光緒乙亥十月十
六早亡
湛良字　繼帶三子母陳氏生於光緒丁丑四月二
十三早亡
作良字　繼帶四子母陳氏生於光緒丁亥四月十
六妻南洋張氏一子　樂綿
兆良字　參帶長子母陳氏生於光緒甲申十月初

四早亡
　顯良字　參帶次子母陳氏生於光緒癸己二月初
六往佛山住
　就良字　巨帶子母陳氏生於光緒戊子六月十二
一子　準綿往佛山住
　良和字　柏猷貴發子母謝氏生於道光丁亥十二
月初四終於同治辛未三月初一享年四十四葬大坑崗
妻蘇村陳氏另葬大坑崗一子　鏡祥
　良以字嘉猷英發長子母謝氏生於道光辛丑三月
二十八終於同治丁卯三月初二享年二十六葬烏飯崗
妻西城潘氏葬大坑崗附崇祀祠一子　洪祥
　良羽字佐猷英發次子母謝氏生於道光乙巳四月
十八終於同治辛未九月初六享年二十七葬大坑崗附
崇祀祠妻陳氏別適
　良弼字建猷號鴻村源發子母黃氏職名詒光候選

巡政廳生於道光甲申十二月十四公生平樂善好施忠
厚慈和年十六業商經營數十載常存勤慎交際謙恭重
建　祖祠修築基圍盡心竭力不以為德例授登仕郎光
緒辛卯春各戚友兄弟聯名制帳慶祝稱觴終於光緒乙
未二月二十一享壽七十二葬當風頭崗又名巷邊崗坐
癸向丁兼子午之原妻赤勘陳氏葬石仔崗坐卯向酉兼
乙辛之原續娶沙水劉氏葬獅頭崗北向之原八子　大
騷早亡　勝祥陳氏出　珍祥陳氏出　四騷早亡　五
騷早亡　熾祥劉氏出　呈祥劉氏出　添祥劉氏出

恭祝
例授登仕鄉建猷姻臺羅老先生大人八褭開一榮
壽序　洪範五福首曰壽壽之為言酬也所酬福厚之身
而永享其富貴也人能積福於身自鶴算綿長享遐齡而
登上壽如月之恒如日之升直可操券而得耳嘗持此説
以詢諸父老多有歷歷不爽者至其事相同而其情相合

則莫如今之姻親焉夫
建猷姻臺余之姻親也忝屬葭莩稔知底蘊其持身
也樸而廉其托業也勤而正其訓子弟也事有可教則教
之其奉父母也刀有可為則為之當日荷
龍章膺
鳳誥光榮封們　今先君衍昌翁與　黄太孺人孝
思無窮昭焉若揭且偕原配　陳氏孺人黽勉同心於潔
滌捧盤之餘善承厥志一時子道婦道求諸鄉黨中不可
多得者又協勸族務錢糧會則歷任弗辭佐理龐材大宗
祠則重建必力積之厚者福自宏經令嗣恒新克紹箕裘
三子瓊新鉅新能勤弓冶七子呈祥添祥接踵熏霓長孫
卓英宜家宜室定謙定芬繩繩繼起又何异五桂齊榮綿
同瓜瓞群蘭發秀詵擬螽斯姻臺年逾花甲諸戚友制錦
福觴詞於余益知向與
父老所言積福之説為不謬也蓋具五行之秀而生

孰不顧臺北堪歌俾壽藏而壽富上以赴
國家壽考作人之化下以安士庶含飲鼓腹之休然
品不立雖黄發兒齒有何奇行不端即皓首龐眉無足异
如
姻臺者生平正大堪為閭里之型畢生端方不愧老
成之望所謂幼壯孝弟耆耋好禮不同流俗者大都其斯
人歟宜乎
寵錫榮身蘭桂繞膝奉觴上壽戲斑衣者文子孫介
眉稱觴永南山者桂親桂戚休祥藹藹慶洽椿堂喜氣洋
洋歡騰蘭室將見老當益壯福愈積而愈多身其康强年
益高而益健統
疇圖之五福而備於一身非徒為杖鄉國己也豈不
懿哉賜進士出身
欽點翰林院庶吉士同知銜選授江蘇如篡縣知縣
調補甘泉縣知縣歷署大合縣知縣

大計卓异紀録十次加三級隨帶加一級姻眷弟劉
廷鏡頓首拜撰
賜進士出身
欽點翰林院庶吉士同知銜選授四川鹽源縣知縣
節制土司紀録十次加三級　姻春弟梁鴻翥頓首拜書
弟陳熾基拜
例授文林郎乙亥　恩科副貢丙子科經魁己丑會
科大挑一等簽分湖北知縣族弟葆熙拜
例授文林郎壬午科舉人己丑科會科取録咸安宫
官學教習族弟葆祺等頓首拜祝
欽加同知銜選用廣西永樂縣知縣姻家弟康達爵
拜祝光緒十七年　歲次辛卯孟春中浣　穀旦
良善字賢猷泗發次子母張氏生於道光戊子三月
初一終於光緒丙子五月二十八享年四十九葬大竹園
崗妻黄氏葬後崗繼娶謝氏一子　恩祥黄氏出

良言字　泗發三子母張氏生於道光甲午七月初
二終於道光己亥十一月二十三葬潤螺崗
良吉字　泗發四子母張氏生於道光丁酉二月二
十一終於是年三月初八葬烏飯崗
良鉞字秉猷廣發次子母杜氏生於道光丁亥四月
十三終於光緒庚辰三月初十享年五十四葬沙崗坐寅
向申兼甲庚之原妻赤勘陳氏二子　麟祥　著祥
良楫字煥猷廣發三子母杜氏生於道光庚寅六月
二十六終於光緒丙申九月二十七享壽六十七妻何氏
同葬大坑崗坐庚向甲兼申寅之原六子　逢祥　守祥
新騷早亡　四騷早亡　五騷早亡　耀祥
良淳字　廣發四子母杜氏生於道光癸巳十月初
三終於道光乙未四月二十六葬烏飯崗
儀興字浚猷祖發繼子生母劉氏生於道光辛巳正
月二十五妻赤勘陳氏終葬莫考二子　汝祥　昆祥

意興字　連發繼子生母林氏生於道光辛丑十二
月十三終於同治庚午八月二十八享年三十葬大坑崗
妻林氏無嗣
遇興字昭猷喜發子林氏生於道光甲申正月二十
五終於道光戊甲十二月十二享年二十五葬陳村妻鄧
氏無嗣
泰興字國猷順發長子母梁氏生於道光甲申七月
二十終於同治丁卯十一月十一享年四十四葬大坑崗
妻孔邊方氏立一子　鳳祥
盛興字郁猷號美南順發五子母梁氏生於道光癸
己十月十八終於民國戊午二月初九享壽八十六葬竹
逕崗妻杜氏繼室陳氏妾黎氏三子　安祥早亡　根祥
鳳祥　出繼俱黎氏出
錦興字耀猷順發七子母梁氏生於道光己亥二月
初十終於民國己未七月十五享壽八十一葬沙崗坐甲

向庚兼寅申之原妻陳氏妾陳氏二子　堯祥　瑞祥
俱妾陳氏出
津禮字坤猷號南山興發次子母關氏生於道光丁
未十一月十八妻本里區氏三子　眷祥　寧祥　河祥
萬興字定邦號安國冬富長子母陳氏生於嘉慶戊
午七月十九誥封從九品終於咸豐丁丑四月十二享壽
六十八葬逕墟崗坐庚向甲之原妻何氏葬竹逕崗坐未
向丑之原繼室何氏二子　社珠　社朝俱嫡何氏出
聚興字耀邦冬富次子母陳氏生於嘉慶甲子六月
二十八終於同治丙寅十月二十享壽六十三妻西城潘
氏合葬市口崗一子　振鰲
福興字德猷洋輝長子母蘇氏生於道光辛己九月
初七終於同治丁卯七月初四享年四十七妻孔邊方氏
合葬大坑崗無嗣
裔興字　洋輝次子母蘇氏生於道光甲申十一

月裔興字　洋輝次子母蘇氏生於道光甲申十一月十

二終莫考葬何屋崗無嗣

祿興字　洋輝三子母蘇氏生於道光丙戌十一月

十六終於咸豐乙卯三月十五享年三十葬莫考無嗣

榮興字　洋輝四子母蘇氏生於道光庚寅四月十

七終葬莫考無嗣

華興字　洋輝五子母蘇氏生於道光己未十月十

八終莫考葬何屋崗無嗣

來興字遠猷滿輝長子母何氏生於道光己亥九月

二十三終於同治壬申五月十九享年三十四葬西邊坑

妻杜氏別適一子　幹祥

賜興字　滿輝次子母何氏生於道光戊申十月十

七終於光緒戊子三月二十八葬省城橫枝崗無嗣

仁興字瑞猷滿輝四子母何氏生於道光庚戌九月

十二妻孔邊方氏二子　在祥　祖祥

牛才字泰猷德富長子母蘇氏生於道光甲午十月
十七終於光緒丙戌正月初五葬大坑崗妻黃氏無嗣
狗才字　德富次子母蘇氏生於道光庚子十二月
二十六終於光緒丙戌十二月二十六享年四十八葬逕
墟沙崗無嗣
羊才字　德富三子母蘇氏生於道光壬寅四月十
三終於咸豐癸丑九月二十八葬莫考無嗣
來才字斡猷德富四子母蘇氏生於道光戊申十一
月二十四終於民國丁巳十二月二十九享壽六十七葬
大坑崗妻蔡氏四子　棉祥　溢祥　潛祥　八祥
廣才字　盛富長子母陳氏生於道光丁酉三月二
十一終於咸豐癸丑四月二十三葬莫考無嗣
遇才字福猷盛富次子母陳氏生於道光辛丑五月
十八終於光緒丙戌二月初八享年四十六葬省城北門
外杉吼岡妻陳氏葬壽桃岡一子　義祥

添才字宏猷　炳富長子母陳氏生於道光甲申九
月十二終於咸豐辛酉十二月初十享年三十八葬獅頭
風妻方氏二子　賜養　世養
長才字　炳富次子母陳氏生於道光庚寅十月初
三外出
珠才字　基富長子母陳氏生於道光辛丑五月初
二終於光緒己卯三月初二葬省城
輝才字江猷基富次子母陳氏生於道光壬寅十二
月初四終於光緒戊寅十月二十四妻馮氏俱葬省城北
門外杉吼崗無嗣
著祜字　基富三子母陳氏生於咸豐丙辰　月日
妻鄧氏莫考
大朋字輝猷金富長子母甘氏生於道光丙午正月
初九終於光緒癸己正月初八葬大坑岡妻方氏先故繼
室區氏

大萬字鴻猷金富次子母甘氏生於道光戊申九月初九終於民國戊午五月二十享壽七十三葬大坑岡妻何氏無嗣

大有字　金富三子母甘氏生於咸豐辛亥八月初十終於光緒辛卯五月二十五葬英德觀音坑無嗣

大四字　金富四子母甘氏生終莫考葬獅頭岡無嗣

大鰲字占猷金富五子母甘氏生於同治癸亥直一月初一妻區村區氏先故

大海字國猷金富六子母甘氏生於同治戊辰正月十一終於宣統庚戌七月二十六葬大松岡妻高氏二子蔭明蔭孝

大滔字勝猷滿富長子母鐘氏生於咸豐丁己九月初十妻劉氏妾杜氏七子蔭標　蔭坤早亡　蔭清　蔭喧　蔭昭　蔭閏

大培字　滿富次子母鐘氏生於同治辛未三月二
十二終於光緒壬辰六月二十八葬莫考
大維字星猷再富長子母馮氏生於咸豐庚申二月
二十九妻方氏妾謝氏一子　新甦早亡
大光字啓猷再富次子母馮氏生於同治乙丑二月
二十九終於光緒甲午四月十一葬後岡妻陳氏
大利字榮猷再富四子母馮氏生於同治庚午九月
十四妻張氏妾陳氏三子　蔭其早亡　二妹張氏出
四妹陳氏出
有成字　錦富長子母徐氏生於嘉慶庚辰四月十
三外出
有就字　錦富次子母徐氏生於道光丁亥十二月
十一往會邑住
有運字仕猷廷富長子母麥氏生於同治丁酉九月
初十終於光緒癸已二月十六葬大松崗妻方氏二子必

祥　福祥

有林字　廷富次子母麥氏生於道光辛丑九月十

二終莫考葬大坑岡無嗣

有秋字順猷廷富三子母麥氏生於道光甲辰月日

莫考終於同治甲戌五月初一享年三十葬大坑崗無嗣

鉅堂字壯猷號肯芝長滿長子母杜氏生於道光壬

辰閏九月十四終於光緒戊戌十月十八享壽六十七葬

伏水岡妻方氏五子　大蘇早亡心培　三蘇早亡　心

賢　心暢

釗堂字卓猷長滿次子母杜氏生於道光乙未十二

月初五終於光緒辛卯五月初五享年五十四葬竹園岡

妻梁氏妾李氏二子　新甦　心怡俱早亡

汝堂字顯猷號樹南長潤長子母梁氏生於道光丙

午正月十三議叙五品自同治壬申往金山埠求謀十九

年始行返鄉妻伏水陳氏妾陳氏三子　業祥嫡出　桓

祥嫡出　德祥庶出
榮堂字裕猷長潤次子母梁氏生於咸豐辛亥二月
初一終於同治甲子四月二十七葬三丫銜妻梁氏立一
子　心庸
華堂字英猷號杰南長潤三子母梁氏生於咸豐甲
寅六月二十四終於民國癸丑九月二十七享壽六十由
金山埠運棺回鄉葬荔枝岡妻潘氏二子心庸出繼心豪

季房二十三世
成經字國偉務庶繼子生母龔氏生於道光戊子三
月十九終莫考葬省城義農妻李氏一子　其根
成英字　務富子母勞氏生於道光壬寅十一月十
六外出
成永字　務享繼子生母高氏生於道光丁未五月

十三終於民國癸丑正月二十五葬沙岡無嗣
成文字瑞豐務多長子母關氏生於道光庚子正月
二十七終於同治辛未正月十三享年三十二葬沙岡妻
西城潘氏無嗣
成朋字友豐務多次子母關氏生於道光壬寅正月
初一終於光緒　二月二十八葬沙岡妻游氏三子　其
球　其洪　其味
成就字　務多三子母關氏生莫考終於光緒壬午
正月十五葬沙岡妻岡頭梁氏未娶歸守
成亮字　務多四子母關氏生於咸豐癸丑十二月
十四終於光緒丁亥十一月初二葬省城羅姓義墳妻
氏無嗣
成秋字時豐務邦長子母高氏生於道光丁酉十二
月十一終莫考葬沙岡妻大仙岡陳氏四子　其翰　其
滔出繼　其占　其象

成細字　務邦次子母高氏生於道光庚子八月二
十終莫考葬省城羅姓義墳未娶立一子　其滔
成才字紹豐務邦四子母高氏生於道光庚戌六
月初六終於宣統庚戌二月十七享壽六十一暫葬星架
坡妻蘇村陳氏三子　其良　其篆　其味
成進字國杰務本三子母龔氏生於道光癸未八月
初八終莫考葬省城羅姓義墳杜氏無嗣
成幹字　務本六子母龔氏生於道光癸已十二月
十七終葬莫考無嗣
繼桐字　乾光子母杜氏生於同治丁卯十一月三
十終於民國丁已正月十八葬後岡妻蘇村陳氏二子
炳和　英和
繼志字成材迎斌長子母陳氏生於嘉慶辛酉三月
二十四終於光緒乙亥十二月十一享壽七十七葬後岡
妻方氏一子　春和

繼獻字廣材迎斌次子母陳氏生於嘉慶丙寅十二月初七終於咸豐戊午八月十六享年五十三葬後岡妻高氏續娶鄧氏二子 秋和 理和俱鄧氏出

繼林字 迎斌三子母陳氏生於莫考葬後岡無嗣

繼彰字國材秀斌繼子繼母區氏生母陳氏生於嘉慶戊寅正月初十終葬莫考妻西城潘氏三子 江和 養和早亡 梓和

繼昭字良材儀斌次子嫡母陳氏生母簡氏生於道光丁亥十一月初六終於光緒己卯十一月初一享年五十三葬後岡北向之原妻方氏一子 閏和

繼祖字 堯斌長子母梁氏生於嘉慶丙子九月二十六終葬莫考無嗣

繼平字 堯斌次子母梁氏生於道光甲申七月初五妻潘氏一子棉和早亡

繼光字興材堯斌三子母梁氏生于道光丙戌九月

初五妻潘氏一子　棉和
繼羊字　錫斌三子母孔氏生於道光戊子十月初
十終葬莫考無嗣
繼狗字顯材錫斌四子母孔氏生於道光庚寅九月
十一終於宣統辛亥正月二十六享壽八十三葬逕墟岡
妻新生梁氏四子　星和兼祀胞伯繼中相和兼祀胞伯
繼各壽和　柱和
繼松字　錫斌五子母孔氏生於道光丁酉三月十
一終葬莫考無嗣
繼能字用材錫斌六子母孔氏生道光庚子正月二
十七終於光緒丙午八月二十六享壽六十七葬后岡妻
岡頭梁氏妾梁氏八子　嘉和　有和　福和　昌和
貴和俱嫡出　紹和　晃和　柏和俱庶出
丙焯字巨材登朝子嫡母黄氏生母麥氏生於道光
辛卯九月二十四終於光緒乙亥四月初八享年四十五

葬大坊竇岡妻蘇村黃氏一子 興和
御開字 勤長子母杜氏生於嘉慶乙亥十一月十
三終於咸豐乙卯六月初七葬后岡無嗣
啓開字凌千勤次子母杜氏生於嘉慶戊寅七月初
一妻勞氏一子 來享
寧開字朝湞干儉長子母陳氏生於嘉慶丙子四月
十九終於咸豐乙卯四月二十三享年四十葬區伏岡妻
方氏二子 盛享 繼光
柏開字湞儉次子母陳氏生於道光壬午七月二十
三終葬莫考無嗣
榮開字湞儉三子母陳氏生於道光庚寅十二月十
四終葬莫考無嗣
聯興字 進升長子母 氏生終葬莫考往香山黃
浦住
勤興字 進升次子母 氏生終葬莫考往香山黃

浦住
阿玖字　進升三子母　氏生終葬莫考往香山黄
浦住
阿覲字　進升四子母　氏生終葬莫考二子
樵端　錫端往香山黄浦住
達群字俊雄章升長子母陳氏生於道光甲申七月
初四終於咸豐甲寅十月初七享年三十一葬北岡妻黄
氏無嗣
盛群字俊隆章升次子母陳氏生於道光庚寅十一
月二十四終於同治乙丑四月初八葬省城杉吼岡妻方
氏無嗣
汝群字俊光章升三子母陳氏生於道光丙申十二
月初五　妻游氏繼娶周氏一子　德良
錫群字俊斌順升子母徐氏生莫考終於同治己巳
九月十七葬省城杉吼岡妻潘氏四子　惠良　權良

流良 衿良
昭群字 元升長子母 氏外出
茂群字 元升次子母 氏外出
杰忠字 作才長子母方氏生於光緒乙亥十一月
十四妻大仙岡陳氏一子 壽康
衍忠字 作才次子母方氏生於光緒甲申十月十
七終於 十一月十七葬外埠妻陳氏無嗣
兆忠字永標地才子母麥氏生於光緒丙子十月初
八妻西城陳氏繼娶丹竈謝氏妾青塘胡氏
建忠字文標德才長子母張氏生於同治庚午閏十
月十八妻灣頭杜氏一子 藻榮
其忠字正標德才次子母張氏生於光緒戊子九月
二十妻伏水陳氏一子 浩榮
元忠字 德才三子嫡母張氏生母 氏生於光緒
癸巳 月 日

亨忠字　德才四子嫡母張氏生母　氏生終莫考
葬后岡早亡
成忠字　德才五子嫡母張氏生母　氏生於光緒
已亥　月　日
珍湖字瓊標熾才子母張氏生於光緒癸未六月二
十一妻本里陳氏妾孔方氏三子　汝釗　汝鋒　汝金
俱方氏生八月初四終于民國甲午
拔湖字良標意才長子母陳氏生於光緒丁亥十一
月十四妻大仙岡陳氏四子　汝明　汝桐　汝基　汝
森早亡
允湖字英標意才次子母陳氏生於光緒癸巳四月
二十五妻陳氏
就湖字成標接才長子母馮氏生於光緒壬午二月
二十妻伏水陳氏三子　汝根　汝洋　汝均
揖湖字宏標接才次子母馮氏生於光緒甲申九月

初一妻大杏張氏一子　汝登
初湖字　接才三子母馮氏生於光緒丙戌十一月
十一終葬莫考
堯忠字賢標占才長子母陳氏生於光緒丙戌十一
月初四妻陳氏二子　汝慶　汝來　汝平
流忠字　占才次子母陳氏生於光緒丁亥十二月
十三
為忠字　志才子嫡母薛氏生母李氏生於民國丁
巳五月初四
滔隆字友恒信才長子母劉氏生於同治癸酉四月
二十八終於光緒辛丑三月二十四葬后岡妻西城陳氏
潛隆字用恒信才次子母劉氏生於光緒丙子五月
二十九妻丹竈謝氏妾周氏四子　汝榮謝氏出　汝錫
汝河　汝本俱周氏出
達隆字　令才子母何氏生於同治壬申九月二十

二

蚤隆字潤恒亮才長子母李氏生於光緒辛巳十二
月二十九終於光緒丙午八月十三葬后岡妻竹逕關氏
續娶孔氏無嗣

宇隆字廣恒亮才次子母李氏生於光緒丁亥十一
月十四妻杜氏

新隆字　亮才三子母李氏生於光緒　月　日早
亡

仕隆字瑞恒成才氏長子母林氏生於道光戊申十
二月初九妻陳氏一子　汝堂

裕隆字殿恒成才次子母林氏生於咸豐癸丑三月
初二終於　葬外埠妻大杏麥氏一子　汝澄

浩隆字保恒成才三子母林氏生於咸豐戊干七月
初八終於民國己未四月十四現葬海防妻徐氏妾謝氏
六子　汝九　汝南　汝東　汝淦　汝鎮　汝江俱謝

氏出
昌隆字喬恒喜才子母陳氏生於道光辰八月初八
妻甘氏
鑑湖字　緒才長子母馮氏生於道光乙巳四月十
三外出
鉅湖字　緒才三子嫡母馮氏生母温氏生於咸豐
壬子七月二十七終於光緒乙卯七月二十四葬佛山華
佗廟無嗣
鍰湖字慶恩緒才四子母馮氏生於咸豐甲寅八月
初三妻胡氏外出
鉁湖字　緒才五子嫡母馮氏生母温氏生於咸豐
乙卯六月十九外出
敹湖字　緒才六子嫡母馮氏生母温氏生於生緒
戊寅五月十九外出
鏗湖字　緒才七子嫡母馮氏生母温氏生於光緒

庚辰六月二十三外出
周湖字文遠柏才次子母張氏生於光緒丙子七月
十八妻新生梁氏一子　宜興
潘湖字文遠柏才次子母張氏生於光緒癸未四月
十三終於民國戊午六月十八葬大坑岡妻丹竈謝氏
祥湖字成遠柏才三子母張氏生於光緒甲午三月
初三終於民國戊午十月初五現葬外埠妻關氏
霖湖蔭泉景才長子母陳氏生於光緒乙酉七月初
七終於民國乙卯八月初五葬沙岡妻麥氏繼娶陸氏一
子　汝江早亡
南湖字石泉景才次子母陳氏生於光緒甲午十一
月初五妻鄧氏妾謝氏一子　春榮
北湖字　景才三子嫡母陳氏生母何氏生於光緒
甲辰八月十一
元湖字　岸才長子母梁氏生於光緒辛巳八月初

七外出
相湖字國存岸才次子母梁氏生於光緒乙酉四月
初六妻周氏
津湖字會泉岸才三子母梁氏生於光緒癸巳三月
二十二終於民國己未七月十三葬后岡妻陳氏
煖湖字日泉岸才四子母梁氏生於光緒丙申十月
二十八妻丹竈謝氏
煒湖字光遠健才長子母游氏生於道光戊申正月
二十五終於光緒己酉十二月二十九葬竹逕岡妻張氏
妾區氏陳氏無嗣
新湖字　健才次子母游氏生於同治甲子正月十
三終於同治三終於同治丙寅七月二十二葬大坑岡早
亡
悦湖字棉遠干才長子母杜氏生於咸豐壬子五月
二十三妻林氏續娶大杏高氏一子　海良早亡

貞湖字韶遠干才次子母杜氏生於同治壬戌十一月十九終於民國戊午十月二十三葬潤螺岡妻本里區氏

庚湖字宜遠贊才繼子生母杜氏生於咸豐丙辰十二月十九妻鄧氏

近湖字德遠添才子母游氏生於道光丁酉正月初七終於宣統辛亥七月初一葬沙岡妻關氏繼娶蘇氏

其太字翰芳純禮子母謝氏生於同治甲子九月十七終葬莫考妻麗山孔氏無嗣

恢太字慶芳儒禮子母謝氏生於咸豐辛酉三月二十二終於光緒癸卯四月十二葬后岡妻西城游氏繼娶岡頭梁氏妾石涌馮氏

猷太字　柏禮長子母關氏生於同治丁卯八月十五

為太字　柏禮次子母關氏生於同治己巳八月二

十一
禧太字明芳鈿禮子母梁氏生光緒丙子八月二十
妻大沙馮氏一子　鏡平
蘇太字閏芳廣禮子母陳氏生於咸豐庚申十二月
二十六終於光緒丙戌十一月初九享年二十七妻何氏
合葬省城無嗣
宏太字　崇禮子母杜氏生於同治己巳十月十四
終於民國己未三月初八葬大坑岡無嗣
培太字　敦禮子母馮氏生於同治壬申九月初二
終於光緒辛丑十一月十三葬大坑岡無嗣
炳昆字錦芳汝漢子母黃氏生於咸豐辛酉十一月
二十七終葬莫考妻郭氏無嗣
炳林字　汝成子母周氏生於光緒戊寅正月十五
外出
高太字俊芳蔭才子母陳氏生於光緒乙亥二月初

六妻西城游氏一子　鐵平
庚太字慶芳仕勤長子母林氏生於咸豐辛酉五月
二十八終於光緒丙申五月初二葬大坑岡妻陳氏無嗣
利太字　仕勤次子母林氏生於同治甲子五月十
三終莫考葬省城無嗣
珍太字煥芳仕有子母方氏生於同治壬申十月二
十七妻蘇村徐氏一子　干平
開太字啓芳仕載長子母方氏生於同治甲子九月
初六妻渦村李氏妾梁氏三子　悦平早亡　贊平俱李
氏出　澤平梁氏出
祥太字善芳仕載次子母方氏生於同治戊辰六月
十三終於光緒甲辰八月二十一葬后岡妻麗山陳氏二
子　在平　朗平早亡
廣太字容芳仕富子母方氏生於光緒庚辰十一月
初二終於民國丁巳二月初四現葬海防妻竹逕馮氏二

子　健平　任平
寬太字　仕政子母冼氏生終葬莫考
忠太字　仕昆長子母黄氏生於光緒己卯七月初
三終葬莫考
尚太字　仕昆次子母黄氏生於光緒癸未十月二
十六
曉太字　仕昆三子母黄氏生於光緒　四月十九
妻梅步何氏
當太字　仕昆四子母黄氏生於光緒
莊太字敬芳仕梁長子母甘氏生於光緒甲申五月
二十七妻大杏馮氏一子　鄧平
基太字成芳仕梁次子母甘氏生於光緒丙戌十一
月十四終於宣統庚戌六月十一享年二十五葬后岡妻
陳氏
海太字流芳仕梁三子母甘氏生於光緒壬辰七月

二十三妻大杏蕭氏二子　珠平　棉平
亨太字貞芳仕梁四子母甘氏生於光緒乙未十二
月初四妻西城游氏
旋太字瓊芳仕梁五子母甘氏生於光緒癸卯九月
二十九妻丹竈謝氏
橋太字　仕梁六子嫡母甘氏生母林氏生於光緒
丁未七月二十三
凌太字文輝仕成長子母何氏生於咸豐庚申八月
二十八終莫考葬省城義墳
枝太字洪輝仕成次子母何氏生於同治乙丑五月
二十三妻何氏妾吕氏陳氏陸氏二子　高標　嗣堂俱
陸氏出
全太字浩輝仕成三子母何氏生於同治丁丑三月
二十八妻黄氏
生太字光輝仕成四子母何氏生於光緒乙亥十月

十八妻陳氏
　星太字明輝仕成五子何氏生於光緒甲申十二月
十四終莫考葬省城義墳妻張氏無嗣
　赤桐字　錦全長子母林氏生於光緒丁未十一月
二十七
　淡桐字　錦全次子母林氏生於宣統辛亥十一月
初十
　萬桐字　仕鰲長子母黄氏生於咸豐丁巳七月二
十三終於光緒丙子七月十九享年二十葬石仔岡妻丹
竈梁氏未娶歸守無嗣
　亮桐字佐良仕鰲次子母黄氏生於咸豐辛酉十二
月十四終於光緒丙午正月十八享年五十六葬石仔岡
妻大果陳氏二子　焱垣　燊垣早亡
　相桐字弼良仕鰲三子母黄氏生於同治戊辰九月
二十一終於光緒己亥十二月二十三享年三十二現葬

外埠妻沙浦陳氏無嗣

樂桐字天良仕鰲四子母黃氏生於同治辛未十月十二妻大杏蕭氏妾西城游氏三子　權垣早亡蕭氏出　榜垣　錫垣俱游氏出

聯倉字藻良仕仰子母謝氏生於咸豐乙卯九月二十終於宣統辛亥四月初八葬省城黃花岡烈士墳妻何氏繼娶杜氏無嗣

福才字　秀華子陳氏生於光緒戊寅五月初七終葬莫考無嗣

坤長字　深基長子母游氏生於光緒辛巳正月初十

妹長子　深基次子母游氏生於光緒壬午十一月初七

全長字　添基長子嫡母區氏生母梁氏生於光緒丙戌七月十五終於民國癸丑二月二十九享年二十八

葬　妻丹竈方氏
佑長字　添基次子嫡母區氏生母梁氏生於光緒
乙未二月二十妻　氏
瞶長字　添基三子嫡母區氏生母梁氏生於光緒
庚子正月二十七
金長字　溢基子母何氏生於光緒癸未十二月初
四終葬莫考
象桐字　業才子母徐氏生於光緒甲申十二月二
十七妻李氏
勝恩字文瑞志昆子母游氏生於光緒辛巳正月初
八十七妻李氏
勝恩字文瑞志昆子母游氏生於光緒辛巳正月初
八妻西城潘氏妾高要陳氏三子　紹隆陳氏出　紹芳
陳氏出　紹城潘氏出
勝洛字　鉅昆子母梁氏生於光緒戊申九月三十

湛光字華新啓能子母陳氏生於光緒庚寅九月十
八終於宣統庚戌五月十八享年二十一葬竹逕岡妻西
城潘氏立一子　慶淦
炳光字明新啓旺子母張氏生於光緒癸未八月十
五妻梅步何氏四子　慶瑞　慶淦出繼　慶騷早亡
四騷早亡
初請字祥蔭有幸長子母陳氏生於光緒艮辰正月
初八妻本里陳氏先故
鼎元原名初銘字祥邦別字功立有聯長子母方氏
生於光緒癸未六月二十九少業儒秉性忠直任事剛斷
有清末朝廷鋭意維新發科舉向學堂取士宣統二年庚
戌畢業於直隸省高等學堂經
學部大臣覆試取緑優等是年五月二十七日奉旨
賞給舉人出身以司務分部補用七月十二日分禮部以
司務補用派參議廳學習宣統三年

陸軍大臣蔭考録第二名派充天津陸軍軍醫學堂
英文正教習民國元年十二月農林部總長陳任合為農
林部主事慚三年司法部總長梁調任為京師第二監獄
署第二科科長四年隨江西財政廳廳長羅到南昌歷任
財政廳稅契處處長公債股主任又前居鄉倡辦本族義
學氏國辛酉修譜任編輯辦理鄉族事一秉大公妻西城
游氏清封孺人一子　佐英
初值字祥基別字仲培有聯次子母方氏生於光緒
丁亥六月十三妻西城潘氏四子　達英　冕英　鏡英
炎英
初權字　有聯三子嫡母方氏生母冼氏生於民國
庚申八月二十八
初苗字　有根子母陳氏生於光緒癸已五月二十
四
初宏字祥興有盛長子母陳氏生於咸豐丙辰九月

十九妻蘇村康氏先故葬竹逕岡繼娶蕭氏四子　韜光
和光俱康氏出　新騷早亡　耀光俱蕭氏出
初笋字　有盛次子母陳氏生於癸亥十月初七終
於光緒乙酉二月二十三享年二十二葬竹逕岡未娶而
亡
初棉字祥輝有盛三子母陳氏生於同治丁卯八月
初九妻竹逕關氏先故葬竹逕岡繼娶馮氏二子　無名
關氏出俱早亡
初學字祥修有盛四子母陳氏生於同治己巳十二
月二十一終於民國庚申三月十三享年五十二葬村頭
岡妻林氏終於宣統庚戌九月二十八葬岡嘴二子　無
名俱早亡
初珍字　有才子母李氏生於同治癸酉三月二十
二終莫考葬竹逕岡未娶而亡
初遠字　有枝長子母周氏生於光緒丁未十二月

初七
初葉字　有枝次子母周氏生於宣統辛亥正月十
八
初柱字　有枝三子周氏生於民國己未七月十一
初丁字　有發子母馬氏生於民國庚申十二月初
七
祖澤字卓仁紹德子母馮氏生於嘉慶　月　日終
於道光壬寅七月二十四葬后岡妻何氏葬行路地無嗣
祖社字　紹能長子母李氏生於嘉慶己卯十二月
二址二終莫考葬后岡無嗣
从祖恩字　紹能次子母李氏生於道光丙戌十月
初八締造莫考葬后岡無嗣
祖恩字　紹能次子母李氏生於道光丙戌十月初
八終莫考葬后岡無嗣
祖榮字秉仁號慈溥紹麟長子母甘氏生於乾隆己

酉八月十二終於道光己酉十月初享壽六十一妻游氏
繼室張氏葬區伏岡再娶黄氏葬林邊岡再娶方氏葬岡
嘴三子　英毬黄氏出　小毬方氏出艷毬方氏出
祖耀字本仁號静義叙八品紹麟次子母甘氏生於
乾隆乙卯十月十六終於光緒己卯二月二十一享壽八
十五妻謝氏合葬仙人岡繼娶何氏葬岡嘴二子　興毬
魁毬俱何氏出
祖華字靄仁梁村長子母黄氏生於道光己丑十月
二十四終於光緒辛巳正月初五享年五十三寄葬上海
廣山莊妻馬氏葬官山海口繼娶本里吴氏二子　北堂
早亡　北桂俱馬氏出
祖國字恒仁梁材次子母黄氏生於道光戊申八月
十六終於光緒丙午六月二十九享年五十九葬葫蘆岡
妻白坭鄧氏二子　北鉗　北壎
祖級字升仁梁柱子母陳氏生於道光壬寅六月初

九終於同治丁卯三月十四享年二址六葬后岡未娶而
亡無嗣
求聚字居仁號定山誥封奉直大夫紹馴子母陸氏
生於嘉慶乙巳十一月二十五終於光緒乙酉十月二十
六享壽七十七葬竹逕岡妻徐氏誥封宜人二子　北成
北海
根珠字滿仁紹梅子母氏生於嘉慶丙子五月二十
九終於光緒庚辰十一月初七享壽六十五葬三丫銜妻
區氏二子　大騷早亡　北協
華東字　紹明長子母方氏生於道光年月日終葬
莫考外出
華照字　紹明次子母方氏生於道光年月日終葬
莫考外出
華河字　紹明三子母方氏生於道光年月日終葬
莫考外出

以和字日廣恩芳長子母劉氏生於嘉慶己巳七月初十
終於道光辛亥十月二十三享年四十三葬竹逕岡妻周
村鄧氏二子　志聰　志浩
佐清原名以信字朋廣恩芳次子母劉氏生於嘉慶
辛未四月二十六道光己亥從戎伍考取順德協左營外
委終於咸豐乙卯十月二十七享年四十五妻陳氏合葬
行路岡無嗣
以端字心廣恩芳三子母劉氏生於嘉慶丙子六月
十六終於咸豐甲寅正月二十二享年三十九葬竹逕岡
妻別適無嗣
以敦字純廣恩寵子母陳氏生於嘉慶戊寅十一月
初六終於同治庚午十一月二十二享年五十三妻陳氏
合葬竹逕岡西向之原立一子　志静
以約字誠廣號壽南恩遠長子母陳氏生於道光乙
酉正月初二終於光緒丙午八月十三享壽八十一葬岡

嘴南向之原妻孔邊方氏四子　長次三俱早亡　志源
以鎮字作廣恩遠次子母陳氏生於道光丁亥十月
初三終於同治甲戌三月十二享年四十八葬林邊岡妻
西城陳氏三子　志怡　志規　志養
以時字宜廣恩遠三子母陳氏生於道光乙未十月
十三終於光緒丁未正月初三享壽七十三葬福建山下
級西南向三子　志穎　志謙早亡　志静出繼
以祺字澄廣恩沾長子母陳氏生於道光戊戌十一
月初六終於咸豐庚申十二月初一享年二十三葬行路
上級妻馮氏無嗣
以敬字慎廣恩沾次子嫡陳氏生母楊氏生於道光
辛丑十月初一終於光緒乙未十月二十六享年五十七
葬后岡妻謝氏一子　志鏞
以善字　恩苗子母薛氏生於道光甲申十一月初
三終於道光乙酉十二月二十五葬岡嘴無嗣

以流字漢廣恩莊子母關氏生於道光甲辰十月十
二終於民國戊午十二月初八享壽七十四葬岡嘴北向
之原妻陳氏葬岡嘴一子　志泰
以勤字業廣恩祖子母陸氏生於嘉慶戊辰八月二
十二終於道光辛丑五月初七享年三十四葬區屋岡坐
丙向壬兼子午之原妻黎氏妾　氏無嗣
以湖字珍廣恩詒繼子繼母謝氏生母張氏生於道
光壬寅十月初二終於民國癸丑　月　日享壽七十二
葬火磚山妻石龍村區氏二子　長子早亡　志圓
以周字著廣恩波長子母林氏生於道光甲辰七月
十四終於光緒戊寅二月二十六享年三十四葬后岡妻
別適妾林氏二子　志泮　志相出繼俱林氏出
以貢字英廣恩波次子母林氏生於道光戊申四月
二十九終莫考葬逕墟金牛岡妻大杏甘氏立一子　志
相

以嚴字容廣恩波三子母林氏生於咸豐丙辰五月初五終於宣統庚戌五月初二享年五十五暫葬星架坡内埠加摩吧妻丹竈謝氏一子　志本

以琚字瓊廣恩濟次子母張氏生於道光甲辰四月二十六終於同治癸亥五月二十二葬伏水岡妻李氏無嗣

以初字理廣恩濟三子張氏生於咸豐癸丑正月十五終於民國甲寅　月　日享壽六十二葬三丫街東北向妻梅步何氏一子　志濂

以仁字澤廣恩裕繼子生母謝氏生於嘉慶乙亥八月初二終於道光庚戌十月二十享年三十六葬省城妻杜氏葬獅頭岡二子　永高早亡　志鎏

以讓字彌廣恩普次子謝氏生於嘉慶丁丑八月十九終於咸豐辛亥十月初三享年三十五葬西瓜岡妻張氏三子　志懷早亡　志暢　志堅

以衡字權廣恩普三子母謝氏生於道光壬午十月
初十終於咸豐癸丑六月二十三享年三十二葬獅頭岡
妻張氏一子　志河早亡
以禮字敬廣恩普四子母張氏生於道光乙酉五月
二十四終於咸豐乙卯正月十九享年三十一葬上海西
岡妻陳氏無嗣
奔揚字　大廷長子母游氏生於嘉慶甲戌正月十
一終於是年四月二十二胞侄繼先兼祀
鷹揚字健雄大廷次子母游氏生於嘉慶乙亥二月
十七公宅心忠厚處世和平終於咸豐乙卯三月初六享
年四十一
誥贈奉政大夫
也贈昭武都尉妻大杏杜氏
疊贈宜人杜太宜人生於嘉慶丙子九月初三終於
道光丙申九月初三享年二十一與公合葬上坑岡續娶

西城潘氏生於嘉慶戊寅三月二十一

誥封宜人　也贈宜人

晉封恭人潘太恭人終於光緒庚子二月初二享壽

八十三葬三水石鰲鄉側土名鳳岡坐子向午兼癸丁之

原三子　繼先兼祀胞伯　繼章早亡　繼壽兼祀七胞

叔

光緒已亥孫廷修請封奉頒

誥命録左

奉

天承運

皇帝制曰策勳疆圉昭大夫之恩勤錫貴絲綸表皇

朝之澤爾羅健雄五品頂戴分發本省拔補營千總羅廷

修之祖父威宣閫外家傳韜之書澤沛天邊國有旗常之

典兹以爾孫克襄王事也贈爾為昭武都尉錫之誥命於

戲我武維揚持啓孫枝之秀賞延於世聿昭祖笇之垂

制曰樹豐功於行陣業著聞孫錫介福於庭闈恩推
大母爾杜潘出　五品頂戴分發本省拔補營千總羅廷
修之祖母壼儀足式令問攸昭表劍琿之家聲輝流奕世
播絲綸典慶衍再傳茲以爾孫克襄王事也贈封爾為宜
人於戲瞿用光膺宏庥於天閶龍章載煥被大惠於重泉
异澤於皇朝
光緒二十七年七月二十八日
清揚字光雄大廷三子母游氏生於嘉慶丙子十二
月二十九終於道光癸卯二月初一享年二十八葬上坑
岡妻方氏別適脆至繼滔兼祀
恂揚字遂雄大廷四子母游氏生於嘉慶己卯三月
二十五終於道光庚戌三月二十六享年三十二葬上坑
岡妻大杏甘氏葬仙人岡一子　繼滔兼祀三脆伯
福揚字　大廷五子母游氏生於道光癸未十一月
二十一終於道光甲申四月二十六脆至繼强兼祀

宇揚字量雄號宜南候選布政使倉大使大廷六子
母游氏生於道光癸未十一月二十一公一生為人孝友
和睦頗為可稱仗義疏財殊堪嘉尚隨緣捐助不敢居后
憐貧恤寡善發其心終於光緒己丑二月初五享壽六十
七葬伏水雁臺岡坐壬向丙兼子午之原妻本里雲林陳
氏與公合墓妾丹竈謝氏一子　繼強陳氏出兼祀五脆
伯

恭祝
敕授登仕郎候選布政使倉大使
晉授修職郎宜南羅公暨
淑配陳氏孺人寢室落成崇升序
古人有言莫為之前雖美不彰莫為之后雖盛不傳
諒哉言乎然古今來能啓后者已鮮能承先者則尤鮮未
嘗不歎后先輝映之難也余授職工部請假旋里偶設帳
於廣州郡學宫時　德慶游余門每於課誦之餘道及家

世備述乃祖
宜南公軼事始知
宜南公賦性純樸接物謙和少而貧事父母則竭孝
養之誠處昆弟則篤友于之誼周書之美君陳不是過也
長而服賈家道稍裕更樂善好施何有何無匍匐救之且
倡義會以厚祖嘗捐重資以新宗寢種種義舉知無不為
為無不力而
淑配陳孺人則克勤克儉練衣布裳摒擋家務孝以
奉先義以訓子婦德婦儀可不謂具備乎故
公及孺人均享壽六十餘而長逝之后宗族戚誼猶
欷虛痛惜之者良有以也
令嗣君無改父之道捃孔門觀行之例詢可謂孝矣
況善承厥父之志而擴充一已之量在竹徑墟創立榮正
善堂廣行善舉經營伊始無不身任其勞然德必有鄰幸
與三五同志之人克成乃事迨善機洋溢受者莫不戴德

而創者猶不居功其志彌堅其量彌大宜近者悅而遠者
懷之也諸孫長德慶次觀慶次維慶再次秩祥連祥或學
爾室或逐利遠洋或專功藝圃循循然凛守
宜南公家訓襟期遠大頭角崢嶸异日貴擬汾陽富
儕猗皆
宜南公之模範子孫用以光大其門閭者也其啓后
也如此其承先也如彼夫何美之不彰何盛之不傳哉柔
兆君灘之仲夏望日
宜南公暨淑配陳氏孺人寢室落成奂輪致美諸戚
友殷然謀制錦稱祝推余為一言以揚其德而志其盛余
以通家至誼分不容夫小雅斯干之詩築室既成而作也
其首章曰如鳥斯革如斯飛體勢何軒翥耶他若似續妣
祖則美繼述之志祥占男女則工頌禱之詞是詩也不可
為
宜南公寢室既成育乎以

宜南公修德於前而食報於后理固宜然無足异者
余又何庸瑣瑣為
宜南公頌惟　令嗣君肯堂肯構可謂德著象賢世
濟其美者矣
宜南公時降於庭其將雇乃子乃孫而怡然也夫
賜進士出身
欽點工部主政通家晚生梁芝榮頓首拜撰
戊子科舉人楝選縣知縣世再至李鵬章頓首拜書
候選縣丞世愚弟梁遇隆甲午科舉人楝選縣知縣世愚
六陳寶金丙子科舉人大挑一等湖北即用縣正堂宗弟
葆祺庚午科舉人楝選縣知縣通家晚生何元英已丑
恩科舉人楝選縣知縣通家晚生凌鶴書壬午科舉人楝
選縣知縣通家晚生余彬瑚壬午科副貢候選教諭世愚
至梁騰芳順德縣生通家晚生楊騰芳三水縣邑庠生通
家晚生鄧蘭生三水縣邑庠生通家晚生冼廷琨癸巳

恩科舉人世再至江孔殷同邑附生通家晚生何尹業
欽加玉呂銜候補縣正堂姻晚生關錫增生族弟榮芬考
授修職郎即用縣左堂家至毓朗甲午科舉人楝選縣知
縣世再至龔景韶甲午科舉人楝選縣知縣宗至至殿華
同邑附生世再至林德儉番禺縣邑庠生世再至陳朝海
番禺縣邑增生世再至謝祖賢順德縣郡庠生世再至霍
秉書花縣邑庠生世再至瘐本唐等頓首拜祝
胞弟登仁郎兆雄胞至候補通判紹裘軍功五品紹
賢紹和紹棠胞至孫國學生安邦國學生景榮武庠生廷
修鏗祥攀祥啓祥裕祥曾至孫湛泉湛杰堂至紹元堂至
孫道理祥等叩拜
光緒三十二年次柔兆君灘律中賓夏至后五日穀
旦
菊揚字　大廷七子母游氏生於道光丙戌七月十一終
於道光丁亥六月初五胞至繼壽兼祀

高揚字　大廷八子母游氏生於道光戊子四月十
一終於是年六月十七脆至繼調兼祀
翅揚字升雄大廷九子母游氏生於道光壬辰九月
十五終於光緒庚寅三月初七享年五十九妻黄氏合葬
竹逕岡二子　繼垣　繼銷俱早亡
賡揚字兆雄號喜南大廷十子母游氏生於道光丙
申十二月十八終於光緒癸卯五月十二享壽六十八葬
聖堂岡妻小杏黄氏生於道光丙申九月二十終於光緒
庚子十一月十八葬　岡四子　繼騷早亡　繼調兼祀
八脆伯　繼梁　繼四早亡
森揚字昭雄號景南大任子母闢氏生於道光壬午
五月十三終於光緒癸巳十二月初一享壽七十二葬竹
逕岡妻鄧氏二子　繼乾　繼坤
秋揚字潤雄大佐子母黄氏生於道光戊子十一月
十五終於光緒丁亥九月二十七葬竹逕岡妻別適無嗣

入祀仲學祖

兆林字　培基子母方氏生於同治甲子十一月二十九失傳

兆柏字瑞標廣基長子母鄧氏生於咸豐己未三月十六終於　三月二十三葬旺邊岡妻麗山陳氏終於民國乙卯十二月十二葬岡嘴四子　維垣　維安　維江早亡　維珠

兆芳字瑞英廣基次子母鄧氏生於咸豐辛酉十月二十九終於民國己未八月初二享年五十九葬蘇村松岡妻丹竈謝氏一子　維堯

兆桐字瑞儀成基子母關氏生於同治癸亥八月十二終於光緒　月　日葬旺邊岡妻沙浦陳氏一子　維驥早亡

兆簡字瑞蓉文基次子母何氏生於　丙寅四月十八妻丹竈謝氏五子　維概　維忠　維倚　維金　新騷

早亡

兆教字　文基三子母何氏生於同治庚午五月十

七終於民國甲寅三月二十六享年四十五未娶

兆鐸字　始基于嫡母張氏生母陳氏生於光緒

妻　氏

兆杞字瑞梁壯基長子母陳氏生於同治已巳七月

十五終於民國丁已二月初一享年四十九葬潤螺岡坐

巽向乾兼已亥之原妻大沙劉氏繼娶梅步何氏五子

新騷劉氏出早亡　二騷早亡　維兼杞守基伯公　維

佳　維柄俱何氏出

兆吉字瑞全壯基三子嫡母陳氏生母張氏生於光

緒已丑十二月十七妻西城游氏一子　維準

兆豐字瑞餘壯基四子嫡母陳氏生母陳氏生於光

緒甲午十月十四妻沙浦周氏

兆年字　壯基五子嫡母陳氏生母張氏生於光緒

丁酉三月十九
兆光字　鈿基次子嫡母方氏生母陳氏生於光緒
丙戌六月初八終於光緒　葬后岡脊松園
兆永字　鈿基三子嫡母方氏生母簡氏生於光緒
壬寅五月初六
兆沛字　鈿基四子嫡母方氏生母簡氏生於光緒
乙巳七月初七
兆科字　鈿基五子嫡母方氏生母簡氏生於光緒
戊申五月二十七
兆平字瑞章升基長子母杜氏生於同治甲戌十一
月十三妻旺邊蘇氏妾江氏二子　維池江氏出早亡
維妹
兆謙字瑞明升基次子母杜氏生於光緒丙子十一
月初十妻大渦張氏先故葬旺邊岡坐艮向坤兼丑未之
原一子　維逢

兆崧字　旋基長子母關氏生於光緒丁亥九月終
於民國
兆河字　旋基次子母關氏生於光緒　終於民國
兆生字　旋基三子母關氏生於光緒
兆濂字　廣基長子母孔氏生於光緒
兆松字　廣基三子母孔氏生於光緒
兆藻字瑞佳長基長子母陳氏生於光緒辛巳二月
二十九妻雲林陳氏
兆恩字瑞熙長基次子母陳氏生於光緒壬午十二
月初五妻丹竈謝氏
兆卓字　熠基長子母陳氏生於光緒戊子十一月
二十八
兆澎字　熠基次子母陳氏生於光緒庚寅九月十
二
兆勇原兆字　熠基三子母陳氏生於光緒乙未十

二月十四
兆富字 熠基景子嫡母陳氏生母區氏生於光緒
癸卯十一月初七
兆錦字 佑基長子母陳氏生於宣統辛亥四月十
七
兆淮字 佑基次子母陳氏生於民國戊午七月二
十九
新福字贊英長興長子母潘氏生於嘉慶戊寅七月
二十六終於道光戊申九月二十享年三十一葬沙岡妻
陳氏一子 用瑶
新挺字維英長興次子母潘氏生於道光癸未十二
月初四終莫考葬岡嘴妻林氏二子 用登 用變
新蔭字保英長興三子母潘氏生於道光丁亥七月
二十六終於光緒癸未十一月二十七享年五十七葬莫考
妻陳氏繼娶何氏二子 用緒 用千俱何氏出

新騷字　長發子母張氏生於道光庚子十一月初
六終葬莫考無嗣早亡
新意字美才長勝長子母方氏生於道光丙戌十月
十六終於咸豐乙卯四月十五享年三十葬沙岡妻別適
無嗣
新培字美恒長勝次子母方氏生於道光丙申十一
月十二終莫考葬省城杉吼妻高氏別適
新奇字美容長勝三子母方氏生於道光庚子九月
初四妻李氏三子　閏榮　閏波　閏銓
維清字簡修偉章長子母吳氏生於道光壬午十一
一月二十六終於咸豐辛亥八月初二妻馮氏別適往華
夏新村住
維瑶字瓊修偉章次子母吳氏生於道光丙戌十一
月十三終葬莫考妻馮氏繼娶何氏四子　長次三俱早
亡　拔開華夏新村住

維庸字喜修偉章四子母吴氏生於道光乙未六月初七終葬莫考妻梁氏四子　連開　富開　大開　四開早亡　俱華夏新村住

維由字鋈修國章四子母陳氏生於道光乙未閏六月初五終於咸豐乙己九月二十五葬細嶺妻梁氏一子志開華夏新村住

維以字澤修順章三子母馮氏生於道光丙午八月二十四終莫考妻霍氏合葬大路尾華夏新村住

維坤字　順章四子母馮氏生於葬莫考華夏新村住

海榮字潤華松林子母蘇氏生於同治已巳八月初一妻丹竈謝氏一子　滔芳

鑑榮字定華遇林長子母工生於光緒戊寅十月初六妻渦村李氏五子　秦芳　汝芳　鄧芳　蘇芳俱早亡　成鍋

柰榮字　遇林次子母何氏生於光緒辛巳十一月
初六終莫考葬省城未娶
拔榮字　遇林三子母何氏生於光緒丁酉八月初
七終於民國丁巳十二月二十二葬省城未娶
樂榮字達華景林子母李氏生於光緒丙子五月十
八終於光緒丁未九月二十八享年三十二葬竹逕岡妻
大果杜氏一子　玲芳
本榮字　允林長子母陳氏生於光緒庚辰十月初
一
顯榮字　允林字次子母陳氏生於光緒甲申九月
二十終於光緒　葬竹逕岡
江榮字　允林三子母陳氏生於光緒丁亥七月初
二
喜榮字　放林長子母何氏生於光緒庚辰七月十
二

堯榮字　放林次子母何氏生於光緒甲申七月十七終莫考葬后岡

聶榮字　放林三子母何氏生於光緒壬辰九月初八

福樹字華森拱平長子母梁氏生於光緒甲午十一月十八妻丹竈梁氏

福楠字華邦拱平次子母梁氏生於光緒丁酉八月初十妻麗山孔氏

福漢字　拱平三子母梁氏生於光緒庚子八月初二

福球字　拱平四子母梁氏生於光緒壬寅八月初六

興泰字　萬春長子母陳氏生於光緒乙亥八月初九妻本里方氏妾沙頭岸梁氏二子耀南　柱南俱梁氏出

興猷字　萬春次子母陳氏生於光緒戊寅十一月
二十七終葬莫考
允自字　萬富長子母黄氏生於同治癸酉三月初
一終於民國已未七月二十六葬竹逕岡未娶
永自字　萬富次子母黄氏生於光緒壬午五月十
一終葬莫考未娶
福光字華明萬德次子母李氏生於光緒庚寅二月
初七妻大杏張氏一子　新騷早亡
福標字華輝萬德三子母李氏生於光緒壬辰九月
初八妻灣頭杜氏
福貴字　萬開長子母陳氏生於光緒丁亥十月初
二終於光緒癸卯四月二十四葬香港
福棉字華慶萬開次子母陳氏生於光緒庚寅九月
二十五妻孔邊方氏二子　賜基　賜榮
福玲字　萬開三子陳氏生於光緒乙未九月十五

終於光緒戊戌七月二十二葬竹逕岡
福禄字　萬開四子母陳氏生於光緒辛丑七月二
十六
國輝字　端平子母杜氏生於失傳
國貞字　芳平子母神氏生於光緒丙子七月二十
福基字　衿平子母杜氏生於光緒己丑九月二十
四終於光緒丙午二月二十八葬竹逕岡
福葵字　金平子母陳氏生於光緒戊戌十一月二
十
福祥字華耀新平長子母謝氏生於光緒丙戌七月
二十六妻西城游氏一子　佐永
佐國　佐森
新騷字　新平次子母謝氏生於光緒丁亥十一月
早亡
福厚字　新平三子母謝氏生於光緒戊子二月二

十
福添字　新平四子母謝氏生於光緒丁酉二月三
十終於民國丁巳十一月初十葬岡嘴未娶
福賜字　新平五子母謝氏生於光緒戊戌十二月
二十六
福安字　新平六子母謝氏生於光緒辛丑七月二
十三
福盛字　新平七子母謝氏生於光緒甲辰十二月
二十七
福慶字　清平長子母梁氏生於宣統已酉六月二
十七
福澄字　清平次子母梁氏生於民國乙卯十二月
十五早亡
福潮字　清平三子母梁氏生於民國戊午八月二
十早亡

福餘字　昭平子母梁氏生於光緒丙午十月初一
溢元字再福保枝長子母張氏生於光緒戊寅五月
初一妻蘇村徐氏妾孔邊方氏一子　廣連方氏出
應元字志福保枝次子母張氏生於光緒癸未四月
二十六妻本里雲林陳氏二子　廣賢　廣孝
惠元字善福材枝長子母黄氏生於同治戊辰九月
初十終於光緒甲午四月十五享年二十七葬竹逕岡妻
蘇村蘇氏別適無嗣
以元字　材枝次子母黄氏生於同治巳巳正月十
七終於民國壬子四月初四享年四十四葬潤螺岡未娶
旺元字來福材枝三子母黄氏生於光緒戊寅十二
月二十二妻孔邊方氏一子　廣洛
偉元字　材枝四子母黄氏生於光緒乙酉二月二
十四
卓元字　材枝五子母黄氏生於光緒丁亥正月二

十三

騷元字　連枝子母游氏生於光緒丁丑九月初一
於光緒戊申四月二十六葬逕墟岡

相元字湛福成枝子母陳氏生於光緒癸未九月初
九終於民國丁巳八月　葬星架坡妻沙頭岸梁氏

汝韶字紹聲聚寧長子母謝氏生於光緒庚辰正月
二十九終於光緒丙午正月二十九享年二十七葬后岡
妻横塘李氏一子　以莊

汝芬字紹英聚寧次子母謝氏生於光緒辛巳十一
月十七妻丹竈謝氏二子　正章　正標

汝勤字　聚寧三子母謝氏生於光緒乙酉十月二
十五終莫考葬竹逕岡

尹進字　凌翰子母關氏生於同治甲戌八月初八
終於民國己未十月初十葬莫考妻楊氏

登進字　凌調長子母潘氏生於光緒壬午十月二

十七妻陳氏繼娶黎氏
澄進字　凌調次子母潘氏生於光緒已丑七月十
四
垣進字昌賢凌太長子母陳氏生於同治丙寅正月
二十五終於光緒庚寅九月二十享年二十五葬大坑岡
妻沙浦陳氏
鐸進字鳳賢凌隆次子母方氏生於光緒癸未二月
二十四終於民國戊午十月十五享年三十六葬大坑岡
妻西城潘氏三子　遇占　遇端　新騷早亡
松進字潤賢凌良繼子生母黃氏生於光緒丁丑十
二月初六妻陳氏妾蘇氏
蘇進字　凌北六子嫡母陳氏生母陳氏生於民國
乙卯十月二十
赤進字　凌北七子嫡母陳氏生母陳氏生於民國
已未九月初二

八進凌北八子嫡母陳氏生母陳氏生于　妻
氏
昆進字　凌荀子母陳氏生於光緒乙未十月二十
七
水進字　凌紹子母何氏生於民國乙卯四月初三
橋進字　凌載長子母吳氏生於光緒庚寅八月二
十一
高進字　凌載次子母吳氏生於光緒壬辰六月初
二終於宣統辛亥正月二十一享年二十葬外埠
漢進字　凌載三子母吳氏生於光緒庚子十一月
二十三
群進字瑞賢騰開次子母謝氏生於道光丙申十一
月十一終於光緒乙未九月二十二享壽六十葬火磚山
坐巳向亥兼丙壬之原妻蘇村蘇氏三子　恒源　秩源
早亡　福源

驥進字偉賢騰開三子母謝氏生於道光庚子十月十五終於光緒壬辰三月初十享年五十三葬竹逕岡坐甲向寅兼坤艮之原妻梅步何氏一子 泗源

貫進字嘉賢騰開四子母謝氏生於道光壬寅十月十一終於光緒癸巳七月二十一享年五十二葬市口岡嘴坐丁向癸兼午子之原妻大杏張氏二子 騷源 洪源

添進字廣賢成林長子母林氏生道光丙申六月初五終於光緒丁酉十月初八享壽六十二葬后岡妻關氏妾林氏

來進字惠賢成林次子母林氏生於道光庚子三月二十終於宣統庚戌正月二十二享壽七十一葬妻陳氏三子 遇容 遇明 遇坤

興進字 相林子母黃氏生於 往陽山住

凌進字 胖林長子母梁氏生於道光庚子二月初

十終莫考葬后岡妻關氏無嗣
顏進字英賢胖林次子母梁氏生於道光壬寅九月
十九終於民國丙辰正月二十七享壽七十五葬竹逕岡
妻何氏三子　樵芬　會芬　仲芬
德進字福賢胖林三子母梁氏生道光甲辰十一月
二十一終於光緒壬辰二月十六享年四十九葬后岡妻
鄧氏繼娶何氏妾吴氏一子　苡芬吴氏出
敬進字禮賢胖林四子母梁氏生終葬莫考妻陳氏
無嗣
魁進字　眷林長子母黄氏生於同治乙丑四月初
五終於民國乙卯九月二十八享年五十一葬后岡妻黄
氏無嗣
梯進字　眷林次子母黄氏生於同治戊辰十二月
二十五終於光緒辛丑三月十八享年三十四葬后岡妻
陳氏無嗣

報進字　眷林三子母黄氏生於同治庚午十一月
十七終於民國己未九月十八享年五十葬　妻大渦張
氏一子　棉芬
順進字　材林子母　氏生於　往連州住

孟房二十四世

會才　悦富子嫡母林氏生母黄氏生于同治甲子
十二月十一終于光緒戊寅五月二十八葬逕圩岡妻大
岡潘氏未娶歸家守節

汝蘇字振遠潤富子嫡母李氏生母陳氏生于光緒
癸巳正月十四妻枚步何氏

灼新　權忠長子母方氏生于一九四三年妻劉氏
生一子　瑞田

慶新　權忠次子母方氏生于一九五一年

家新　權忠三子母方氏生于一九五四年妻周氏

燦新　權忠四子母方氏生于一九六六年

銘新　文忠子母　氏生于一九五二年

慶新　耀忠子母　氏生于一九四二年十二月十
四妻梁氏生一子　永泉

强新　耀忠子母　氏生于一九四五年正月十八

妻李氏生一子　德輝
維新　耀忠子母　氏生于一九四七年十月十一
妻邵氏
雲漢　才芳子嫡母張氏生母梁氏生于光緒丙戌
十月三十終于光緒乙未八月十一葬何屋岡
秦漢　才芳次子嫡母張氏生母梁氏生于光緒乙
丑十月二十九
松漢　才芳五子嫡母張氏生母潘氏生于宣統巳
酉十一月初三
廣漢　芬芳四子母張氏生于光緒戊戌九月三十
英漢　芬芳五子嫡母張氏生母陳氏生于光緒巳
亥六月初六
滿漢字奇昌錦芳長子母蕭氏生于光緒壬辰六月
初一妻陳氏
朝漢　錦芳次子母蕭氏生于光緒甲午五月十一

終于宣統己酉葬省城
輝漢　錦芳三子母蕭氏生于光緒辛丑六月二十
三
鮻漢　林芳次子母陳氏生于光緒甲辰四月初六
妻陳氏生一子　標禮
恩漢　林芳三子母陳氏生于光緒丁未四月初六
終于宣統庚戌十一月初四葬何屋岡
燡漢　林芳四子嫡母陳氏生母方氏生于宣統己
酉十一月初九
煜漢　林芳五子母陳氏生于宣統辛亥二月初
四妻　氏生二子　標恒　標遠
燎漢　林芳六子母陳氏生于民國癸丑五月十八
終葬莫考
楠漢　林芳七子嫡母陳氏生母方氏生于民國乙
卯四月二十八妻張氏生二子　標成　標泰

桃漢　林芳八子嫡母陳氏生母方氏生于民國辛
酉四月十八
炆漢　林芳九子嫡母陳氏生母方氏生于甲子六
月十五妻歐氏生二子　標明　標洪
拾漢　林芳十子嫡母陳氏生母方氏生于民國乙
亥八月二十四妻蘇氏生一子　標顯
銓漢字奇柏杰芳長子母李氏生于光緒癸巳九月
二十七妻佛山楊氏
銘漢　杰芳次子母李氏生于光緒壬寅六月二十
九
甜漢　華方五子母霍氏生于民國戊午二月二十
五
昭漢字奇德茂芳長子母馮氏生于光緒戊子二月
初九妻沙滘何氏
冬漢　茂芳次子母馮氏生于光緒壬辰十二月十

八終于一九八一年九月十四妻陳氏生一子　標榮
江漢　茂芳四子母馮氏生于光緒甲辰二月十五
洪漢　灼芳子嫡母甘氏生母陳氏生于一九三六
年六月十二妻張氏
永漢　灼芳次子嫡母甘氏生母陳氏生于一九四
四年正月十二妻陳氏生一子　標銓
偉漢　榴芳長子嫡母陸氏生母陳氏生于一九二
六年七月二十八終于一九九九年四月十二妻　氏生
二子　恩榮　展鵬
國漢　榴芳次子嫡母陸氏生母陳氏生于一九三
七年九月二十八妻麥氏生二子　德榮　智榮
柏祥字德猷能興次子母陳氏生于同治壬申四月
二十七妻關氏
壯祥字大猷能養長子母何氏生于光緒辛巳八月
十八終于光緒壬寅二月初十妻方氏無嗣

裕祥字遠猷能養次子母何氏生于光緒癸未正月

初八妻大杏甘氏生二子　日章　韶章

世祥　能養三子母何氏生于光緒庚寅十一月十

九妻陳氏生一子　福章

煊祥　能養四子母何氏生于光緒甲午八月十三

妻陳氏無嗣

教祥字弼猷能婢子母陳氏生于光緒戊寅二月十

六妻孔邊方氏生二子　富深　富東

長根字道生基錫長子母李氏生于光緒辛巳九月

二十一妻大渦符氏生一子　銓發

長遠字道明基錫次子母李氏生于光緒丙戌三月

二十九妻紫洞潘氏

長廉　潛錫子母何氏生于光緒辛卯五月十一

侍祥　能超子嫡母張氏生母何氏生于光緒戊申

保祥　能佳子母陳氏生于民國辛酉七月十三終

于一九八二年十月初七妻張氏生三子 耀章 廷章
維章
作贊字國榮世康長子母游氏生于光緒乙未六月
十五終于一九六二年妻張氏繼室黎氏生六子 壽年
萬年 景年張氏生 潤年 用年 貫年俱黎氏出
作聯 世康次子母游氏生于光緒戊戌八月十四
無嗣
作棉 世康三子母游氏生于光緒辛丑四月十八
無嗣
作田 世康四子母游氏生于光緒甲辰正月十四
無嗣
作廣 世康五子母游氏生于光緒戊申二月十六
妻何氏繼馮氏生三子 成年 志强 志光
作球 世朗子母梁氏生于光緒丙戌十一月二十
四外出

作祥字國升世熾長子母關氏生于光緒丙子四月十四妻尹氏

作堅字國明世熾次子母關氏生于光緒丁丑九月十七妻沙水劉氏生三子 樹年 浩年 樂年

作慶字國有世熾三子母關氏生于光緒戊子十二月二十五妻大杏甘氏生一子 郁年

作儀 世熙子母梁氏生于光緒辛丑十二月十六妻氏生一子 永年

作圖 世英子嫡母馮氏生母黃氏生于光緒壬寅三月二十三

作為 世良長子母游氏生于光緒庚子閏八月初一

作圍 世良三子母游氏生于民國癸丑四月二十七

作盤 世良五子母游氏生于民國乙未八月十六

作霖　世杰長子母陳氏生于光緒丙午正月十四
作標　世杰次子母陳氏生于宣統庚戌十月十一
作燊　世杰三子母謝氏生于民國庚申七月十六
作梅　世勤長子母蘇氏生于光緒壬寅十月初四
作慈　世勤次子嫡母蘇氏生母林氏
作騏　世勤三子嫡母蘇氏生母林氏
象芬　利江子母馮氏生于光緒庚寅四月十九無
嗣
領芬　餘江子母梁氏生于光緒辛卯五月十六終
于一九六零年五月初六妻陳氏生四子　衆和　仁和
俱早亡　港和　觀和
衿芬　汝江長子母陳氏生于光緒庚子十一月初
三無嗣
禮芬　汝江次子母陳氏生于民國甲寅九月十五
無嗣

棉芬　八江長子母馮氏生于光緒丙午四月初四
無嗣
棟芬　八江次子母馮氏生于民國壬子十二月初
九終葬莫考妻區氏生二子　紹和　慶和
照芬　八江三子母馮氏生于民國甲寅十二月二
十八終于一九七二年七月二十三妻區氏生三子　咏
和　金和　次和
七芬　八江七子母馮氏生于民國庚申十一月初
四外出
勝芬　昆江長子母梁氏生于光緒丁未十一月二
十七妻黄氏無嗣
佑芬　昆江次子母梁氏生于宣統辛亥八月二十
終于一九七六年七月初六妻游氏生四子　大和早亡
勇和　根和　志和
牛芬　昆江四子母梁氏生于民國戊午三月初四

無嗣

鐵芬　銘江長子母梁氏生于光緒甲寅二月初一

無嗣

鋒芬　銘江次子母梁氏

淦芬　祺江子母潘氏生于宣統戊戌二月十二無

嗣

培芬　志江子母梁氏生于光緒癸巳十月初二無

嗣

流芬字應基恩江長子母何氏生于光緒壬癸十二

月十二終于民國丁巳十月初六享年二十六葬后岡妻

張氏

聯芬　恩江次子母何氏生于光緒乙巳八月二十

二無嗣

永芬　淡江長子母陳氏生于一九五四年十一月

十八妻鍾氏生三子　樹德　樹堅　樹銘

偉芬　淡江次子母陳氏生于一九五八年七月二
十一妻梁氏生一子　沛麟
澄芬字養基務江長子母方氏生于光緒壬寅六月
十七終葬莫考妻陳氏生二子　新蘇　樵和
燕芬字彩基務江次子母方氏生于光緒乙未二月
十八終于一九六一年六月妻梁氏生九子俱早亡　國
和　文和
樹芬　坤江長子母陳氏生于光緒庚寅十月初十
無嗣
鐘芬　坤江次子母陳氏生于光緒乙未九月十五
無嗣
桂芬　坤江三子母陳氏生于光緒辛丑十月二十
七終葬莫考
虾芬　煜江三子母陳氏生于宣統已酉十二月初
四

焕芬　煜江四子母陳氏生于宣統辛亥三月初三

喜芬　盛江長子母梁氏生于宣統辛亥九月初五

無嗣

祥芬　盛江次子母梁氏生于民國乙卯九月二十

一無嗣

昭芬　鵬舒長子母陳氏生于宣統辛亥三月二十

三無嗣

苟芬　鵬舒次子嫡母生母陳氏生于民國丙辰七

月初十終于一九八六年七月二十八妻李氏生四子

文和早亡　偉和　勝和早亡　柏和

禧芬　鵬舒三子嫡母生母陳氏生于民國庚申九

月初七無嗣

利標　始雄長子母陳氏生于光緒己卯十二月初

五終葬莫考無嗣

利泉　始雄次子母陳氏生于光緒丁亥三月初四

終葬莫考無嗣
利忠　始雄三子母陳氏生于光緒庚寅
利通字達賢景雄長子母陳氏生于光緒己卯九月
初八終葬莫考竹逕妻關氏生三子　福來　福元　福贊
利添　景雄次子母陳氏生于光緒丁亥六月初八
終葬莫考無嗣
成燦字為生偉文長子母徐氏生于同治丁卯十一
月二十三妻方氏終莫考葬村頭岡無嗣
成亮　偉文次子母徐氏生于同治己巳十二月初
二終莫考葬村頭岡無嗣
成金　偉文三子母徐氏生于光緒丁丑十二月十
三終莫考葬村頭岡無嗣
乃鎏　應忠長子母徐氏生于光緒壬寅五月二十
二終于一九六一年四月十一妻潘氏生三子　富棉
富洪　富梁

乃耀　應忠次子母徐氏生于光緒戊申十二月二十四早亡

乃材　應忠三子母徐氏生于民國癸丑十一月初十終葬莫考妻李氏生三子　富輝　富澤　富江

乃陸　應忠四子母徐氏生于民國丁巳五月初二終于甲戌年十一月初五妻陳氏生二子　富昌　富明

乃春　應忠五子嫡母徐氏生母梁氏生于民國癸酉九月初二妻陳氏生二子　富盛　富國

景渠　廣如長子母周氏生于光緒癸巳六月十八失傳

景燊　廣如次子母周氏生于光緒丙申十一月二十三無嗣

景楠　廣如三子母周氏生于光緒己亥八月十二十六外出

景祥　瀚如長子母張氏生于光緒壬午八月十一

終于光緒庚子八月二十六寄柩于天津閔粤山莊
景球字聚賢瀚如次子母張氏生于光緒甲申十二
月十六終于光緒乙巳六月二十五葬獅頭岡妻黄氏無
嗣
景濂字永光瀚如三子母張氏生于光緒丁亥四月
二十四妻謝氏生一子　煥來外出
南長字進高蘭芳長子母杜氏生于光緒辛巳五月
二十一妻馮氏無嗣
南慶字雲高蘭芳次子母杜氏生于光緒乙酉三月
初九終于民國辛酉五月二十六葬三丫囹上岡妻杜氏
生二子　達用　新蘇早亡
南永　蘭芳三子母杜氏生于光緒丁亥十一月二
十九終葬莫考無嗣
南顯字明高蘭芳四子母母杜氏生于光緒壬辰九
月十七妻西城潘氏

南柱字梁高蘭瑞長子母張氏生于光緒戊子九月
二十四妻游氏生三子　達燃　達朗　達灼
南潘　蘭瑞次子母張氏生于光緒乙未八月十八
終于民國丁巳五月初八葬村頭岡無嗣
成濂　養大長子母朱氏生于光緒辛卯四月十六
鏡濂　養大次子母朱氏生于光緒癸巳十二月二
十九
棣濂　養大三子母朱氏生于光緒丁酉四月初一
晚濂　養大四子母朱氏生于光緒庚子十二月十
四無嗣
華濂　悠大長子母梁氏生于民國壬子六月初九
無嗣
二蘇悠大次子母梁氏生于民國已未十一月十八
無嗣
瑞祥字寶光昆耀子母區氏生于同治丙寅十二月

十四妻丹竈梁氏生二子　紹珠　新蘇早亡
瑞禧字葆輝昆焕次子母何氏生于光緒辛卯七月
二十七妻沙岸方氏
瑞英字葆全昆煜長子母陳氏生于同治辛未十月
初二妻竹逕關氏娶梅步何氏生一子　洲泰何氏出
瑞雄字葆財昆煜次子母陳氏生于光緒庚辰二月
二十妻丹竈方氏生一子　潘泰星州住
瑞釗字葆群昆煜三子母陳氏生于光緒乙酉九月
十六妻本里方氏生二子　忠泰　成泰
瑞廷字昆煜四子母陳氏生于光緒庚寅終于民國
已未九月十五葬岡咀
瑞斌　昆煜五子母陳氏生于光緒甲午十月終于
民國壬子四月二十六在上海身故
瑞錫字昆煜三子母陳氏生于
瑞通　昆再長子母謝氏生于光緒戊子五月初七

終于光緒戊申二月葬竹逕岡
瑞香　昆再次子母謝氏生于光緒庚寅正月二十
四
瑞牛　昆五五子嫡母陳氏生母許氏生于民國甲
寅八月二十八
瑞朝　玉宸子母陳氏生于光緒乙亥十月初五終
于光緒葬大坑岡
森遠字上林長允子母陳氏生于同治壬申七月初
十終于光緒丙午葬村頭岡妻伏水陳氏
懷遠字鵬超長璧子母陳氏生于光緒庚寅十二月
初四妻蘇村陳氏終葬莫考無嗣
光遠　長純子母高氏生于光緒辛巳八月初五終
于光緒葬伏水岡
滔遠　長賢子母謝氏生于光緒庚子十月十四妻
梁氏無嗣

材遠　長暖子母徐氏生于宣統辛亥十二月二十

一妻梁氏生一子　榮

能遠　長貴子母嚴氏生于光緒乙丑七月十一

仲遠　長貴次子母嚴氏生于光緒甲午二月初六

終葬考葬區屋岡

月生　長寬子嫡母關氏生母白氏生于民國丙辰

二月十七

雄遠　長培長子母方氏生于光緒癸卯二月二十

三

盛遠　長培四子母方氏生于光緒戊申五月初八

定遠　長八子母顧氏生于光緒辛丑八月十三

潤遠　長崧長子母張氏生于光緒辛丑十一月初

十

熾遠　長崧次子　張氏生于宣統辛亥十月初六

寄遠　長全子母謝氏生于宣統庚戌十月十一

維梁字瑞祥文明長子嫡母梁氏生母夏氏生于同
同治丙寅十月十二終于光緒庚寅十二月二十八葬一
社岡妻鄧氏無嗣
維照字致祥文明次子嫡母梁氏生母夏氏生于同
治甲戌八月十八妻香山李氏生二子　顯振　顯鏡
維柱字啓祥文明三子嫡母梁氏生母夏氏生于光
緒丁丑六月初五妻沙浦陳氏生一子　顯祺
維林　文升長子母鍾氏生于同治壬戌八月十二
維泉　文升次子母鍾氏生于同治乙丑六月二十
二
維農　文升三子母鍾氏生于同治辛未十月初七
維焯　文娣長子嫡母陳氏生母徐氏生于光緒壬
寅六月初六
維邦　文娣次子嫡母陳氏生母徐氏生于光緒乙
巳九月十三

維浩　文娣三子嫡母陳氏生母徐氏王氏生于宣
統辛亥五月初五
維佑　文娣四子嫡母陳氏生母王氏生于民國丁
巳二月二十九妻陳氏生四子　顯發　顯潮　顯寶
顯崧
維潤　利余子母吴氏生于同治辛未二月二十妻
氏生一子　顯成
亨基字永葉汝廣子母杜氏生于同治甲戌十月十
六妻本里陳氏妾陳氏生六子　大蘇早亡　二蘇早亡
福炎嫡出　福鈿　福蘇　福華俱庶出
繼八　汝球子母謝氏生于光緒丁未九月十三妻
氏生一子　福耀
繼昌　汝再長子嫡母游氏生母鄧氏生于光緒庚
子十月十四
繼全　汝再次子母游氏生于光緒辛丑七月十一

繼鴻　汝再四子嫡母游氏生母鄧氏生于光緒癸卯十月十三

繼藻　汝再五子母游氏生于光緒甲辰二月二十九

繼忠　汝再六子嫡母游氏生母陳氏生于光緒乙巳九月初九

繼孝　汝再十子嫡母游氏生母陳氏生于民國癸丑六月十一

繼咸　汝惟長子嫡母陳氏生母陳氏

繼茂　汝惟次子嫡母陳氏生母陳氏

繼爽　汝惟三子嫡母陳氏生母陳氏

繼聰　汝楊長子母關氏生于同治癸酉七月初十終莫考葬香港無嗣

繼科　汝楊次子母關氏生于光緒丁丑八月十九

終于　十一月十四葬庵邊岡妻陳氏無嗣
繼程　汝瑶繼子繼母余氏生母黄氏生于宣統庚
戌十二月十五妻林氏生四子　福輝　福鱗　福麒
福光
繼淦字浩業汝潛三子嫡母何氏生母陳氏生于光
緒乙酉十一月初四妻謝氏生二子　大蘇早亡　福有
早亡
繼谷字成業汝潛四子嫡母何氏生母陳氏生于光緒終
于光緒丙午二月十九葬三丫圀妻仙岡陳氏無嗣
繼教字寬葉汝潛五子嫡母何氏生母陳氏生于光
緒癸巳八月初一妻謝氏
繼釗字盛業汝潛六子嫡母何氏生母周氏生于光
緒庚子正月初二妻竹園火鄧氏
繼悦字敬業汝達三子嫡母陳氏生母吕氏生于光
緒庚辰七月十四妻梁氏妾陳氏生八子　福日陳氏出

福日陳氏出　福丙早亡　福漢早亡　四蘇早亡
福棉已故　六蘇早亡　福長　福耀
繼尚字文葉汝達五子嫡母陳氏生母呂氏生于光
緒甲申七月初三妻謝氏
繼滿字富葉汝達六子母陳氏生于光緒乙酉十月
十六妻潘氏妾孔氏生四子　福志　二蘇　福珠三人
早亡　福根
繼林字泉葉汝達七子嫡母陳氏生母呂氏生于光
緒丁亥閏四月初八
繼慶字祥葉汝達十二子嫡母陳氏生母霍氏生于
光緒乙巳五月二十九妻何氏生一子　福備
繼英字　汝達十三子嫡母陳氏生母霍氏生于宣
統庚戌十月初四妻　氏生二子　福毅　福堅
繼申　汝達十四子嫡母陳氏生母霍氏生于民國
壬子十一月二十七妻　氏生一子　克敵

繼珠　汝達十六子嫡母陳氏生母霍氏生于民國戊午三月二十妻　氏生一子　家才
繼棟字桂業汝琚子嫡母馮氏生母謝氏生于光緒丁酉六月初二妻陳生一子　福灌
繼熾字煒業汝澤六子母張氏生于光緒庚子九月初七妻方氏
繼煖　汝澤七子母張氏生于光緒丙午九月二十四
繼十　汝澤十子嫡母陳氏生母黄氏生于民國丙辰正月初十妻方氏生二子　福巨早亡　福彬
繼周　汝澤十一子嫡母陳氏生母梁氏生于民國辛酉四月十五妻　氏一子　銘宗
繼元字守業號偉才汝標長子母梁氏生于光緒辛丑九月二十八妻梁氏妾周氏生四子　福流早亡　志豪　志雄　志聰

繼錢字劍業號選儒汝標次子嫡母梁氏生母鄧氏
生于光緒甲辰九月十一妻龍氏
繼江 汝標三子嫡母梁氏生母邵氏生于光緒乙
酉二月二一
繼本 汝標四子嫡母梁氏生母黄氏生于民國癸
丑三月十九
啓元 兆倫長子母李氏生于光緒戊寅十二月十
九
啓杰 兆倫次子母李氏生于光緒丁亥四月十八
啓明 兆棠子嫡母陳氏生母李氏生光緒乙巳十
一月二十九
啓河 喬輝三子之長子母梁氏生于光緒辛巳十
二月十六終葬莫考葬石仔岡
啓湖 喬輝三子之三子母梁氏生于光緒 戊戌四
月二十八

啓林　兆相子母游氏生于民國壬子十一月十八
啓湛　兆藝子母陳氏生于光緒丁亥九月二十一
終葬莫考
啓鐸字振遠兆佳子母游氏生于光緒癸未三月初
五妻杜氏生三子　新蘇早亡　洪珍　孔珍
啓允字成遠兆良長子母方氏生于光緒乙酉十二
月初六妻謝氏生一子　始珍
啓義　兆良次子母方氏生于光緒辛卯六月初二
啓崧　兆良三子嫡母方氏生母李氏生于光緒壬
辰十二月初五
詔康　兆良四子嫡母方氏生母李氏生于光緒戊
戌十月十八終于民國庚申正月十九葬石仔岡
啓流　兆騏長子母游氏
啓發　兆騏次子母游氏
啓聯　兆騏三子母游氏

啓榮　兆騏四子母游氏
啓勝　兆騏五子嫡母游氏生母吴氏
啓煊　兆鵬子嫡母游氏生母謝氏生于光緒甲辰
八月初一
榮奀　兆鐺三子母方氏
榮標　兆當四子母方氏　妻　氏生二子　達
德　達聰
榮洪　兆當五子母方氏生于一九一八年妻余氏
生四子　達成　達華　達强　達文
自煥　興池長子母杜氏生于光緒乙巳十二月十
七
自泰　興池次子母杜氏生于宣統辛亥六月二十
四
自成字明芳興干長子母關氏生于光緒辛巳三月
二十八妻陳氏

自生字瓊芳興干次子母關氏生于光緒甲申十月
二十妻方氏生三子　國柱　國思　國新俱早亡
自會　興干三子嫡母陸氏生母陳氏生于光緒丁
亥九月二十七終葬莫考
自培　興亮子母陳氏生于光緒丁亥正月十七終
葬莫考
自綿字長芳興惠子母温氏生光緒甲申十二月初
二終于民國庚申七月初五葬沙岡妻謝氏生一子　得
勝早亡
仕壬字桂芳興贊子母吴氏生于光緒已卯二月二
二妻符氏生一子　賀根早亡
成茂字丙芝紹倫子母關氏生于咸豐甲寅二月二
十八終于光緒乙未九月二十二妻佛山盧氏無嗣
柏茂字丙剛紹拳仰長子母謝氏生于同治壬戌九
月初一妻鹿大岡林氏

永茂　紹仰次子母謝氏生于同治丁卯十一月十
六終葬莫考妻黎氏無嗣
宏茂字丙林紹仰四子母謝氏生于光緒戊寅四月
二十五妻潘氏繼娶黄氏生三子　英韋　英本　英周
俱黄氏出
年茂　紹仰五子母謝氏生于光緒辛巳閏七月十
六于于光緒戊戌三月十一葬省城無嗣
年茂　紹仰五子母謝氏生于光緒辛巳閏七月十
六終于光緒戊戌三月十一葬省城無嗣
高茂字丙祥紹協繼子繼母陳氏生母謝氏生于光
緒乙亥九月初八妻杜氏
念茂　紹恒四子母何氏生于光緒甲申十月初三
本茂　紹恒五子母何氏生于光緒丁亥終葬莫考
宇茂　紹熙繼子生母何氏生于光緒戊寅七月初
六終葬莫考

桃茂　紹光子母劉氏生于同治甲戌十一月二十
四終于光緒丙午二月二十四葬閹邊岡妻本里陳氏
羽光字耀芳聚慶長子母胡氏生于乾隆乙卯七一
十二終于同治三月十一葬寶岡妻李氏無嗣
羽來字遠芳聚慶次子母胡氏生于嘉慶甲子八月
二十二終于道光乙丑五月初七葬蚺蛇杳妻陸氏無嗣
羽貴字榮芳聚慶三子母胡氏生于嘉慶己巳二月
二十二終于光緒辛巳七月十七享壽七十三葬蚺蛇杳
妻何氏生一子　長第
羽球字應芳聚無均子母李氏生于嘉慶己巳正月
二十五終于光緒丙子六月二十八享壽六十八妻李氏
合葬西邊坑生一子　群第

仲房二十四世
本發字　全第子嫡母陳氏生母方氏生于民國辛

酉八月十六　無嗣
清來字道開廣培次子母陳氏生于同治辛未二月
十六終于民國丁巳十二月初六葬大竹岡妻孔邊方氏
生三子　朋勝　達勝　堯勝
秋來字禮開廣培長子母陳氏生于同治壬申二月
十六終于光緒癸卯十一月十二葬白沙岡妻何氏生一
子　湛倫早亡
芬來字蘭開廣培三子母陳氏生于光緒庚辰八月
二十一終于宣統庚戌四月初二葬莫考妻南村梁氏生
二子　發倫早亡　長倫早亡
福來字祺開廣雲長子母陳氏生于光緒壬辰九月
初十妻陳氏生四子　新生早亡　啓勝無娶　潤勝
耀勝
南來字　廣雲次子母陳氏生于光緒辛丑七月十
七終葬莫考無嗣

桐章字　悅錦長子母陳氏生于光緒庚辰九月二
十五終于民國甲寅六月二十三葬海滂埠妻陳氏生一
子　滿保失傳
廣章字悅錦次子母陳氏生于光緒甲午十月二十
鑑章字宏開文錦次子母陳氏生于光緒乙亥五月
十八妻梁氏先故繼室郭氏
燮章字燦錦次子母陳氏生于光緒癸未十一月二
十早亡
浩章字湛開君錦子母陳氏生于光緒丁亥七月初
十妻薛氏生一子　惠保
淡培字汝慶長子母張氏生于光緒丙子十一月十
七妻　氏生一子　利南
炎培字汝慶次子母張氏生于光緒乙酉三月十七
早亡
冬培字南和汝慶三子母張氏生于光緒戊子十一

月二十七妻丹竈謝氏往雲南往終葬莫考

牛培字葉和汝周長子母潘氏生于光緒癸未二月

初十妻本里方氏生五子　利彬　利竈　利貞　利順

利益

啓培　汝周次子母潘氏生于光緒丙戌二月初十

早亡

有培　汝求子　在星架坡住

玲培　汝添子母陳氏生于宣統辛亥七月二十終

葬莫考生二子　利鈞　利昌

俊洛　柏成子母關氏

俊步　柏成子母關氏

俊生　柏直子母方氏

俊定　柏直子母方氏

俊朝　柏直子母方氏以上五人俱外出

澤年字潤和汝崧子母謝氏生于光緒乙未十月初

六終葬莫考生二子 利權 利滔
富鋭字溪玲長子母陳氏生于光緒乙巳十二月三
十妻孔邊方氏鄧氏生三子 瑞泉 瑞楊 瑞良終葬
莫考
富明字溪玲次子母陳氏生于光緒丁未六月二十
八妻鄧氏生一子 瑞劍終葬莫考
富景字溪玲三子母陳氏生于宣統庚戌十二月初
三妻竹逕關氏生一子
富稔字溪玲四子母陳氏生于民國乙卯三月初七
妻
富標字 溪玲五子母陳氏生于民國已未六月二
十二妻 方氏 生一子瑞釗
富永字坤玲子母張氏生于一九三零年 妻王氏
生三子 瑞鐘 瑞强 瑞賢
國權字滿玲子母方氏生于民國庚申十一月十三

妻楊氏生三子　浩麟　浩彬　浩基
國霖字輝玲子母陳氏生于一九三零年六月十二
妻梁氏生一子　偉賢
國源字輝玲次子母陳氏生于一九三七年八月八
日妻劉氏
近冬字永悦朗賢長子母張氏生于光緒庚辰九月
十三妻本里陳氏生二子　遇康　錢康
溢冬字朗賢次子母張氏生于光緒壬午十月二十
三終于光緒辛丑十二月二十九享年二十一葬沙岡無
嗣
春冬字永泉朗賢三子母張氏生于光緒丙戌正月初
二妻丹竈謝氏生三子　棠康　志康　真康終葬莫考
年冬字朗賢四子母張氏生于光緒丁亥十二月二
十六早亡
五冬　朗賢五子母張氏生終葬莫考早亡

六冬　朗賢六子母張氏生于光緒丁酉五月初八
終于民國甲寅四月十四享年二十葬沙岡無嗣
明冬　滔賢長子母陳氏生于光緒丙申九月十三
無嗣
利冬　滔賢長子母陳氏生于光緒辛丑十月二十
一無嗣
熾冬字永燊棟賢長子母高氏生于光緒乙酉十一
月初五妻孔邊方氏無嗣
焯冬字永昭棟賢次子母高氏生于光緒庚寅十二
月初一妻大杏甘氏生一子　棉康外出
煊冬字永熹棟賢三子母高氏生于光緒癸巳十二
月初八妻孔邊方氏生一子　濂康外出
盈冬字　棟賢四子早亡
桂冬字　棟賢五子母高氏生于光緒辛丑七月初
十妻謝氏生一子　健康

勝根字 廣恩長子母陳氏生于一九二五年四月
二十五妻本里張氏生一子 慶堅
大妹字晉榮長子母梁氏生于光緒丁未三月十二
終于一九四九年妻黃氏生二子 炎 洪根
大初字晉榮次子母梁氏生于宣統己酉六月初八
終葬莫考妻 氏生二子 瑞明 瑞光
大金字晉榮三子母梁氏生于民國壬子十月十一
終葬莫考妻何氏生二子 培有 錦培
大泗字晉榮四子母梁氏生于民國乙卯五月二十
一終葬莫考妻林氏生一子 世英
大五 晉榮五子母梁氏生終葬莫考早亡
大開 晉榮六子母梁氏生莫考終于一九九四年
妻 氏生六子 少基 權 松 森 添 根
章綿字雅庸文英長子母陳氏生于光緒壬午五月
二十二妻孔邊方氏生一子 旋培無嗣

相綿　文英次子母陳氏生于光緒七月二十四早
亡
淦綿　文英三子母陳氏生于光緒辛卯四月三十
無嗣
銘綿　文英四子母陳氏生于光緒壬巳五月十一
無嗣
五第　文英五子母陳氏
考綿　獻良長子母陳氏生終葬莫考妻方氏早亡
澤綿字雅頌獻良次子母陳氏生于光緒戊寅九月
十八妻伏水陳氏妾吴氏鐘氏終葬莫考無嗣
颸綿字雅博獻良三子母陳氏生于光緒辛巳八月
十二妻莊邊梁氏繼娶關氏終葬莫考生六子　慶國
慶二　慶崧　慶銓　慶椿　慶端
禮綿字雅文獻良四子母陳氏生于光緒乙酉十月
初二終葬莫考妻仙岡陳氏妾梁氏生四子　慶麟梁氏

出 慶光 慶斌 慶强俱陳氏出
植綿字雅明獻良五子嫡母陳氏生母潘氏生于光
緒丙申四月十九終葬莫考妻伏水陳氏無嗣
禄綿字獻良六子嫡母陳氏生母潘氏生于光緒壬
寅五月初三終葬莫考妻陳氏生六子 慶堅 慶聰
慶宣 慶城 慶常 慶瑳
藝綿字煜良長子母陳氏生于光緒丙戌十二月初
十終早亡莫考
焱綿字雅榮煜良次子母陳氏生于光緒戊子十一
月初四妻用里林氏無嗣終葬莫考
在綿字雅南朝良長子母陳氏生于光緒甲戌十二
月二十六妻本里方氏終葬莫考無嗣
浩錦字雅結朝良次子母陳氏生于光緒丁丑八月
十六妻孔邊方氏終葬莫考生六子 原培早亡 曉培
早亡 甜培早亡 潛培無嗣 新蘇早亡 有培早亡

履綿字雅慶杰良長子母陳氏生于同治辛未十月
初四在外埠終葬莫考妻竹逕關氏終于民國戊午三月
二十二葬大坑岡西向無嗣
祺綿字雅樓杰良次子嫡母陳氏生母李氏生于光
緒辛巳閏七月十六妻冄竈梁氏終于一九七一年六月
十七葬石仔岡生七子　楠培無嗣　新蘇早亡　册培
早亡　撰培無嗣　新蘇早亡　養培　七培早亡
能綿字雅言杰良三子嫡母陳氏生母鄧氏生于光
緒乙酉正月初二妻莊邊馮氏終葬莫考無嗣
時綿字雅宜杰良四子嫡母陳氏生母鄧氏生于光
緒壬辰六月十八妻大亨甘氏終葬莫考生一子　葉培
創綿字杰良九子嫡母陳氏生母關氏生于光緒己
亥七月二十二終葬莫考生一子　耀培
世綿字杰良十一子嫡母陳氏生母關氏生于光緒
丙午九月二十九終葬莫考妻張氏生三子　照培　娣

培 秋培

紹綿字雅正滔良長子母關氏生于同治壬申二月
二十終于光緒丙午九月初五葬海防埠妻仙岡陳氏生
三子 善培 衍培 應培

岳綿字滔良次子母關氏生于光緒甲申九月二十
五終于光緒辛丑十月初三葬三丫圍無嗣

葉綿 滔良三子母關氏生于光緒丁亥八月二十
六早亡

暢綿字雅棠緒良長子母方氏生于光緒辛巳五月
十六妻竹逕關氏先故葬麗山右便牛角岡謝氏大婆挂
榜坐乾向巽兼丑未繼室何氏生四子 燊培無嗣 早
培早亡 佐培早亡 燦培俱何氏生

經綿字雅碧裕良次子母李氏生于光緒庚子二月
初十終于民國乙卯八月初三葬大松岡妻孔邊方氏無
嗣

桃綿字雅林裕良三子母李氏生于光緒戊戌三月初七終于民國庚申二月二十五葬大松岡妻丹竈謝氏無嗣

七綿字裕良七子母李氏生母梁氏生于民國戊午二月初二無嗣

八綿字裕良八子嫡母李氏生母梁氏生于民國庚申五月十八無嗣

恂綿字　享良長子母方氏生于光緒乙酉三月十八早亡

昌綿字雅藩享良次子母方氏生于光緒戊子六月十八妻丹竈謝氏生一子　約培早亡

松綿字享良三子母方氏生于光緒丙申八月二十五早亡

祥綿字享良四子母方氏生于光緒已亥四月二十五妻葉氏生一子　文培終葬莫考

五綿　享良五子母方氏生于光緒辛丑十一月十
四無嗣
立綿　十良長子嫡母康氏生母區氏生于光緒戊
申九月十九無嗣
翰綿　十良次子嫡母康氏生母區氏生于宣統辛
亥四月二十一無嗣
曠綿字玉良次子母林氏生于光緒甲辰十一月二
十七終于一九四九年妻梁氏生二子　盛培　鑄培
杞綿字玉良三子母林氏生于光緒丁未八月初八
終于一九六八年九月十九生一子　枝培曾氏生　妻
方氏妾曾氏
讓綿　怡良長子母何氏生于光緒甲申九月初五
早亡
忠綿字雅純怡良次子母何氏生于光緒己丑十月
初五妻孔邊方氏終葬莫考生一子　賀培

心綿　怡良三子母何氏生于光緒壬辰正月二十
四終葬莫考妻　氏生一子　永培無嗣
延綿字雅才悦良長子母陳氏生于光緒乙酉三月
二十三終光緒甲寅四月二十一葬大坑岡妻大杏張氏
生一子　裔培
豪綿　悦良次子母陳氏生于光緒丁亥八月初九
無嗣
溢綿　悦良三子母陳氏生于光緒乙未十一月二
十二無嗣
華綿　文良長子母杜氏生于光緒辛丑三月二十
八終葬莫考生二子　學培無嗣　覺培無嗣
静綿　池良長子母杜氏生于光緒辛巳七月二十
九早亡莫考
爽綿字雅軒池良次子母杜氏生于光緒乙酉十月
七妻蘇村陳氏生二子　玲培早亡　景慶無嗣

錦綿字雅標仲良長子母關氏生于光緒壬寅三月
三十妻丹竈謝氏無嗣
根綿字雅祚仲良次子母關氏生于光緒戊申九月
二終終葬妻莫考無嗣
嘉綿字教良子嫡母方氏生母關氏生于光緒丁巳
正月初八終葬莫考無嗣
壯綿 谷良長子母陳氏生宣統庚戌十二月初七
妻蘇氏終于一九七九年六月初四葬香港生一子 慶
言
竈綿 谷良次子母陳氏生于民國癸丑八月十七
終于一九九零年七月初一葬香港妻孔氏繼室鄧氏生
八子 長子早亡 慶支 慶鍠 四早亡 五早亡以
上俱孔氏出 慶申 慶滿 慶杰三人鄧氏出
三綿 谷良三子母陳氏生于民國丙辰七月二十
二妻陳氏生五子 長子早亡 慶鎏 慶和 慶發

慶秋
輝綿　谷良五子母陳氏生于民國甲子正月初一
終于一九九七年九月二十九葬香港妻杜氏生五子
長早亡　慶榮　慶焯　慶祥　慶材
標綿　谷良八子母陳氏生于民國壬申五月二十
三妻劉氏生一子　慶偉
江綿　大良子母謝氏生于光緒辛巳二月初十終
葬莫考妻大杏蕭氏　無嗣

湛綿字雅泉河良長子母謝氏生于光緒乙酉九月
十一終于民國甲寅正月初四葬閏螺岡妻大梁杜氏無
嗣
莊綿字雅康河良次子母謝氏生于光緒乙未十二
月十六妻西城陳氏無嗣
瑞綿　祝良子母鄧氏生于同治癸酉八月十七終

葬莫考無嗣
準綿　就良子母　氏生于往佛山住失傳
多綿　維良子母謝氏生于戊午二月二十七終葬
莫考妻黄氏生一子　均瑞
才綿　維良次子母謝氏生終葬莫考　無嗣
法綿　志良子母林氏生于外出　無嗣
樂綿　作良子　母張氏生于民國庚申四月二十四
無嗣
祚綿　樹良子母陳氏生于光緒癸卯七月十二
莫考無嗣
多棉　交良子母　氏生于外出
建棉　金良子母游氏生于光緒庚子五月初三莫
考無嗣
校棉字必良子母方氏妻黄氏生一子　波培
和棉　必良次子母方氏莫考無嗣

偉棉　必良三子母方氏妻　氏生于一九三一年
十一月二十三妻　氏生一子　慶文
意棉　右良長子母陳氏生于一九三四年二月初
六妻馮氏
棧棉　右良次子嫡母陳氏生母林氏生于一九三
四六月初九妻　氏生二子　均培　樂培
當棉　右良三子嫡母陳氏生母林氏生一子　晉
培
鏡祥字鑑新良和長子母陳氏生于咸豐乙卯四月
二十七終于光緒庚戌八月二十三享年五十六妻謝氏
合葬大坑岡生一子　定卓
洪祥字以良子母潘氏生于同治癸亥七月十三終
于光緒庚子十二月初三葬大坑岡無嗣
勝祥字恒新號景峰良弼次子母陳氏生于道光巳
酉三月十三公年十八業商場節儉持身謙恭處世終于

民國壬子十月初六葬當風頭岡又名巷邊岡癸向下兼
子午之原在建猷公山左便桂榜妻大杏馮氏終于光緒
丙午十二妝七葬向仝上之原在建猷公右便挂榜生四
子　定桓　安静早亡　定謙　定葉
珍祥字瓊新良弼三子母陳氏生于咸豐戊午十二
月廿四終于光緒丁未三月十四享年五十一葬沙岡坐
甲向庚寅申之原妻岡頭梁氏失傳
熾祥字鉅新良弼六子嫡母陳氏生母劉氏生于同
戊辰九月二十六終于光緒乙巳十二月二十三葬莫考
妻孔邊方氏葬伏水羅岡生一子　定坤
呈祥字奇新良弼七子嫡母陳氏生母劉氏生于光
緒丙子三月初十終于光緒庚子十一月十六日妻石牛
岡蘇氏合葬伏水羅岡繼室小杏黄氏
添祥字溢新良弼八子嫡母陳氏生母劉氏生于光
緒甲申潤五月十一妻坑屈陳氏先故葬市口岡生三子

定珠無嗣　定二早亡　定三早亡

恩祥字贊新良善子母黄氏生于咸豐甲寅十一月十五在省身故終葬莫考妻關氏葬大坑岡無嗣

麟祥字文新號慶雲良鉞長子母陳氏生于咸豐庚申二月十八公性温和少讀書壯志未遂家祠講學培植青年兼善岐黄慈心濟世光緒丁亥重修譜秩編輯告成終于民國辛酉正月二十八享壽六十二葬魚出洞尾坐南向北妻岡頭梁氏妾謝氏二子　定希早亡　謝氏出二枚　謝氏出

著祥字明新良成次子母陳氏生于同治甲子十一月十六終于民國乙卯八月二十六享年五十二葬獅頭岡妻梁氏一子　大枚

逢祥字維新良楫長子母何氏生于咸豐丁巳十月二十七終于光緒乙酉八月十一享年二十九葬荔枝岡南向之原妻竹逕關氏無嗣

守祥字宏新良楫次子母何氏生于咸豐庚申五月
二十二終于光緒甲午正月十七享年三十五妻梁氏無
嗣
耀祥字燦新良楫六子母何氏生于同治壬申三月
二五五妻梁氏先故無嗣
汝祥字景新儀興長子母陳氏生于道光甲辰三月
初六終于光緒乙亥八月二十葬大松岡妻黄氏無嗣
昆祥字榮新儀興次子母陳氏生于咸豐甲寅七月
十八終于民國庚申四月十一日葬香港妻杜氏無嗣
安祥　盛興長子嫡母杜氏生母黎氏生終莫考葬
獅頭岡
根祥字培新盛興次子嫡母杜氏生母黎氏生于同
治戊辰十一月十九妻南村梁氏　定鐸余氏生
鳳祥字庭新太興繼子繼母方氏生母黎氏生于同
治壬申十月十四終于光緒甲午五月二十三享年二十

三葬竹逕圩口坐東向西妻蘇村徐氏立一子　定球
堯祥字堂新錦興長子嫡母陳氏生母陳氏生于光
緒丁丑十一月初一妻丹竈謝氏生四子　定淦無嗣
二蘇早亡　三蘇早亡　四蘇早亡
瑞祥字定新錦興次子嫡母陳氏生母陳氏生于光
緒壬午十月初九妻小杏黃氏生一子　定榴無嗣
銳祥字綿新津禮長子母區氏生于光緒戊寅正月
初一妻方氏妾蘇氏區氏生四子　定錢方氏出　定堅
早亡　定國早亡　定德早亡　定蘇蘇氏出
寧祥字華新津禮次子母區氏生于光緒乙卯十二
月二十四妻陳氏繼室關氏妾歐氏生四子　定燦無嗣
定漢無嗣　定森俱陳氏出　定清區氏生無嗣
河祥字道新津禮三子母區氏生于光緒甲申九月
十九終于宣統辛亥十二月十一葬大坑岡妻何氏無嗣
寶森原名社珠字錫銓萬興次子母何氏生于道光

庚寅八月二十五選用巡政廳終于光緒已亥正月初六

葬大坑岡妻張槎大沙楊氏繼室高要滘鐘氏生五子

啓祥　啓匡　啓芳　啓香俱楊氏生俱早亡　定河鐘

氏出無嗣

社朝字錫禧萬興五子母何氏生于道光丙午二月

十二終于光緒已丑四月十二妻渡滘馮氏俱葬省城無

嗣

振鰲　聚興子母潘氏生于道光乙未十一月十三

往廣西住

千祥字能新來興子母杜氏生于同治丙寅十二月

十五妻游氏繼室方氏無嗣

在祥字正新仁興長子母方氏生于光緒丁亥十二月

初二終于民國壬子八月　初五享年二十六葬沙岡妻蘇

村潘氏無嗣

祖祥字彛新　仁興次子母方氏生于光緒壬辰九

月二十二妻謝氏生三子　定全　定基　定安早亡
綿祥字和新來才長子母蔡氏生于光緒庚辰九月
初二妻伍氏生二子　定義　定蘇
溢祥字廣新來才次子母蔡氏生于光緒甲申二月
初二終于宣統庚戌八月二十四葬莫考妻陳氏無嗣
潛祥字錦新來才三子母蔡氏生于光緒丁亥十月
十七妻本里方氏生一子　定波
八祥字百新來才八子母蔡氏生于光緒乙未十月
十八妻陳氏生五子　定一早亡　定樹　定林　定標
定金
義祥　遇才子母陳氏生于光緒丙子八月二十往
省城失傳
賜養字寵新號鶴玲添才長子母方氏生于咸豐丙
辰八月初七終于民國庚申十二月初二享壽六十五葬
沙岡妻潘氏生三　定芳　新蘇早亡　定綱

世養字傳新添才次子母方氏生于咸豐辛酉八月
十八公倡辦本族義學終于民國庚申四月二十五享壽
六十葬沙岡妻杜氏妾謝氏陳氏生六子　定邦杜氏出
新蘇早亡　定嚴　定權　定韶俱謝氏出　定樵陳
氏出
必祥　有連長子母方氏生于同治丁卯四月二十
六終葬莫考
福祥　有連次子母方氏生于光緒丁丑正月二十
六終葬莫考
二妹　大利次子母張氏生于民國癸丑三月十七
無報失傳
四妹　大利三子嫡母張氏生母陳氏生于民國丁
巳七月二十四無報失傳
蔭忠　大海長子母高氏失傳
蔭孝　大海次子母高氏失傳

蔭標字志新大滔長子母劉氏生于光緒壬辰六月
初六終于民國丙辰五月初一葬杉吼岡妻莫氏無嗣
蔭堯字仲新大滔次子母劉氏生于光緒甲午八月
初二妻黄氏失傳
蔭清　大滔四子母劉氏生于光緒乙亥五月十三
失傳
蔭暄　大滔五子嫡母劉氏生母杜氏生于民國癸
丑十月二十一失傳
蔭昭　大滔六子嫡母劉氏生母杜氏生于民國乙
卯五月十六失傳
蔭閏　大滔七子嫡母劉氏生母杜氏生于民國乙
未八月初一失傳
大蘇　鉅堂長子母方氏生于咸豐壬子早亡
心培字同新鉅堂次子母方氏生于咸豐丙辰二月
初五終于光緒庚寅二月十一葬三丫囹岡妻關氏别適

生一子乃良
三蘇　鉅堂三子母方氏生于同治己巳終于是年
葬省城南埠鄉早亡
心烒字炳新鉅堂四子母方氏生于同治戊辰十二
月十二妻丹竈梁氏生四子　進元　進海　進才　進
金
心暢字鼎新鉅堂五子母方氏生于同治辛未八月
二十五妻張氏妾龍氏方氏無嗣
業祥字敬新汝堂長子母陳氏生于同治戊辰九月
十一妻枚步何氏生三子　進和早亡　定饌早亡　定
强
桓祥字啓新汝堂次子母陳氏生于同治庚午九月
二十一終于民國庚申九月十四享年五十一葬三丫岡
妻沙浦陳氏無嗣
德祥字禮新汝堂三子母陳氏生于光緒戊子十月

初九妻蘇村陳氏無嗣生一子　定能早亡
心容字榮堂繼子繼母梁氏生母潘氏生于光緒丙
子三月十三終于民國乙卯十二月十八葬三丫图無嗣
心豪字華堂次子母潘氏生于光緒戊寅四月初四
無嗣

季房二十四世
其根　成經子母李氏生于光緒已丑三月二十四
其求　成朋長子母游氏生于同治癸丑七月初七
妻林氏無嗣
其洪　成朋次子母游氏生于光緒已卯六月十五
妻謝氏
其林　成朋三子母游氏生于光緒甲申九月初九
終于光緒甲辰六月初六葬后岡無嗣
其翰　成秋長子母陳氏生于同治甲子八月二十

終葬莫考
其占　成秋三子母陳氏生于同治戊申九月十六
妻黄氏妾方氏生二子　祥興　祥利
其象　成秋四子母陳氏生于同治甲戌七月十五
妻李氏生一子　德華
其滔　成細繼子生母陳氏生于同治丙寅四月十
九葬莫考
其良　成才長子母陳氏生于光緒丁丑十月初二
終于宣統庚戌二月初七葬沙岡
其篆　成才次子母陳氏生于光緒己卯九月十三
終于光緒戊戌八月二十四葬石仔岡
其味　成才三子母陳氏生于光緒甲申八月初六
妻陳氏生一子　二牛
炳和　繼桐長子母陳氏生于光緒壬寅八月二十
六無嗣

英和　繼桐次子母方氏生于道光庚寅十一月初
五外出
春和字鉅輝繼志子母方氏生于道光庚寅十一月
初五妻梁氏生二子　錦枝　錦桃
秋和　繼獻長子母鄧氏生于道光癸巳八月初五終
咸豐己未四月初九享年二十七葬后岡
理和　繼獻次子母鄧氏生于道光戊戌十月二十
八終葬莫考
江和　繼彰長子母潘氏生于道光庚子九月二十
七外出
梓和　繼彰次子母潘氏生于咸豐戊午七月二十
三終葬莫考
潤和字富輝繼昭子母方氏生于咸豐甲寅八月初
二終　光緒辛卯正月十八葬村尾岡妻方氏生三子
錦康　錦佳　錦流

星和字祥輝繼狗長子母梁氏生于同治壬戌四月
十四妻沙浦陳氏妾大杏甘氏生四子　順隆　順景俱
陳氏出　順窩　順成俱甘氏出
相和字衿輝繼狗次子母梁氏生于同治己丑四月
十二終于光緒戊申十月初六葬后岡妻方氏
壽和　繼狗三子母梁氏生于同治丙寅十一月十
二終于光緒癸卯十二月二十八葬逕圩岡妻沙埠方氏
生二子　順利　順勝
柱和　繼狗四子母梁氏生于同治庚午十一月十
六終于民國壬子四月十七葬莫考妻大杏張氏
嘉和　繼能長子母梁氏生于同治戊辰十一月二
十二終于光緒戊戌三月初六葬后岡妻何氏生一子
順求
有和字朋輝繼能次子母梁氏生于同治壬申四月
初五妻方氏繼室温氏妾陳氏高氏生三子　順釗　順

華俱温氏出　順發陳氏出
福和字聚輝繼能三子母梁氏生于同治癸酉十一
月初二終于光緒丙申壬午正月十三葬后岡妻陳氏無
嗣
昌和字文輝繼能四子母梁氏生于光緒壬午九月
十三妻梁氏生二子　順標　順廣
貴和字萬輝繼能五子母梁氏生于光緒乙酉四月
二十六終于民國丁巳十一月初二葬省城妻黄氏生一
子　順邦
紹和字漢輝繼能六子嫡母梁氏生母梁氏生于光
緒庚子七月初七妻杜氏
晃和字耀輝繼能七子嫡母梁氏生母梁氏生于光
緒戊戌六月二十六妻梁氏
柏和　繼能八子嫡母梁氏生母梁氏生于光緒壬
辰十月初三

興和字金輝炳卓子母黄氏生于道光庚戌四月二
十九終葬莫考妻孔邊方氏無嗣
來亨　啓開子母勞氏生于咸豐壬子七月二十四
終于壬午九月十三享年三十一葬獅頭岡未娶無嗣
盛亨　寧開長子母方氏生于道光乙酉終于光緒
癸未二月初五享年三十五葬岡咀未娶無嗣
繼亨　寧開次子母方氏生于道光庚戌十月初一
樵端　觀長子　往香山住
錫端　觀次子　往香山住
德良字政賢汝群子母　氏生于同治甲子四月二
十四妻張氏
惠良字政忠錫群長子母潘氏生于道光戊申十二
月二十八終于光緒癸卯五月初二葬后岡妻梁氏妾陳
氏生二子　容旺梁氏出　容第陳氏出
權良　錫群次子母潘氏生于咸豐壬子六月初一

終于光緒乙酉葬省杉吼岡未娶無嗣

留良　錫群三子母潘氏生于咸豐乙卯七月十四

終葬莫考未娶無嗣

衿良　錫群四子母潘氏生于同治甲子十月初二

終葬莫考未娶無嗣

壽康　杰忠子母陳氏生于光緒甲辰十一月二十

九無嗣

汝春　兆忠子嫡母陳氏生母謝氏生于一九二九

年妻陳氏生二子　廣盛　廣達

藻榮字勤生建忠子母杜氏生于光緒乙未閏五月

二十妻大渦張氏無嗣

浩榮　其忠子母陳氏生于民國癸丑四月二十無

嗣

汝釗字[illegible]祥珍胡長子嫡母陳氏生母方氏生于一

九三四年三月初十妻大渦謝氏生三子　廣紹　廣卓

廣斌
汝鋒字鋭祥珍胡次子嫡母陳氏生母方氏生于一
九三八年五月初三妻陳氏生一子　廣溢
汝金字麗祥珍胡三子嫡母陳氏生母方氏生于一
九四六年十一月二十九妻大渦黄氏生一子　廣杰
汝桐　扳胡次子母陳氏生于民國丁巳八月二十
八終葬莫考妻杜氏生四子　廣稔　廣余　廣强　長
子缺名
汝基　扳胡三子母陳氏生于民國癸亥六月十三
妻吴氏生一子　廣欣
汝森　扳胡四子母陳氏早亡
汝根　就胡長子母陳氏生于民國壬子正月二十
一終葬莫考妻何氏未娶歸守
汝泮　就胡次子母陳氏生于民國乙卯十二月十
一妻黄氏生二子　廣樹　廣蔭

汝均 就胡三子母陳氏生于一九二二年六月初
三終于一九四五年九月妻梁氏生一子 廣華
汝登 翁胡子母張氏生于一九二八年三月十四
妻 氏生二子 廣泰 廣元
汝慶 堯忠長子母陳氏生于民國丙辰十一月初
一妻杜氏終葬莫考
汝來 堯忠次子母陳氏生于民國丁巳七月初七
終于一九五四年三月十三妻郭氏生二子 廣柏 廣
枝
汝平 堯忠三子母陳氏生終葬莫考妻葉氏生一
子 廣威
汝榮 潛隆長子母謝氏生于光緒壬寅九月十九
終葬莫考妻謝氏生四子 廣鏗 廣鉅 廣堅 廣棉
汝錫 潛隆次子嫡母謝氏生母周氏生于光緒丁
未四月初八終葬莫考妻 氏

汝河　潛隆三子嫡母謝氏生母周氏生于光緒已酉八月十二終葬莫考妻梁氏妾何氏生二子　廣攀早亡　廣泉

汝本　潛隆四子嫡母謝氏生母周氏生于民國乙卯十月二十三終葬莫考妻馮氏生二子　廣輝　廣佳

汝棠　仕隆子母陳氏生于光緒丙子九月十二終于光緒庚子九月初一葬后岡妻孔邊方氏

汝澄　裕隆子母麥氏生于光緒癸未十一月初九終葬莫考

汝九字桂祥浩隆長子嫡母徐氏生母謝氏生于光緒戊戌十月二十二終葬莫考妻陳氏生四子　元禧二早亡　廣慶　廣志

汝南　浩隆次子嫡母徐氏生母謝氏生于光緒庚子十一月二十二終葬莫考

汝東　浩隆三子嫡母徐氏生母謝氏生于光緒戊

申九月十二終葬莫考妻徐氏生一子　廣權
汝淦　浩隆四子嫡母徐氏生母謝氏生于民國壬
子五月二十四終葬莫考
汝鎮　浩隆五子嫡母徐氏生母謝氏生于民國甲
寅十月初十
汝江　浩隆六子嫡母徐氏生母謝氏生于民國丙
辰十二月初二
宜興　周胡子母梁氏生于民國甲寅二月十九無
嗣
春榮　南胡子母謝氏生于民國庚申正月十三無
嗣
海良　悦胡子母高氏生于光緒庚寅四月十五終
于民國丁巳九月十九葬沙岡
鏡平　禧太子母馮氏生于民國庚申正月二十妻
伍氏終葬莫考生三子　禮顯　材顯　發顯

鐵平　高太子母游氏生于民國乙卯十一月初四
終于一九九一年正月妻鍾氏生六子　近顯　釗顯
堯顯　達顯　榮顯　英顯

干平　珍太子母徐氏生于民國乙未外出

贊平字榮光開太次子母李氏生于光緒戊戌三月
初一妻梁氏終葬莫考

澤平　開太三子嫡母李氏生母梁氏生于民國乙
未六月初四外出

在平字喜光長太長子母陳氏生于光緒丙辰五月
二十七妻張氏

健平　廣太長子母馮氏生于光緒辛丑九月三十
無嗣

任平　廣太次子母馮氏生于宣統辛亥三月十四
外出

鄧平　莊太子母馮氏生于宣統辛亥五月初六外

出
華平　當太子母　氏生于　　生二子　蔣
敏　杰敏
强平　當太次子母　氏生于一九二三年二月終
于一九九八年十一月二十六妻嚴氏生二子　健敏
智敏
珠平　海太長子母蕭氏生于民國壬子十二月二
十九妻徐氏方氏何氏生四子　偉顯　南顯　强顯
全顯
棉平　海太次子母蕭氏生于民國乙卯五月十二
妻謝氏生一子　敬顯
銳平　橋太子母陳氏生于一九三零年十月終于
一九九七年十一月二十五妻周氏生三子　耀榮　耀
輝　耀廣
高標　梭太長子嫡母何氏生母陸氏

嗣堂　棱太次子嫡母何氏生母陸氏
炎垣字熾光亮桐長子母陳氏生于光緒癸未十二
月初四妻陳氏生二子　典圻外出　新騷早亡
燊垣　亮桐次子母陳氏生于光緒丙戌十二月初
四終于光緒丁酉　葬
榜垣　樂桐次子嫡母蕭氏生母游氏生于光緒辛
丑十二月初四無嗣妻陳氏
錫垣　樂桐三子嫡母蕭氏生母游氏生于光緒甲
辰十一月二十八妻黎氏生三子　永圻　照圻早亡
淦圻未娶
紹隆　勝恩長子嫡母潘氏生母陳氏生于光緒戊
申四月二十九
紹芳　勝恩次子嫡母潘氏生母陳氏生于民國壬
子九月初五
紹城　勝恩三子嫡母潘氏生母陳氏生于民國丙

辰四月初九
湛垣　佑長子母李氏生終葬莫考　妻　氏生
一子　小明
滿垣　曠長子母　氏　妻　氏生二
子　抗援　忠援
慶淦　湛光繼子繼母潘氏生母何氏生于宣統辛
亥六月初二無嗣
慶瑞　炳光子母何氏生于光緒丙午十二月初八
終于一九七九年四月妻陳氏生五子威遠　津遠　廣遠
棉遠　國遠
佐英　初銘子母游氏生于宣統辛亥七月十九妻
陳氏生一子　硯宗
達英　初植長子母潘氏生于宣統庚戌七月二十
無嗣
冕英　初植次子母潘氏生于宣統辛亥十一月十

五　無嗣

鏡英　初植三子母潘氏生生于民國丙辰九月二

十二妻　氏生一子　宗偉

炎英　初植四子母潘氏生于民國辛酉八月初

十妻高氏生三子德甜　德祥　德華

棠英　初植五子母潘氏生于一九二八年二月二

十六妻司徒氏生二子　紀良　紀炘

智信　初權長子母方氏生于一九五四年十一月

陳氏

智勇　初權次子母方氏生于一九五六年二月妻

黄氏生一子　家弘

韜光　初宏長子母康氏生于光緒已卯九月初九

終葬莫考

和光　初宏次子母康氏生于光緒已丑終于光緒

癸卯四月二十八

耀光　初宏四子嫡母康氏生母蕭氏生于光緒癸
卯六月二十四
熾光　初棉長子母馮氏生于一九二零年十一月
二十二妻謝氏生三子　銘坤　銘强　銘登
流光　初棉次子母馮氏生于一九二六年七月十
五妻馮氏生二子　銘曉　銘河
潤光　初棉三子母馮氏生終葬莫考無嗣
仕英　初請子母陳氏生母陳氏生于一九二零年
正月十五妻張氏生二子　啓良　啓陽
光垣　初丁長子母　氏　妻孔氏
光熾　初丁次子母　氏　妻吴氏生二子
育祺　珈祺
光熙　初丁三子母　氏　妻陳氏生二子
樂仁　樂信
光榮　初丁五子母　氏　妻王氏

光明　初丁六子母　氏
英毬字士超祖榮長子母黄氏生于嘉慶乙亥三月
二十七終于道光丁未八月二十三享年三十三妻潘氏
合葬岡咀立一子　錫玲
小毬字煥華祖榮次子母方氏生于道光庚寅二月
二十七終于咸豐甲寅十月十七享年二十五葬區屋岡
妻陳氏立一子　錫銓
艷毬字純光祖榮三子母方氏生于道光癸巳七月
初八終于光緒辛卯二月初七享年五十九葬竹逕岡妻
梁氏生六子　錫玲出繼　錫銓出繼　錫標　錫福早
亡　錫爵　錫祥
興毬字振邦祖耀長子母何氏生于道光丙申正月
二十終于光緒辛丑九月十五享壽六十六葬仙人岡妻
杜氏林氏生一子　錫鏞林氏出
魁毬字贊邦祖耀次子母何氏生于道光丁酉九月

二十終于光緒辛巳六月二十九妻潘氏合葬仙人岡妾
謝氏
北桂字蘭光祖華次子母馬氏生于咸豐庚申七月
初九終于光緒甲辰六月十四享年四十五葬走馬路妻
竹逕關氏生二子　錫梯錫太
北鉗字榮光祖國長子母鄧氏生于光緒辛卯六月
十四終于光緒壬辰四月初三享年三十葬竹逕岡妻潘
氏　立一子　錫瀚
北壎字　祖國次子母鄧氏生于光緒壬辰五月初
一妻關氏生四子　錫瀚出繼　錫其　錫杰　錫希
北成字崇光號翰池求聚長子母徐氏生于咸豐辛
亥五月二十六妻謝氏葬竹逕岡生六子　錫萬早亡
錫安　錫慶　錫懷早亡　錫漢早亡　錫德早亡
北海字祥光號耀廷求聚次子母徐氏生于咸豐乙
卯八月二十四終于民國辛酉七月初二享壽六十七葬

竹逕岡咀生三子　錫洪　錫榮早亡　錫江早亡

北協　根珠次子母區氏生于咸豐庚申十月十六

志聰　以和長子母鄧氏生于道光戊戌正月二十
七終于民國戊午享壽八十一葬竹逕岡未娶立一子
贊祥

志浩字瀚忠以和次子母鄧氏生于道光戊申二月
二十終于民國庚申三月二十一享壽七十三葬竹逕岡
妻陳氏生四子　淦祥　澤祥　正祥　贊祥出繼

志靜字順昭以敦繼子繼母陳氏生母陳氏生于同
治壬申四月初四妻陳氏無嗣

志源字良昭以約四子母方氏生于咸豐丁巳四月
初三倡辦義學任總理妻潘氏生二子　巨祥早亡　雲
開

志怡字錦昭以鎮長子母陳氏生于咸豐丙辰七月
初六終于光緒戊申六月初二享年五十三葬庵邊岡妻

潘氏生二子　煥棠無嗣　桂棠

志規字度昭以鎮次子母陳氏生于咸豐庚申六月初五妻謝氏妾區氏生一子　新蘇早亡

志養字盈昭以鎮三子母陳氏生于同治己巳十月二十妻陳氏

志穎字拔昭以時長子母陳氏生于同治甲子十二月初七終于民國癸丑九月十八葬后岡路邊妻陳氏無嗣

志鏞字彩昭以敬子母謝氏生于光緒甲申九月初五妻陳氏生二子　沛祥　賜祥早亡無嗣

志太　以流子母陳氏生于光緒丙子六月初十終莫考葬后岡無嗣

志圓字家昭以瑚子母區氏生于同治丁卯正月初十終葬莫考妻方氏無嗣

志泮字邦秀以周長子母林氏生于同治壬申正月

初三終于民國己未七月二十二岡咀妻陳氏無嗣

志相字文秀以貢繼子繼母甘氏生母林氏生于同

治甲戌十二月二十四終葬莫考妻陳氏無嗣

志本字基秀以嚴子母謝氏生于光緒甲申十二月

十七妻游氏妾馬氏生二子　添榮　添松

志濂字全秀以初子母何氏生于光緒辛巳七月初

四終于民國乙卯葬三丫㘭妻陳氏無嗣

志鑾字覲忠以仁次子母杜氏生于道光丙午十二

月十六終于光緒丁丑七月十七葬獅頭岡妻陳氏生二

子　迎祥　呈祥

志懷　以讓長子母張氏生于道光丙申七月二十

四終于道光庚子正月十七葬后岡無嗣

志暢字瑞忠以讓次子母張氏生于道光戊戌十月初

十終于同治丁卯四月二十八享年三十葬獅頭岡妻別

適無嗣

志堅字定忠以讓三子母張氏生于道光癸卯十二
月十四終于光緒辛卯四月初四享年四十九葬獅頭岡
妻陳氏生三子　吉祥　永祥失傳　棉祥早亡
繼先字紹球號耀堂鷹揚長子先母杜氏母潘氏生
于道光己亥二月二十一終于光緒乙巳十月十八葬面
城市背岡妻梁氏生六子　麟祥　降福　保祥早亡
楫祥　耀祥　鉦祥
繼章　鷹揚次子先母杜氏母潘氏生于道光丙午
十一月十三終于道光丁未四月二十七葬竹逕岡無嗣
繼壽字紹康鷹揚三子先母杜氏母潘氏生于咸豐
甲寅九月十三終于光緒壬辰九月十六享年三十九葬
孟加拉未歸妻大果杜氏生二子鏗祥　攀祥
繼滔字紹賢號浩泉恂揚子母甘氏生于道光庚子
十二月十九終于民國己未十二月十三享壽八十葬仙
人岡妻梁氏無嗣

繼强字紹剛號智泉字揚子母陳氏生于道光丁未
十二月初七享壽六十九妻沙浦陳氏妾周氏周氏生八
子業祥陳氏出　鑒祥陳氏出　衍祥二妾出　秩祥二
妾出　迎祥陳氏出　芬祥二妾出　蘇祥二妾出早亡
耀祥三妾出
繼調字紹和賡揚次子母黄氏生于同治甲子十月
初終于光緒辛丑四月初九葬聖堂岡妻潘氏生二子
啓祥　裕祥
繼梁字紹棠賡揚三子母黄氏生于同治己巳七月
十二妻陳氏生五子　糧祥　銘祥早亡　蘇祥早亡
煒祥　渤祥
繼乾字紹光森揚長子母鄧氏生于咸豐乙卯十二
月二十八妻陳氏生一子　勝祥出繼
繼坤字紹財森楊次子母鄧氏生于咸豐丁己九月
初終終于光緒丁亥九月初一享年三十一葬區屋岡妻

陳氏立一子　勝祥
維垣字金隆兆柏長子母陳氏生于光緒壬午正月
十六妻謝氏無嗣
維安字啓隆兆柏次子母陳氏生于光緒甲申十月
初七妻竹逕關氏無嗣
維珠　兆柏四子母陳氏生于光緒乙未二月初二
無嗣
維堯　兆芳子母謝氏生于光緒己亥四月初四無
嗣
維騏　兆桐子母陳氏生于光緒終于民國甲寅葬
黃邊中腰岡無嗣
維概字德隆兆簡長子母謝氏生于光緒甲午十二
月初二終于一九三零年妻梁氏生三子溢能　二能
撰能
維忠　兆簡次子母謝氏生于光緒己亥六月初六

終葬莫考妻杜氏生六子　標能　桂能　三能早亡
浩能　五能早亡　炳能
　維椅　兆簡三子母謝氏生于光緒壬寅六月十四
無嗣
　維金　兆簡四子母謝氏生于光緒丙午十月十九
妻陳氏生四子　柱能　華能　灼能　錫能
　維援　兆杞三子先母劉氏母何氏生于光緒癸鄧
十一月初七外出
　維佳　兆杞四子先母劉氏母何氏生于光緒戊申
正月十五外出
　維柄　兆杞五子先母劉氏母何氏生于民國甲寅
八月十四終葬莫考妻張氏生二子　機能　長能
　維準　兆桔長子母游氏生于民國癸丑二月二十
六早亡
　維巧　兆桔三子母游氏生于一九二三年九月十

七妻關氏生二子　德能　燦能
維新　兆桔四子母游氏生于一九二五年四月二
十八未娶
維池　兆平長子嫡母蘇氏生母江氏生于民國己
未九月早亡
維錢　兆平次子嫡母蘇氏生母江氏生于一九一
九年妻陳氏生一子　細雄
維森　兆平三子嫡母蘇氏生母江氏生于一九二
二年妻陳氏生四子　文恩　文錦　文瑞　文輝
維谷　兆平四子嫡母蘇氏生母江氏生于一九二
四年妻歐陽氏生二子　文强　文棣
維逢　兆謙子母張氏生于民國癸丑四月初二
維棉　兆錦次子母李氏生于民國戊戌十月十三
妻鄧氏生一子　勇能
維材　兆淮次子母謝氏生于民國丙戌七月十一

妻何氏生二子　志能　永能
用瑶　新福子母陳氏生于道光丁未終莫考葬佛
山妻余氏無嗣
用登　新挺長子母林氏生于咸豐壬子十月二十
八終莫考葬佛山無嗣
用變　新挺次子母林生生于咸豐庚申三月十二
終考考葬沙岡妻杜氏一子　潛良
用緒字　志猷新蔭次子母何氏生于同治辛未七
月二十三妻何氏生三子　縣良　德良　慶良早亡
用千　新蔭三子母何氏生于光緒丙子五月初五
終光光緒葬沙岡
潤榮字志雄新奇長子母李氏生于同治戊辰七月
初六妻陳氏無嗣
潤波字志旺新奇次子母李氏生于同治壬申五月
初二妻李氏

潤全字志廣新奇三子母李氏生于光緒乙酉十月
初二妻陳氏
拔開字廣隆維瑤子母馮氏生于咸豐丙辰六月二
十六妻黎氏生一子　成壎華夏華村住
連開字聚隆維庸長子母梁氏生于同治戊辰八月
初八妻梁氏生二子　成材　成樂華夏新村住
富開字盛隆維庸次子母梁氏生于同治辛未八月
二十九終于光緒丙午妻陸氏生二子成梅　成枝
大開　維庸三子母梁氏生于光緒辛己正月十三
志開　維由子母梁氏于于同治丙寅八月十六妻
梁氏以上俱華夏新村住
滔芳　海榮子母謝氏生于光緒壬寅十一月二十
六
成鍋　監榮五子母李生生于民國戊午八月二十
七無嗣

玲芳　樂榮子母杜氏于于光緒壬寅十一月二十
七無嗣
耀南　興泰長子嫡母方氏生母梁氏生于民國丙
辰五月初九未娶
柱南　興泰次子嫡母方氏生母梁氏生于己未正
月十五妻
賜其　福棉子母方氏生于民國乙丣四月初十無
嗣
賜榮　福棉次子母方氏生于民國己未十月十三
妻譚氏生三子　銘旺　暖旺　根旺
賜現　福禄長子母關氏
賜瓊　福禄次子母關氏
賜滿　福禄三子母關氏
佐永　福祥長子母游氏生于民國庚申五月二十
七終葬莫考妻方氏生三子　大已亡　振堯　振輝

佐儀　福祥次子母游氏生于民國十三年未娶

佐國　福祥三子母游氏生于民國十七年妻何氏

生三子　振庭　振强　振紹

佐森　福祥四子母游氏生于民國二十二年九月

二十二妻張氏生一子　志文

佐鵬　福祥五子母游氏生于民國二十八年四月

初九

佐禮　福次長子母潘氏生于民國十三年四月十

九妻陳氏生一子　成堅

佐二　福次次子母潘氏生于民國十七年六月初

十妻李氏生三子　才堅　洛堅　錦堅

佐養　福次四子母潘氏生于民國壬午年七月十七

妻關氏生一子　信堅

佐恒　福次五子　母潘氏生于一九三七年十二月

初七妻張氏生二子　勝堅　達堅

佐桃　福盛次子母張氏生于一九三七年二月十

三妻伍氏生一子　沛堅

佐賢　福盛三子母張氏生于民國二十九年四月

十二妻李氏生二子　文堅　應堅

佐秋　福慶子母方氏生于一九四零年八月十四

妻陳氏生二子　華堅　明堅

順女　福樹三子母梁氏生終葬莫考妻陳氏生三

子　然昌　松昌　錫昌

順四　福樹四子母梁氏生于一九三一年十月初

五妻陳氏生四子　富昌　仲昌　余昌　溢昌

順六　福樹六子母梁氏生于一九三六年五月初

一妻梁氏生一子　燦榮早亡

佐耀　福南子母孔氏生于一九三七年妻謝氏生

二子　橋昌　熾昌

佐生　福求次子母陳氏

佐廣　福求三子母陳氏
廣連　溢元子嫡母徐氏生母方氏生于民國己未
十月
廣賢　應元子母陳氏生于宣統庚戌十月初三
廣孝　應元次子母陳氏生于民國癸丑七月初六
廣洛　旺元子母方氏生于民國乙卯八月初七
以莊　汝韶子母李氏生于光緒辛丑十二月二十
五妻　妾　氏生三子　福旺庶出　福近庶出　樵江
嫡出
正章　汝芬長子母謝氏生于宣統己酉十一月十
二未娶
正標　汝芬次子母謝氏生于宣統辛亥十一月二
十一無嗣
遇占　鐸進長子母潘氏生于宣統己酉四月二十
七無嗣

遇端　鐸進次子母潘氏生于民國甲寅十一月十
五無嗣
遇佳　蘇進長次子母潘氏生一九四六年五月二
十妻黃氏生一子　文權
遇明　蘇進次子母黃氏生于一九四八年二月十
七妻陳氏生二子　輝權　英權
遇光　蘇進三子母黃氏生于一九五一年十一月
二十二妻李氏生一子　應權
遇泉　蘇進四子母黃氏生于一九五三年二月十
五妻杜氏生一子　煒權
遇金　蘇進六子母黃氏生于一九六二年六月二
十五妻周氏生一子　杰權
遇添　赤進子母董氏生于一九五一年正月初一
妻許氏
恒源字北祥群進長子母蘇氏生于咸豐辛酉五月

二十四終于光緒丁未六月二十四享年四十七葬羅傘
岡妻竹逕關氏生五子　壯業　培業　烪業　燕業
熂業
　秩源　群進次子母蘇氏生于同治乙丑十二月一
十四終于光緒辛巳五月二十一葬沙岡早亡
　福源字佑祥群進三子母蘇氏生于同治乙巳二月
二十八終于宣統乙酉九月初五葬神仙岡妻蘇村陳氏
生二子　端業　佐業
　泗源字會祥騏進子母何氏生于同治庚午十月初
五妻陳氏繼娶梁氏
　蘇源　貫進長子母張氏生于同治甲戌十月初二
妻徐氏先故
　洪源字澤祥貫進次子母張氏生于光緒乙酉五月
十八妻程氏生一子　廣業
　週容字京祥來進長子母陳氏生于光緒壬午二月

十一妻梁氏生一子　發權
遇明字顯祥來進次子母陳氏生于光緒甲申四月
初八妻杜氏生一子　達權無嗣
遇坤字厚祥來進三子母陳氏生于光緒丁亥三月
初三終于宣統辛亥四月初六妻梁氏生一子　漢權
遇亨　成林三子之長子母蘇氏生于同治庚午八
月十九終于宣統辛亥正月十七葬竹逕岡妻陸氏
遇永　成林三子之次子母蘇氏生于光緒丙子六
月二十九和妻別適妾陳氏生三子　三珠嫡出　有權
志權庶出
樵芬字海祥顧進長子母何氏生于同治癸酉十一
月二十八終于光緒己巳四月初四妻游氏
會芬字瑞祥顧進次子母何氏生于光緒丁亥十一
月初五妻周氏生二子　言權　毅權
仲芬字文祥顧進三子母何氏生于光緒壬辰七月

三十妻蘇氏生二子　澤權　鐵權
苡芬字用祥德進子嫡母鄧氏生母吴氏生于光緒
甲申三月十九妻張氏生一子　鋭權
棉芬　報進子母張氏生于民國甲寅七月初十無
嗣
孟房　鳳竹孫開派枝流新莊朝參公子孫孟房朝
參二十四世
永培　志和子母　氏　　　　妻吴氏生四子　洪
崧　洪滿　洪標　洪九
永發　志和次子母　氏　　　　妻吴氏生一子
洪良
永余
永清
二十五世

洪崧　永培長子母吴氏　　妻陳
氏生一子　慶滔
洪滿　永培次子母吴氏生于宣統辛丑五月十四
終于一九九四年正月二十妻謝氏生一子　慶紹
洪標　永培三子母吴氏
洪九　永培四子母吴氏　　妻陳氏生三子
慶杰　慶才　慶善
洪良　永發子母吴氏　　妻梁氏生六子
慶超　慶昌　慶華　慶文　慶成　慶榮
洪就　永發次子母吴氏　　妻　氏生二
子　慶科　慶生
洪賢
洪通　　終于一九九五年三月　妻區氏生四
子　慶昌　慶廣　慶細　慶堂
洪全　　妻陳氏生四子　慶强

慶其　慶彬　慶輝

洪健

二十六世

慶滔　洪崧子母陳氏

慶紹　洪滿子母謝氏生于一九二七年九月十五

妻王氏生一子　福基

慶杰　洪九子母陳氏　妻黄氏生一子　福

恩

慶才　洪九次子母陳氏　妻蕭氏生一子

福浩

慶善　洪九三子母陳氏　妻顔氏

慶超　洪良長子母梁氏　妻區氏

慶昌　洪良次子母梁氏　妻李氏

慶華　洪良三子母梁氏　妻蘇氏

慶文　洪良四子母梁氏　妻張氏生一子

福祥
慶成　洪良五子母梁氏　妻張氏生一子
福偉
慶榮　洪良六子母梁氏　妻曾氏生一子
福康
慶科　洪就長子母　氏
慶生　洪就次子母　氏
慶林　洪賢子母陳氏生于一九三九年八月十五
妻梁氏
慶昌　洪通子母區氏生于一九四三年十一月十
六妻何氏
慶廣　洪通次子母區氏生于一九四七年三月十
九妻劉氏生二子　福根　福成
慶世　洪通三子母區氏生于一九五二年十二月
初九妻杜氏生一子　福勝

慶堂　洪通四子母區氏生于一九五四年七月十

五妻陳氏生二子　福元　福彬

慶强　洪全長子母陳氏　　妻周氏生一子

致恒

慶其　洪全次子母陳氏　　妻周氏　生一

子　致華

慶彬　洪全三子母陳氏

慶輝　洪全四子母陳氏　　妻張氏生一子

紀敏

二十七世

福基　慶紹子母王氏生于一九五四年四月二十

六妻陳氏生二子　雲程　雲毓

福恩　慶杰子母黄氏　居香港

福浩　慶才子母蕭氏　居美國

福堃　慶超長子母區氏

福志　慶超次子母區氏　妻蔡氏生于雲峰

福泉　慶華子母蘇氏

福祥　慶文子母張氏

福偉　慶成子母曾氏

福康　慶榮子母劉氏

福根　慶廣子母劉氏生于一九八零年

福成　慶廣次子母劉氏生于一九八三年

福勝　慶世子母杜氏生于一九八七年

福元　慶堂長子母陳氏生于一九八三年

福彬　慶堂次子母陳氏生于一九九四年

致恒　慶强子母周氏

致華　慶其子母周氏

紀敏　慶輝子母張氏

二十八世

雲程　福基長子母陳氏生于一九八一年五月十

九

雲毓　福基次子母陳氏生于一九八五年正月二

十

雲峰　福志子母蔡氏

孟房二十五世

瑞田　灼新子母劉氏生于一九七三年

永泉　慶新子母梁氏生于一九八六年十月十六

德輝　强新子母李氏生于一九八七年七月

標禮　鯪漢子母陳氏生于一九四四年十一月妻

韋氏生三子　文海　文波　文康

標恒　煜漢次子母　氏

標遠　煜漢次子母　氏

標成　楠漢長子母張氏生于民國乙丑十月二十

妻李氏生一子　驊

標泰　楠漢次子母張氏生于民國壬辰二月十四

標明　蚊漢長子母歐氏　妻　氏生一子　永健
標洪　蚊漢次子母歐氏
標顯　拾漢子母蘇氏生于一九六九年三月　妻
梁氏
標榮　冬漢子母陳氏生于一九三二年五月二十
一妻鍾氏生三子　燦明　亮明　玉明
標銓　永漢子母陳氏生于一九七七年八月二十
九妻
德榮　國漢子母麥氏生于一九六九年十二月初
九
智榮　國漢次子母麥氏生于一九七零年八月十
四
恩榮　偉漢子母　氏生于一九五七年八月初六
妻謝氏生一子　子健
展鵬　偉漢次子母　氏生于一九六六年四月初

九妻　間開
日章　裕祥長子母甘氏生于宣統庚戌三月　終
葬莫考
韶章　裕祥次子母甘氏生于民國癸丑五月二十
終于一九八九年八月二十六妻梁氏生二子　樂成
桂成
福章　世祥子母陳氏生于一九二八年四月十七
妻張氏生三子　佑成　德成　歡成
富深　教祥子母方氏生于民國丙辰二月初四
富冬　教祥次子母方氏生終葬莫考
銓發　長根子母符氏生于光緒丁未正月十八
耀章　保祥長子母張氏生于一九四四年七月初
九妻張氏生一子　志成
廷章　保祥次子母張氏生于一九五一年八月十
三妻維氏

維章　保祥三子母張氏生二子　詠康　詠彬
樹年　作堅長子母劉氏生于民國壬子十一月十
八
浩年　作堅四子母劉氏生于民國丙辰未二月初
二
樂年　作堅五子母劉氏生于民國已未二月初一
妻李氏生一子　榮生
壽年　作贊長子母張氏生于一九二四年二月初
十妻勞氏生三子　梁生　柱生　杜生
萬年　作贊次子母張氏生于一九二九年十一月
初八妻方氏生四子　偉生　二三早亡　勇生
景年　作贊三子母張氏生于一九三一年六月初
三妻劉氏生一子　永生
潤年　作贊四子嫡母張氏生母黎氏生于一九四
四年四月三十妻本里梁氏生一子　健生

用年　作贊五子嫡母張氏生母黎氏生終葬莫考

貫年　作贊六子嫡母張氏生母黎氏生于一九五

二年四月二十四妻陳氏生二子　銘生　錦生

永年　作儀子母　氏　妻　氏生一子　廣志

成年　作廣長子嫡母何氏生母馮氏生于一九四

九年

志强　作廣次子嫡母何氏生母馮氏生于一九五

三年妻林氏生一子　筠樺

志光　作廣三子嫡母何氏生母馮氏生于一九五

五年妻劉氏

郁年　作慶子母甘氏生于民國甲寅十月初三

港和　領芬子母陳氏生于一九三五年八月十一

終于一九五八年十月妻　氏生二子　新英　流英

觀和　領芬四子母陳氏生于一九三九年六月十

七妻陳氏生一子　偉英

紹和　棟芬子母區氏生于一九五八年十一月二
十妻陳氏生一子　榮英
慶和　棟芬次子母區氏生于　　　　妻陳氏生
一子　坤英
詠和　照芬長子母區氏生于一九四九年八月二
十六妻戴氏生一子　斌英
金和　照芬次子母區氏生于一九五九年四月十
九妻陳氏生一子　堯英
次和　照芬三子母區氏生于一九六二年十二月
十四妻藍氏生一子　熾英
勇和　佑芬次子母游氏生于一九四六年三月初
四妻陳氏生一子　明英
根和　佑芬三子母游氏生于一九五零年五月初
五妻周氏生一子　標英
志和　佑芬四子母游氏生于一九五二年七月二

十三妻陳氏生一子　煜英

樵和　澄芬子母陳氏生于一九一二年四月十九

終于一九八九年二月初五生三子　林英　洪英　澤

英

國和　燕芬六子母梁氏生于一九三二年八月十

五妻蘇氏生二子　德明　健明

文和　燕芬八子母梁氏生于一九三六年三月初

一妻郭氏繼娶李氏生四子　浩明　潤明　潔明　家

明

文和　苟芬子母李氏生于一九四九年終于一九

九五年妻吴氏生一子　志清

偉和　苟芬次子母李氏生于一九五一年　妻鄧

氏生一子　國英

柏和　苟芬四子母李氏生于一九五四年妻梁氏

福來　利通長子母關氏生于宣統乙酉七月二十

六終于民國乙丑三月妻張氏生二子　國明早亡　桂明

福元　利通次子母關氏生于民國甲辰八月二十三終于一九九一年十二月十三妻謝氏生二子　仲明　錦明

福贊　利通三子母關氏生于民國己未八月初五無嗣

樹德　永芬子母鐘氏生于一九八零年六月十五

樹堅　永芬二子母鐘氏生于一九八四十月十八

樹銘　永芬三子母鐘氏生于一九八五年十二月十五

沛麟　偉芬子母梁氏生于一九八九年二月初五

富棉　乃鎏長子母潘氏生于一九二五年八月二十二妻韓氏繼室李氏生二子　永光　永强

富洪　乃鎏次子母潘氏生于一九三二年九月二

十五妻何氏生一子　永杰
富梁　乃鎏三子母潘氏生于一九三四年十一月
初五妻樊氏生三子　永源　永康　永堅
富輝　乃材長子母李氏生于一九五二年六月十
六妻麥氏
富澤　乃材次子母李氏生于一九五四年五月初
十妻關氏生一子　永安
富江　乃材三子母李氏生于一九六一年十月初
四妻劉氏生二子　永泉　永恒
富昌公耀祖光宗孝義奉親怡和兄弟富而不驕賢
良裕后重修大宗祠義助壹萬元全族居首一九九八年
回家拜祖倡建孟房祠工程浩大需款叁拾余萬力負捐
資貳拾叁萬捌仟捌佰捌拾元正又提倡我族族譜整八
十年無力修譜因公積全無而久而不修蟲蛀毀壞不堪
寓目非修不可舉力承擔修譜該款功績宏大有光前裕後之

德使我衎烈堂子孫欽敬也　乃陸長子母陳氏生于一九四九年六月三十妻黄氏生一子　永邦

富明　乃陸次子母陳氏

富盛　乃春長子母陳氏　生一子　永溢

富國　乃春次子母陳氏生于一九七零年五月初

二妻韋氏

焕萊　永兆子母謝氏生于民國癸丑十二月初三

外出

達用　南慶子母杜氏生于民國甲寅十一月十八

外出

達燃　南柱長子母游氏生于宣統庚戌八月初一

外出

達朗　南柱次子母游氏生于民國壬子七月二十

四外出

達灼　南柱三子母游氏生于民國甲寅八月初二

外出

紹珠　瑞祥子母梁氏生于光緒丁酉二月二十二

終于光緒庚子二月二十一無嗣

洲泰　瑞英子母何氏生于宣統乙酉九月初九

潘泰　瑞雄子母方氏生于民國甲寅正月十五

忠泰　瑞釗子母方氏外出

成泰　瑞釗次子母方氏早亡

顯鎮字成彰維照長子母李氏生于光緒乙未二月

十一妻陳氏生二子　思慈　思恃俱早亡

顯鏡　維照次子母李氏生于光緒甲辰五月二十

二終葬莫考妻黎氏生一子　雄文

顯祺　維柱子母東氏生于光緒辛丑十月二十五

顯成　維潤子母　氏

顯發　維佑子母陳氏生于一九四一年十一月二

十七妻王氏生一子　學文

顯潮　維佑次子母陳氏生于一九四八年七月二

十九妻麥氏生一子　基文

顯寶　維佑三子母陳氏生于一九四九年十一月

十二妻王氏生一子　偉文

顯崧　維佑四子母陳氏生于一九五三年五月初

八妻歐氏生二子　健文　堅文

福炎　享基三子母陳氏生于宣統辛亥正月初一

終葬莫考無嗣

福鈿　享基四子嫡母陳氏生母陳氏生于民國丙

辰九月初九妻區氏生六子　兆安　兆輝　兆全　兆

和　兆强　兆銘

福華　享基六子嫡母陳氏生母陳氏生于民國甲

子正月十二妻方氏
福有　繼淦次子母謝氏生于光緒丁未九月十九
無嗣
福日　繼悦長子嫡母梁氏生母陳氏生于宣統己
酉十二月二十二妻　氏生四子　光漢已故　兆權
新蘇　兆基
福長　繼悦七子嫡母梁氏生母陳氏生于一九二
八年三月十四妻韓氏生四子　育成　育才　育良
育源
福耀　繼悦八子嫡母梁氏生母陳氏生于一九三
零年八月十五妻　氏生二子　兆恢　兆享
福根　繼滿四子嫡母潘氏生母孔氏生于一九二
零年妻　氏生三子　家輝　家駒　家良
福備　繼慶子母何氏
福毅　繼英子母　氏生于一九三二年

妻 氏生一子 永昊
福堅 繼英次子母 氏 生二子 永峰
永國
克敵 繼申子母 氏生于一九三四年 妻 氏
家才 繼珠子母 氏
福灌 繼棟子母陳氏 妻 氏生一子
兆敏
福耀 繼八子母 氏生于一九五零年四月二十
七妻曾氏
福彬 繼十子母方氏生于一九四三年三月二十
九妻謝氏生二子 兆明 兆祥
啓樹 繼熾七子母方氏生于一九三三年四月十
七顧氏三子 劍祺 敏祺 勇祺
啓光 繼熾十三子母方氏生于 妻 氏生
二子 偉祺 健祺

啓明　繼熾十四子母方氏　　　　妻　氏生

一子　剛祺

啓耀　繼熾十五子母方氏

啓開　繼熾十六子母方氏　　　生一子　俊

祺

福輝　繼程子母林氏生于一九四零年終于一九

八八年妻余氏生二子　紹新　紹文

福麟　繼程次子母林氏生于一九四四年二月初

八妻李氏李氏生三子　紹暉　紹静　紹濤

福麒　繼程四子母林氏生于一九四六年四月初

四妻車氏

福光　繼程四子母林氏生于一九四八年正月初

四妻繆氏

銘宗　繼周子母　氏生于一九五零在月二十九

妻付氏生一子　明

志豪　繼元長子嫡母梁氏生母周氏生于一九四一年十月初六妻　生一子　兆倫

志洪　繼元次子嫡母梁氏生母周氏生于一九四四年八月十五妻黃氏生二子　兆森　兆廣

志聰　繼元三子嫡母梁氏生母周氏生于一九四七年七月十七妻陳氏生一子　兆波

洪珍　啓鐸次子母杜氏生于光緒丁未八月初五無嗣

孔珍　啓鐸三子母杜氏生于民國癸丑十月十九外出

始珍　啓允子母謝氏生于光緒丙午四月二十四

達德　榮標子母　氏

達聰　榮標子母　氏

達成　榮洪子母余氏　妻馮氏

達華　榮洪次子母余氏　妻鄧氏生一子

紹基
達强　榮洪三子母余氏　妻洗氏
達文　榮洪四子母余氏　妻李氏生一
子毅名
五　英韋　宏茂長子母黃氏生于宣統庚戌八月二十
五　英本　宏茂次子母黃氏生于民國丙辰正月二十
五　英周　宏茂三子母黃氏生于民國戊午十月二十
五　長第字財廣羽貴子母何氏生于道光乙亥四月十
六終于光緒甲辰五月十四葬庵邊岡妻鄺氏生四子
和言　和謙　和棉　和元
群第字進廣羽球子母李氏生于道光甲辰十二月
二十三終莫考葬星架坡妻孔邊方氏生二子　和炳

和權

仲房二十五世

朋勝字清來長子母方氏生于宣統辛亥十二月三

十失傳

達勝字清來次子母方氏生于民國甲寅六月十七

失傳

堯勝字清來三子母方氏生民國丁已正月初一失

傳

新蘇　福來長子母陳氏生于民國辛酉五月初十

早亡

啓勝　福來次子母陳氏生于一九二一年五月初

十未娶

潤勝　福來三子母陳氏生于一九二五年四月二

十四終于一九九二年十月二十九妻游氏生二子　紹

華　健華
耀勝　福來四子母陳氏生于一九三零年九月初
三妻陳氏生一子　錦華
利彬　牛培長子母方氏生于宣統乙酉六月二十
九妻竹逕關氏無嗣
利竈　牛培次子母方氏生于宣統辛亥十一月初
七未娶
利貞　牛培三子母方氏生于民國戊午四月二十
二失傳
利順　牛培四子母方氏生于民國甲寅正月十一
失傳
利益　牛培五子母方氏生于一九二三年十月初
十妻黎氏生二子　永安　永强
利南　淡培子母　氏　在安南住
滿保　桐章子母陳氏生于光緒甲辰十一月二十

一無嗣

惠保　浩章子母薛氏生于民國乙未三月二十七

妻方氏生一子　雄仔終葬莫考

遇康　近冬子母陳氏生于宣統辛亥十二月初二

無嗣

慶堅　勝根子母張氏生于一九六二年二月初三

妻關氏生一子　仲華

利權　澤年長子母　氏生終葬莫考妻徐氏生二

子　景志　景文

利滔　澤年次子母　氏生終葬莫考未娶

利鈞　玲培長子母範氏一九四七年二月初四妻

鄭氏生二子　永堅　永邦

利昌　玲培次子母範氏生于一九五三年五月初

七妻吴氏生二子　永豪　永杰

瑞泉　富鋭長子母鄧氏生莫考

瑞揚　富銳次子母鄧氏生莫考妻嚴氏生二子

嘉文　嘉榮

瑞良　富銳三子母方氏生于一九六二年

瑞劍　富明子母鄧氏生于一九三二年六月十三

妻謝氏生三子　新權　新輝　新耀

瑞劍　富標子母方氏生于一九四八年妻姚氏生

一子　宇斌

瑞鐘　富永長子母王氏生　妻黄氏生一

子　尚干

瑞强　富永次子母王氏生

瑞賢　富永三子母王氏生　妻陳氏生

二子　尚承　尚儒

浩麟　國權長子母楊氏生　妻黄氏生

二子　兆峻　兆均

浩彬　國權次子母楊氏生　妻岑氏生

一子　兆峰
浩基　國權三子母楊氏生
偉賢　國霖子母梁氏生于一九六九年六月十九
棉康　焯冬子母甘氏生于民國甲寅十一月二十
一無嗣
濂康　煊冬子母方氏生于民國庚申正月初六無
嗣
棠康　春冬子母謝氏生于一九二五年三月十六
妻李氏生二子　勝祥　慶祥
志康　春冬次子母謝氏生于一九三三年十二月
二十四妻姚氏生一子　家祥
真康　春冬三子母謝氏生于一九三二年妻陳氏
生四子　滿祥　健祥　漢祥　佳祥
健康　桂冬子母謝氏生于一九三二年十一月二
十二妻李氏生二子　滿添　滿輝

慶嵩秩綿長子嫡母梁氏生母關氏生于民國丙辰
二月十一妻林氏生一子　以仁
慶泉秩綿次子嫡母梁氏生母關氏生于民國戊午
十一月二十四妻李氏生四子　啓德　啓兆　啓勝
啓利
慶國秩綿子嫡母梁氏生母關氏早亡
慶麟禮綿長子母梁氏生于宣統辛亥二月二十三
妻何生五子　啓榮　啓熙　啓鴻　啓堯　啓泰
慶光禮綿次子母陳氏生于民國壬子七月初二妻
譚氏生二子　啓良　啓耀
慶斌禮綿三子母陳氏生于民國丙辰三月二十三
妻陳氏生二子　啓瑋　啓琮
慶强禮綿四子母陳氏生于一九三一年十二月初
六妻外國人氏生一子　啓遇
慶堅禄綿長子母陳氏生于一九三零年二月二十

妻氏生二子　啓致　啓舜
慶聰禄綿次子母陳氏生于一九三一年六月初一
妻劉氏生二子　啓政　啓申
慶暄禄綿三子母陳氏生于一九三二年七月十八
妻阮氏生一子　啓琛
慶城禄綿四子母陳氏生于一九三四年七月妻柯
氏
慶常禄綿五子母陳氏生于一九三六年五月初九
妻範氏生一子　子敬
慶瑳禄綿六子母陳氏生妻莫考
潛培浩綿三子母方氏生于民國癸丑四月十八妻
陳氏繼室陳氏終葬莫考無嗣
有培浩綿六子母方氏生于民國辛酉五月二十七
無嗣
南培字炳文祺綿長子母梁氏生于光緒甲辰八月

二十九妻梁氏終葬莫考無嗣

撰培字建文祺綿子母梁氏生于民國癸丑九月二

十二終葬莫考妻蘇坑黄氏無嗣

養培字敬文祺綿子母梁氏生于民國庚申六月十

九妻丹竈謝氏生五子　香生　新蘇早亡　良生　慶

生　榮生早亡

業培字時綿子母甘氏生于民國乙未八月二十二

妻　氏生三子　福生　澤生　蔭生

善培字富文紹綿長子母陳氏生于光緒壬辰十一

月十三終于民國辛酉正月十六妻赤勘陳氏生一子

東生

耀培字創綿子母游氏生于　　　生一子漢生

照培字世綿子母張氏生于一九五三年正月二十

八

娣培字世綿次子母張氏生于一九五六年七月十

四
秋培字世綿三子母張氏生于一九六二年十月二
十九
衍培字駢文紹綿次子母陳氏生于光緒甲午五月
二十妻孔邊方氏生一子 鐵生
應培字紹綿三子嫡母陳氏生母張氏生于光緒辛
丑十一月二十無嗣
燊培 暢綿長子母關氏生母何氏生于光緒甲辰
十一月十七
早培 暢綿次子嫡母關氏生母何氏生于宣統庚
戌五月初六終葬莫考無嗣
佐培 暢綿三子嫡母關氏生母何氏生于民國丙
辰十二月十一終于民國辛酉六月二十四葬大坑岡早
亡
燦培字暢綿四子嫡母關氏生母何氏生于一九二

四年七月二十三妻張氏生二子　利生　炳生
文培字祥綿子母葉氏生于一九三五年五月初五
妻黄氏生一子　國生
盛培字曠綿長子母梁氏生于一九二七年妻李氏
生二子　劍橋　英賢
鑄培字鼎文曠綿次子母梁氏一九二九年八月二
十九妻張氏生三子　卓生　偉生　龐生
枝培字杞綿子嫡母方氏生母曾氏生于一九五九
年七月二十四妻陳氏生二子　泳生　沛生
賀培字忠綿子母方氏生于民國丙辰十月初四終
于一九七七年十月十三妻游氏生一子　啓宏
鋭培字延綿子母張氏生于民國甲寅三月十五終
于一九九四年十月二十三妻陳氏生二子　啓超　啓
安
景慶　爽綿子母陳氏生于民國乙未五月初五無

嗣
君瑞　多綿子母黄氏生于一九五四年九月初十
妻陸氏
慶言　壯綿子蘇氏生于民國乙亥正月二十三妻
高氏生二子　啓旋　啓昌
慶波字壯綿子母孔氏生于一九三七年十月初一
妻關氏生一子　啓强
慶鎧字竈綿三子母孔氏生于一九三九年妻朱氏
生二子　啓雄　啓梁
慶申字竈綿六子嫡母孔氏生母鄧氏生于一九四
七年正月十七妻黄氏生一子　啓全
慶滿字竈綿七子嫡母孔氏生母鄧氏生于一九四
八年五月十九妻何氏生一子　啓文
慶杰字竈綿八子嫡母孔氏生母鄧氏生于一九五
二年五月十三妻崔氏

慶鎏字三綿次子母陳氏生于一九四七年三月十
八妻梁氏生一子　啓峰
慶和字三綿三子母陳氏生于一九四九年十二月
初二妻何氏生一子　啓聰
慶發字三綿四子母陳氏生于一九五二年四月二
十一妻唐氏
慶秋字三綿五子母陳氏生于一九五六年九月三
十妻胡氏
慶榮字輝綿次子母杜氏生于一九五五年三月十
五妻王氏生一子　啓陽
慶焯字輝綿三子母杜氏生于一九五八年六月二
十八妻吴氏
慶祥字輝綿四子母杜氏生于一九六零年五月三
十
慶財字輝綿五子母杜氏生于一九六一年八月三

十妻吴氏
慶偉字標綿子母劉氏生于一九五六年十一月三
十
炎字大枚長子母黄氏生于一九三一年六月二十
妻鄧氏生三子 耀泉 錦全 世全
洪根字大枚次子母黄氏生于一九四三年六月初
一妻周氏生二子 偉泉 銘爾
士基字大開長子母梁氏生于一九四七年十月十
八妻林氏生一子 志標
權字大開次子母 氏生于一九五三年五月初六
妻林氏生一子 志勇
松字大開三子母 一氏生于一九五七年十月十
二妻何氏生二子 志强 志亮
森字大開四子母 氏生于一九五九年十一月初
一妻蕭氏生一子 志斌

添字大開五子母　氏生于一九六一年三月二十

八妻廖氏生一子　志康

根字大開六子母　氏生于一九六四年八月十三

妻黄氏生一子　志楊

瑞明字大初長子母　氏生于一九三六年七月初

二妻盧氏生五子　滿泉　滿堂　滿祥　滿蘇　滿洪

瑞光字大初次子母　氏生于一九五三年四月初

十妻梁氏

世英字大泗子母林氏生于一九五二年九月十三

妻黄氏生一子　洪華

培有字大金子母何氏生于一九九四年五月十八

妻何氏生二子　永全　永生

錦培字大金次子母何氏生于一九五七年五月十

九妻黄氏

波培字校綿子母黄氏生于一九四七年九月二十

二妻　氏生二子　建生　景生

慶文字偉綿子母　氏生于一九六一年十二月二
十七妻氏生一子　進軒

均培字棧綿長子母　氏生于一九六八年八月十
二

樂培字棧綿次子母　氏生于一九六七年九月十
四

晉培字當綿子母　氏生于一九八九年八月十二

定卓　鏡祥子母謝氏生于光緒丁酉九月二十五
失傳

定桓字卓英勝祥長子母馮氏生于同治辛未八月
十九往秘魯行商終于光緒丙午十月二十八葬秘魯未
有運回妻西城游氏

定謙字振英勝祥三子母馮氏生于光緒已卯十一
月二十一妻大果杜氏無嗣

定芬字馥英勝祥四子母馮氏生于光緒乙酉七月
初十妻蘇村陳氏妾莘涌陳氏生三子　權基庶出　二
牛嫡出早亡　榮基庶出
定坤字熾祥子母方氏生于光緒甲午六月十六失
傳
定珠字添祥長子母陳氏生于光緒戊申七月二十
二外出
定義字添祥次子母陳氏生于宣統庚戌十二月十
三終于民國己未八月十四葬大坑岡
二枚字達英麟祥次子嫡母梁氏生母謝氏生于光
緒戊子九月十七妻謝氏生一子　煊基
大枚字富英鑄祥子母梁氏生于光緒己丑八月初
六妻謝氏生二子　厚基　紹基
定球　鳳祥繼子繼母徐氏生母梁氏生于光緒甲
午三月二十三外出

定鏵　根祥子嫡母梁氏生母余氏生于光緒丁未六月二十七失傳

定淦　堯祥長子母謝氏生于光緒戊戌十一月初三終于民國癸丑四月初三葬獅頭岡無嗣

定榴　瑞祥子母黄氏生于宣統乙酉二月二十三無嗣

定錢　銳祥長子母方氏生于宣統辛亥三月二十九妻　氏生三子　銓基　佑基　偉基

定蘇　銳祥五子嫡母方氏生母蘇氏生于民國戊午十二月十三妻　氏生三子　賢基　沛基　永基

定燦　寧祥長子母陳氏生于光緒乙巳七月十七無嗣

定漢　寧祥次子母陳氏生于光緒丁未十月初一無嗣

定森　寧祥三子母陳氏生于宣統辛亥十二月二

十五妻潘氏生二子　佐基　潤基
定清　寧祥四子嫡母陳氏生母歐氏生于民國庚
申九月十三葬考
定河字漢英社珠子嫡母楊氏生母鐘氏生于光緒
乙酉正月十三妻大杏甘氏無嗣
定全　祖祥長子母謝氏生于民國癸丑五月初一
終葬莫考妻陳氏生一子　國文早亡
定基　祖祥次子母謝氏生于民國丁巳十二月初
二終于一九五九年正月初三妻何氏生三子　國堅
國太　國賢早亡
定義字棉祥長子母伍氏生于民國辛亥六月十二
妻胡氏生一子　國洪
定蘇字棉祥次子母伍氏生于民國丁巳六月十六
妻陳氏無嗣
定波字潛祥子母區氏生于民國甲寅九月十七無

嗣
定芳字蘭英賜養長子母潘氏生于光緒乙丑妻陳
氏生二子　和基早亡　順基
定綱字耀英賜養次子母潘氏生于光緒癸巳八月
二十四妻蘇村徐氏外出
定樹字八祥次子母陳氏生于民國一九二八年終
于一九八九年五月妻馮氏四子　偉基　洪基　錦基
福基
定林字八祥三子母陳氏生于一九三零年正月初
七妻黎氏生四子　永基早亡　志基　甜基　鋭基
定標字八祥四子母陳氏生于一九三二年五月初
五妻陳氏生二子　紹基　廣基
定金字八祥五子母陳生于一九三七年四月二十
妻杜氏生一子　銘基
定邦字國英細養長子母杜氏生于光緒丁亥六月

十六妻梁氏繼娶陳氏劉氏生二子　燦基陳氏出　新
蘇劉氏出
定嚴字敬英細養三子嫡母杜氏生母謝氏光緒乙
未十月十四終于民國乙卯八月十六葬大松岡　西向
妻蘇村徐氏
定權　細養四子嫡母杜氏生母謝氏生于光緒丁
酉四月二十二終于光緒辛丑十二月十二葬獅頭岡
定詔　細養五子嫡母杜氏生母謝氏生于光緒壬
寅五月初六
定樵　細養六子嫡母杜氏生母陳氏生于民國丁
巳十月十二
乃良心培子母關氏生于光緒庚辰八月初十終于
光緒丙戌十一月十六葬大竹園岡北向之原無嗣
進元字萃英心蜒長子母梁氏生于光緒甲午二月
二十一妻梁氏生一子　創基

進海　心蜒次子母梁氏生于光緒乙亥二月二十
九無嗣
進財　心蜒三子母梁氏生于光緒辛丑九月初三
外出
進金　心蜒四子母梁氏生于光緒丁未二月十四
外出
定饌字業祥子母何氏生于光緒甲午十一月十五
早亡
季房二十五世
祥利　其占子母　氏生于一九三二年妻方氏生
三子　忠輝　忠偉　忠毅
二牛　其味子母陳氏生于一九二九年二月初四
妻甘氏生二子　偉金　偉文
德華　其象子母李氏生于宣統己酉正月二十
錦枝　春和長子母梁氏生于同治戊辰正月二十

七妻謝氏繼娶李氏生一子　蘇女嫡出

錦桃　春和次子母梁氏生于同治癸卯二月初十

錦康　閏和長子母方氏生于光緒甲申四月二十

八

錦佳字洪基閏和次子母方氏生于光緒丁亥正月

三十妻潘氏生二子　永開　均開

錦流　閏和三子母方氏生于光緒庚寅正月二十

五早亡

順隆字盛基星和長子母陳氏生于光緒丙申六月

十六終葬莫考妻陳氏生繼娶李氏生二子　海平　治

平

順景字恒基星和次子母陳氏生于光緒壬寅六月

二十六妻　潘氏繼娶謝氏生二子　偉平　石平謝氏

出俱早亡

順嵩　星和三子嫡母陳氏生母甘氏生于民國乙

卯二月初六無嗣
順成　星和五子嫡母陳氏生母甘氏生于一九二
三年二月二十七妻馮氏生一子　志漢
順利　壽和長子母方氏生于光緒辛丑八月初六
未娶
順勝　壽和次子母方氏生于光緒癸卯二月十九
妻梁氏生一子　洪平
順求　嘉和子母何氏生于光緒丁亥正月初十
順釗　有和長子母温氏生于光緒壬寅十二月二
十四
順華　有和次子母温氏生于光緒丙午十二月十
四
順發　有和三子嫡母方氏生母陳氏生于民國辛
酉二月初十
順標　昌和長子母梁氏生于宣統己酉九月十二

妻潘氏無嗣

順廣　昌和次子母梁氏生于民國乙卯十二月初

一

順邦　貴和子母黄氏生于光緒丙午十二月二十

四

容旺　惠良長子母梁氏生于光緒己丑十二月二

十八終于民國癸丑十月十三葬后岡妻區氏生一子

學賢

容第　惠良次子嫡母梁氏生母陳氏生于光緒庚

子十月初八無嗣

廣盛　汝春長子母陳氏生于一九五八年五月十

五妻謝氏

廣達　汝春次子母陳氏生于一九六八年八月十

六妻鄭氏生一子　家保

廣紹字裘昌汝釗長子母謝氏生于一九六三年二

月初五妻杜氏生一子　文溪
廣卓字俊昌汝釗次子母謝氏生于一九六四年十
二月初五妻謝氏生一子　文毅
廣斌字智昌汝釗三子母謝氏生于一九七三年正
月十七妻李氏
廣溢　汝鋒子母陳氏生于一九六四年十月十八
妻鄧氏生一子　文博
廣杰　汝金子母黄氏生于一九七六年三月十五
妻李氏
廣稔　汝桐次子母杜氏生于一九五三年五月二
十九妻葉氏生一子　文禮
廣余　汝桐三子母杜氏生于一九五五年四月十
七妻陳氏生一子　文江
廣强　汝桐四子母杜氏生于一九六二年八月初
八妻徐氏生一子　文權

廣欣　汝基子母吴氏生于一九五五年十二月初
一妻陳氏生二子　文錦　文偉
廣樹　汝泮長子母黄氏生終葬莫考妻胡氏生一
子　永强
廣蔭　汝泮次子母黄氏生終葬莫考妻範氏生一
子　永成
廣華　汝均子母梁氏生于一九五八年妻梁氏生
一子　錦權
廣太　汝登子母　氏生于一九五零年妻黄氏
廣元　汝登次子母　氏生于一九五九年妻李氏
生一子　嘉倫
廣柏　汝來長子母郭氏生于一九四九年六月二
十九妻賴氏生一子　文璣
廣枝　汝來次子母郭氏生于一九五二年五月二
十五妻林氏生一子　文燁

廣威　汝平長子母葉氏
廣鏗　汝榮長子母謝氏生于一九三二年五月初
一妻　康氏生一子　發坤
廣堅　汝榮三子母謝氏生于一九三四年十月十
六妻馮氏生二子　江鋒　永鋒
廣泉　汝河次子嫡母梁氏生母何氏生于一九四
九年八月初一生一子　發健　妻吴氏
廣輝　汝本子母馮氏生于一九四二年十月二十
妻杜氏生二子　發波　發沛
廣佳　汝本次子母馮氏生于一九四七年五月十
二妻李氏生一子　文聰
元禧　汝九長子母陳氏生于民國庚申正月初六
廣慶　汝九三子母陳氏生于民國　妻梁氏
生一子　文暉
廣志　汝九四子母陳氏　妻梁氏生一

子　濱
禮顯　鏡平子母伍氏
材顯　鏡平次子母伍氏
發顯　鏡平三子母伍氏
近顯　鐵平長子母鐘氏生于一九四零年八月初
八妻吴氏
釗顯　鐵平次子母鐘氏生于一九四三年九月妻
董氏
堯顯　鐵平三子母鐘氏生于一九四九年十月十
八妻　崔氏生二子　慶華　慶權
達顯　鐵平四子母鐘氏生于一九五五年十二月
二十三妻陳氏生一子　慶波
榮顯　鐵平五子母鐘氏生于一九五九年四月妻
鄧氏一子　慶鏗
英顯　鐵平六子母鐘氏生于一九六三年六月二

十二妻楊氏生一子　慶昌
蔣敏　華平子母黎氏生于一九五四年八月
杰敏　華平次子母黎氏生于一九五九年六月
妻　氏生一子　思豪
健敏　强平子母嚴氏生于一九五三年十二月二
十八妻姚氏生一子　景斌
智敏　强平次子母嚴氏生一九五五年正月妻謝
氏生一子　景亮
偉顯　珠平長子母徐氏生于　　妻　氏生
一子　景亮
南顯　珠平次子母徐氏
强顯　珠平三子母徐氏
全顯　珠平四子母徐氏
敬顯　棉平子母謝氏生于一九三六年十一月初
十妻何氏生一子　慶麟

耀榮　銳平長子母周氏生于一九五三年三月初
九妻劉氏生一子　卓鴻
耀輝　銳平次子母周氏生于一九六三年九月初
九妻陳氏生一子　文鼎
耀廣　銳平三子母周氏生于
典圻　焱垣長子母陳氏生于光緒乙酉正月二十
九
永圻　錫垣長子母黎氏生于民國辛未十二月初
七妻　氏生三子　文偉　文嘉　文浩
淦圻　錫垣三子母黎氏生于民國丁丑六月初七
未娶
小明　湛垣子母　氏
抗援　滿垣子母　氏
忠援　滿垣次子母　氏　　妻　氏生一子
蝦仔

輝遠　慶瑞長子母陳氏生于一九四三年九月十
九未娶
津遠　慶瑞次子母陳氏生于一九四五年九月初
八妻維氏生一子　基立
廣遠　慶瑞三子母陳氏生于一九四七年十月十
四妻黄氏生一子　南思
棉遠　慶瑞四子母陳氏生于一九五零年九月十
五妻熊氏生一子　樂民
國遠　慶瑞五氏母陳氏生于一九五三年七月初
七
啓良仕英長子母張氏生于一九六一年二月初九
妻陳氏生二子　建康　建樂
啓陽　仕英次子母張氏生于一九六九年七月初
四妻黄氏
德硯　佐英長子母陳氏

宗偉　鏡英子母　氏生于一九六二年二月初三
德甜　炎英次子母高氏生于一九五二年九月二
十九妻黄氏生一子　健欣
德祥　炎英三子母高氏生于一九六一年三月初
一
德華　炎英四子母高氏生于一九六三年二月十
五妻李氏生一子　健潮
紀良　棠英長子母司徒氏生于一九五八年八月
初十曹氏
紀圻　棠英次子母司徒氏生于一九六七年九月
初三
家弘　志勇子母母黄氏
銘坤　熾光長子母謝氏生于一九五七年十二月
二十九妻馮氏生三子　廣海　廣洋　廣泳
銘强　熾光次子母謝氏生于一九六三年十一月

二十二妻劉氏生一子　廣俊
銘登　熾光三子母謝氏生于一九六七年九月十
八妻區氏
銘曉　流光子母馮氏生于一九六二年正月十九
妻陳氏生二子　廣才　廣超
銘河　流光次子母馮氏生于一九六四年三月初
六妻梁氏生二子　廣通　廣元
育祺　光熾長子母吴氏
珈祺　光熾次子母吴氏
樂仁　光熙長子母陳氏
樂信　光熙次子母陳氏
錫玲字遐彰號礽三英毬繼子母潘氏生母梁氏生
于咸豐丁已十二月十五妻何氏葬岡咀繼室謝氏生六
子　二蘇早亡何氏出　鑑圭早亡　彝兼　五蘇早亡
八蘇早亡　策兼俱謝氏出

錫銓字財彰小毬繼子　繼母陳氏生母梁氏生于咸豐乙未九月二十三終于光緒庚子九月二十二葬后岡妻游氏終于光緒乙丑十月十三葬石仔岡生一子　理兼

錫標字達彰艷毬三子母梁氏生于咸豐辛酉七月二十妻游氏終于民國丙辰十月二十五馮氏生二子　卓兼　適兼俱游氏出

錫爵　艷毬五子母梁氏生于同治乙丑十一月十七終于光緒辛巳十一月十六妻陳氏未娶歸守合葬岡咀

錫祥字迎彰艷毬六子母梁氏生于同治庚午二月初四終于光緒辛丑九月十五妻梁氏

錫鏞字儀彰興毬子嫡母杜氏生母林氏生于光緒乙酉正月二十終于光緒癸丑四月二十寄葬秘魯忌埠山莊妻潘氏別適

錫梯字顯彰北桂長子母關氏生于光緒丙戌九月二十二終于民國庚申十一月初三享年三十五寄省城東門外妻陳氏

錫泰　北桂次子母關氏生于光緒辛丑閏六月十四

錫瀚　北壎長子母關氏　未娶

錫其　北壎次子母關氏　六月初八終葬莫考妻冼氏生三子　偉兼　成兼　棠兼

錫杰　北壎三子母關氏生于一九二三年八月二十八終葬莫考妻何氏生一子　禮兼

錫希　北壎六子母關氏生于一九四五年八月未娶

錫萬　北成長子母謝氏生于光緒丙子終莫考葬安慶西門外妻潘氏

錫安字平彰別字殿臣北成次子母謝氏生于光緒

戊寅四月二十方氏生一子　煜兼

錫慶字有彰別字善余北成三子母謝氏生于光緒

庚辰二月二十四妻陳氏繼室關氏

錫懷　北成四子母謝氏生于光緒癸未終莫考葬

寄安慶西門外妻游氏

錫漢　北成五子母謝氏生于光緒乙酉正月十六

終莫考寄葬安慶西門外妻黃氏

錫德北成六子母謝氏生于光緒丁亥二月二十九

終莫考葬安慶西門外妻梁氏

錫洪字大彰別字偉臣北海長子母謝氏生于光緒

甲申四月十五妻甘氏生二子　龍兼　鳳兼

錫榮　北海次子母謝氏生于光緒乙酉九月十五

終莫考寄葬江西省城妻曾氏無嗣

錫江　北海三子母謝氏生于光緒辛卯六月初五

終于光緒丙午五月二十七葬沙岡妻關氏無嗣

贊祥　志聰繼子生母陳氏生于光緒己亥
淦祥字培慶志浩長子母陳氏生于光緒辛己八月
二十妻方氏生三子　湛洙　湛隆　湛浦
澤祥字　福慶志浩次子母陳氏生于光緒丙戌八
月二十一終莫考寄葬大吕宋妻謝氏别適無嗣
正祥　志浩　三子母陳生生于光緒癸己七月
雲開　志元次子母潘氏生于光緒辛丑九月十四
終于一九七四年三月十四妻陳氏繼室謝氏生三子湛
歷　湛盧　湛博
焕棠　志怡長子母潘氏生于光緒壬午八月二十
一終于光緒庚子三月三十葬巷邊岡
桂棠字枝慶志怡次子母潘氏生于光緒丁亥七月
初三終于民國辛酉四月初三享年三十五葬竹逕岡妻
杜氏生二子　湛江　新蘇早亡
沛祥　志庸子母陳氏生于宣統辛亥四月初四

添榮　志本長子嫡母游氏生母　氏生于光緒戊申六月初七
添松　志本次子嫡母游氏生母　氏生于民國壬子四月二十九
迎祥字祺慶志鑾長子母陳氏生于同治庚午八月初六妻劉氏
呈祥　志鑾次子母陳氏生于光緒丁丑八月二十二終于光緒庚寅五月二十三葬村頭岡
吉祥　志堅長子母陳氏生于同治甲戌十二月初七終于光緒癸已十一月二十五葬星架坡
永祥字錦慶志堅次子母陳氏生于光緒丁丑三月初八妻梁氏生二子　湛犬　湛鐺
麟祥字善慶號孔瑞繼先長子母梁氏生于同治壬戌十月二十八妻梁氏生于同治壬戌八月初二終于光緒丁亥十月二十六葬旺邊岡續娶潘氏生八子　湛泉

梁氏出　湛三早亡　湛四早亡　湛沐　湛權　湛柱
湛鐸　湛十早亡俱潘氏出
降福　繼先次子母梁氏生同同治乙丑閏五月初
四終是是年七月二十二葬莫考
保祥　繼先三子母梁氏生于同治丁鄧十月十四
終于同治辛未五月十八
楫祥字永慶繼先四子母梁氏生于同治庚午十月
初四妻原配勞氏生于同治壬申十月二十一終于光緒
乙未五月初一續配李氏妾周氏生三子湛素李氏出早
亡　湛杭周氏出　湛湘周氏出
罐祥字熙慶繼先五子母梁氏生于同治癸壬申十
月十四妻蘇氏妾黎氏生三子　是兒早亡　湛棟　湛
鰲俱黎氏出　鉦祥　繼先六子母梁氏生光光緒己卯
十一月十九終于光緒己丑六月二十九葬丹竈鐵鈴岡
鏗祥字韶慶繼壽長子母杜氏生于光緒丁丑六月

十七妻陳氏生三子　湛理　湛二早亡　湛玉
攀祥　繼壽次子母杜氏生于光緒壬午六月十九
終于光緒戊戌閏三月初九享年十七葬上坑岡未娶
業祥字達慶繼强長子母陳氏生于同治丁卯八月
十七終于民國癸丑五月十四享年四十七葬伏水雁臺
岡妻竹聖關氏葬陳氏姓岡妾夏氏別適生二子　湛花
關出早亡　湛華夏氏出
鑑祥字觀慶繼强次子母陳氏生于光緒丙子七月
十一終于民國癸丑六月二十八葬聖圩仙人岡妻陳氏
生一子　湛金
衍祥字維慶繼强三子嫡母陳氏生母周氏生于光
緒丙子十一月二十四妻陳氏生二子　湛渠　湛秋早
亡
秩祥字有慶繼强四子嫡母陳氏生母周氏生于光
緒己卯七月初四妻陳氏生一子　湛露

連祥字聯慶繼强五子母陳氏生于光緒壬午五月
初二終于民國甲寅四月二十六享年三十三葬后岡妻
謝氏別適
芬祥　繼强六子嫡母陳氏生母周氏生于光緒庚
寅三月初五終于光緒癸己十一月初十葬仙人岡
蘇祥　繼强七子嫡母陳氏生母周氏生于光緒癸
己正月二十七即終
燿祥　繼强八子嫡母陳氏生母周氏生于光緒甲
辰七月二十
啓祥　繼調長子母潘氏生于光緒丁亥六月二十
三于于光緒癸鄧五月十四享年十七葬竹聖岡未娶
裕祥字先慶繼調次子母潘氏生于光緒庚寅五月
初七妻陸氏繼娶陳氏生一子　湛鎧陸氏出
糧祥　繼梁長子母陳氏生于光緒辛丑三月初八
終光光緒丁未十月初二葬竹聖岡

銘祥　繼梁次子母陳生生于光緒壬寅五月初七

終于光緒丙午七月初四葬竹聖岡

煒祥　繼梁四子母陳氏生于宣統己酉正月初十

外

勃祥　繼梁五子母陳生生于民國己酉正月十九

勝祥字卓慶繼坤繼子繼母陳氏生母陳氏生于光

緒辛己十一月初二終于光緒癸鄧享年二十三妻黃氏

合葬頭岡

溢能　維概長子母梁氏生于民國庚申十月初十

妻陳氏無嗣

撰能　維概三子母梁氏生于一九三零年四月妻

陳氏生四子　允棠　允鎏　允明　允鏘

標能　維忠長子母杜生生于一九二年年八月初

二妻林氏生五子　允湛　允聯　允巨　允淦　允鑄

桂能　維忠次子母杜氏生於葬莫考妻梁氏無嗣

浩能　維忠四子母杜氏生于一九三四年妻陳氏
生一子　志華
炳能　維忠六子母杜氏生于一九三八年七月十
二妻張氏生二子　允强　允醒
柱能　維金長子母陳氏生一一九三九年十月初
四妻陳氏生二子　允太　允權
華能　維金次子母陳氏生于一九三五年正月十
二妻張氏生二子　允溪　允彬
灼能　維金三子母陳氏生于一九三六年十一月
二十八終于一九九四年正月二十三妻區氏生一子
允均
錫能　維金四子母陳氏生于一九四二年八月二
十四妻鄧氏生一子　允健
基能　維柄子母張氏生于一九四一年十二月二
十六妻陳氏生二子　允明　允堅

長能　維柄次子母張氏生于一九五五年三月初
九妻周氏生一子　允業
德能　維巧長子母關氏生于一九五五年十一月
十七
燦能　維巧次子母關氏生于一九六一年六月二
十終于一九九七正月初二妻林氏生一子　百欣
世雄　維錢子母陳氏生于一九五三年　妻劉氏
繼娶何氏生二子　嘉超　嘉進
文恩　維森長子母陳氏生于一九五七年妻鄧氏
生子子駿熙
文錦　維森次子母陳氏生于一九五九年妻黄氏
文瑞　維森三子母陳氏生于一九六二年
文輝　維森四子母陳氏生于一九六八年妻李氏
文强　維谷長子母歐陽氏生于一九六六年妻馮
氏生一子　嘉棠

文棣　維谷次子母歐陽氏生于一九六八年妻張
氏

勇能　維棉子母鄧氏生于民國庚午五月初八

智能　維材長子母何氏生于民國戊午十月十三

永能　維材次子母何氏生于民國壬戌七月十三

潛良　用變子母杜氏生于光緒辛丑十二月二十
七

縣良　用緒長子母何氏生于光緒己亥六月二十
一

德良　用緒次子母何氏生于光緒戊申三月十一

成壎即金旺拔開子母黎氏生于光緒己丑　妻李
氏繼娶潘氏生四子　大早亡　永漢　三早亡　永鴻

成才　連開長子母梁氏生于民國乙卯

成樂　連開次子母梁氏生于民國丁己妻徐氏一
子永珠

成梅　富開長子母陸氏生于光緒癸卯妻氏生一
子　永沛
成枝　富開次子母陸氏生于光緒乙巳
然昌　順女長子母陳氏生于一九五零年十一月
十九妻勞氏生一子　永超
松昌　順女次子母陳氏生于一九五二年三月十
五妻馮氏生一子　永豐
錫昌　順女三子母陳氏生于一九五八年三月二
十三妻張氏
富昌　順四長子母陳氏生于生終葬莫考妻　馮
氏生一子　永蜂
仲昌　順四次子母陳氏生于一九五五年四月初
七妻陳氏生一子　永桉
餘昌　順四四子母陳氏生于一九六四年九月二
十妻周氏生一子　永春

日昌　順四五子母陳氏生于一九六八年三月初
二妻張氏生一子　永秋
燦榮　順六子母梁氏生終葬莫考早亡
橋昌　佐耀長子母謝氏生于一九六零年終葬莫
考妻陳氏生一子　永祥
熾昌　佐耀次子母謝氏生于一九六二年四月十
八妻周氏生一子　永剛
銘旺　注榮長子母譚氏生于一九五四年六月二
十四妻陳氏生一子　初坤
暖旺　注榮次子母譚氏生于一九五九年十月初
一妻鄧氏生一子　初輝
根旺　注榮三子母譚氏生于一九六二年九月十
九妻馮氏生一子　初杰
振堯即佩華佐永次子母方氏生于一九五三年十
月二十二妻毛氏生一子　文杰

振輝　佐永三子母方氏生于一九五五年四月初
八妻盧氏生一子　宗彥
振庭　佐國長子母何氏生于一九六三年九月二
十妻梁氏生一子　家卓
振强　佐國次子母何氏生于一九六四年十一月
初四妻楊氏
振劭　佐國三子母何氏生于一九六九年正月二
十七妻趙氏　生一子　家豪
志文　佐森子母張氏生于一九七五年十月初一
成堅　佐禮子母陳氏生于民國乙未閏三月初九
才堅　佐二長子母李氏生于民國乙未七月十一
妻周氏生一子　家顯
洛堅　佐二次子母李氏生于民國丁酉五月十七
妻黃氏生一子　家欣
錦堅　佐二三子母李氏生于民國癸卯六月十九

妻陳氏生一子　家棉
信堅　佐養子母關氏生于一九七四年十月二十
三妻甘氏
勝堅　佐恒長子母張氏生于一九六八年九月二
十一妻張氏生二子　家輝　家榮
達堅　佐恒次子母張氏生于一九七三年七月二
十一
沛堅　佐桃子母伍氏生于一九六九年八月二十
九妻張氏
文堅　佐賢長子母李氏生于一九七一年妻譚氏
生一子　家標
應堅　佐賢次子母李氏生于一九七四年妻李氏
生一子　家泳
華堅　佐秋長子母陳氏生于一九六八年三月二十四
明堅　佐秋次子母陳氏生于一九七零年十月初

生一子　加泓
四妻歐氏
文權　遇佳子母黄氏生于一九七二年八月十八
妻劉氏生一子發初
輝權　遇明子母陳氏生于一九七八年十一月二十
英權　遇明次子母陳氏生于一九八三年十二月
二十
應權　遇光子母李氏生于一九八八年四月初十
煒權　遇全子母杜氏生于一九八五年七月十二
杰權　遇金子母周氏生于一九九一年十月十二
壯業字華年恒源長子母關氏生于光緒甲申八月
二十二妻杜氏妾陳氏生四子　彬裕　根裕　國俱杜
氏出　平裕陳氏出
培業字養年恒源次子關氏生于光緒庚寅十二月
初九妻黄氏

黨業　恒源三子母關氏生于光緒壬辰十一月二
十終于宣統己酉六月二十六葬閏螺岡
燕業字訓年恒源四子母關氏生于光緒甲午十一
月二十一終于民國丙辰十月二十一葬竹聖岡妻潘氏
藎業字芳年恒源五子母關氏生于光緒丁酉九月
初七妻孔氏生一子　楚裕
端業　福源長子母陳氏生于光緒壬寅十月初三
佐業　福源次子母陳氏生于光緒丙午九月十八
廣業　鴻源子母程氏生于民國庚申
發權　遇容子母梁氏生于民國己未七月二十七
終于一九九五年三月初三葬深圳妻陳氏生二子國强
國寶
達權　遇明子母杜氏生于宣統庚戌十一月初二
漢權　遇坤子母梁氏生于宣統辛亥閏六月十四

終于一九八一年九月十八妻陳氏繼室鄧氏生四子
銘初　鑄初俱陳氏出　錦初　鉅初俱鄧氏出
三珠　遇永長子母陳氏生于光緒辛丑九月二十
七終于民國己未七月十七葬莫考
富權　遇永次子母陳氏生于民國辛酉五月初五
有權　遇永四子母陳氏生于一九二二年五月初
五終于一九七七年十一月十二妻杜氏　黎氏生七子
榮初　華初　耀初　廣初　嘉初　鴻初　良初
志權　遇永五子母陳氏生于一九二九年五月初
五妻潘氏生五子　明初　聲初　偉初　旭初　安初
言權　會芬長子母周氏生于
毅權　會芬次子母周氏生于
澤權　仲芬長子母蘇氏生於葬莫考　妻陳氏生
一子　乃堅
鐵權　仲芬次子母蘇氏生于一九三七年七月初

五妻陳氏生三子乃基　乃添　乃聰
銳權　苡芬子母張氏生于民國甲寅十一月二十
三終于一九九八年六月十九妻謝氏杜氏
孟房二十六世
文海　標禮子母韋氏生于一九六八年五月妻韋
氏生一子　淇銘
文波　標禮次子母韋氏生于一九七一年四月
文康　標禮三子母韋氏生于一九七五年四月
驊　標成子母李氏
永鍵　標明子母　氏
燦明　標榮長子母鍾氏生于一九六二年十月十
八妻杜氏生一子　文燁
亮明　標榮次子母鍾氏生于一九六八年九月初
一妻原氏
玉明　標榮三子母鍾氏生于一九七一年四月二

十五妻黃氏
樂成　韶章長子母梁氏生于一九四九年　妻梁
氏
桂成　韶章次子母梁氏生于一九五八年十一月
十一妻張氏生一子　景初
佑成　福章長子母張氏生于一九四八年三月初
五妻林氏生二子　炎恒　炎錫
德成　福章次子母張氏生于一九五九年正月初
七妻林氏生一子　兆湛
歡成　福章三子母張氏生于一九六四年五月二
十妻　謝氏
志成耀章子母張氏生于一九七七年九月十九
詠康　維章子
詠斌　維章子
良生　壽年長子母勞氏生于一九五二年八月初

六妻陳氏生二子　志超　慶超
柱生　壽年次子母勞氏生于一九五六年三月十
八妻張氏生一子　達超
杜生　壽年三子母勞氏生于一九五七年四月十
八妻麥氏生一子　安超
偉生　萬年長子母方氏生于一九五三年十二月
妻盧氏
勇生　萬年四子母方氏生于一九六二年十二月
十九妻藍氏生一子　毅超
永生　景年子母劉氏生于一九五三年三月初六
妻麥氏
健生　潤年子母梁氏生于一九六九年十二月二
十五妻李氏生一子　權超
銘生　貫年長子母陳氏生于一九八五年六月十
五

錦生　貫年次子母陳氏生于一九八七年十二月
初七
筠樺　志强子母林氏生于一九九九年
榮生樂年子母李氏生于一九四九年　妻梁氏
廣志　永年子母梁氏
子鍵　恩榮子母謝氏生于一九九五年正月初三
新英　港和子母維氏生于一九五四年十二月二
十妻張氏生一子　錦康
流英　港和次子母維氏生于一九五八年妻陳氏
生一子　錦永
偉英　觀和子母陳氏生于一九七一年八月初十
榮英　紹和子母陳氏生于一九八九年五月十五
坤英　慶和子母陳氏生于
斌英　詠和子母戴氏生于一九七七年五月二十
六

堯英　金和子母陳氏生于一九九零年十二月初
六
熾英　次和子母藍氏生于一九九四年八月初五
明英　勇和子母陳氏生于一九七一年十二月初
七妻黎氏
標英　根和子母周氏生于一九八一年五月二十
煜英　志和子母陳氏生于一九八九年十月二十
八
林英　樵和子母關氏生于一九三三年八月終于
一九八四年十二月妻　氏生六子　錦榮　錦華　錦
强　錦輝　錦耀　錦基
洪英　樵和六子母關氏生于一九五零年五月初
四妻劉氏生一子　錦烽
澤英　樵和八子母關氏生于一九五八年正月二
十九妻馮氏

德明　國和子母蘇氏生于一九五九年八月十四
妻黄氏
健明　國和次子母蘇氏生于一九六三年七月二
十三妻周氏
浩明　文和長子嫡母郭氏生母李氏生于一九五
九年十二月二十七妻高氏生一子　家熙
潤明　文和次子嫡母郭氏生母李氏生于一九六
二年十一月二十三妻蔡氏
潔明　文和三子嫡母郭氏生母李氏生于一九七
零年十一月十二妻區氏生一子　志榮
家明　文和四子嫡母郭氏生母李氏生于一九七
六年八月二十三
志青　文和子母吴氏生于一九八三年
國英　偉和子母吴氏生于一九九七年
桂明　福來次子母張氏生于民國甲申五月妻何

氏生二子　紹昌　紹輝
仲明　福元三子母謝氏生于一九四五年四月二
十九妻陳氏生二子　紹權　紹坤
錦明　福元四子母謝氏生于一九五六年正月十
八妻陳氏生二子　紹强　紹添
永光　富棉長子母韓氏生于一九五六年六月初
三妻黄氏
永强　富棉次子母韓氏生于一九五八年四月二
十五妻曹氏
永杰　富洪子母何氏生于己酉年一九六九年正
月初九
永源　富梁長子母樊氏生于一九六八年十月十
三妻王氏
永康　富梁次子母樊氏生于庚戌一九七零年正
月二十三

永堅　富梁三子母樊氏生于辛亥一九七一年九月初一

永安　富澤子母關氏生于一九八五年七月十七

永全　富江長子母劉氏生于一九八六年八月十九

永恒　富江次子母劉氏生于一九九零年七月十四

永邦　富昌子母黃氏生于一九六八年五月二十九

永溢　富盛子母氏生于庚辰二零零零年十二十七

雄文　顯鏡子母黎氏生于一九二八年八月初九

妻謝氏生一子　耀輝

學文　顯發子母王氏生于一九七二年二月二十二

妻張氏生一子　耀榮

基文　顯潮子母麥氏生于一九八零年八月二十一

偉文 顯寶子母王氏生于一九七九年正月十三
健文 顯崧子母區氏生于一九八七年二月初一
堅文 顯崧次子母區氏生于一九八九年三月二
十一
兆安 福錮長子母區氏生于一九四一年四月初
十妻鄒氏生一子 允勇
兆輝 福錮次子嫡母區氏生母 氏生于 妻維
氏生一子 允良
兆全 福錮三子母區氏生于一九五零年八月初
四妻黄氏生一子 允彪
兆和 福錮四子母區氏生于一九五二年十二月
十五妻徐氏
兆强 福錮五子母區氏生于一九五五年十月初
二妻陳氏生一子 允倫
兆銘 福錮六子母區氏生于一九五九年六月二

十一妻方氏生二子　允劍　允成
劍祺　啓樹長子母雇氏生于一九五八年正月初
十妻劉氏
敏祺　啓樹次子母雇氏生于一九六零年九月十
二妻王氏
勇祺　啓樹三子母雇氏生于一九六七年十月二
十六妻陳氏
偉祺　啓光子母　氏
健祺　啓光子母　氏
剛祺　啓明子母　氏
俊祺　啓開子母　氏
紹新　福輝子母余氏生于一九七三年
紹文　福輝次子母余氏生于一九七六年
紹暉　福麟子母李氏生于一九七六年十二月初
六

紹靜　福麟次子母李氏生于一九七九年

紹濤　福麟三子嫡母李氏生母李氏生于一九八五年

紹軍　福光子母繆氏生于一九七八年

明

銘宗子母符氏生于一九八一年十一月二十六

兆權　福日次子母　氏生于一九三二年七月妻陳氏生二子　志杰　志雄

兆基　福日四子母韓氏生于一九三八年六月妻

育成　福長子母韓氏生于一九五二年十月初九

育才　福長次子母韓氏生于一九五四年八月初二妻陳氏

育良　福長三子母韓氏生于一九五六年七月初四妻楊氏生一子　德彰

育源　福長四子母韓氏生于一九六四年十二月

初九

紹恢　福長子母　氏生于一九五五年十一月二
二妻張氏生一子　勃海

兆惇　福耀次子母　氏生于一九五七年九月初
八妻林氏

家輝　福根長子母　氏　妻　氏生一子　永堅

家駒　福根次子母　氏

家良　福根三子母　氏　妻　氏生一子　永峰

永昊　福毅子母　氏

永峰　福堅子母　氏

永國　福堅子母　氏

兆敏　福灌子母　氏生于一九五七年　妻生一
子　威

兆明　福彬長子母謝氏生于一九七六年四月初
九

兆祥 福彬次子母謝氏生于一九八零年三月十

三

兆倫 志豪子母 氏生于一九八零年五月初二

兆森 志洪子母黄氏生于一九七五年三月初三

兆廣 志洪次子母黄氏生于一九八零年正月十

四

兆波 志聰子母陳氏生于一九八七年四月十二

兆基 達華子母 氏

毅名 達文子母李氏

和言字潤祥長弟子母鄺氏生于同治己巳十月初

六終于光緒癸巳十月十六葬南蛇杏妻李氏無嗣

和謙 長弟次子母鄺氏生于同治壬申七月十四

終于光緒癸卯閏五月初五葬邊岡無嗣

和棉字定祥長弟三子母鄺氏生于光緒戊寅三月

十七妻蘇氏 無嗣

和允　長弟四子母鄺氏生于光緒　妻陳氏
和炳字貴祥群弟長子母方氏生于同治丁卯十月
十九終莫考葬星架坡妻周氏生五子　煥良早亡　煥
二早亡　煥坤　煥東早亡　煥蘇
和權字盛祥群弟次子母方氏生于同治壬申五月
十九終莫考葬星架坡妻嚴氏無嗣

仲房二十六世
紹華字　潤勝長子母游氏生于一九六一年四月
初八妻謝氏生一子　勁康
健華字　潤勝次子母游氏生于一九六六年三月
二十八妻李氏生一子　文康
錦華字　耀勝子母陳氏生于一九七零年十月二

十六
永安字　利益長子母黎氏生于一九六一年五月
十六妻謝氏生一子　錦祥
永强字　利益次子母黎氏生于一九六八年十二
月二十三妻游氏生一子　錦洪
雄仔字　惠保子母方氏生于一九六九年三月二
十二妻　氏生一子　新蘇
仲華字　慶堅子母關氏生于一九九零年一月二
十八
景志字　利權長子母徐氏生于一九六四年九月
十八妻張氏
景文字　利權次子母徐氏生于一九六六年九月
妻李氏生一子　展峰
永堅　利鈞長子母鄭氏生于一九七七年十一月
二十九

永邦　利鈞次子母鄭氏生于一九八一年七月二
十二
永豪　利昌長子母吴氏生于一九八一年三月初
七
永杰　利昌次子母吴氏生于一九八二年四月二
十一
嘉文　瑞揚長子母嚴氏生于一九八七年
嘉榮　瑞揚次子母嚴氏生于一九九九年
新權　瑞劍長子母謝氏生于一九六二年八月十
三妻林氏生一子　卓偉
新輝　瑞劍次子母謝氏生于一九六四年十一月
二十四
新耀瑞劍三子母謝氏生于一九六七年五月初一
宇斌　瑞釗子母姚氏生于一九八二年
尚干　瑞鐘子母黄氏

尚承　瑞賢長子母陳氏
尚儒　瑞賢次子母陳氏
兆峻　浩麟子母黄氏生
兆均　浩麟子母黄氏生
兆峰　浩彬子母岑氏生
勝祥　棠康長子母李氏生于一九五九年正月初
七妻黎氏
慶祥　棠康次子母李氏生于一九六二年三月初
八妻趙氏
家祥　志康子母姚氏生于一九六三年十月初三
妻周氏生一子　文軒
滿祥　真康長子母陳氏生于一九五八年八月二
十三妻陳氏生一子　冠忠
健祥　真康次子母陳氏生于一九六一年正月二
十八妻黄氏生一子　冠生

漢祥　真康三子母陳氏生于一九六三年二月二
十一妻劉氏生一子　冠杰
佳祥　真康四子母陳氏生于一九六五年八月二
十四
滿添　健康長子母李氏生于一九五八年三月十
八妻劉氏生二子　培基　漢明
滿輝　健康次子母李氏生于一九六三年十一月
初一妻錢氏生一子　子謙
以仁　慶嵩子母林氏生于一九五三年七月
啓德　慶銓長子母李氏生于一九五一年七月妻
李氏
啓兆　慶銓次子母李氏生于一九五三年八月妻
奚氏一子　安邦
啓勝　慶銓三子母李氏生于一九五六年二月妻
劉氏生二子　鎮邦　興邦

啓利　慶銓四子母李氏生于一九五八年八月妻黄氏
啓源　慶椿子母徐氏生于一九五三年三月妻莫氏
啓榮　慶麟長子母何氏生于一九三七年三月二十二
啓熙　慶麟次子母何氏生于一九三八年十一月初三妻黄氏生一子　家立
啓鴻　慶麟三子母何氏生于一九四一年三月二十九妻氏生一子　家駿
啓堯　慶麟四子母何氏生于一九四三年七月初一妻蔡氏生一子　家能
啓泰　慶麟五子母何氏生于一九四六年二月二十七妻余氏
啓良　慶光長子母譚氏生于一九四零年八月初

一妻外國人氏
啓耀　慶光次子母譚氏生于一九四八年十一月
初四妻王氏生二子　家炘　家浩
啓璋　慶斌長子母陳氏生于一九六零年八月二
十
啓琮　慶斌次子母陳氏生于一九六五年九月十
六
啓邁　慶强子母外國人生于一九六零年二月二
十一妻氏生一子　新蘇
啓致　慶堅子母　氏生于一九五四年五月初一
妻劉氏
啓舜　慶堅次子母　氏生于一九五五年七月十
六妻關氏生一子　加卓
啓政　慶聰長子母劉氏生于一九六零年九月二
十三妻劉氏

啓申　慶聰次子母劉氏生于一九六一年八月三
十
啓琛　慶宣子母阮氏生于一九七零年正月十三
子敬　慶常子母範氏生于一九七二年十一月十
七
香生字德馨養培長子生母謝氏生于一九四四年
五月十九妻大果鄧氏生一子　歷安
良生字德衡養培三子母謝氏生于一九五二年八
月二十七妻黃氏生二子　志安　宇安
慶生字德頌養培四子母謝氏生于一九五六年六
月二十七生妻方氏生一子　冠安
榮生　養培五子母謝氏早亡
福生　業培子母　氏生于一九四七年二月二十
一妻
澤生　業培次子母　氏生于一九五九年四月二

十六

蔭生　業培三子母　氏生于一九六一年正月初

七

漢生　耀培子母　氏

東生　善培子母陳氏生于民國癸丑十月十四妻

氏生一子　路德

鐵生　衍培子母方氏生于一九三七年八月十二

利生　燦培長子母張氏生于一九五八年五月初

六妻陳氏生二子　健安　泳安

炳生　燦培次子母張氏生于一九六一年八月十

四妻方氏生一子　永安

國生　文培子母黄氏生于一九六三年十月三十

妻曾氏

劍橋　盛培長子母李氏生于一九六五年　妻鐘

氏

英賢　盛培次子母李氏生于一九七五年
卓生　鑄培長子母張氏生于一九六八年妻杜氏
生二子　潤安　宏安
偉生　鑄培次子母張氏生于一九七零年妻謝氏
生二子　達安　成安
龎生　鑄培三子母張氏生于一九七五年妻陳氏
生一子　森安
泳生　枝培長子母陳氏生于一九八六年二月二
十五
沛生　枝培次子母陳氏生于一九八七年十月二
十六
啓宏　賀培子母游氏生于一九五二年九月三十
啓超　鋭培長子母陳氏生于一九四二年十月初
二妻何氏生二子　家强　家榮
啓安　鋭培次子母陳氏生于一九五七年八月二

十一妻歐氏生一子 斌萃
啓旋 慶言長子母高氏生于一九六二年十月初
七妻 同氏
啓昌 慶言次子母高氏生于一九八六年八月初
三
啓强 慶波子母關氏生于一九六五年五月二十
妻陳氏生一子 家宇
啓雄 慶鎧子母朱氏生于一九六八年七月二十
啓梁 慶鎧次子母朱氏生于一九七二年十一月
初四
啓全 慶申長子母黄氏生于一九八二年正月十
六
啓文 慶滿子母何氏生于一九七五年八月十七
啓峰 慶鎏子母梁氏生于一九七八年正月十五
啓揚 慶桊子母王氏生于一九八零年五月初四

志標　少基子母林氏生于一九七三年九月十六
妻生一子　俊輝
志勇　權子母林氏生于一九八六年四月初二
志强　松子母何氏生于一九八二年十月初二
志亮　松子母何氏生于一九八八年七月二十二
志斌　森子母蕭氏生于一九八八年八月二十五
志康　添子母廖氏生于一九八六年五月初四
志揚　根子母黄氏生于一九九四年五月二十八
滿全　瑞明子母盧氏生于一九五九年七月初四
妻洪氏生一子　志成
滿堂　瑞明次子母盧氏生于一九六一年九月二
十三妻梁氏
滿祥　瑞明三子母盧氏生于一九六四年十二月
二十一妻李氏
滿蘇　瑞明四子母盧氏生于一九七零年四月十

九妻霍氏
滿洪　瑞明五子母盧氏生于一九七三年十月初
四妻楊氏生一子　志華
洪華　世英子母黃氏生于一九八二年二月初六
永全　培有子母何氏生于一九六九年三月初四
妻盧氏
耀全　炎子母鄧氏生于一九五七年七月二十七
妻馮氏生一子　嘉成
錦全　炎子母鄧氏生于一九六四年六月初六妻
梁氏生二子　嘉榮　嘉樂
世全　炎三子母鄧氏生于一九六八年八月初八
偉泉　洪根子母周氏生于一九六九年八月二一
妻盧氏
銘泉　洪根次子母周氏生于一九七六年二月十
四妻曾氏

建生　波培子母　氏生于一九七六年十一月初
一

景生　波培子母　氏生于一九七八年十一月初
九

進軒　慶文子母　氏生于一九九四年六月十四

樹基　定芬長子嫡母陳氏生母陳氏生于宣統辛
亥三月二十二

榮基　定芬三子嫡母陳氏生母陳氏生于民國癸
丑四月初二

煊基　二枚子母謝氏生于民國庚申十月十四

和基　定芳子母陳氏生于民國丁巳三月初九

燦基　定邦長子嫡母梁氏生母陳氏生于民國癸
丑九月初一

新蘇　定邦次子嫡母梁氏生母劉氏生于民國辛
酉八月二十五

創基 進元子母梁氏生于民國庚申十月初一無
嗣
銓基 定錢次子母 氏生于一九六九年
八月十七 妻 氏生二子 楚亮 楚權
偉基 定錢三子母 氏生于一九七二年四月十
八妻 氏生一子 楚橋
賢基 定蘇長子母 氏生于一九五二年正月初
十妻孔氏
沛基 定蘇次子母 氏生于一九五五年六月初
一妻嚴氏生一子 楚恒
永基 定蘇三子母 氏生于一九六一年十一月
二十六妻鐃氏生一子 楚揚
厚基 大枚長子母謝氏生終葬莫考妻方氏無嗣
紹基 大枚次子母謝氏生于一九三七年十二
月初六妻 氏生二子 楚明 楚亮

國洪　定義子母胡氏生于一九五九年十二月十
六妻陳氏生于楚杰
佐基定森子母潘氏生于一九四二年九月十九妻
謝氏三子　楚强　楚輝　楚勇
潤基定森次子母潘氏生于一九五零年七月二十
五妻黃氏生二子　楚榮　楚峰
國堅定基子母何氏生于一九四零年八月十一終
于一九八六年六月初九妻鄧氏生二子　楚明　楚洪
國太定基次子母何氏生于一九四八年五月十六
妻鄧氏生一子　楚彬
偉基定樹子母馮氏生于一九五六年七月二十五
妻黎氏生一子　楚超
洪基定樹次子母馮氏生于一九五八年八月初八
妻李氏生二子
楚成　楚鐘

錦基定樹三子母馮氏生于一九六零年九月十六妻閑
氏生一子福基定樹四子母馮氏生于一九六四年正月
初五妻馮氏生二子
楚權 楚麟
志基定林次子母黎氏生于一九六零年二月十八妻甘
氏生一子 楚坤
甜基定林三子母黎氏生于一九六二年九月初六妻高
氏生一子
楚盛
鋭基定林四子母黎氏生于一九六五年方初五妻方氏
廣基 定標次子母陳氏生于一九六四年十二月
二十八
銘基 定金長子母杜氏生于一九六五年十月十
四妻陳氏一子 楚浩
順基 定芳次子母陳氏生于一九二三年六月初

六妻杜氏生三子　楚文　楚尚　楚培
季房二十六世
忠輝　祥利子母方氏生于一九五五年妻　氏生
一子　蘊恒
忠偉　祥利次子母方氏生于一九五八年妻　氏
生二子　蘊麒　蘊麟
忠毅　祥利三子母方氏生于一九六四年妻　氏
偉金　二牛長子母甘氏生于一九五七年三月初
六妻杜氏
偉文　二牛次子母甘氏生于一九六四年六月初
二妻徐氏生一子　志波
均開　錦佳次子母潘氏生于一九二九年七月十
六終于一九九八年八月二十七妻譚氏生三子　慶祥
淦祥　樂祥
海平　順隆長子母陳氏生于一九二六年七月二

十八終于一九九七年四月二十妻吴氏生一子　永强
治平　順隆次子母陳氏生于一九二八年四月十
七
志漢　順成子母馮氏生于一九六七年十月初五
妻方氏生一子　耀欣
學賢　容旺子母區氏生于宣統辛亥三月三十終
于一九八七年四月二十一妻何氏生五子　國洪　二
洪早亡　偉洪　四洪早亡　標洪
家保　廣達子母鄭氏生于一九九五年十月初六
文溪　廣紹子母杜氏生于一九八八年十月初二
文毅　廣卓子母謝氏生于一九九八年八月初十
文博　廣溢子母鄧氏生于一九九四年十月二十
一
文禮　廣稔子母葉氏生于一九八五年二月十二
文江　廣餘子母陳氏生于一九九一年二月初八

八　文權　廣强子母徐氏生于一九九三年八月二十

十　文錦　廣欣長子母陳氏生于一九八二年四月初

七　文偉　廣欣次子母陳氏生于一九八六年四月十

文强　廣樹子母胡氏

永成　廣蔭子母範氏生于一九八六年

錦權　廣華子母梁氏生于一九八二年

嘉倫　廣元子母李氏生于一九九二年

文璣　廣柏子母賴氏生于一九七六年八月初四

八　文燁　廣枝子母林氏生于一九七七年正月二十

發坤　廣鏗子母康氏生于一九六九年二月初五

妻帥氏生一子耀麟

江峰　廣堅長子母馮氏生于一九六六年九月十三

永峰　廣堅次子母馮氏生于一九六八年九月十七妻黄氏

發健　廣泉子母吴氏生于一九七四年五月妻馮氏

發波　廣輝長子母杜氏生于一九七零年三月初十

發沛　廣輝次子母杜氏生于一九七五年二月初二

文聰　廣佳子母李氏生于一九七三年十二月二十四

文暉　廣慶子母梁氏生于

濱　廣智子母霞　生于　妻　氏生一子　俊深

慶華　堯顯長子母崔氏生于一九七八年九月十

二
慶權　堯顯次子母崔氏生于一九八一年十一月
初十
慶波　達顯子母陳氏生于一九八六年六月初六
慶鏗　榮顯子母鄧氏生于一九八九年九月
慶昌　英顯子母楊氏生于一九九七年二月二十
三
思豪　杰敏子母　氏生于一九八八年十二月
景斌　健敏子母姚氏生于一九八二年九月
景亮　志敏子謝氏生于一九八三年二月
慶麟　敬顯子母何氏生于一九七零年十二月初
九妻陳氏
卓鴻耀榮長子母劉氏生于一九八二年五月初七
文鼎耀輝子母陳氏生于一九八七年七月十五
文偉　永圻長子母維氏生于民國戊申五月初八

文嘉　永圻次子母維氏生于民國辛亥十月初五
文浩　永圻三子母維氏生于民國癸丑六月二十
三妻廖氏生一子　子俊
暇仔　忠援子母　氏生于一九八二年
基立　津遠子母維氏生于一九七九年十月十二
南思　廣遠子母黄氏生于一九八一年三月初三
樂民　棉遠子熊氏生于一九八三年九月十五
建康　啓良子母陳氏生于一九八六年十月二十
五
建樂　啓良子母陳氏生于一九九零年十二月初
七
健欣　德甜子母黄氏生于一九八四年六月十一
健潮　德華子母李氏生于一九九四年十一月二
十三
廣海　銘坤子母馮氏生于一九八六年五月初八

廣洋　銘坤次子母馮氏生于一九九零年七月初一

廣泳　銘坤三子母馮氏生于一九九零年七月初一

廣俊　銘强子母劉氏生于一九九零年六月二十一

廣財　銘曉子母陳氏生于一九八七年八月二十七

廣釗　銘曉次子母陳氏生于一九八九年五月初四

廣通　銘河長子母梁氏生于一九九零年八月二十

廣元　銘河次子母梁氏生于一九九二年五月二十九

鑑𡐓錫玲長子母謝氏生于光緒丁亥閏四月初六終于光緒戊子二月二十一葬后岡

彜兼　錫玲次子母謝氏生于光緒辛卯三月初十

終于宣統庚戌正月二十二寄葬美洲意埠妻鄧氏
策兼字永權錫玲三子母謝氏生于光緒己亥二月
二十妻陳氏妾黎氏生四子　泳觴　泳基　詠陶
炎
偉兼　錫其長子母冼氏生于一九五九年正月十
九妻陳氏生一子　泳邦
成兼　錫其次子母冼氏生于一九六一年十一月
十九妻李氏生二子　泳輝　泳明
棠兼　錫杰子母何氏生于一九六四年七月二十
七妻關氏生一子　泳洪　泳發
禮兼　錫杰子母何氏生于一九六七件七月二十七
妻陸氏生一子　詠忠
理兼　錫銓子母游氏生終莫考葬大坑岡
卓兼字永超錫標長子母游氏生于光緒辛卯五月
初六妻胡氏生二子　家聲早亡　家旺

適兼　錫標次子母游氏生于光緒終葬莫考

煜兼　錫安長子母方氏生于光緒辛丑十二月二
十一

龍兼　錫洪長子母甘氏生于民國甲寅二月十九

鳳兼　錫洪次子母甘氏生于民國丙辰五月二十
九無嗣

湛洙　淦祥長子母方氏生于民國甲寅正月初六
無嗣

湛隆　淦祥次子母方氏生于民國乙卯十一月二
十五妻陳氏生一子　桂棉

湛浦　淦祥三子母方氏生于民國己未六月二十
一終于一九九四年八月二十三妻區氏生二子　洪棉
光棉

湛歷　雲開長子母陳氏生于民國乙丑七月二十
四終于一九九八年十二月二十八妻關氏生二子　輝

棉　嘉棉
湛盧　雲開次子嫡母陳氏生母謝氏生于民國二
十八年七月二十八終于一九九七年九月妻林氏生一子
勛棉
湛博　雲開四子嫡母陳氏生母謝氏生于民國三
十一年九月二十四妻何氏生一子　勁棉
湛江　桂棠子母杜氏生于民國乙卯六月初一妻
勞氏生二子　日棉　沛棉
湛大　永祥長子母陳氏　光緒戊申八月十四
湛鐺　永祥次子母陳氏生于民國壬子九月十六
湛泉字海麟祥長子母梁氏生于光緒癸未九月初
八妻方氏
湛杰字仍洲麟祥四子先母梁氏生母潘氏生于光
緒甲午二月十八妻柯氏
湛權　麟祥五子先母梁氏母潘氏生于光緒庚子

二月二十四
湛柱　麟祥六子先母梁氏母潘氏生于光緒癸卯
正月十三
湛鐸　麟祥七子先母梁氏母潘氏生于光緒丙午
五月初三無嗣
湛素　楫祥長子先母勞氏生母李氏生于宣統庚
戌四月初二終于是年八月十一
湛杭　楫祥次子嫡母勞氏李氏生母周氏生于宣
統辛亥六月三十
湛湘　楫祥三子嫡母勞氏李氏生母周氏生于民
國己未二月二十六終于一九七三年五月妻陳氏生三
子　榮棉　德棉　應棉
湛鰲　祥三子嫡母蘇氏生母黎氏生于宣統辛亥
十一月十五
湛李　鏗祥長子母陳氏生于民國己未十一月二

十一
湛玉　鏗祥三子母陳氏生于一九二九年十月初
四妻吴氏生三子　汝棉　錫棉　勝棉
湛金　鑑祥子母陳氏生于光緒戊戌十二月初九
湛華　業祥次子嫡母關氏生母夏氏生于光緒甲
辰八月初二
湛渠　衍祥長子母陳氏生于光緒乙巳十一月十
五
湛秋　衍祥次子母陳氏生于光緒戊申二月一終
于八月初四
湛露　秩祥子母陳氏生于光緒癸卯十月二十四
湛鎧　裕祥子母陸氏生于民國甲寅正月初六
允堂　撰能長子母陳氏生于一九五六年二月妻
馬氏生三子　務正　務中　務德
允鎏　撰能次子母陳氏生于一九五二年正月初

二妻尹氏
允明　撰能三子工氏生于一九六三年十一月妻
柬氏
允鏘　撰能四子母陳氏生于一九六六年
允湛　標能長子母林氏生于一九五三年七月初
五妻勞氏
允聯　標能次子母林氏生于一九五五年七月二
十二妻李氏
允鉅　標能三子母林氏生于一九五七年十二月
初一妻黄氏生一子　務初
允淦　標能四子母林氏生于一九六二年八月二
十　妻韋氏生二子　務文　務鵬
允鑄　標能五子母林氏生于一九六五年九月初
十妻張氏生一子　務宏
志華　浩能子母陳氏生于一九六八年三月二十

允强　炳能長子母張氏生于一九六四年七月二
十五妻李氏生一子　務鍇
允醒　炳能次子母張氏生于一九六八年十二月
初八妻陸氏
允太　柱能長子母陳氏生于一九六三年六月二
十四妻陳氏生一子　務鐺
允權　柱能次子母陳氏生于一九六九年四月初
一妻張氏
允溪　華能子母張氏生于一九六五年十月二十
四妻翁氏生一子　務深
允彬　華能次子母張氏生于一九七一年九月十
三
允均　灼能子母區氏生于一九七四年十月初八
妻譚氏生一子　務恒
允健　錫能子母鄧氏生于一九七八年七月二十

二

允明　基能長子母陳氏生于一九七零年八月初

六妻黄氏生二子　永耀永洪

允堅　基能次子母陳氏生于一九七三年十一月

初五妻黄氏

允葉　長能子母周氏生于一九八二年九月初四

柏欣　燦能子母林氏生于一九八一年七月二十

四

嘉超　世雄子母何氏生于一九八四年

嘉進　世雄子母何氏生于一九九四年

駿熙　文恩子母鄧氏

嘉堂　文强子母馮氏生于一九九四年

永鴻　成煊子母李氏潘氏生于一九三五年五月

初六妻源氏生一子　潤深

永珠　成樂子母徐氏生于一九六七年三月十九

妻劉氏生一子　俊彬
永沛　成梅子母　氏生于一九三五年七月十七
妻鄭氏生一子　俊基
永昭　然昌子母勞氏生于一九八三年三月初三
永華　松昌子母馮氏生于一九八四年四月二十
五
永烽　富昌子母馮氏生于一九八四年十月二十
五
永安　仲昌子母陳氏生于一九八三年五月初五
永春　余昌子母周氏生于一九八八年正月二十
九
永秋　日昌子母張氏生于一九九三年八月二十
四
永祥　橋昌子母陳氏生于一九八五年十一月十
七

永剛 熾昌子母周氏生于一九八七年八月初一
初坤 銘旺子母陳氏生于一九八五年七月二十八
初輝 暖旺子母鄧氏生于一九九一年二月十五
初杰 根旺子母馮氏生于一九九二年正月二十八
文杰 沛華子母毛氏生于一九八七年六月二十
宗彦 振輝子母盧氏生于一九九零年十二月初
五
家卓 振庭子母梁氏生于一九八八年正月十九
家豪 振劭子母趙氏生于一九九一年二月二十
九
家顯 才堅子母周氏生于一九八七年六月初十
家欣 洛堅子母黄氏生于一九八八年十月初四
家棉 錦堅子母陳氏生于一九九一年七月二十
三
家輝 勝堅子母張氏生于一九九五年九月二十

一
家榮　勝堅次子母張氏生于一九九九年九月初
七
家標　文堅子母譚氏生于
家泳字應堅子母李氏生于二零零一年二月初八
加泓明堅子母歐氏生于二零零零年十月十七
發初　文權子母劉氏生于一九九八年正月初十
彬裕　壯業長子母杜氏生于光緒戊申八月初四
根裕　壯業次子母杜氏生于宣統庚戌十一月初
一
國裕　壯葉三子母杜氏生于民國庚申八月十六
平裕　壯葉四子嫡母杜氏生母陳氏生于民國辛
卯五月十八
楚裕　蓋業子母孔氏生終葬莫考
國强　發權長子母陳氏生于一九五一年三月初

二　林氏
國保　發權次子母陳氏生于一九六零年八月二
十一妻　吕氏
銘初　漢權長子母陳氏生于一九三七年六月初
十終于一九八八年三月初六妻游氏生一子　永强
鑄初　漢權次子母陳氏生于一九四零年九月初
一妻梁氏生一子　永健
錦初　漢權三子嫡母陳氏生母鄧氏生于一九四
八年九月二十六妻李氏生二子　永標　永彬
鉅初　漢權四子嫡母陳氏生母鄧氏生于一九四
九年十一月十四妻周氏生一子　永康
榮初　有權長子母黎氏生于一九五三年四月十
七妻陳氏別適
華初　有權次子母黎氏生于一九五五年二月失
傳

耀初　有權三子母黎氏生于一九五七年三月失傳

廣初　有權四子母黎氏生于一九六零年正月二十妻洪氏生一子　智毅

嘉初　有權五子母黎氏生于一九六一年三月十七妻　梁氏美國住

鴻初　有權六子母黎氏生于一九六二年三月失踪在一九七六年金邊

良初　有權七子母黎氏生于一九六六年三月初三

明初　志權長子母潘氏生于一九五九年五月初十妻陳氏居澳州

聲初　志權次子母潘氏生于一九六五年十二月二十居澳州

偉初　志權三子母潘氏生于一九六六年九月初

四居澳州

旭初　志權四子母潘氏生于一九七零年十二月

二十八居澳州

安初　志權五子母潘氏生于一九七四年三月十

九居澳州

乃堅　澤權子母陳氏生于一九七四年八月二十

六妻何氏

乃基　鐵權長子母陳氏

乃添　鐵權次子母陳氏生于一九七三年

乃聰　鐵權三子母陳氏　妻　氏生一子

家盛

孟房二十七世

淇銘　文海子母韋氏生于一九九五年

文燁　燦明子母杜氏生于一九九七年十一月初五

景初　桂成子母張氏生于一九八九年五月二十
炎恒　佑成長子 林氏生于一九八八年十月十五
炎錫　佑成次子母林氏生于一九九三年五月初
二
兆湛　德成子母林氏生于一九九五年七月二十
八
志超　梁生子母陳氏生于一九七九年十二月十
二
慶超　梁生次子母張氏生于一九八四年二月二
十八
達超　柱生子母張氏生于一九八六年二月十八
安超　杜生子母麥氏生于一九九零
毅超　勇生子母藍氏生于一九九四年正月十二
權超　健生子母李氏生于一九九五年九月初五
錦康　新英子母張氏生于一九九零年七月十一

錦泳　流英子母陳氏生于一九八六年十二月

錦烽　洪英子母劉氏生于一九八三年四月二十

八

錦榮　林英子母　氏生于一九五三年五月妻

陳氏

錦華　林英次子母　氏生于一九五五年六月

妻陳氏

錦强　林英三子母　氏生于一九五六年十二月

錦輝　林英四子母　氏生于一九五八年七月

錦耀　林英五子母　氏生于一九六零年五月

錦基　林英六子母　氏生于一九六二年八月

鎵熙　浩明子母高氏生于一九八九年正月初六

志榮　潔明子母區氏生于一九九七年九月初九

紹昌　桂明子母何氏生于一九七二年十二月妻

梁氏

紹輝 桂明次子母何氏生于一九七五年正月
紹權 仲明長子母陳氏生于一九七二年正月十
一妻楊氏生一子 鍵鋒
紹坤 仲明次子母陳氏生于一九七六年八月二
十七
紹强 錦明長子母陳氏生于一九八三年九月三
十
紹添 錦明次子母陳氏生于一九八五年八月二
十四
耀輝 雄文子母謝氏生于一九六六年十二月二
十一妻楊氏生一子 宇灝
耀榮 學文子母張氏生于一九九六年十月初八
允勇 兆宇子母鄒氏生于一九七四年六月十二
允良 兆輝子母維氏生于一九六九年十月二十
三妻賴氏

八

允彪　兆全子母黄氏生于一九八二年十二月十

允倫　兆强子母陳氏生于一九九二年八月初七

允釗　兆銘子母方氏生于一九八九年正月初四

允成　兆銘次子母方氏生于一九九四年十月二

十七

志杰　兆權子母陳氏生于一九六一年正月初六

志雄　兆權次子母氏生于一九六三年三月十二

德彰　玉良子母楊氏生于一九九四年正月十九

學海　兆恢子母張氏生于一九八三年正月十九

永堅　家輝子母　氏

永峰　家良子母　氏

威　兆敏子母　氏生于一九九零年

孟房二十八世

健鋒　兆權子母楊氏生于一九九六年九月初二

嘉升　錦榮子母陳氏

宇灝　耀輝子母楊氏生于一九九四年十月二十

一

仲房二十七世

勁康　紹華子母謝氏生于一九八八年八月二十

七

文康　健華子母李氏生于一九六六年三月二十

八

錦祥　永安子母謝氏生于一九九七年九月初九

錦雄　永强子母游氏生于一九九九年十月初六

展峰　景文子母李氏生于一九九七年五月二十

七

新蘇　雄仔子母　氏生于一九九五年九月初九

卓偉　新權子母林氏生于一九九五年十一月初八

文軒　家祥子母周氏生于一九九七年七月十三

冠生　健祥子母黄氏生于一九九一年二月二十六

冠杰　漢祥子母劉氏生于一九九一年十一月初七

培基　滿添長子母劉氏生于一九八四年三月十七

漢明　滿添次子母劉氏生于一九八九年六月初四

子謙　滿輝子母錢氏生于一九九七年五月初五

安邦　啓兆子母奚氏

鎮邦　啓兆子母劉氏

興邦　啓勝子母劉氏

家五　啓熙子母黃氏生于一九六八年十一月二十

家駿　啓鴻子母　氏生于一九八零年十二月二十七

家能　啓堯子母蔡氏生于一九七六年十二月初一

家炘啓耀子母王氏生于一九七六年十二月初一

家浩　啓耀次子母王氏生于一九八三年八月初十

新蘇　啓遇子母　氏生于

加卓　啓舜子母關氏生于一九九零年正月十二

歷安　香生子母鄧氏生于一九七三年十一月十九

志安　良生長子母黃氏生于一九九四年八月十一

宇安　良生次子母黃氏生于一九九五年十二月十七

冠安　慶生子母方氏生于一九八五年十二月二十五

路德　東生子母　氏生于一九六零年九月初一

健安　利生長子母陳氏生于一九八五年十月十四

泳安　利生次子母陳氏生于一九八八年二月初四

永安　炳生子母方氏生于一九九零年正月初四

潤安　卓生長子母杜氏生于一九八四年

宏安　卓生次子母杜氏生于一九八六年

達安　偉生長子母謝氏生于一九八七年

成安　偉生次子母謝氏生于一九九一年

森安　寵生子母陳氏生于一九九七年

家强　啓超長子母何氏生于一九六九年六月二
十八妻莫氏生一子　聲恒
家榮　啓超次子母何氏生于一九七三年九月初
五妻劉氏生一子　聲航
斌萃　啓安子母歐氏生于一九八五年二月二十
七
家宇　啓强子母陳氏生于一九九五年九月初七
俊輝　志標子母　氏生于一九九七年八月十八
志成　滿泉子母洪氏生于一九八八年
志華　滿洪子母楊氏生于
嘉誠　耀全子母馮氏生于一九八六年七月十一
嘉榮　錦全子母梁氏生于一九八八年九月十四
嘉樂　錦全次子母梁氏生于一九九二年二月十
二
楚奇　銓基子母　氏生于一九六八年十二月初

一
楚聲　銓基子母　氏生于一九七零年九月初四
楚亮　佑基子母　氏生于一九七九年三月十七
楚權　佑基次子母　氏生于一九八一年二月十
二
楚僑　偉基子母　氏生于一九八五年四月十二
楚恒　沛基子母嚴氏生于一九八三年十一月初
二
楚揚　永基子母饒氏生于一九九一年二月初五
楚明　紹基長子母　氏生于一九六五年六月十
三
楚亮　紹基次子母　氏生于一九六七年八月十
二妻　氏生一子　新蘇
楚强　佐基長子母謝氏生于一九七零年六月二
十八妻張氏生一子　浩醒

楚輝 佐基次子母謝氏生于一九七二年六月二十四妻潘氏

楚勇 佐基三子母謝氏生于一九七四年四月初八

楚榮 潤基長子母黄氏生于一九七七年十月初七

楚峰 潤基次子母黄氏生于一九八七年四月十九

楚杰 國雄子母陳氏生于一九八八年四月二十七

楚超 偉基子母黎氏生于一九八九年六月初一

楚成 洪基長子母李氏生于一九八四年十月十三

楚鍾 洪基次子母李氏生于一九八六年十月二十一

楚煜　錦基子母關氏生于一九九一年三月三十

楚權　福基長子母馮氏生于一九九三年十月三十

楚倫　福基次子母馮氏生于一九九六年六月十九

楚坤　志基子母甘氏生于一九八六年正月二十五

楚盛　甜基子母高氏生于一九九一年六月三十

楚浩　銘基子母陳氏生于一九九零年十一月十三

楚文　順基長子母杜氏生于一九五四年三月二十七妻吴氏

楚尚　順基次子母杜氏生于一九五八年七月二十七妻吴氏

楚培　順基三子母杜氏生于一九五九年九月二

十五妻黃氏生一子　凱檳
楚明　國堅長子母鄧氏生于一九六六年九月十
一妻符氏
楚洪　國堅次子母鄧氏生于一九七零年八月十
三妻冼氏生一子　浩然
楚彬　國太子母鄧氏生于一九七八年四月十九

仲房二十八世
聲恒　家强子母莫氏生于一九九八年二月十七
聲航　家榮子母劉氏生于一九九八年正月初四
新蘇　楚亮子母　氏生于一九九八年四月初二
浩醒　楚强子母張氏生于一九九七年三月十八
浩然　楚洪子母冼氏生于一九九八年七月二十
凱檳　楚培子母黃氏生于一九八四年八月初五

季房二十七世

蘊恒　忠輝子母　氏生于一九九六年

蘊麒　忠偉子母　氏生于一九八九年

蘊麟　忠偉字母　氏生于一九九三年

志波　偉文子母徐氏生于一九九二年五月十一

慶祥　均開長子母譚氏生于一九六八年　妻梁氏

淦祥　均開次子母譚氏生于一九六九年妻韋氏生一子權生

樂祥　均開三子母譚氏　妻鐘氏生二子　偉生藝生

永强　海平子母吴氏生于一九七零年八月二十九妻林氏

耀欣　志漢子母方氏生于二零零零年五月

國洪　學賢長子母何氏生于一九三一年十月二
十九終于一九九五年十月二十六妻陳氏生一子　道
明
偉洪　學賢三子母何氏生于一九五零年二月二
十三妻陸氏生一子　道晃
標洪　學賢五子母何氏生于一九六三年四月初
四妻梁氏生二子　道星　道昌
曜麟　發坤子母帥氏生于一九九三年八月十二
俊深　濱子母霞生子
子俊　文浩子母廖氏生于一九九七年十二月二
十八
詠觸　策兼長子母陳氏　妻黃氏生　二子　練
強　練成
永基　策兼次子母陳氏生一子　練正
永陶　策兼三子母陳氏生于一九二六年三月十

九妻潘氏生二子　練燦　煉雄

詠炎　策兼四子嫡母陳氏生母黎氏生于一九四零年十一月二十妻方氏生一子　練翔

詠邦　偉兼子母陳氏生于一九八七年四月二十八

詠輝　成兼長子母李氏生于一九八六年十月二十

詠明　成兼次子母李氏生于一九九零年十一月二十一

詠雄　棠兼長子母關氏生于一九八九年九月初五

詠發　棠兼次子母關氏生于一九九一年十二月

詠忠　禮兼子母陸氏生于一九八九年九月初四

桂棉　湛隆子母陳氏生于一九四三年十一月十三妻王氏生一子　鶴玲

洪棉　湛浦長子母區氏生于一九四九年十月初六妻陳氏生一子　鶴勇

光棉　湛浦次子母區氏生于一九五二年三月二十七妻杜氏生一子　鶴展

輝棉　湛歷長子母關氏生于一九五九年四月妻吴氏

嘉棉　湛歷次子母關氏生于一九六三年五月妻劉氏

勛棉　湛盧子母林氏生于一九六三年十一月二十三妻張氏

勁棉　湛博子母何氏生于一九六八年八月二十八妻梁氏生一子　鶴謙

榮棉　湛湘子母陳氏生于一九六零年七月妻謝氏

德棉　湛湘子母陳氏生于一九六四年七月妻唐

氏
應棉　湛湘三子母陳氏生于一九六四年七月妻
吴氏
汝棉　湛玉長子母吴氏生于一九五八年八月初
十妻張氏生二子　志雄　志輝
錦棉　湛玉次子母吴氏生于一九六二年四月十
妻江氏生二子　志均　塌標
勝棉　湛玉三子母吴氏生于一九六八年五月初
五
務正　允棠長子母馬氏生于一九八一年正月
務中　允棠長子母馬氏生于一九八一年正月
務德　允棠三子母馬氏生于一九八七年十月
務初　允鉅子母黄氏生于一九九四年五月二十
八
務文　允淦長子終韋氏生于一九八七年八月二

十三
務鵬　允淦次子母韋氏生于一九九零年四月初
一
務宏　允鑄子母張氏生于一九九六年九月初二
務鍇　允强子母李氏生于一九九二年八月二十
三
務當　允太子母陳氏生于一九九三年十一月初
六
務深　允溪子母翁氏生于一九九九年八月初四
務恒　允均子母譚氏生于二零零零年五月
永耀　允明子母黄氏生于一九九五年十一月初五
永洪　允明次子母黄氏生于一九九八年十一月
二十八
潤深　永鴻子母原氏生于一九七四年二月二十
七

俊彬　永珠子母劉氏生于一九九零年十一月

俊基　永沛子母鄭氏生于一九八九年五月

永强　銘初子母游氏生于一九六九年十一月二十九

永健　鑄初子母梁氏生于一九七四年八月初四

永標　錦初長子母李氏生于一九七九年十二月二十一

永彬　錦初次子母李氏生于一九八四年八月十二

永康　鉅初子母周氏生于一九七八年十月十八

智毅　廣初子母洪氏生于一九八七年十一月二十九

家盛　乃聰子母氏

季房二十八世

權生　淦祥子母韋氏生于一九九八年五月

偉生　樂祥長子母鍾氏

藝生　樂祥次子母鍾氏

道明　國洪子母陳氏生于一九七零年十月二十七妻李氏

道晃　偉洪長子母陸氏生于一九七八年十月十四

道昌　標洪長子母梁氏生于一九九一年四月十四

道星　標洪次子母梁氏生于一九九四年四月二十二

練强　永觸長子母黄氏生于一九四四年十月二十三妻林氏

練成　永觸次子母黄氏生于一九五四年妻吕氏

生一子 振威
練正 永基子母日本女秀笛生于
練燦 永陶長子母潘氏生于一九六零年十月十七
煉雄 永陶次子母潘氏生于一九六八年七月初一
煉翔 永炎子母方氏生于一九七八年七月二十八
鶴玲 桂棉子母王氏生于一九七三年十一月十一
鶴勇 洪棉子母陳氏生于一九七六年十一月初七
鶴展 光棉子母杜氏生于一九八一年八月初六
鶴謙 勁棉子母梁氏生于一九九六年五月
志雄 汝棉長子母張氏生于一九五八年八月初

十

志輝　汝棉次子母張氏生于一九九零年九月初

二

志均　錫棉子母江氏生于一九九零正月十八

三十

志標　錫棉次子母江氏生于一九九四年十二月

季房二十九世

振威　練成子母呂氏生于一九八四年五月

文翰樵

衎烈堂族譜（一）

（清）羅有聯　編修

本書根據廣東省佛山市南海區丹竈鎮良登村羅氏族人藏民國十年（1921）
辛酉印本影印

西樵歷史文化文獻叢書

衍烈堂族譜（一）

（清）羅有聯 編修

广西师范大学出版社
GUANGXI NORMAL UNIVERSITY PRESS
·桂林·

圖書在版編目（CIP）數據

衍烈堂族譜 ： 全四册 / （清）羅有聯編修. --桂林 ： 廣西師範大學出版社，2022.3
（西樵歷史文化文獻叢書）
ISBN 978-7-5598-4836-9

Ⅰ. ①衍⋯ Ⅱ. ①羅⋯ Ⅲ. ①氏族譜系－南海區 Ⅳ. ①K820.9

中國版本圖書館 CIP 數據核字（2022）第 042443 號

廣西師範大學出版社發行
（廣西桂林市五里店路 9 號　郵政編碼：541004
網址：http://www.bbtpress.com）
出版人：黄軒莊
全國新華書店經銷
湛江南華印務有限公司印刷
（廣東省湛江市霞山區緑塘路 61 號　郵政編碼：524002）
開本：880 mm × 1 240 mm　1/32
印張：50.5　　字數：587 千
2022 年 3 月第 1 版　　2022 年 3 月第 1 次印刷
定價：258.00 元（全四册）

《西樵歷史文化文獻叢書》編輯委員會

叢書總序

温春來　梁耀斌

呈現在讀者面前的，是一套圍繞佛山市南海區西樵鎮編修的叢書。爲一個鎮編一套叢書並不出奇，但爲一個鎮編撰一套多達兩三百種圖書的叢書可能就比較罕見了。編者的想法其實挺簡單，就是要全面整理西樵鎮的歷史文化資源，探索一條發掘地方歷史文化資源的有效途徑。最後編成一套規模巨大的叢書，僅僅因爲非如此不足以呈現西樵鎮深厚而複雜的文化底藴。叢書編者秉持現代學術理念，並非好大喜功之輩。僅僅爲確定叢書框架與大致書目，編委會就組織七八人，研讀各個版本之西樵方志，通過各種途徑檢索全國各大公藏機構之古籍書目，並多次深入西樵鎮各村開展田野調查，總計歷時六月餘之久。隨着調研的深入，編委會益發感覺到面對着的是一片浩瀚無涯的知識與思想的海洋，於是經過反復討論、磋商，決定根據西樵的實際情況，編修一套有品位、有深度、能在當代樹立典範並能夠傳諸後世的大型叢書。

天下之西樵

明嘉靖初年，浙江著名學者方豪在《西樵書院記》中感慨：『西樵者，天下之西樵，非嶺南之西樵

也。』①此話係因當時著名理學家、一代名臣方獻夫而發，有其特定的語境，但卻在無意之間精當地揭示了西樵在整個中華文明與中國歷史進程中的意義。

西樵鎮位於珠江三角洲腹地的佛山市南海區西南部，北距省城廣州40多公里，以境內之西樵山而得名。西樵山由第三紀古火山噴發而成，山峰石色絢爛如錦。相傳廣州人前往東南羅浮山采樵，謂之東樵，往西面錦石山采樵，謂之西樵，『南粤名山數二樵』之説長期流傳，在廣西俗語中也有『桂林家家曉，廣東數二樵』之句。珠江三角洲平野數百里，西樵山拔地而起於西江、北江之間，面積約14平方公里，中央主峰大科峰海拔340餘米。據説過去大科峰上有觀日臺，雞鳴登臨可觀日出，夜間可看到羊城燈火。如今登上大科峰，一覽山下魚塘河涌縱横，闤闠閭閻錯落相間，西、北兩江左右爲帶。②

西樵山幽深秀麗，是廣東著名風景區。然而更值得我們注意的，是以她爲核心的一塊僅有100多平方公里的土地，在中國歷史的長時段中，不斷産生出具有標志性意義的文化財富以及能夠成爲某個時代標籤的歷史人物。珠江三角洲是一個發育於海灣内的複合三角洲，其發育包括圍田平原和沙田平原的先後形成過程。西樵山見證了這一過程，並且在這一片廣闊區域的文明起源與演變的歷史中扮演着重要角色。作爲多次噴發後熄滅的古火山丘，組成西樵山山體的岩石種類多樣，其中有華南地區並不多見的霏細岩與燧石，這兩種岩石因石質堅硬等原因，成爲古人類製作石器的理想材料。大約6000年前，當今天的珠江三角洲還是洲潭遍佈、一片汪洋的時候，這一片地域的史前人類，就不約而同地彙集到優質石料蘊藏豐富的西樵山，尋找製造生産工具的原料，留下了大量打製、磨製的雙肩石器和大批有人工打擊痕跡的石片。在著名考古學家賈蘭坡

① 方豪：《棠陵文集》（收入《四庫全書存目叢書》集部第64册），卷3，《記·西樵書院記》。
② 參見曾騏《珠江文明的燈塔——南海西樵山考古遺址》，廣州：中山大學出版社，1995年。

先生看來，當時的西樵山是我國南方最大規模的採石場和新石器製造基地，北方只有山西鵝毛口能與之比肩，因此把它們並列爲中國新石器時代南北兩大石器製造場①，並率先提出了考古學意義上的『西樵山文化』②。以霏細岩雙肩石器爲代表的西樵山石器製造品在珠三角的廣泛分佈，意味着該地區『出現了社會分工與產品交換』③，這些凝聚着人類早期智慧的工具，指引了嶺南農業文明時代的到來，所以有學者將西樵山形象地比喻爲『珠江文明的燈塔』④。除珠江三角洲外，以霏細岩爲原料的西樵山雙肩石器，還廣泛發現於粵西、廣西及東南亞半島的新石器至青銅時期遺址，顯示出瀕臨大海的西樵古遺址，不但是新石器時代南中國文明的一個象徵，而且其影響與意義還可以放到東南亞文明的範圍中去理解。

不過，文字所載的西樵歷史並沒有考古文化那麽久遠。儘管在當地人的歷史記憶中，南越王趙佗陪同漢朝使臣陸賈游山、唐末曹松推廣種茶、南漢開國皇帝之兄劉隱宴遊是很重要的事件，但在留存於世的文獻系統中，西樵作爲重要的書寫對象出現要晚至明代中葉，這與珠江三角洲在經濟、文化上的崛起是一脈相承的。當時，著名理學家湛若水、霍韜以及西樵人方獻夫等在西樵山分别建立了書院，長期在此讀書、講學，他們的許多思想産生或闡釋於西樵的山水之間，例如湛若水在西樵設教，門人記其所言，是爲《樵語》。方獻夫在《西樵遺稿》中談到了他與湛、霍二人在西樵切磋學問的情景：『三（書）院鼎峙，予三人常來往，講學其

① 賈蘭坡、尤玉柱：《山西懷仁鵝毛口石器製造場遺址》，《考古學報》，1973年第2期。
② 賈蘭坡：《廣東地區古人類學及考古學研究的未來希望》，《理論與實踐》，1960年第3期。
③ 楊式挺：《試論西樵山文化》，《考古學報》，1985年第1期。
④ 曾騏：《珠江文明的燈塔——南海西樵山考古遺址》，第30—42頁。

間，藏修十餘年。』① 王陽明對三人的論學非常期許，希望他們珍惜機會，時時相聚，爲後世儒林留下千古佳話，他致信湛若水時稱：『叔賢（即方獻夫）志節遠出流俗，渭先（即霍韜）雖未久處，一見知爲忠信之士，乃聞不時一相見，何耶？英賢之生，何幸同時共地，又可虛度光陰，容易失卻此大機會，是使後人而復惜後人也！』② 西樵山與作爲明代思想與學術主流的理學之關係，意味着她已成爲一座具有全國性意義的人文名山，這正是方豪『天下之西樵』的涵義。清人劉子秀亦云：『當湛子講席，五方問業雲集，山中大科之名，幾與嶽麓、白鹿鼎峙，故西樵遂稱道學之山。』③ 方豪同時還稱：『西樵者，非天下之西樵，天下後世之西樵也。』一語道出了人文西樵所具有的長久生命力。這一點方豪也沒有説錯，除上述幾位理學家外，從明中葉迄今，還有衆多知名學者與文章大家，諸如陳白沙、李孔修、龐嵩、何維柏、戚繼光、郭棐、葉春及、李待問、屈大均、袁枚、李調元、温汝適、朱次琦、康有爲、丘逢甲、郭沫若、董必武、秦牧、賀敬之、趙樸初等等，留下了吟詠西樵山的詩、文，今天我們走進西樵山，還可發現140多處摩崖石刻，主要分佈在翠岩、九龍岩、金鼠塱、白雲洞等處。與西樵成爲嶺南人文的景觀象徵相應的是山志編修。嘉靖年間，湛若水弟子周學心編纂了最早的《西樵山志》，萬曆年間，霍韜從孫霍尚守以周氏《樵志》『誇誕失實』之故而再修《西樵山志》，清初羅國器又加以重修，這三部方志已佚失，我們今天能看到的是乾隆初年西樵人士馬符録留下的志書。除山志外，直接以西樵山爲主題的書籍尚有成書於清乾隆年間的《西樵遊覽記》、道光年間的《西樵白雲洞志》、光緒年間的《紀遊西樵山記》等。

① 方獻夫：《西樵遺稿》，康熙三十五年（1696）方林鶴重刊本，卷6，《石泉書院記》。
② 王陽明：《王文成全書》，四庫本，卷4，《文録·書一·答甘泉二》。
③ 劉子秀：《西樵遊覽記》，道光十三年（1833）補刊本，卷2，《圖説》。

晚清以降，西樵山及其周邊地區（主要是今天西樵鎮範圍）產生了一批在思想、藝術、實業、學術、武術等方面走在中國最前沿的人物，成爲中國走向近代的一個縮影。維新變法領袖康有爲、一代武術宗師黃飛鴻、民族工業先驅陳啟沅、『中國近代工程之父』詹天佑、清末出洋考察五大臣之一的戴鴻慈、『嶺南第一才女』冼玉清、粵劇大師任劍輝等西樵鄉賢，都成爲具有標志性或象徵性的歷史人物。

事實上，明代諸理學家講學時期的西樵山，已非與世隔絶的修身之地，而是與整個珠江三角洲的開發聯繫在一起的。西樵鎮地處西、北江航道流經地域，是典型的嶺南水鄉，境内河網交錯，河涌多達19條，總長度120多公里，將鎮内各村聯成一片，並可外達佛山、廣州等地。① 傳統時期，西樵的許多墟市，正是在這些水邊興起的。今鎮政府所在地官山，在正德、嘉靖年間已發展成爲觀（官）山市，是爲西樵有據可查的第一個墟市。據統計，明清時期，全境共有墟市78個。② 西樵山上的石材、茶葉可通過水路和墟市，滿足遠近各方的需求。一直到晚清之前，茶業在西樵都堪稱舉足輕重，清人稱『樵茶甲南海，山民以茶爲業，鬻茶而舉火者萬家』③。當年山上主要的採石地點，後由於地下水浸漫而放棄的石燕岩洞，因生產遺跡完整且水陸結合而受到考古學界重視，成爲繼原始石器製造場之後的又一重大考古遺址。

水網縱横的環境使得珠江三角洲堤圍遍佈，西樵山剛好地處横跨南海、順德兩地的著名大型堤圍——桑園圍中，而且是桑園圍形成的地理基礎之一。歷史時期，西、北江的沙泥沿着西樵山和龍江山、錦屏山等海灣中島嶼或丘陵臺地旁邊逐漸沉積下來。宋代珠江三角洲沖積加快，人們開始零零星星地修築一些『秋欄基』

① 《南海市西樵山旅遊度假區志》，廣州：廣東人民出版社，2009年，第188—192頁。
② 《南海市西樵山旅遊度假區志》，第393頁。
③ 劉子秀：《西樵遊覽記》，卷10，《名賢》。

以阻擋潮水對田地的浸泛，這就是桑園圍修築的起因。① 明清時期在桑園圍内發展起了著名的果基、桑基魚塘，使這裡成爲珠江三角洲最爲繁庶之地。不難想象僅僅在幾十年前，西樵山還是被簇擁在一望無涯的桑林魚塘間的景象。如今桑林雖已大都變爲菜地、道路和樓房，但從西樵山山南路下山，走到半山腰放眼望去，尚可看見數萬畝連片的魚塘，這片魚塘現已被評爲聯合國教科文組織保護單位，是珠三角地區面積最大、保護最好、最爲完整的（桑基）魚塘之一。

桑基魚塘在明清時期達於鼎盛，成爲珠三角經濟崛起的一個重要標志，與此相伴生的，是另一個重要産業——繅絲與紡織的興盛。聯繫到這段歷史，由西樵人陳啟沅在自己的家鄉來建立中國第一家近代機器繅絲廠就在情理之中了。開廠之初，陳啟沅招聘的工人，大都來自今西樵鎮的簡村與吉水村一帶，而陳啟沅本人，也深深介入到了西樵的地方事務之中。② 從這個層面上看，把西樵視爲近代民族工業的起源地或許並非溢美之辭。但傳統繅絲的從業者數量仍然龐大，據光緒年間南海知縣徐賡陛的描述，當時西樵一帶以紡織爲業的機工有三四萬人。③ 作爲産生了黃飛鴻這樣深具符號性意義的南拳名家的西樵，武術風氣濃厚，機工們大都習武，並且圍繞錦綸堂組織起來，形成了令官府感到威脅的力量。民國初年，西樵民樂村的程姓村民，對原來只能織單一平紋紗的織機進行改革，運用起綜的小提花和人力扯花方法，發明了馬鞍絲織提花絞綜，首創具有扭眼通花團的新品種——香雲紗，開創莨紗綢類絲織先河。香雲紗輕薄柔軟而富有身骨，深受廣州、上海、南京等地富人喜歡，在歐洲也被視爲珍品。上世紀二三十年代是香雲紗發展的黃金時期，如民樂林村

① 曾少卓：《桑園圍自然背景的變化》，中國水利學會等編《桑園圍暨珠江三角洲水利史討論會論文集》，廣州：廣東科技出版社，1992年，第51頁。

② 陳天傑、陳秋桐：《廣東第一間蒸汽繅絲廠繼昌隆及其創辦人陳啟沅》，載《中華文史資料文庫》第12卷《經濟工商編》，北京：中國文史出版社，1996年，第784—787頁。

③ 徐賡陛：《辦理學堂鄉情形第二稟》，載《皇朝經世文續編》，近代中國史料叢刊本，卷83，《兵政·剿匪下》。

程家一族600人，除1人務農之外，均以織紗爲業。① 隨着化纖織物的興起，香雲紗因工藝繁複、生產週期長等原因失去了競爭力，但作爲重要的非物質文化遺產受到保護。西樵不僅在中國近代紡織史上地位顯赫，而且其影響一直延續至今。1998年，中國第一家紡織工程技術研發中心在西樵建成。2002年12月，中國紡織工業協會授予西樵『中國面料名鎮』稱號。② 2004年，西樵成爲全國首個紡織產業升級示範區，國家級紡織檢測研發機構相繼進駐，紡織產業創新平臺不斷完善。③ 據不完全統計，西樵整個紡織行業每年開發的新產品有上萬個。④

除上文提及的武術、香雲紗工藝外，更多的西樵非物質文化遺產是各種信仰與儀式。西樵信仰日衆多，其中較著名者有觀音開庫、觀音誕、大仙誕、北帝誕、師傅誕、婆娘誕、土地誕、龍母誕等。據統計，全鎮共擁有105處民間信仰場所，其中除去建築時間不詳者，可以明確斷代的，建於宋代的有3所，即百西村六祖廟、西邊三帝廟、牌樓周爺廟；建於元明間的有1所，即河溪北帝廟；建於明代的有2所，分別是百西村北帝祖廟和百西村洪聖廟；建於清代的廟宇有28所；其餘要麼是建於民國，要麼是改革開放後重建，真正的新建信仰場所寥寥無幾。⑤ 除神廟外，西樵的每個自然村落中都分佈着數量不等的祠堂，相較於西樵山上的那些理

① 《南海市西樵山旅遊度假區志》，第323頁。
② 《南海市西樵山旅遊度假區志》，第303—304頁。
③ 《西樵紡織行業加快自主創新能力》，見中國紡織工業協會主辦、中國紡織信息中心承辦之『中國紡織工業信息網』，http://news.ctei.gov.cn/zxzx—lmxx/12495.htm。
④ 《開發創新走向國際　西樵紡織企業年開發新品上萬個》，見中國紡織工業協會主辦、中國紡織信息中心承辦之『中國紡織工業信息網』，http://news.ctei.gov.cn/zxzx—lmxx/12496.htm。
⑤ 梁耀斌：《廣東省佛山市西樵鎮民間信仰的現狀與管理研究》，中山大學2011年碩士學位論文。

學聖地，神靈與祖先無疑更貼近普通百姓的生活。西樵的一些神靈信仰日，如觀音誕、大仙誕，影響遠及珠江三角洲許多地區乃至香港，每年都吸引數十萬人前來朝聖。

傳統文化的基礎工程

上文對西樵的一些初步勾勒，揭示了嶺南歷史與文化的幾個重要面相。進而言之，從整個中華文明與中國歷史進程的角度去看，西樵在不同時期所産生的文化財富與歷史人物，或者具有全國性意義，或者可以放在中華文明統一性與多元化的辯證中去理解，正所謂『西樵者，天下之西樵，非嶺南之西樵也』。不吝人力與物力，將博大精深的西樵文化遺産全面發掘、整理並呈現出來，是當代西樵各界人士以及有志於推動嶺南地方文化建設的學者們的共同責任。這決定了《西樵歷史文化文獻叢書》不是一個簡單的跟風行爲，也不是一個隨便的權宜之計。叢書是展現給世界看的，也是展現給未來看的，我們力圖把這片浩瀚無涯的知識寶庫呈現於世人之前，我們更希望，過了很多年之後，西樵的子孫們，仍然能夠爲這套叢書而感到驕傲，所有對嶺南歷史與文化感興趣的人們，能夠感激這套叢書爲他們做了非常重要的資料積累。根據這一指導思想，經過反復討論，編委會確定了叢書的基本内容與收録原則，其詳可參見叢書之『編撰凡例』，在此僅作如下補充説明。

叢書尚在方案論證階段，許多知情者就已半開玩笑半認真地名之爲『西樵版四庫全書』，這個有趣的概括非常切合我們對叢書品位的追求，且頗具宣傳效應，是對我們的一種理解和鼓舞。但較之四庫全書編修的時代，當代人對文化與學術的理解顯然更具多元性與平民情懷，那個時代有資格列入『四庫』的，主要是知識精英們創造的文字資料，我們固然會以窮搜極討的態度，不遺餘力地搜集這類資料，但我們同樣重視尋常百姓書寫的文獻，諸如家譜、契約、書信等等，它們現在大都散存於民間，保存狀況非常糟糕，如果不及時搜

集，就會逐漸毀損消亡。

能夠體現叢書編者的現代意識的，還有邀請相關領域的專業人士以遵循學術規範爲前提，通過深入田野調查撰寫的描述物質文化遺產、非物質文化遺產的作品。這兩部分內容加上各種歷史文獻，構成了完整的地方傳統文化資源。目前不管是學術界還是地方政府，均尚未有意識地根據這三大類別，對某個地域的傳統文化展開全面系統的發掘、整理與出版工作。在這個意義上，《西樵歷史文化文獻叢書》無疑具有較大開拓性、前瞻性與示範性。叢書編者進而提出了『傳統文化的基礎工程』這一概念，意即拋棄任何功利性的想法，扎扎實實地將地方傳統文化全面發掘並呈現出來，形成能夠促進學術積累並能夠傳諸後世的資料寶庫，在真正體現出一個地方的文化深度與品位的同時，爲相關的文化產業開發提供堅實基礎。希望《西樵歷史文化文獻叢書》的推出，在這個方面能產生積極影響。

高校與地方政府合作的成果

西樵人文底蘊深厚，這是叢書能夠編撰的基礎；西樵鎮地處繁華的珠江三角洲，則使得叢書編撰有了充足的物質保障。然而，這樣浩大的文化工程能夠實施，光憑天時、地利是不夠的，一群志同道合的有心者所表現出來的『人和』也是非常關鍵的因素。

2009年底，西樵鎮黨委和政府就有了整理、出版西樵文獻的想法，次年1月，鎮黨委書記邀請了中山大學歷史學系幾位教授專程到西樵討論此事。通過幾天的考察與交流，幾位鎮領導與中大學者一致認定，以現代學術理念爲指導，爲了全面呈現西樵文化，必須將文獻作者的範圍從精英層面擴展到普通百姓，並且應將物質文化遺產與非物質文化遺產的內容也包括進來，形成一套《西樵歷史文化文獻叢書》。爲了慎重起見，

決定由中大歷史學系幾位教授組織力量進行先期調研，確定叢書編撰的可行性與規模。經過6個多月的努力，調研組將成果提交給西樵鎮黨委，由相關領導與學者坐下來反復討論、修改、再討論……，並廣泛徵求西樵地方文化人士的意見，與他們進行座談。歷時兩個多月，逐漸擬定了叢書的編撰凡例與大致書目，並彙報給南海區委、區政府與中山大學校方，得到了高度重視與支持。2010年9月底，簽定了合作協議，組成了《西樵歷史文化文獻叢書》編輯委員會，決定由西樵鎮政府出資並負責協調與聯絡，由中山大學相關學者牽頭，組織研究力量具體實施叢書的編撰工作。

值得一提的是，《西樵歷史文化文獻叢書》是近年來中山大學與南海區政府廣泛合作的重要成果之一，並爲雙方更深入地進行文化領域的合作打下了堅實基礎。2011年6月，中山大學與南海區政府決定在西樵山共建『中山大學嶺南文化研究院』，康有爲當年讀書的三湖書院，經重修後將作爲研究院的辦公場所與教學、研究基地。嶺南文化研究院秉持高水準、國際化、開放式的發展定位，將集科學研究、教學、學術交流、服務地方爲一體，力爭建設成爲在國際上有較大影響的嶺南文化研究中心、資料信息中心、學術交流中心、人才培養基地。研究院的成立，是對西樵作爲嶺南文化精粹所在及其在中華文明史中的地位的肯定，編撰《西樵歷史文化文獻叢書》也順理成章地成爲研究院目前最重要的工作之一。

在已超越溫飽階段，人民普遍有更高層次追求，同時市場意識又已深入人心的中國當代社會，傳統文化迎來了新一輪的復興態勢。這對地方政府與學術界都是新的機遇，同時也產生了值得思考的問題：如何在直接的經濟利益與謹嚴求真的文化研究之間尋求平衡？我們是追求短期的物質收穫還是長期的區域形象？當各地都在弘揚自己的文化之際，如何將本地的文化建設得具有更大的氣魄和胸襟？《西樵歷史文化文獻叢書》或許可以視爲對這些見仁見智問題的一種回答。

叢書編撰凡例

一、本叢書的『西樵』指的是以今廣東省佛山市南海區西樵鎮爲核心、以文獻形成時的西樵地域概念爲範圍的區域，如今日之丹灶、九江、吉利、龍津、沙頭等地，均根據歷史情況具體處理。

二、本叢書旨在全面發掘並弘揚西樵歷史文化，其基本内容分爲三大類別：（1）歷史文獻（如志乘、家乘、鄉賢寓賢之論著、金石、檔案、民間文書以及紀念鄉賢寓賢之著述等）；（2）非物質文化遺産（如口述史、傳説、民謡與民諺、民俗與民間信仰、生産技藝等）；（3）自然與物質文化遺産（如地貌、景觀、遺址、建築等）。擴展内容分爲兩大類別：（1）有關西樵文化的研究論著；（2）有關西樵的通俗讀物。出版時，分别以《西樵歷史文化文獻叢書·歷史文獻系列》、《西樵歷史文化文獻叢書·非物質文化遺産系列》、《西樵歷史文化文獻叢書·自然與物質文化遺産系列》、《西樵歷史文化文獻叢書·研究論著系列》、《西樵歷史文化文獻叢書·通俗讀物系列》命名。

三、本叢書收録之歷史文獻，其作者應已有蓋棺定論（即於 2010 年 1 月 1 日之前謝世）；如作者爲鄉賢，則其出生地應屬於當時的西樵區域；如作者爲寓賢，則作者曾生活於當時的西樵區域内。

四、鄉賢著述，不論其内容是否直接涉及西樵，但凡該著作具有文化文獻價值，可代表西樵人之文化成就，即收録之；寓賢著述，但凡作者因在西樵活動而有相當知名度且在中國文化史上有一席之地，則其著述内容無論是否與西樵有關，亦收録之；非鄉賢及寓賢之著述，凡較多涉及當時的西樵區域之歷史、文化、景觀者，亦予收録。

五、本叢書所收録紀念鄉賢之論著，遵行本凡例第三條所定之蓋棺定論原則及第一條所定之地域限定，且叢書編者只搜集留存於世的相關紀念文字，不爲鄉賢新撰回憶與懷念文章。

六、本叢書收録之志乘，除此次編修叢書時新編之外，均編修於1949年之前。

七、本叢書收録之家乘，均編修於1949年之前，如係新中國成立後的新修譜，可視情況選擇譜序予以結集出版。地域上，以2010年1月1日之西樵行政區域爲重點，如歷史上屬於西樵地區的百姓願將族譜收入本叢書，亦從其願。

八、本叢書收録之金石、檔案和民間文書，均産生於1949年之前，且其存在地點或作者屬於當時之西樵區域。

九、本叢書整理收録之西樵非物質文化遺産，地域上以2010年1月1日之西樵行政區域爲準，内容包括傳説、民謡、民諺、民俗、信仰、儀式、生産技藝及各行業各戧綫代表人物的口述史等，由專業人員在系統、深入的田野工作基礎上，遵循相關學術規範撰述而成。

十、本叢書整理收録之西樵自然與物質文化遺産，地域上以2010年1月1日之西樵行政區域爲準，由專業人員在深入考察的基礎上，遵循相關學術規範撰述而成。

十一、本叢書之研究论著系列，主要收録研究西樵的專著與單篇論文，以及國内外知名大學的相關博士、碩士論文，由叢書編輯委員會邀請相關專家及高校合作收集整理或撰寫而成。

十二、本叢書組織相關人士，就西樵文化撰寫切合實際且具有較強可讀性和宣傳力度的作品，形成本叢書之通俗讀物系列。

十三、本叢書視文獻性質採取不同編輯方法。原文獻係綫裝古籍或契約者，影印出版，並視情況添加評介、題注、附録等；如係碑刻，採用拓片或照片加文字等方式，並添加説明；如爲民國及之後印行的文獻，或影印出版，或重新録入排版，並視情況補充相關資料；新編書籍採用簡體横排方式。

十四、本叢書撰有《西樵歷史文化文獻叢書書目提要》一册。

總目

評介

王奕淳

《衍烈堂族譜》爲廣東省佛山市丹竈鎮良登村羅氏宗族所聯修宗譜，現仍存於羅氏宗族手中，特由廣西師範大學出版社出版，隸屬於西樵歷史文化文獻叢書。

一、族譜之簡介與考證

良登村舊屬南海縣伏隆堡。今位於廣東省佛山市丹竈鎮西南部，面積約4.5平方千米，東與東昇村隔河相望，西與蘇村接壤，北與丹竈、西城交界，南臨塱心村，下轄三個自然村：良登、孔邊、竹逕。據統計，2002年丹竈鎮全鎮總人口爲42 038人，共有姓氏155個，其中，羅姓共有1402人，約占總人數的3.4%，爲當地的第八大姓；而在姓羅的317户人家中，居住在良登村的户數爲177户，占比約56.3%。① 村中現存羅氏大宗祠、羅氏孟房宗祠、羅氏仲房宗祠、羅氏季房宗祠。② 在人口流動日益加劇的當代社會，良登羅氏依舊在當地保留着衆多的人口，即可看出在古代，其宗族勢力之龐大。

① 佛山市南海區丹竈鎮地方志編纂委員會編：《南海市丹竈鎮志》，南海年鑑社2009年版，第60、88—89、91頁。

② 廣東省人民政府地方志辦公室編：《全粵村情·佛山市南海區卷（三）》，華南理工大學出版社，2019年，第239頁。

丹竈良登村羅氏族譜首次編修的時間未有記録，只知後世經過多次重修，依據家譜内譜記之順序，最早記録爲萬曆三十二年（1604），後有康熙六年（1667）、乾隆二十四年（1759）、嘉慶四年（1799）、道光二十三年（1843）、光緒十三年（1887）、民國十年（1921）和2000年共八次重修。族譜分爲兩大部分，《衎烈堂世系圖》和《衎烈堂世行録》，均爲繁體竪排綫裝本。圖、録有别，録詳而圖略，録對族人按照名、字、父、母、生卒、葬地、子的順序進行介紹，遇缺則『莫考』；圖只顯示族人的父、子，主要便於檢索。需要注意的是，歷次編訂族譜時，往往是先有圖而後有録，先立框架而後補細節：『首列世系圖，次列世行實録』①，圖、録搭配使用，更加清晰、方便。

《衎烈堂世系圖》載屢次重修族譜之譜記、族譜凡例，再以圖表形式分列始祖及孟、仲、季三房之後代，共計二十八世，223頁。據《譜記》記載，萬曆三十年（1602）間，建祠事竣，有祠而無譜，衆人以爲不妥，遂遴選孟房弟明登搜集信息，以歐蘇譜例，在原有譜系的基礎上，於萬曆三十二年（1604）編修族譜；康熙年間，因『孫枝幼而長，長而盛，比比然矣』，選孟房昆玉、仲房廷訓、季房善紀負責編修之事，『分列譜系，接舊添新』；②乾隆年間，依照舊譜補録，但在原有基礎上『注明里居』，之前未及采譜源者叙其根源，并且特别指出『凡諸進修、德行、事業、與夫賢淑、孝節，考實賛書，以爲後代典型』③，而且對祖宗、家訓、祠宇、墳墓、蒸

① 《良登羅氏重修族譜記》，《衎烈堂世系圖》第1頁，見本書第18頁。
② 《羅氏重修族譜序》，《衎烈堂世系圖》第2頁，見本書第19頁。
③ 《羅氏重接修族譜記》，《衎烈堂世系圖》第3—4頁，見本書第21—23頁。

嘗、産業都加以完善；嘉慶、道光、光緒、民國四次修繕比較穩定，編修族譜以聯絡大小各宗、大小各房，起凝聚人心、教化子孫之效，其中嘉慶四年（1799）由於體量過大，開始『附新毫訂日刻期，分編纂録』①，比原來的分類更爲細緻；道光二十三年（1843）編修族譜時，更加强調風化，將族人的生死終葬、壽命長短一一列明；光緒十三年（1887）在乾隆編修的基礎上進一步强調了宗族教化的作用，將個人事迹分爲品詣、端方、爵秩、顯榮、賢淑、節孝幾大類。最後一次編修族譜在2000年，距離上次民國時期的編修已將近八十年，其間歷經戰亂，水淹蟲蛀，字迹模糊，所幸整譜猶存，在三十五世孫羅富昌的資助下新編族譜，以期族姓孫『咸懷水源木本之思，盡識尊尊親親之誼』②，『衍烈堂』這一名字在族譜内首次出現並用以代指良登羅氏③。

從歷次《譜記》來看，本族譜編修具有以下兩個特點：（一）編修時間：良登羅氏先後八次編修族譜，除去前兩次（萬曆—康熙、康熙—乾隆）和最後一次（民國—新中國）時間間隔較長之外，其餘五次的時間間隔比較一致，四十年一修，每次相隔一到兩代人。規律、連續的族譜工程是羅氏族譜歷經多年而保存完好、體例完備的重要原因之一。（二）捐資編譜：萬曆、康熙兩次修譜，并没有提到籌集資金的問題，但是從第三次乾隆年修譜開始，族内向族人籌集『助修費』，隨後這個做法被保留下來，而且越來越嚴格、精確，

① 《羅氏接修族譜序》，《衍烈堂世系圖》第5頁，見本書第25頁。
② 《接修衍烈堂族譜序》，《衍烈堂世系圖》第8—9頁，見本書第30頁。
③ 《衍烈堂世行録（23—29世）》，第125頁，見本書第1451頁。

從道光年開始，按丁收取費用。反映出隨着家族的壯大，家族内部的向心力被削弱，同時也側面體現了地區商品經濟的發展和對宗族的滲透。

《衎烈堂世行録》載《良登羅氏家訓》《祖宗呈請禁約》《設立江南會規制》《建設錢糧會章程》，再以文字形式記載一世至二十九世之族人，分爲3册，共計657頁。《世行録》同樣經過數次編修而成，《良登羅氏家訓》和《祖宗呈請禁約》的形成時間較早，應當在第一次修譜之時就已存在；而《設立江南會規制》落款爲道光六年（1826），《建設錢糧會章程》落款爲道光二十三年（1843），應該都是在道光年間編修族譜時新增添的内容。

根據族譜記載，良登羅氏之祖爲羅氏二十四孫之子，輔公原居南雄珠璣巷，於宋元祐年間南下，偕弟遷居三水廟岡，隨後其弟再遷順德大良，輔公再遷南海良登，生三子，分爲三房，孟房祖諱章，仲房祖諱卓，季房祖諱準。自三世始，後代分遷新會鷂嶺、沙頭岸、雲津堡羅村、九江、太平橋、鹽步村各地①，十世之後，更是遠遷至清遠板塘村、順德古樓、紅崗各地②，根深葉茂。到了嘉慶四年（1799），出現了大宗小宗之分：『大宗曰良登，小宗曰沙頭岸、羅村、百滘之四房者』③。

查道光《南海縣志》可見，百滘同時出現於百滘堡、雲津堡之中④，即在清代中後期，丹竈存在兩個『百

① 《良登羅氏重修族譜記》，《衎烈堂世系圖》第1頁，見本書第17頁。
② 《羅氏重接修族譜記》，《衎烈堂世系圖》第3頁，見本書第22頁。
③ 《羅氏接修族譜記》，《衎烈堂世系圖》第4頁，見本書第24頁。
④ [道光]《南海縣志》，卷六，《輿地略二》。

滘』：一爲百滘堡百滘村，一爲雲津堡百滘村。查閲歷代地方縣志可知，在康熙及其之前，丹竈内並無兩個名爲『百滘』的村落同時存在，而在道光年間出現了兩村同名并存的局面。清末，百滘堡所管轄的百滘村没有發生變化，而雲津堡下原百滘村更名爲雲滘村，羅氏族譜内的記載也相應發生了改變。因此，筆者認爲，族譜内提到的小宗百滘，並非百滘堡，也並非百滘堡之百滘村，而是隸屬於雲津堡之下的雲滘村。

除了地名指向模糊，族譜内還出現了少量錯别字，如孟房三世『遠勝』『遠騰』之别，錢糧會倡議人『朝功』『朝的』『朝勷』之别。從整體上看，由於每次編修者的書寫習慣不同，造成了排版、格式不一，内容校對不嚴謹等問題。在千禧年重修族譜之後，又出現了多次手改内容的情况，這些都是族譜中存在的問題，但總體來説，瑕不掩瑜。

二、良登羅氏族譜的内容及其史料價值

（一）羅氏分支

《衍烈堂世系圖》中詳細列出了每次重（接）修族譜的負責人員，除了萬曆年間的修譜全由族長負責，其餘幾次的負責人員皆由族長和各房代表負責，如乾隆年間修譜的負責人有族長占魁、族正賓殻、族副社建、孟房光海、仲房觀戴、季房維魁。但是從嘉慶年間的修譜開始，用孟、仲、季房加以區分的情况越來越少，取而代之的是以地域區分，最明顯的就是嘉慶朝的接修族譜，負責人爲宗子恩長、良登房族長閏連、沙頭岸房族老大受、良登房産綸，只論大小宗而不論孟仲季，這與前文提到的『大宗曰良登，小宗曰沙頭岸、羅村、百滘之

四房者』不謀而合。這種情況一直持續到了民國時期的修譜活動。

一世樵居公，定居良登，生三子，諱章、諱卓、諱準①，分別爲孟、仲、季房，這是以親緣關係確定家族内部的分支；大宗良登，小宗沙頭岸、羅村、百滘，這是以地緣關係確定家族内部的分支。

據族譜記載，除了大宗良登，孟房四世鷄栖，『妻沙頭岸馮氏，遷往沙頭岸』②，沙頭岸隸屬於丹桂堡；季房四世伯義，『移居就業於雲津堡羅村鄉，奠宅兹土』③，小宗之百滘没有找到明確的遷移定居時間，但是百滘與羅村同在雲津堡，地理位置相近，定居時間應該差别不大。也就是説，至遲在五世，宋元更替之時，日後的小宗已經悉數落地生根。并且，在村中也仿照良登村，有了自己的宗祠，如沙頭岸一支，現東昇社區沙岸村，就存有羅氏宗祠。④無論是以親緣關係還是地緣關係作爲分支標準，羅氏族譜所呈現的是一個連續不斷的擴散過程，每一分支的遷移時間、地點、人群都清楚記録，在廣東人口流動與遷徙、宗族發展等研究方面都具有重要的史料價值。

（二）影響家族發展的因素

筆者曾對良登羅氏第一世至第二十九世參加科舉、走上仕途的人數進行統計，由結果可知，羅氏第一位在科舉考試中獲得名次的是季房第十一世孫羅珊，第一位爲官的是仲房第十世孫羅奉宗；從第二十四世開

①《衍烈堂世行録（1—17世）》，第10頁，見本書第285頁。
②《衍烈堂世行録（1—17世）》，第16頁，見本書第297頁。
③《衍烈堂世行録（1—17世）》，第17頁，見本書第300頁。
④廣東省人民政府地方志辦公室編：《全粵村情·佛山市南海區卷（三）》，華南理工大學出版社2019年版，第246頁。

始，羅氏再也没有出現過學、官兩類人物。具體數據如下表①：

表1，第十一世至第二十三世良登羅氏學、官統計表

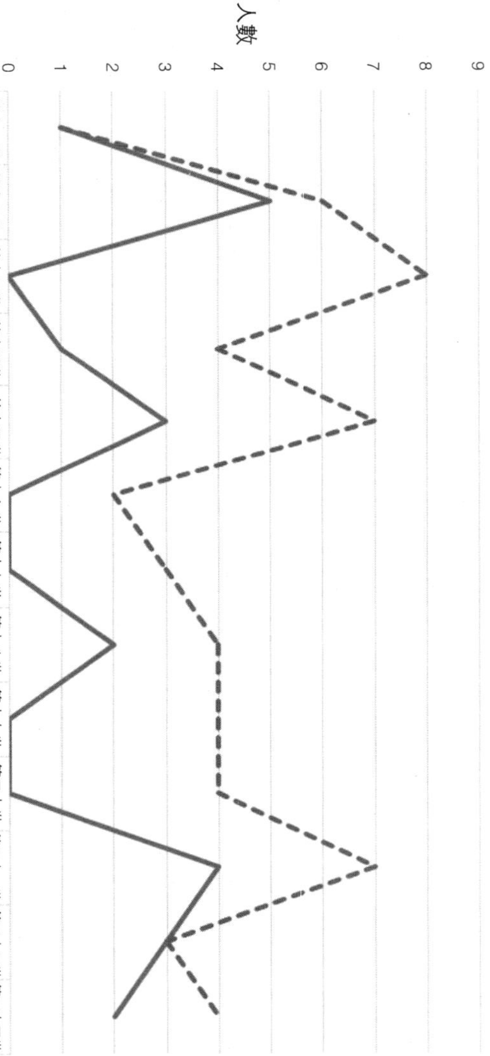

	第十一世	第十二世	第十三世	第十四世	第十五世	第十六世	第十七世	第十八世	第十九世	第二十世	第二十一世	第二十二世	第二十三世
學	1	5	0	1	3	0	0	2	0	0	4	3	2
官	1	6	8	4	7	2	3	4	4	4	7	3	4

① 本統計數據以《良登羅氏族譜》爲準，『學』泛指參加過科舉考試的人，包括國學生、庠生、序生、舉人、進士等，『官』泛指在省、縣擔任官職、吏員之人，村内職務不在統計範圍之内。

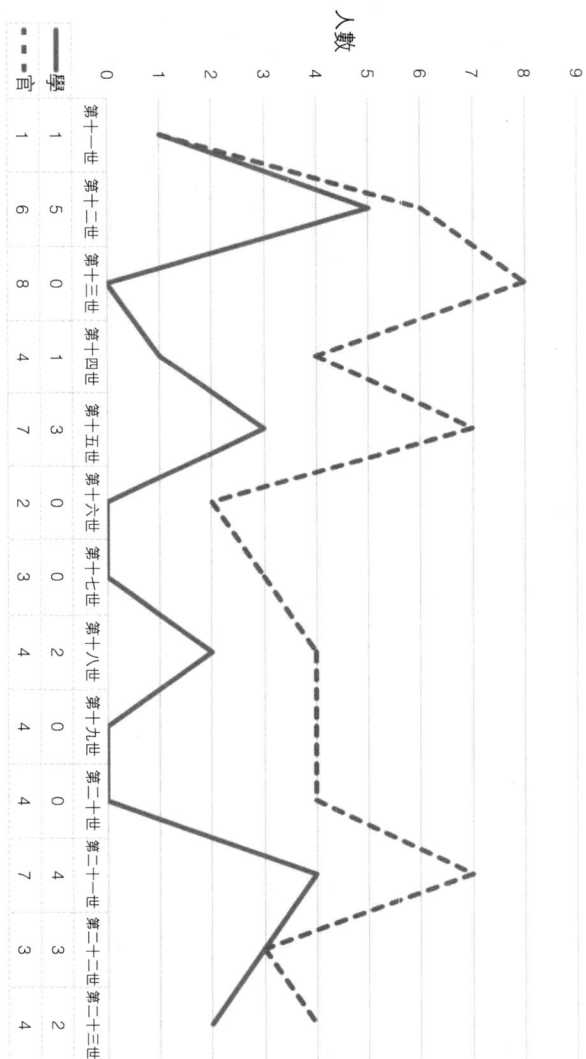

明顯可看出，學、官人數的三個峰值，出現在第十二世、第十五世和第二十一至二十三世，無獨有偶，羅氏歷次編修族譜也出現在相近的年份之内，并且歷年編修族譜的主要負責人，都出現在這兩個範圍内，如季房十九世孫羅魁多，『少讀儒書，壯，充縣吏』。或是考取功名，或是做官，在傳統的中國社會中，這兩類人物在鄉村中掌握着主導權，也説明一個家族的興衰與族内學風的興盛程度是密切相關的。

以季房爲例，季房十八世孫觀任由於『至誠忠厚，重義輕財』，在羅氏季房祠建成之後，被推選爲總理，管理祠堂事務。[①] 到了二十世孫文華，考授八品職銜，『接修系譜，初舉鄉正，繼舉保副，後舉社學都正』[②]，二十一世孫彦倫（原名卿禄）爲嘉慶年間的武舉人，被鄉里推舉爲黨正，『排難解紛，無所偏曲，設糧會以守國課，挑大塘以厚祖嘗，及夫接修譜帙，培築圍基，整浚涌，有關於民生者，要皆力任弗辭』[③]，族人們越來越多地將族内重任交付於族内的知識分子，或者是科舉入仕之人，就像羅彦倫，雖然是武舉人出身，但族人們依舊選擇他來接修譜帙、管理糧倉。

上文提到，乾隆、嘉慶、道光、光緒這四次修譜的時間間隔都十分穩定，約四十年修一次譜，反映了這段時間内羅氏新增人數多、變化大、經濟發展水平高的特點。但是從統計數據來看，十八世至二十三世之間出現的學、官人數并不如早年，是什麽因素使得這一時期羅氏的發展反而更加繁榮穩定呢？

① 《衎烈堂世行録（18—23世）》，第30頁，見本書第775頁。
② 《衎烈堂世行録（18—23世）》，第115頁，見本書第946頁。
③ 《衎烈堂世行録（18—23世）》，第170頁，見本書第1055頁。

圖 1˒羅氏族譜所載季房世系圖（部分）

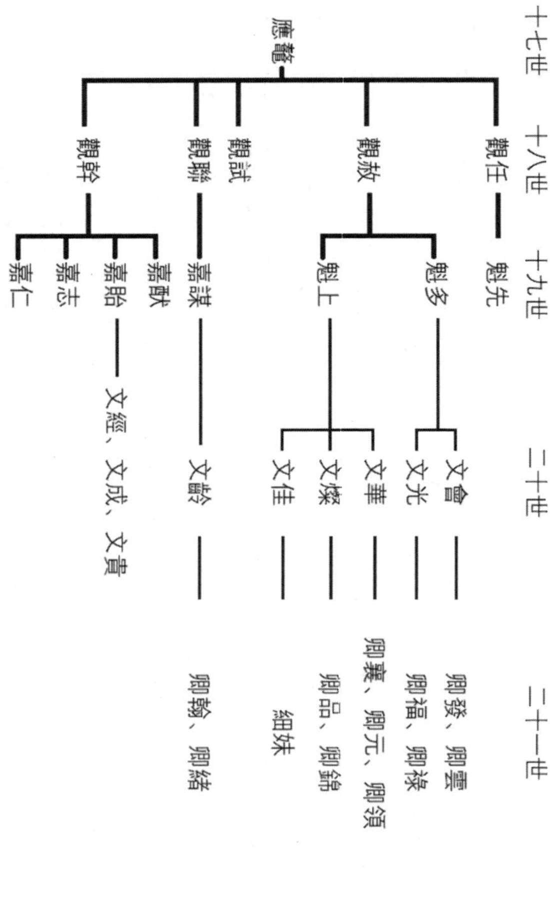

答案或許是商品經濟的發展。體現在族譜中，主要有以下兩點：

1. 族内公共財産的設置

在此之前，羅氏對族内共同財産的管理和使用已經出現了商品經濟的傾向，但總體來説還是比較内向，

如萬曆年間，大宗祠初建成，族長羅惟粹將一筆宗族内部糾紛所得的賠款用來購買土地，維持『公祠流祭』，此後又再『置買大宗祠後玄武居道地，税一分五厘，又買朝錫土，名東丫田，税九畝四分五厘二毫，俱收入羅昌業户内……此田賣取價銀修祠支用。税已於四十年大開割，剩銀一十五兩九錢二分三厘，買回香泉屋一座三間，價銀四兩一分七厘，遞年冬祭預收，供祭支用』。①

在道光年間，出現了更加現代化的錢糧會和江南會。錢糧會起源於嘉慶初年的一次歉收，爲了保证族内的糧食供應，嘉慶十二年（1807）錢糧會正式成立，『每年正月十二日，憑契過税，兑收例銀。倘有瞞隱延遲，罰以每兩利息五分。又凖於遞年十一月初六日在大宗祠征收各户條米，限以三日内清繳，條總赴局完納，永垂定例，違例者仍罰每兩利息五分』②。

道光年間，羅氏族人從村内其他姓氏手中買回土地，在錢糧會的基礎上設立了江南會，會友共四十五位，負責管理族田：『恐後數十世支派愈蕃而蒸嘗益薄也，迨明年春，幸得十九世孫允光等爲祖宗倡議建挑坑内大塘，唯是坑税，二十四畝有奇，計值千有餘金』，『每人先捐銀三十兩，共得銀一千三百五十兩，由是鳩工浚樂，不一年而挑塘之事以成，於今每歲供回番銀一百二十兩，并會酒銀六兩，要皆即塘租之入息，爲供會之取資。倘或有餘，貯之箱内，以備將來祭祀之需。』③

① 《衎烈堂世行録（1—17世）》，第76頁，見本書第417頁。
② 《衎烈堂世行録（1—17世）》，《建設錢糧會章程》，第9頁，見本書第283—284頁。
③ 《衎烈堂世行録（1—17世）》，《設立江南會規制》，第7—8頁，見本書第280—281頁。

同樣是購買田地、收取地稅，前者的資金來自於糾紛賠款，即公共財産，賬目公開透明，購入後的土地和稅收用作祭祀，也歸全村人所有；而後者（錢糧會）的倡議人之一——十九世孫允光，也是提議收取坑稅的人，是江南會的一員。參加江南會的四十五位族人，無疑在此之前已經有了雄厚的財力，并在宗族内有較高的地位。而江南會主要負責掌管宗族財務，會員享有特權，江南會内部剩餘的資金才會用作祭祀。江南會、錢糧會的管理方式更加靈活多變，能够應對不同級别的天灾人禍。這種投入資金、獲得回報與福利的形式，類似於如今的股份制，最突出的後果就是掌握大量資金的人將會從中獲得更大的收益，而平民百姓將長期處於被束縛的狀態，富者愈富，貧者愈貧。

2. 個人的商業活動

族譜内對其商業活動有明確記載的第一位人物是孟房第十九世羅成聯：『經營利就，群兒市肆豐財。』①

可以從族譜簡略的介紹看出，此時的商業活動依舊被族人所排斥，羅氏雖然已經有人從事經濟活動，但還是以對内爲主，所從事的商業活動也多和土地、田産相關。但是僅僅過了兩代人，到了第二十二世和第二十三世的時候，情况就大不同了，那時羅氏的足迹已經不局限於廣東，甚至不局限於中國，而是離開故鄉，遠赴重洋。如季房第二十二世孫羅有聯，棄儒就商，到了美洲，獲利頗豐：『時駐秘國李參贊經叙委嘱籌辦越

①《衍烈堂世行録（18—23世）》，第42頁，見本書第800頁。

南防務經費，集款巨萬，异常出力。』① 季房第二十二世孫羅維平，『經商美國，念鄉族有勸捐之事，見義勇爲，盡力樂發。』② 到了仲房二十三世孫羅湘琴，他的活動與前人相比有了突破性的變化，他不僅在美洲發家致富，还在當地加入了僑堂，成爲一個華人華僑組織的負責人，這是相同歷史時期内旁人難以取得的巨大成就：『清光緒七年，毅然游美習藝，然賦性至孝，又不忍重利輕别，重雙親倚門倚閭之憂，閲三年，遂歸省親。迨光緒十四年，復赴美洲，僑美梓桑爲固結團體，計先有協義堂之設，公爲該堂值理之一份子。』③

（三）史料價值

《良登羅氏族譜》是一本典型的廣東地區的族譜。它在追溯本族祖先時，會追溯到非常久遠的世系，如羅氏族譜開篇即言：『余鼻祖豫章氏，係字祝融之後，初姓雲周，封於韓之宜城，國號羅，後處枝江。周末居長沙，春秋時爲楚所并，遂以國爲氏』④，這是大多數族譜都會采用的溯源方法，將本族譜系與三皇五帝挂鈎。族譜還提到先祖輔在宋代曾暫居珠璣巷，再從珠璣巷南下分流，其中一支在南海落地生根。實際上在宋及之前，羅氏的繁衍、遷徙情况并不清楚，連本族人可能都無法準確説出宋之前的宗族歷史，附會三皇五帝、强調自珠璣巷南遷，其實是本族士人將口述歷史和現實情况相結合而做出的文字記録。另一方面，從萬曆年間開始，羅氏修建宗祠、編修族譜，每次編修族譜的主導者都是已經取得功名或獲得官職的士人群體，而且從序言

① 《衎烈堂世行録（18—23世）》，第227頁，見本書第1169頁。
② 《衎烈堂世行録（18—23世）》，第238頁，見本書第1191頁。
③ 《衎烈堂世行録（23—29世）》，第28頁，見本書第1257頁。
④ 《衎烈堂世系圖》，《良登羅氏重修族譜記》，第1頁，見本書第17頁。

可以看出，族譜對族人道德品質的水平越來越看重，多次强調要將本族人的事迹記録在册，用以教化族人。

在宋明理學所推崇的宗法觀念的影響下，羅氏需要通過珠璣巷的歷史證明本族來自中原世家，與當地的少數民族加以區分，也需要迎合中央對於地方教化、風俗轉變的要求，得到官府的認可，鞏固本族在地方的勢力。不管是對祖先系譜進行潤色，還是强調族譜的教化作用，其中都蘊含着地方社會的文化認同。① 從這個層面上看，族譜已經不僅僅是一個維係族人關係的記録，更是一個爲自身正名的工具。

那麽，這一本《良登羅氏族譜》對學界的研究來説究竟有何史料價值？

和其他任何一本族譜一樣，通過翻閲良登羅氏的家族歷史，我們可以瞭解到不同歷史時期的人口流動、社會基層管理的演變及普通民衆日常生活的變化。但是良登羅氏的特别之處在於，它所在的佛山地區，經濟發達，社會開放、包容。羅一星曾提出著名的『廣佛周期』，認爲『自十七世紀初至十九世紀末，嶺南區域出現了一個持續三百年的經濟發展的高峰期。在這一時期内，以廣州、佛山爲中心的城市體系得到空間的迅速布局和層級的系統發展，其城市化的程度居全國領先地位』②，形成了一個地跨兩廣、河海相連的嶺南市場體系③，佛山作爲『廣佛周期』的核心城市之一，經濟水平更是一度超過省城廣州。正因如此，良登羅氏的發展，具有鮮明的地域特色。

---

① 參考劉志偉：《傳説、附會與歷史真實——珠江三角洲族譜中宗族歷史的叙事結構及其意義》，《中國譜牒研究》，上海古籍出版社 1999 年版；《族譜與文化認同——廣東族譜中的口述傳統》，《中華譜牒研究》，上海科學技術文獻出版社 2000 年版。

② 羅一星：《論廣佛周期與嶺南的城市化》，《中國社會經濟史研究》2009 年第 3 期，第 40—50 頁。

③ 羅一星：《佛山——站在文明續譜的橋頭堡上》，《佛山歷史文化叢書·第二輯》，《總序二》，廣東人民出版社 2017 年。

毋庸置疑，在嶺南地區，或者説是珠三角地區，有不計其數的普通鄉村，在清代中後期搭上了經濟發展的快車，在短短的幾代人之内實現了經濟發展模式的轉變，在傳統的耕讀傳家之外開闢了一條新的發展道路，即通過商品經濟發家致富。良登羅氏作爲其中的典型，它的改變被族譜記録在册，值得我們細細研讀。

衍烈堂世系圖

良登羅氏重修族譜記

余鼻祖豫章氏系字祝蝕之後初姓雲周封於韓之
宜城國號羅後處枝江周末居長沙春秋時為楚所并遂
以國為氏其後椒聊遠條爾漫四方繇一脈而分焉吾家
之
祖始羅氏二十四孫貴祖孫淳之子
祖諱輔宋元右年間偕弟自南雄珠璣遷三水白坭
僑居廟岡既而藐厥所止志各异趨弟亦適天良自為一
宗我
祖自卜遷南海伏隆丹桂良登而奠宅肇為一世之
祖焉積善垂慶天眷有德祚胤三房遂分孟仲季孟祖諱
章仲祖諱卓季祖諱準其孟有分遷者曰遠騰遷新會鷄
嶺曰鷄栖遷沙頭岸季有分遷者曰伯義遷雲津堡羅村
曰高俊遷九江曰黄保遷太平橋曰李受子孫遷鹽步村
基列星布均念一本周親情氣聯屬各業四民恒循五禮

拔萃者書香奕葉振作者箕裘濟美咸我
祖陰功默相所鍾焉萬歷壬寅以建祠事竣朔望謁
祠其年高德卲者率衆相謂曰祠宇鼎新譜未接修子孫
均與有責然必事統於一乃克有濟爰命秉常董專修之
寄敢忘固陋黽勉承允鋭然搜出舊譜諏日舉事遴孟房
弟明登偏采累輯悉按歐蘇譜例首列世系圖次列世行
實録凡可書可録可褒可貶者纖悉靡遺仍畀仲房姪瑶
反復校訂俾注目一覽具見其詳擅乎其作譜也而豈徒
然哉稽古有云家之有譜猶國之有史也恒懼族之支派
愈遠失真於是作譜以貽諸後又云自古名家則有譜傳
世兹賴祠宇克建血食有所譜書咸備宗派尤明申飭教
規保艾爾後原我子姓朝乃觀夕乃思用明一本之義式
序昭穆之倫親疏遐邇藹然一體以復隆古之盛以綿萬
世之緒則是譜也而豈徒然哉尤冀後之善繼善述者世
世重修用垂不朽與國史匹休焉是為記

萬歷甲辰十三世孫秉常頓首謹識

羅氏重修族譜序

嘗聞
帝胄之譜名為玉牒宗室之派演列天潢繼而縉紳
及乎士庶皆有其源斯有其派有其派斯有其譜有其譜
斯以紀其盛第溯譜系之著上歷高高之祖下列遠遠之
孫千百世之上千里世之下世及之倫莫不備而易知焉
我族譜系自萬歷甲辰纂修以來計年六十有奇孫枝幼
而長長而盛比比然矣倘不接修明備世遠人徂什襲蛀
損文獻不足繼述無徵時際清明老少咸集其相與語皆
曰此舉勿少緩也遂遴三房孫克董厥事者三人孟房昆
玉仲房廷訓季房善紀樂承聿修之任弗辭輯録之勞尋
出本原卜期開造分列譜系接舊添新凡諸進修德行事
業與夫賢淑孝節考實贊書以揚永俾世系明而譜牒著
仰惟

先公式靈佑啓我後螽斯衍慶奕葉傳芳丕顯丕承
引之勿替後賢能次第接修光前裕後曷有既焉是為序
康熙六年歲次丁未司族 長副事十五世孫萬杰萬
五
敬識

羅氏族譜題詞

豫章羅氏之在良登者代有聞人稱南海右族往乙
卯孝廉萬象與余先君子同榜郡丞憲亦仕同官最後與
余傾蓋相知者亦多信誼之彥戚維丁未修厥族譜既成
余覽而歡曰盛古雍穆之風渺矣會鼎革喪亂未平行葦
不作有能振起頹風為化民成俗之資其在此乎其在此
乎夫族之有譜也義取於易之同人君子以類族辯物所
以審异而致同子輿氏曰人人親其親長其長而天下平
此同之極者也至治之世天下為一家然必繇一族始昔

眉山作譜欲敦孝弟戒囂陵其意甚美而議者猶謂獨尊其所自出法私而不可久令羅氏之族譜其例則公而廣其實則核而詳重而修之志善繼事善述孝子慈孫之式推之天下教仁教讓興起雍穆之風即在於此寧為一姓之本支百世而已哉

禺陽活殘道人愷屺陳洌拜題豈

康熙丁未長至之吉

羅氏重接修族譜記

歲在己卯元旦詣祠拜賀老少畢集相聚而言曰吾家之譜重修於康熙丙午越丁未告成迄今幾百年矣得無先人之墳墓有遺亡族衆之親疏有莫考者乎家譜重修弗宜緩也聞皆曰然静而商之曰難夫譜者譜同族也族同將必合而譜之矣吾家

始祖樵居公積德累仁恩流百世在三世有曰遠騰遷居新會鷄嶺四世有曰鷄栖遷沙頭岸曰伯義遷雲津保羅村太平橋李受子孫遷鹽卡村十世曰成立曰公孫遷往信宜從戎十一世曰宗遷往清遠板塘村就業他如順德古樓紅岡各處遷往凡我同族各毓雲累舊譜并載接續重修將必遣子至四往偏采累成譜帙無論工力浩繁然曠日持久土農工商各有本業舍之專理勢所不能應之者曰夫何固哉從來氣數之行原始於一生而成十極之不可思議總歸於一而已不見本家世系天下宗支不知其幾千萬族各譜根源總曰祝融之後乎吾家之譜前之接修重修新會鷄嶺一房且未譜及若沙頭岸若羅村百滘若九江太平橋鹽步村信宜清遠板塘村以及順德古樓紅岡各房悉由本支譜録派演千條淵源有自今而重修仍照舊譜根接起於世代名列注明里居從有開房成族未及采譜源本甚條晰彼若開譜歷叙根源即與

現修此譜無异奚待紛紛編采重修耶況譜備列
祖宗家訓祠宇墳墓蒸嘗産業以及各代學行實録
承先啓後攸關豈徒然哉衆皆曰是族長正副欣然縱之
士德魁多等亦皆樂助修費於是擇吉告
祖興修命緯魁光海觀戴三人分任編輯各各勉就
弗辭先將舊譜查開原委抄出傳查纂修條例悉照舊譜
舉行世代名列接舊添新凡諸進修德行事業輿夫賢淑
孝節考實贊書以為後代典型卜期於巳卯二月傳查纂
修冬月輯成稿帙族長正副紳士耆老集祠反覆校正着
令子弟謄清告
祖猗欽休哉盛事也奕世流傳繼述接修光前裕後
實所望於後昆於是乎記旹
乾隆二十四年冬日十八世孫光海緯魁沐浴敬書

羅氏接修族譜序

嘉慶己未秋杪老少赴祠欣逢宴叙但覺群昭群穆充廡盈庭樵北之巨族名宗匪虛語也何幸如之而感從中來矣緬想我家譜帙修自萬歷甲辰繼而康熙丁未復又乾隆己卯非不歷歷編輯至備且詳然由己父以迄於今已越四十年矣不惟曠日遇蟲蛀　傷抑且近年遭潦淹之患撫茲譜也心猶耿焉況乎支派較前而倍盛終葬於斯而愈繁使不亟為重修其不至於絲棼淪没者未之有也用是集衿耆聚長幼議以孟冬稿定季冬繕成噫倉猝之餘急何能擇姑無論曩之所謂遷鷄嶺遷九江以及遷太平橋鹽步村信宜板塘官窰南雄廣西福建廣城桂洲古樓紅岡等處其里居遥隔音問空疏者之固闕而弗講即而大宗曰良登小宗曰沙頭岸羅村百滘之四房者四十年來生生終終指不勝屈孝慈賢淑代有其人而謂厥事者又烏能匝月間曲盡纖毫以誇耀於一時也哉雖

然事之不敢以推延工乃豈容於苟且亦唯是恪循舊典謹附新亳訂日刻期分編纂録麻煩不致殘缺失次繼述無徵已耳後有賢能奮然接修重加筆削則是我族之厚望也歟是為序旹

嘉慶四年冬日二十一世嫡派孫恩長等仝識

輯修豫章族譜序

禮曰尊祖故敬宗敬宗故怍族收之為言合也謂合族衆而聯屬之也聯族之遠者使近聯族之疏者使親則莫重乎溯支派而詳世系焉我家譜牒自萬歷甲辰以迄嘉慶己未迭次輯修經今又四十五載矣族之聚處日益遠族之分誼日益疏不有以聯屬之將世代雲遥幾等至親於路人其如水源木本之義何爰是傳集老少赴祠商確按舊籍而更續之群情允協踴躍捐資又復每丁科

銀五分以為工程支度遂乃周知分房族衆先行潔齋告
祖卜吉舉事維時宗子壽德偕族老鮰躍尚舒宗發
文熾等推舉祖蔭廣發恩寵膺其任而分委於孟房連科
汝藏仲房源發季房釗揚繼彰沙頭岸房佩堂搜求偏采
罔俾缺憾仲春稿定至孟夏悉成繕本計所需時日不過
兩越月所縻紙筆工費亦僅數十金而簡篇補輯昭晰靡
遺舉凡爵秩顯榮行誼端方與夫閨門賢淑有關風化者
仍仿舊例掇録之以為家乘光至於生年終葬以及壽數
長短亦不嫌瑣屑概與注明以昭美備因思
祖宗創業以來歷二十五代現存八世奕葉雲礽聊
蕃衍或僑居城市或散處鄉鄰一旦合遠近為一家統親
疏為一體昭穆次序釐然各當使族姓孫曾披圖考籍咸
懷水源木本之思共織尊尊親親之誼由此而雍睦成風
太和之氣萃於一門也豈不休哉是為序旹

道光癸卯年孟夏谷旦二十二二十傳孫切紀祖蔭

廣發仝敬書

接修豫章族譜序

從來國有史家有乘所以紀實録而未來滋者國固有之家亦宜然我家譜自萬歷以來纂修者不一近自道光癸卯迄今己四十五載矣夫年湮則易遺忘代遠則易散佚況子姓較前尤盛枝派益蕃尚不及時修明何以繼前人而綿似續乎爰集衆商僉謂不宜延緩但程功浩大集腋方可成裘議每丁科銀壹錢另量力捐簽務成美舉遂諏吉日興其事偕各房子弟要其成搜尋補輯接舊添新殘缺者修之失次者序之凡品詣端方爵秩顯榮賢淑節孝與及善惡褒貶生壽終葬悉照譜例詳明始事於仲春成稿於仲秋謄正於仲冬世系圖則釐然各正世行録則名實相須且

祖祠則詳敘重建重修嘗業則備垂是蒸是享法制更皇皇條列訓誡益懍常昭譜之修也豈徒然哉雖族姓繁衍分處殊多遠如遷居新會順德信宜高明高州近如遷住九江云滘羅村等處一時未及編輯然大宗之譜無缺小宗之譜可接而傳木本水源繩繩繼繼合遠近為一家聯親疏為一體雍穆成風太和有象將家乘也與國史永垂焉庶幾按圖可考咸知歷代之祖德宗功數典不忘良多后人之繼志述事矣豈不歟皆

光緒丁亥仲冬吉日二十一世孫鈞揚汝臧仝頓首謹識

接修衎烈堂族譜序

稽古有云家之有譜猶國之有史也族譜取義即易之同人君子以類族辨物所以審异而致同子輿氏曰人

人親其親長其長而天下平此同之義者也至治之世天
下為一家然必自一族始矣我家譜帙修自萬歷甲辰繼
而康熙丁未而乾隆巳卯而嘉慶己未而道光癸卯而光
緒丁亥非不歷歷接修至備且詳然然由丁亥以迄於今
己越三十五年矣以其時孜之雖非甚遠惟是連年屢遭
潦淹之患日久必遇蟲蛀之傷即如孟房現存之譜被淹
之後字迹模糊不堪寓日撫兹譜也心猶耿焉况乎支派
較前而倍盛終葬於斯而愈繁使不及時修理世代云遥
其不至於絲芬淪没者未之有也用是集三房紳耆老少
商議僉謂不宜延緩但工程浩大集腋方可成裘公積無
多成城乃賴衆志除量力捐簽外另議每丁科銀壹錢四
分四厘衆皆踴躍贊成遂諏吉日告
祖開始編輯族衆推舉有聯為督修大義所在却之
不恭於是命長男鼎元即日旋鄉專司其事恪循舊典謹
附新亳搜求偏采罔俾缺感舉凡爵秩顯榮品詣端方與

夫賢淑節孝有關風化者悉照譜例詳列靡遺至生壽終葬亦不嫌瑣屑概與注明以昭美備始事於孟秋成稿於季秋贍正於仲冬世系圖則釐然各當世行録則名實相符至沙頭岸房向日皆聯同接修今次因公項困難不願并舉經集祠衆議專人再三敦請竟付缺如亦一憾事殊可惜也雖然從來氣數之行原始於一生而成十極之不可思議總歸於一而已不觀夫本家世系遠者如遷居新會順德清遠信宜高洲高明近者如遷住九江鹽步太平橋古樓雲滘羅村等處一時皆未及編輯乎總而言之大宗之譜無缺小宗之譜可接而傳此亦歸一之道也又奚憾焉善哉譜之修也豈徒然哉從此合遠近為一家統親疏為一體派演千條淵源有自左昭右穆釐然井然使族姓孫曾披圖考籍咸懷水源木本之思盡識尊尊親親之誼別雍睦成風太和有象家乘與國史永垂久遠而仁讓萃集於一門也豈不懿歟後之賢能其有繼志述事奮然

接修重加筆削則我族之厚望也夫是為序豈

中華民國辛酉仲冬吉日二十二傳孫有聯率男鼎元敬識

接修衍烈堂族譜序

稽古有雲家之有譜猶國之有史也我家譜帙自萬歷甲辰繼而康熙丁未而乾隆己卯而嘉慶己未而道光癸卯而光緒丁亥而民國辛酉歷歷接修至備且詳只因解放不允不言而知祖積蒸嘗全無累年拜祭論丁科銀實難接修由辛酉至今整八十年矣此時家譜善管難藏整譜猶存我族幸甚也久而不修實情欠款有三十五孫富昌由港回里祭祖寓目親瞻己遭潦淹又遇蟲蛀之傷字迹模糊撫茲譜也即要及時修理歷代宗親生終壽於絲芬淪者非修不可召集三房老少商議一致贊揚不宜

延緩但工程浩大集腋方可成裘公積分無議定每丁科
銀貳拾元正亦可量力捐簽衆皆踴躍贊成其不足之數
宜二十五傳孫富昌義助完足遂諏吉日告
祖開始編輯申報專司其事恪循舊典謹附新毫搜
求編采罔俾缺憾舉凡爵秩顯榮品諧端方與夫賢淑節
孝有關風化者悉照譜例靡遺至生壽終葬亦不嫌瑣屑
概與注明己昭美備始事仲秋成稿於仲冬謄正於孟春
世系圖則纖然各當世録則名實相符至本里新莊系孟
房鳳竹嫡裔此届接入竟不付缺雖然從來氣數之行原
始於一生而成十極之不可思議總歸於一夫本家世系
遠者如遷新會順德清遠信宜高州高明陽山等近者如
遷往九江鹽步太平橋古樓雲滘羅村大和用里大杏等
處一時皆未及編輯乎總而言之大宗之譜無缺小宗之
譜可接而傳此亦歸一之道也又奚憾焉善哉譜之修也
豈徒然哉從此合遠近為一家統親疏為一體派演千條

淵源有自左昭右穆纖然開然使族姓孫曾披圖考籍咸
懷水源水本之思盡識尊親之誼則雍睦成風太和有象
家乘與國史永垂火遠豈不懿歟後之賢能其有繼志奮
然接修重加筆削則我族厚望也夫是

為序

豈

二零零零年歲次庚辰

二十四孫汝釗敬識

二零零零年歲次庚辰接修族譜

孟房富昌主任

季房汝釗督修校正

孟房雄文編輯

仲房養培編輯

季房湛博編輯

季房佐國編輯

豫象羅氏始修族譜

宗子世禮主修

族老　珊校正

話老　承纂修

萬曆甲辰接修族譜

族長秉常接修

族老明登帚修

族老瑶校正

康熙丁未接修族譜

族長萬杰主修

族副萬五主修

族老三槐校正

孟房昆玉編修

仲房廷訓編修

季房善紀編號

乾隆乙卯接修族譜

族長占魁督修校正

族正賓殼督修校正

族副社健督修校正

孟房光海編輯

仲房觀戴編輯

季房緯魁編輯

嘉慶乙未接修族譜

宗子恩長主修

良登房族長閏連督修

沙頭岸房族老大受校正
良登房産綸編輯
道光癸卯接修族譜
良登房族長日茂督修
沙頭岸房族老斌祖督修
良登房安泰纂修
孟房祖蔭編輯
仲房廣發編輯
季房恩寵編輯
沙頭岸房佩堂編輯
光緒丁亥接修族譜
良登房族長有生督修
沙頭岸族老
良登房鈞揚督修正
沙頭岸房

孟房榮芬編輯
仲房麟祥編輯
季房有聯編輯
沙頭房恭諤編輯
民國辛酉接修族譜
族長新居主修
族老鈿基主修
季房有聯督修校正
孟房祥魁編輯
孟房林芳編輯
仲房定兼編輯
季房鼎元編輯
季房楫祥編輯
二零零零年歲次庚辰接修族譜

羅氏族譜凡例

一世系以九世為一圖九世后又各以九世為圖此休寧汪氏世華越國公譜例也我族舊亦仿之但九世又圖則圖愈分源流愈演愈長脈絡愈覺難別不若一世至五世為一圖此歐陽公作譜之定例蓋取五行相生之義也今世系圖一照歐陽公法以五九三七一等世絡繹重見提頭至千萬世如之

一族譜譜同族也故姓同而族不同者不譜族同而出為僧道者不譜乞養异姓者不譜乞養不知其姓而入層吾生者雖身至達官顯宦不譜譜之必吾同宗真苗嫡裔不問其時之否泰身之穹達一皆譜之出為僧道一旦悔悟奮然歸者譜之出贅外氏不從其姓者譜之本身出族于譜圖則空其名而世行録則在其父名下但聲明某子出族而已仍缺其名若有子則譜其子

一世行録照 世代挨次序列先書名名下書字若號

乃近世俗流之朁在世有號故隨俗　書之稽其實也

一祖諱譜載甚明近因族屬嚴衆雖同世鄉各居一方俗尚簡約慶吊或罕偏及歲時祭祀列班總揖而已子孫命名彼此雷同致誤相犯者非一蓋緣久缺修譜之過是以莫知定名之序玆若筆正以求合式適增乎偽非實譜也但查不犯

始祖及彼親祖列已犯即以別字易之所謂不諱嫌名是也一有官職具載譜圖有顯爵學行出處之祥備書世行録有仕宦曾受

誥敕褒嘉附録于譜后

一世行録于婦氏止書娶某氏而妾不書者所以謹名分也妾有子始一其子名下書之然必先曰嫡母某氏然后及之曰母某氏所以見家無二尊又記某子之所自出也婦氏有節義孝行及曾受

敕封寵錫者書之言行有關家訓者書之

一我族世居良登鄉自宋及元皆肆民籍迨明洪武
甲戌有曰有得銘曰民善曰學兒曰李受曰亞奴皆為國
防御堢集戎伍又有曰黃保丙子年為鹽徒遣戊俱屬軍
籍仍舊糧差永無變亂

一我族椒聊蕃衍就業上方者舊譜俱載有住居地
名自康熙丁未重修譜后處生齒仕宦日盛 聚居成族或
另自開譜亦未可定今既不能偏采入譜其舊譜所載各
處族衆世代名字妻室子嗣仍照備列俟彼后裔歸查獲
有憑據不至混冒攙亂

一我家一門忠孝凡有學行實録無非恪守
祖宗垂訓所有流傳家訓約束示文創立法制仗義
創置等條悉載世系行録篇首

一世系行録舊譜并書生年卒葬查諸侯死曰葬大
夫死曰卒君子全而歸之曰終今譜列世代諱辰悉照名
分直書免朁越

一世系譜圖行録一世二世俱加諱字尊崇敬重之
意下代悉照舊譜例行

一世	二世	三世	四世	五世
諱輔生三子	孟諱章生二子	遠引生三子	茂書生一子	其丕
			茂典生二子	其昌
				其烈
			鷄栖遷居沙頭岸生一子	玄禎沙頭岸住
		遠騰遷居新會鷄嶺		
	仲諱卓生三子	遠達生一子	茂材無嗣	
		遠華生一子	茂高生一子	應良
		遠俊生一子	茂英生一子	應孫邑癢
	季諱準生一子	遠撫生四子	太榮生一子	嗣孫
			太亮生一子	廣明
			伯和無嗣	
			伯義遷居雲津堡羅村生一子	寒松羅村住

五世	六世	七世	八世	九世
其丕生二子	承祖生一子	玄大生三子	永祀癢生生三子	鎬

其昌生二子								
冠生生二子					彥忠生三子			
渥 生一子	悅桂生一子	悅廣生一子			志廣生三子			
民善生四子 從戎伍	示周生一子	示掌生二子 吏員	得貴生一子	得夫無嗣	得銘無嗣 始從戎伍	永年無嗣	永襟生三子	
乙秀	宗華	桂華 帝華	寅保 金鐸 金鎮				勤保 儒保 官保	奇 鈺

房

五世	其烈生二子
六世	龜生一子　屈生四子　樸生一子
七世	尚爵生一子　獲保生一子　增保生二子　萬保生一子　一卷生一子　宜生一子
八世	民得生一子　亞弟失傳　志受生二子　李受生二子從戎任　祖養生二子　細奴無嗣　學兒生一子從戎任　千善無嗣
九世	甲成　伍仔失傳　三仔失傳　康成鹽步住　康德鹽步住　晚奴　四仔　舍奴　能秀　貴秀　孟秀

- 應良生二子
  - 振宗生三子
    - 廣乘生三子
      - 以仁生一子
        - 直長
      - 以進生一子
        - 祿存
      - 以義生二子
        - 元芳
        - 元芬
    - 廣保生二子
      - 李儀 痒生 生四子
        - 順榮
        - 順宗
        - 順祖
        - 順慶
      - 杏儀生一子
        - 長福
  - 振龍生二子
    - 廣興無嗣
    - 廣晚生一子
      - 康護生一子
        - 有才
- 應孫 邑痒 生四子
  - 端仁無嗣
  - 端義無嗣
  - 端智生三子
    - 完念生一子
      - 稅得生二子
        - 文聚
        - 勝聚

季房

嗣孫生四子	五世	
均政生四子　均玉生二子	六世	端禮生一子
孟賢生三子　悅進生一子　悅逵生二子	七世	宥霖無嗣　完寄生一子　完宗生一子
恭生二子　乙禄生四子　康驥生二子　康馭生二子恩例壽官	八世	帝受生二子　道奴生一子
德聚　福聚　堅　陛　細全　屏　彥長　彥方　彥亨	九世	觀儀　觀制　文炳

		仲賢 廣城住		
		季賢 廣城住		
		黃保 生一子 太平橋住		
			敬 吏員 生一子	教
			肇 生二子	胡保
				三保 無嗣
			以成 生二子	庚子 無嗣
				鏡
	廷玉 生二子	閏隆 生一子	祥 生一子	祖保
		閏榮 生一子	亞奴 生一子	浩
	美玉 生一子	高俊 生一子 九江住	銘 生一子	孫玄
廣明 生五子	原治 生二子	戊興 生一子	永全 生三子	德進
				蔭祖
				閏祖
		戊隆 生一子	懷績 生一子	癸有
	原生 無嗣			

	原圭生一子	原諒生一子	原道生三子
	士雍失傳	子貴生一子	德養清遠住 義養清遠住 孝養清遠住
		禄奇生三子	
		祖余 祖佑 祖信	

孟房

九世	鎬 生二子；鈺 生二子
十世	致沛 生二子；致鄩 生二子；俊旺 生三子
十一世	世禮 生二子；世祿 生一子；世奇 無嗣；世昌 生一子；世沾 生一子；世廣 生二子；世清 生一子
十二世	綉 吏員 生一子；綺 典吏陞養利州目 生二子；繼聯 無嗣；妃宗 生一子；宗達 無嗣；宗顔 無嗣；宗閔 生四子；宗孔 生二子
十三世	鷥；大韶；大夏；開；文綱；文紀；文統；文緒；文綸；文經 生二子

	妃保 恩平住			
筒 生一子	蘇保 生一子	世善 生二子	克魁 生三子 克隆 無嗣	文充 文喬 無嗣 文弘
勤保 生三子	褯奴 生一子	世表 生一子	冬 無嗣	
	觀奴 生二子	初泰 生一子	上啓 生一子	衣綬
		二泰 生二子	上進 生一子	秀芳
			上可 生三子	衣袖 衣襯 衣禮 無嗣
	褯立 生二子	世及 生一子	士高 生一子	衣結 無嗣
		妃清 無嗣		
金鎮 驛丞 生三子	永雄 生二子	朝信 生三子	饒宮 寄住 光 生一子	嘉和 無嗣

- 永芳生三子
  - 朝遠生五子
    - 四妃 顺德黎村住
    - 采 陽江住
    - 曰弘生二子
      - 存德
      - 惟德
    - 曰仁生二子
      - 惟漢
      - 惟敬
    - 曰仲生三子
      - 惟祥
      - 惟相
      - 惟業
    - 曰儒生三子
      - 惟恩
      - 惟錦
      - 惟誠 自存德起俱往順德古樓栅口住
  - 朝平生一子
    - 貴遇生一子
      - 嘉猷 無嗣
  - 朝滿生一子
    - 亞冬生二子
      - 以成 顺德红冈住
      - 以才 顺德红冈住

宗華生二子	桂華生一子 邑掾		禘華生一子	寅保生一子	金鐸生一子									
必舒生四子	道存生一子 連州掾		逢端生二子	成立生一子 往信宜從軍	永閏 失傳							永廉生二子		
汝孝生一子	細晚 失傳	辛保 失傳	祖生一子	建 信宜住						朝宗生三子		朝慎生二子		朝近生二子
緑青生二子			帝長生一子			曦 立一子			策生三子	璋生一子	亞鳳 官窰住	亞龍 官窰住	釗生一子	列生一子
太序			鳳			嘉榮	嘉善	嘉榮 出繼	嘉惠	嘉誌			嘉賢	嘉會

				太禎
		汝弟生一子	綠瓊生三子	太保
				太盛
				太能
		汝忠生二子	蘇齋生一子	朋諒
			蘇正生一子	棠諒無嗣
		汝節生一子	英俊生二子	太奇
				太慶
	必展生一子	汝廉生二子	任芳生一子	永隆
			任長生一子	永升
乙秀生二子	牛仔無嗣			
	公孫往信宜繼伍生一子	觀祖往信宜住生三子	綉之生五子	文時信宜住
				文魁無嗣
				文本信宜住
				文清信宜住

孟秀 生六子											
納 生二子											紳 癢生 生二子
翠青 生三子										翠玉 生二子 九江住	萬厲 生二子
綉舉 生一子	表實 生三子		太寧 生三子			丑保 生二子		文和 無嗣	文安 九江住	文仔 九江住	文顯 生一子
文獻 信宜住 無嗣	無憲 信宜住	武選 信宜住	武振 信宜住	武相 信宜住	錦 九江住	粵 九江住	裔 九江住	明康 九江住	明綺 九江住		

文景 生一子 — 鶴齡 失傳

文顯 生一子 — 明廣 無嗣

孟秀 生六子 信宜住

納 生二子

紳 癢生 生二子

翠青 生三子

翠玉 生二子 九江住

萬敉 生二子

綉舉 生一子

表實 生三子

太寧 生三子

丑保 生二子

文和 無嗣

文安 九江住

文仔 九江住

文顯 生一子

文顥 生一子

文獻 信宜住 無嗣

元憲

武選 信宜住

武振 信宜住

武相 信宜住

錦 九江住

粵 九江住

裔 九江住

明康 九江住

明綺 九江住

明廣 無嗣

鶴齡 失傳

		萬倉 生三子	文繪 邑掾立一子	明海
			文約 生二子	明東 明海 出繼
			文總 生二子	明伏 明登 出繼
	緝 生一子	普保 生二子	穗 庠生雷巷住	
			稷 郡掾雷巷住	
	純 生一子	廷柱 生一子	道源 九江住	
	維 生一子	廷英 生二子	觀祺 生二子	嚴 廣城住
				引孫 陽春住
			觀俊 生二子	莊 附祀兔江祖
				貴孫 高明住
	綢 生二子	廷正 生二子	文遂 生一子	明啓
			文敬 生二子	明聰
				明睿 無嗣
		廷綾 生一子	武壽 附祀兔江祖	
貴秀 生五子	白平 生一子	廷愷 生一子	妃泰 生一子	明弟
	白慶 生二子	貴全 無嗣		
		惠 生二子	文偉 生二子	明相 無嗣
				明憲 失傳
			文杰 生一子	帝饒
	潮 生一子	苟養 無嗣		
	輝 生一子	瑜 順德住		
	道師 無嗣			
能秀 生二子	騷奴 生一子	廷表 生一子	蘿 失傳	
	道師 無嗣			
舍奴 生三子	妃長 生一子	廷鈞 生一子	元積 生二子	深
				清
	英長 生一子	廷約 生二子	元秘 生三子	忠
				三志
				誠 無嗣
			元[illegible] 無嗣	

第一世	第二世	第三世	第四世	第五世
	觀長 生一子	廷灼 生一子	祺江 生一子	孔曾 孔賢 孔顏
四仔 生二子	巢 失傳 保 失傳			
晚奴 生五子	福全 生二子	妃盛 生四子	季華 生二子	文遠 文逵
			季成 生二子	士逢 士昂
			梓喬 生二子	士朝 無嗣 士勉 無嗣
			梓翠 生一子	士教
		妃俊 生四子	世魁 無嗣	
			世璋 生一子	士祥 無嗣
			世重 生一子	士喬 無嗣
			世元 生二子	紹祿 無嗣 紹祺 無嗣
	志全 生二子	德盛 生三子	畔 生一子	道從 無嗣
			弘 生一子	道通
			弼 生一子	道舉
		德容 無嗣		
	壽全 生一子	德長 生一子	引 生一子	申 無嗣
	名全 生一子	德定 生二子	世美 生一子	振 無嗣
			世亮 生一子	允 無嗣
	真全 生一子	德實 生一子	護 生一子	日奇
甲成 生二子	慈孫 生一子	妃敬 生二子	文順 生二子	益 盛
			文郁 生一子	盤
	善孫 生一子	太成 生二子	文韜 生一子	標
			文畧 生一子	明爵

仲房

九世	十世	十一世	十二世	十三世
直長 生一子	奉 都司令吏 生五子	碧 任倉宰 生一子	昭 無嗣	
		琛 生二子	朝用 生一子	尚賓
			朝進 無嗣	
		清 生一子	智 生三子	昂 無嗣
				昶 無嗣
				果 無嗣
		相 生一子	世綺 無嗣	
		瑋 生三子	經 生一子	節
			紀 生一子	仕龍 無嗣
			需 高州府掾 生一子	袞衣
禄 生一子	完 無嗣			
元芳 生四子	能 生一子	伊保 無嗣		
	明 生一子	阿鄧 生二子	倫 生一子	珍才 無嗣
			信 無嗣	
	寶 生二子	達寧 生一子	表 無嗣	
		達弘 無嗣		
	貴 生二子	文舉 失傳		
		文用 失傳		
元芬 生一子	庚政 生一子	妃祖 生二子	文慶 生二子	天附
				天與
			文善 生一子	天相 無嗣
順榮 生四子	應滿 生一子	靖 失傳		
	應高 任典吏 生三子	瓚 生三子	元正 元嗣	
			二正 生一子	文昌 華夏住
			三正 生二子	文盛 無嗣
				文明
		聚 生一子	繼宗 生一子	奇鳳
		瑫 生一子	繼福 無嗣	
	應宣 生二子	寬 生一子	永辛 生一子	阿道 大岸住
		松 生三子	永德 生一子	兆鳳 無嗣
			永芳 生一子	韶鳳 東莞住

順宗 省祭官 生二子　順祖 生一子　順慶 生二子

應遠 生三子　道安 生一子　道全 生二子　妃佑 生二子　阿記 生二子

珍保 生三子　豪 生三子　威 無嗣　泰 生二子　瑞 生二子　珅 生三子　全 生三子　承 生三子　大廣 失傳　細廣 失傳

永富 生一子　道清 生一子　道朋 生三子　道澄 無嗣　新受 生二子　新德 生二子　宏玄 生一子　弁 生二子　宸 生一子　希賢 失傳　希旦 無嗣　堅 生二子　謹 生二子　慎 無嗣　祥 生一子　武 生三子　滄 無嗣　一湛 吏員考中正八品生一子　一潵 生一子　一汪 生一子

儀鳳　允賢 順德住　師賢　師聖 失傳　師顏 失傳　保　信 無嗣　阿黑 帥邊住　阿紀 岡頭住　澤官 窰三丫住　虞賓 無嗣　虞治　虞恩 無嗣　士魁　士杰 無嗣　雪芳　雪衷　孟　彥修　彥能　彥濟 無嗣　彥聰 吏員附祀　彥舉 無嗣　彥琚 高明住

九世	十世	十一世	十二世	十三世
	稅記 生一子	福 失傳		
長福 生一子	化聚 生二子	俊 生二子	鑾 失傳 妙 失傳	
		裳 無嗣		
有才 生一子	祖盛 生一子	雙頂 生二子	妃佑 失傳 姸 失傳	
文聚 生一子	慶受 生一子	觀育 生四子	良紀 生一子	權
			良二 無嗣	
			良三 生一子	國言 無嗣
			良四 生二子	靖科 三科 大仙岡住
勝聚 生一子	壬仔 失傳			
文炳 生二子	有全 生一子	亞俊 西南住		
	有盛 生一子	戊申 失傳		
觀制 生二子	禹龍 都司知印 生一子	稅長 生一子	先 生一子	毓
	田慶 生一子	亞三 生一子	引保 失傳	
觀儀 生一子	禹達 生二子	金保 生三子	芳 生一子	道志
			滋 生三子	道盛 道奇 無嗣 道章 無嗣
			昉 生三子	道寧 道本 道東
		妃仔 生一子	亞弟 生三子	李安 三安 失傳 四安
季房九世	十世	十一世	十二世	十三世
彥享 生一子	稅仔 生一子	宗 生三子	道正 道俊 道福 俱清遠板塘村住	
彥方 生二子	帝蔭 生三子	泰孫 生六子	志秋 生二子	賓 無嗣 英
			志節 無嗣	

彥長 生二子
屏 生一子
細全 生二子
陛 生二子

節養 吏員 生三子
忠 生三子
抑 生一子
長潤 生一子
二潤 生一子
晨 生二子

泰真 生二子
泰妃 生二子
三聘 生一子
三復 無嗣
三省 生二子
悌 生二子
慈 生三子
蓉 生一子
福信 生二子
泰成 失傳
泰昭 生一子
稅真 立一子
晚實 生二子

志曉 生三子
志冬 金紫茅洲
志厚 生三子
志陽 生一子
志皋 生二子
志和 立一子
志綱 無嗣
志紀 生一子
志錫 生五子
志表 生一子
志正 無嗣
璉 生一子
亞句 無嗣
玘 生四子
岡 生二子
瑶 生一子
會時 順德住
文庚 無嗣
細庚 出繼
焯 生一子
細庚 立一子
文庶 生一子

善長
善興 大沙住
善和
宗養
宗聖
宗明 無嗣
宗恕 附祀
寧
喬 出繼
喬
二弟 廣城住
秉常
秉禮
秉義
秉仁
秉智
秉潤
國洪
國英
國杰
國賢
國才
國華 無嗣
國榮
國俊
細章 失傳
一見
一勉

- 昊 生一子
  - 泰宗 無嗣
- 天瑞 生二子
  - 一明
  - 一見 出繼
- 堅 生一子
  - 永任 無嗣
- 福聚 生一子
  - 所全 生二子
    - 鮮 生二子 官窰住
      - 二元
      - 三元 俱官窰住
    - 詵 生三子
      - 覆盛 生二子
        - 聖長
        - 聖存 失傳
      - 覆振 生三子
        - 裴長 附沙岡山祀
        - 鳳高 無嗣
        - 鳳登 無嗣
      - 覆餘 生一子
        - 聖和
- 德聚 生二子
  - 所定 生一子
    - 志保 無嗣
  - 所安 生二子
    - 原紡 生一子
      - 文鳳 生一子
        - 士積
    - 原績 生一子
      - 文鴻 無嗣
- 教 生二子 倉大使
  - 所保 生三子
    - 明浩 生一子
      - 文聰 生一子
        - 評 無嗣
    - 明受 生一子
      - 文燦 無嗣
    - 明貴 生三子
      - 文厚 無嗣
- 文深 生一子
  - 論
- 文源 無嗣
- 所杰 生二子 吏員
  - 明亮 生一子
    - 文轍 生一子
      - 謙
  - 明輝 生二子
    - 文炯 生二子
      - 蘊
      - 準
    - 文樂 生二子 吏部候選
      - 芝
      - 蘭
- 胡保 生一子
  - 所佑 生三子
    - 大弟 生一子
      - 文潤 生一子
        - 義有
    - 二弟 生二子
      - 文長 生一子
        - 萬明 廣城住
      - 文興 生一子
        - 籌
    - 細弟 生二子
      - 文福 無嗣
      - 文佑 無嗣
- 鏡 生三子
  - 璲 生一子
    - 瑄 無嗣
  - 安 生一子 灘水麗住
    - 貴 生一子
      - 應奇 生一子
        - 汝興
  - 政 生一子
    - 世昌 生三子
      - 鎮 無嗣
      - 欽 生一子
        - 士麟
      - 監 生三子
        - 士成
        - 士[illegible]

				士升
祖保 生一子	藍 生一子	宗任 無嗣		
浩 生一子	玄清 生一子 茅洲住	帝寧 生二子	宗保 失傳	
			勝養 生二子	振華 清遠住
				振清 清遠住
孫玄 生一子	維政 生二子	珊 弘治辛酉亞魁任福建永安縣知縣生二子	惠 嘉靖甲午舉人任太湖宣化兩任知縣陞任郡丞生三子	鴻 雲南道御史
				鶚 癢生
				益
			忠言 嘉靖癸外科舉人生生二子	鸞
				鵬
		珅 生一子	進 生五子	萬儀 無嗣
				萬里 無嗣
				萬超
				萬河
				萬恭
德進 生二子	聰 生一子	文廣 生三子	鎮東 吏員考授正八品無嗣	
			鎮南 生一子	于儉
			鎮中 生二子	復怡 失傳
				復忻
	奭 生三子	顯 廣西興安驛丞立一子	林 生三子	有斐
				三才
				帝德
		文滄 生二子	桂 庠生附祀	
			林 出繼	
		大昆 吏員無嗣		
蔭祖 生二子	帝保 生一子	真福 生二子	弦 生三子	贊龍
				贊鵬 出繼
				贊臣
			貿 生一子	贊文
	善保 生一子	德 生一子	上策 立一子	贊鵬
閏祖 生一子	泰保 生三子	文福 生二子	士長 生一子	明倫 無嗣
			細盛 無嗣	
		文富 順德住		
		文瑞 順德住		
癸有 生一子	所宜 生一子	泰 生二子	文高 失傳	
			文序 失傳	

祖餘 生二子　祖佑 生一子　祖信 生二子

所冏 生一子　所瑛 生二子　所庇 生一子　税積 無嗣　税蔭 無嗣

由 生二子　秋保 生三子　秋成 生二子　元壽 生一子

璇 吏員 生三子　常 生二子　廣 立一子　庠 生一子　序 生三子　廉 無嗣　翼 失传　浩 生一子

鉞 鐸 監 德慶住　銳　鏗　大山　大麒　大魁　大山 出繼　大麟　宗德

十三世	十四世	十五世	十六世	十七世
鸞 吏員 生三子	建和 生二子	觀閏 生一子	秉悌 無嗣	
		祖閏 生一子	志德 生二子	社穩 無嗣
				社富
	建科 無嗣			
	建程 生一子	必明 生一子	有悌 無嗣	
大韶 吏員 生一子	燦 授巡司 無嗣			
大夏 省祭官 生五子	袞 生二子	柱南 生二子	家裕 生二子	文裕 無嗣
				文端 無嗣
			家泰 出繼	
		柱東 立一子	家泰 生三子	文炯
				文耀
				文輝
	袍 無嗣			
	襲 無嗣			
	楃 生一子	柱國 生一子	家禎 失傳	
	裴 無嗣			
開 生三子	建臣 無嗣			
	建賓 生三子	倉 生一子	有志 生一子	迪存
		廒 無嗣		
		聚 無嗣		
	建侯 無嗣			
文統 生三子	太奇 吏員 生一子	鼎卜 無嗣		
	正奇 吏員 生二子	祖受 無嗣		
	三奇 失傳	帝受 無嗣		
文緒 生二子	太社 無嗣			
	義社 生一子	喜卜 生二子	君志 生二子	天德
				天聰
			君惠 生一子	善可 無嗣
文綸 生二子	志聰 生二子	真誠 無嗣		
		真德 生一子	永壽 無嗣	
	志睿 生一子	有真 肇慶住		
文充 生一子	甲科 生一子	必誠 失傳		
文弘 生一子	阿晚 失傳			
衣綬 生一子	鳳翥 生二子	積成 生一子	弘始 生二子	奇進 無嗣

秀芳 生一子 吏員
衣袖 生二子
衣襯 生三子
嘉會 生四子

廷翰 生三子 藩司據
從喜 生二子
從正 生一子
保成 生三子
保榮 生一子
保惠 无嗣
獻 无嗣
英 生一子

積通 生二子
積學 立一子
積明 生四子
積睿 失傳
戊成 生二子
祖恩 失传
志任 生三子
敬賢 无嗣
敬儒 生二子
敬修 失传
裔先 生一子
敬聖 生二子

弘斐 生一子
車佑 失傳
弘斗 生二子
弘翼 生二子
弘斗 出繼
弘相 立一子
弘恭 生二子
胤 无嗣
毓 无嗣
弘祚 生四子
弘禮 生三子
弘福 生五子
祀帝 失传
社弟 失传
亞帝 生一子
閏明 无嗣

奇潤 無嗣
奇逢 無嗣
士珩
士齊 光壯子孫永遠奉祀
士璋
士球 無嗣
士球
士興
士勤
喜弟
喜泮
喜斌 无嗣
喜敏
喜璧
喜璜
喜椆
喜玉 无嗣
喜楊 无嗣
喜彭 无嗣
喜歡 无嗣
喜七
丙孫 外出

	昌 無嗣			
	才 無嗣			
嘉賢 生三子	喬睿 生一子	芳池 生二子	有辛 失傳	
			有科 生五子	紀名
				帝名
				志名 無嗣
				善名
				才名 無嗣
	喬萊 生一子	芳順 無嗣		
	喬龍 無嗣			
嘉志 生三子	高 無嗣			
	亮 生二子	瓊龍 往海南		
		瓊鳳 往海南		
	富 無嗣			
嘉惠 生四子	嵩 生一子	祖棨 生五子	紀元 生一子	長盛 順德住
			寄元 早亡	
			會貫 生一子	亞有 順德黃連住
			會選 隨貢外國	
			會超 出繼	
	岫 生一子	覲棨 生四子	聖志 立一子	帝師
			會志 出繼	
			禮志 生三子	帝陞
				帝師 出繼
				帝侯
			次志 生四子	帝錫
				帝兆 無嗣
				帝寵 無嗣
				帝擢 無嗣
	岐 無嗣			
	山 生一子	能棨 無嗣		
嘉善 生四子	良璧 德慶州擄 生一子	昌胤 立一子	會超 生二子	泰順
				泰弘
	瑞通 擄生 生一子	上合 立一子	會志 三代孟房俱附祀	
	嵒巖 生一子	錫胤 失傳		
	參 無嗣			
	岑 貢員 生二子	洪才 生二子	會標 往福建	

			會英 順德大良住	
	峻 生一子	洪能 生一子	會初 生五子	貴才
				貴芳
				貴德
				貴華 無嗣
				貴營
		洪貞 佛山住		
鳳 生一子	于廷 生二子	尚俊 無嗣		
		尚文 吏員 生四子	耀禎 貢生 生一子	平
			耀祥 無嗣	
			耀禧 生一子	正 失傳
			耀祉 無嗣	
太序 生一子	真寧 失傳			
太禎 生二子	真諒 失傳			
	真才 失傳			
太保 生三子	懋勳 生三子	顯麒 無嗣		
		顯麟 生二子	公赦 生一子	亞孫 失傳
			公敬 無嗣	
		顯鳳 生三子	宗興 生四子	之喜 順德住
				之琳 無嗣
				之瓊 順德住
				之球 順德住
			遇興 失傳	
			裔興 失傳	
	懋元 生一子	顯龍 生一子	端宴 失傳	
	懋東 生一子	顯豸 生一子	宗廣 失傳	
太盛 生一子	懋聰 生二子	顯雁 無嗣		
		有科 無嗣		
太能 生二子	懋師 生二子	太卿 失傳		
		太傳 失傳		
	懋觀 生二子	文錦 生一子	宗庇 失傳	
		文才 失傳		
朋諒 生二子	懋帶 生一子	癸姑 失傳		
	懋閏 無嗣			
泰奇 生二子	懋德 生二子	妙孫 生一子	阿義 下滘住	

	懋倫 生三子	妙言 生一子	初明 失傳	
		妙貴 無嗣		
		妙昌 生三子	真明 生三子	長成 順德住
				長惠 順德住
				長國 順德住
			二明 生一子	長文 順德住
			三明 無嗣	
泰慶 生三子	懋信 生一子	公遇 失傳		
	懋儀 生一子	公位 生四子 住順德麗村	祚生 失傳	
			琳儒 失傳	
			琳盛 失傳	
			琳琅 失傳	
永隆 生一子	元興 失傳			
文陛 生四子	元振 失傳			
	元楚 失傳			
	元漢 失傳			
	元信 失傳			
文時 生四子	正夫 生一子	奇魁 生一子	公義 失傳	
	信夫 生二子	茂魁 失傳		
		茂熙 失傳		
	獻夫 生二子	世顯 失傳		
		樸顯 失傳		
	順夫 生一子	宛真 失傳		
文本 生二子	應龍 失傳			
	應貞 失傳			
文清 生三子	應昌 生一子	超賢 失傳		
	應鳳 生一子	超能 失傳		
	應鰲 失傳			
元憲 生二子	乾夫 生二子	象朝 生一子	國臣 失傳	
		象麟 生一子	太真 失傳	
	麗夫 生二子	象麒 無嗣		
		象駿 失傳		
武選 生四子	廷佐 無嗣			
	道佐 生四子	光宗 生二子	斗明 失傳	
			斗經 失傳	
		耀宗 無嗣		

- 顯宗 生一子
  - 國貞 失傳
- 廣宗 失傳
- 理佐 無嗣
- 紹佐 無嗣
- 武振 生一子
  - 萬英 生二子 信宜養生
    - 景俊 信宜養生
    - 景先 信宜養生
- 武相 生一子
  - 萬策 生二子 信宜養生
    - 景倫 信宜養生
    - 景化 信宜住
- 錦 生一子 九江住
  - 孟科 生一子
    - 求萬 九江住
- 粵 生一子 九江住
  - 亞莊 失傳
- 裔 生一子 九江住
  - 亞為 失傳
- 明康 生一子
  - 孟松 生一子
    - 志良 生二子
      - 夢元 九江住
      - 夢龍 九江住
- 明海 生三子
  - 現 生一子
    - 泰來 無嗣
  - 瑞 生一子
    - 三槐 典吏 生四子
      - 學澄 生一子
        - 祖寬
      - 學成 生一子
        - 祖健
      - 學中 生一子
        - 祖昌 無嗣
      - 學鵬 無嗣
  - 珍 無嗣
- 明東 生五子
  - 喜 無嗣
  - 嘉 生三子
    - 兩香 無嗣
    - 兩松 無嗣
    - 兩柏 生一子
      - 所進 無嗣
  - 吉 生三子
    - 兩鎮 無嗣
    - 兩銘 生二子
      - 法顯 生一子
        - 承君 無嗣
      - 所仕 生一子
        - 承德
    - 兩鹽 生四子
      - 祿芹 生二子
        - 自開 無嗣
        - 契開 失傳
      - 祿卞 生二子
        - 巨開
        - 細開 無嗣
      - 學涵 無嗣
      - 學賢 生一子
        - 棨開 無嗣
  - 懿 生三子
    - 兩奇 生一子
      - 所養 生一子
        - 社才
    - 兩性 生一子
      - 所偉 無嗣
    - 兩徵 生一子
      - 所裕 生三子
        - 同公
        - 冋志

				同春 無嗣
	志 生二子	兩鳳 無嗣		
		兩鷃 生一子	成功 生一子	天時
明伏 生三子	聖 生一子	兩儀 生三子	所見 生二子	應期
				應球
			所能 生一子	應運
			所達 無嗣	
	賢 巡宰 生二子	兩一 生一子	所聞 生三子	應芳
				應芬 無嗣
				應仁 無嗣
		兩參 南海縣吏 無嗣		
	會 生三子	兩元 生二子	所知 生三子	社胤
				社魁
				社璧 無嗣
			所思 無嗣	
		兩端 生一子	所敏 生一子	社大
		兩瑞 生一子	所誠 生一子	觀多 無嗣
明啓 生一子	哲 附祀烏江祖 無嗣			
明聰 生一子	萬華 生一子	兩魁 生一子	細叔 大果住	
明弟 生二子	英 生一子	師周 住廣城東門 失傳		
	杰 無嗣			
帝堯 生三子	大進 生二子	觀英 生二子	承達 無嗣	
			承宗 無嗣	
		觀顯 生三子	承紀 生一子	應昌
			承綱 無嗣	
			承開 生一子	應聯 失傳
	大朝 生一子	觀達 生一子	承科 生三子	閏連
				閏三
				閏魁 外出
	大猷 生一子	觀華 生三子	承建 生二子	應祥 無嗣
				應麟
			承敦 生一子	應壽 失傳
			承芳 生三子	應謀
				應謨
				應讓
深 生二子	子確 生二子	聖元 失傳		

- 子能 生一子
  - 聖球 失傳
  - 聖明 信宜住
- 忠 生二子
  - 子練 無嗣
- 孔曾 生四子
  - 子結 生一子
    - 聖學 無嗣
  - 子榮 無嗣
- 孔賢 吏員 生三子
  - 大經 無嗣
  - 大本 無嗣
  - 大奇 無嗣
  - 大堯 生三子
    - 萬和 生一子
      - 夢益 生一子
        - 逢訓 缺其名
    - 萬舉 無嗣
    - 萬雄 生一子
      - 家齊 無嗣
  - 思唐 生一子
    - 應祖 生一子
      - 士元 生一子
        - 尚隆 無嗣
  - 思庸 吏員 生一子
    - 應廣 無嗣
  - 思康 生五子
    - 應時 生一子
      - 萬槐 生三子
        - 尚綸 失傳
        - 尚緯 失傳
        - 尚經 失傳
    - 應昭 無嗣
    - 應暉 生二子
      - 夢魁 生二子
        - 尚迪 生一子
        - 尚榮
      - 夢宿 生三子
        - 尚本
        - 尚義
        - 尚澤 失傳
    - 應曙 生一子
      - 夢璧 順德潭洲住
    - 應曜 無嗣
- 孔顏 生二子
  - 豸 立一子
    - 珩 生二子
      - 祖胤 生三子
        - 一俊
        - 一杰
        - 一保
      - 祖裔 生二子
        - 一信
        - 一倫
  - 成章 吏員 生五子
    - 珪 吏員 無嗣
    - 珩 出繼
    - 瑜 吏員 生二子
      - 祖庇 生二子
        - 逢春 無嗣
        - 逢泰 無嗣
      - 祖恩 生三子
        - 逢吉
        - 逢熙
        - 逢光 無嗣
    - 介 無嗣

		臺 生二子	祖蔭 無嗣	
			祖興 生二子	惠孫 失傳 就孫
文逵 生一子	贊 生三子	祖純 立一子	太元 生二子	康宗 無嗣 康瑞
		祖善 生二子	太科 無嗣 太元 出繼	
		祖德 生二子	帝貞 生三子	貴龍 惠龍 無嗣 建龍 無嗣
			帝睿 無嗣	
士逢 生二子	囧 生一子	萬盛 無嗣		
	組 無嗣			
士昂 生一子	戊孫 生一子	應騰 生二子	太養 生三子	文新 無嗣 文法 無嗣 文喜 無嗣
			太富 生三子	康裔 康猷 康保 失傳
士教 生一子	思 生二子	萬參 無嗣 萬積 無嗣		
道通 生四子	在袞 生一子			
	榮 省祭官 生二子	萬杰 郡癢 生三子	昆玉 吏員 生三子	偉量 偉佐 偉任
			兆桂 出繼	
	綬 生四子	應選 立一子	兆鵬 生一子	偉裕
			兆桂 生一子	偉翼 無嗣
		應芳 信宜住 應麒 無嗣 應麟 無嗣		
		應鳳 生一子	兆能 生三子	偉仕 無嗣 偉問 無嗣 偉爵
	衿 生一子	閏孫 失傳		
道舉 生一子	順 生三子	大聰 無嗣		

十三世	十四世	十五世	十六世	十七世
		大明生一子	兆祥生四子	偉學 偉達 偉顯 偉彥
		大成生一子	兆論無嗣	
日奇生一子	蔭 無嗣			
益 生二子	士緣生一子	尚允生一子	大社失傳	
	士功無嗣			
盤 生一子	亞六冲霞住			
標 生一子	士德生一子	庚科生二子	辰孫生一子	以振
			壬孫生一子	以言
明爵生一子	士志生三子	文科無嗣 文耀無嗣 文炳無嗣		
尚賓生三子	學孔無嗣			
	學程生三子	志豪生四子	之屏吏員生二子	祚先無嗣
				胤先
			憲聰生二子	天植無嗣 天相無嗣
			憲華生一子	天就無嗣
			之亮武生授守備失傳	
		志高生一子	觀錫生四子	天鳳無嗣 天麟 天豸無嗣 天鵬
		志亮生一子	憲韜無嗣	
	學顏生三子	思明生一子	唐弼吏員生一子	康長
		思聰吏員生三子	唐禎生一子	金聲外出
			唐柱無嗣	
			唐盛生一子	君受無嗣
		思恭省祭官無嗣		
節 生一子	亞八失傳			
袞衣生三子	學文生一子	思齡吏員無嗣		

	學曾生三子	仲榮生一子	有物失傳	
		仲禄生一子	有貴生一子	社戴失傳
		仲達生一子	有諒生一子	丙孫失傳
			有相失傳	
	學皋無嗣			
天附任驛宰生一子	大鵬吏員無嗣			
天興生二子	大鴻生三子	萬科無嗣		
		萬積無嗣		
		萬秩無嗣		
	大雁生一子	萬程生一子	一得失傳	
文明生二子	履誠生二子	君念失傳		
		君意失傳		
	履貴生一子	君德生一子	武勝外出	
奇鳳憲據生一子	履祥生二子	應鸞生二子	逢盛生一子	連相失傳
			逢昌生一子	連卿
		應鶚無嗣		
	履德無嗣			
	履元生三子	應亨吏員生三子	嘉賓生二子	群德無嗣
				群生
			嘉賢無嗣	
			嘉宰無嗣	
		應豪生一子	嘉譽早亡	
		應杰生一子附祀仲房	嘉謀無嗣附祀仲房	
阿道大岸住生三子	為典生一子	芝賢無嗣		
	為經立一子	學賢生一子	社君無嗣	
	為策生二子	王賢生二子	社貴生一子	文聰
			社平失傳	
		學賢出繼		
儀鳳生一子	履智失傳			
保生三子	有麟無嗣			
	有鸞無嗣			
	有鳳生四子	應爵生一子	廷玉生三子	彌覺
				斯覺外出
				三覺
		應文無嗣		
		應熙無嗣		

		應奇無嗣		
亞黑生一子帥邊住	孔恒生二子	孟芳生一子	明孫帥邊住	
		仲芳生二子	來孫生三子	祖養
				祖佑
			受孫生一子	甲養無嗣
				丁養帥邊住
阿紀生二子岡頭住	萬新生一子	應德失傳		
	萬化生二子	日松失傳		
		日柏失傳		
虞治生二子癢生	紹一生二子癢生	萬象萬曆乙卯科舉人立一子	若騮生二子	文附
				文亮無嗣
		萬達生六子	若騶無嗣	
			若駒無嗣	
			若驊無嗣吏員	
			若驥生一子	文佐
			若騮出繼	
			若驄生三子	文翰無嗣
				文光無嗣
				文顯早亡
	紹甫生二子	述綸生二子	永祚生一子	挺繁
			尚祖生二子	喻義早亡
				喻信早亡
		述經生二子	士通生二子	喻權
				喻誠無嗣
			士浩生三子	喻華無嗣
				喻管無嗣
				喻禮
士魁生三子	大卓生一子	明耀失傳		
	大益生二子	明興無嗣		
		明德生一子	啓祚失傳	
	大受生四子	明奇生一子	廷蓋無嗣	
		明遇無嗣		
		明遠無嗣		
		明運生五子	廷訓生一子	貴發無嗣
			廷詔生三子	觀養無嗣
				宗養無嗣

			廷詰 生二子	積養 無嗣
				公養 無嗣
				芝養 無嗣
			廷讓 無嗣	
			廷試 出繼	
雪芳 生三子	彩 無嗣			
	彬 無嗣			
	彪 生四子	遇真 無嗣		
		逢真 無嗣		
		見真 無嗣		
		遂真 無嗣		
雪衷 生一子	酉科 生二子	細九 失傳		
		細十 立一子	廷試 生一子	阿順
孟 生二子	科貴 無嗣			
	科選 無嗣			
彥修 生二子	貴德 無嗣			
	懋德 無嗣			
彥能 生二子	貴唐 無嗣			
	貴定 無嗣			
權 小布住 生一子	于瑞 生一子	瓊璋 生三子	亞進 生五子	子良 出繼
				子温 失傳
				子恭 失傳
				子讓 失傳
				子惠 失傳
			二進 生四子	子儉 失傳
				子信 失傳
				子直
				子珍 無嗣
			三進 生二子	子明 無嗣
				子德 無嗣
靖科 生一子	丞 虎村住			
三科 生一子	亞志 大仙岡住			
毓 生一子	瑶 生二子	鵬舉 無嗣		
		鶴舉 生一子	令則 失傳	
道志 廣州府據 生二子	大廉 廣州府據 無嗣			
	大德 生四子	遇中 生一子	族興 生一子	初捷

		遇才 生二子	族豪 生二子	初法
				初旺
			族禎 失傳	
		遇聖 生一子	一嵩 無嗣	
		遇能 生二子	有明 生一子	初荐
			有來 生一子	初榮 無嗣
				亞六 無嗣
道盛 生二子	師堯 無嗣			
	師禹 生二子	辛 失傳		
		鳳 生一子	裔明 大遷住	
道奇 吏員 生二子	大化 生三子	遇隆 生一子	族魁 生四子	康澤
				祖澤
				帝澤
				皇澤 無嗣
		遇倫 生一子	戊科 無嗣	
		遇俊 生一子	族永 生三子	滋澤
				侯澤
				遥澤
	大冬 無嗣			
道寧 生二子	大能 生三子	申 生二子	族聖 生一子	初定 無嗣
			族賢 失傳	
		良 生一子	亞閏 失傳	
		直 生一子	亞細 生一子	誠名
	大義 生二子	貴科 生一子	亞細 生一子	
		貴定 生一子	族昌 生三子	康祚
				康烈
				康結 無嗣
道本 生一子	大壯 失傳			
道東 生二子	大文 生三子	遇貴 無嗣		
		遇相 生一子		
		遇楝 生三子	尚貽 失傳	
			尚勛 生一子	初壁
			尚勤 生一子	社壁
			尚劬 生一子	聖裔
	大章 生二子	遇杰 生二子	族猷 失傳	
			尚奇 失傳	

		遇彬 生二子	尚昇 立一子	子良
			尚業 生一子	聖德
李安 生四子	縉 生二子	文元 生四子 大仙岡住	族芳 無嗣	
			族錦 失傳	
			族定 生二子	初養 無嗣
				亞車 無嗣
			族良 失傳	
		文貴 生二子	族先 生三子	初裔
				初祚
				初裕 早亡
			族敏 無嗣	
	縵 生二子	著彩 生一子	族華 生三子	康子
				康裔
		著慶 無嗣		
	通 生三子	文正 失傳		
		文恒 失傳		
		文兆 生一子	族才 失傳	
	迪 生一子	太榮 失傳		
四安 生一子	閔 生一子	文裔 生二子 新生住	積遠 失傳	
			積達 生一子	儒

十三世	十四世	十五世	十六世	十七世
英 生一子	健 生一子	師教 生三子	聖澤 生二子	善紀
				善穩 無嗣
			參澤 生二子	善運
				善選
			勝韜 生一子	善謙
善長 生一子	周 生三子	萬高 生三子	應宗 生二子	調元 往南雄充任
				廷元 往南雄充任
			應芝 生二子	勝弟 往福建住
				復弟 往福建住
			應蘭 生二子	拱弟
				逢弟
		萬方 生四子	念宗 生二子	天裕
				崇杰
			應京 生一子	崇茂
			應舉 生一子	天弟 無嗣
			應結 無嗣	
		希立 生四子	勝兆 生一子	添祿
			勝裔 生一子	天麟
			勝魁 生一子	添進 失傳
			勝有 無嗣	
善和 生五子	愛 生三子	萬興 生二子	社榮 生三子	天賦 附祀季房
				天性 無嗣
				天德 失傳
			社雄 生一子	亞順 失傳
		萬足 生三子	社奇 生一子	初貴
			社貴 往東莞	
			社青 往廣西住	
		萬林 無嗣		
	慶 生二子	萬性 生一子	社祐	
		萬有 生一子	聖孫 失傳	
	爰 生四子	萬境 生三子	有奇 生二子	日喜
				日明
			有昇 生二子	日輝 外出
				日蟾
			有年 無嗣	

		萬良 無嗣		
		萬石 生一子	有賢 生一子	帶興
		萬嘉 出繼		
	受 立一子	萬嘉 生二子	九月 生一子	天鳳
			九經 生四子	天庇
				天球
				天祿 失傳
				天瑞 失傳
	度 生三子	萬先 無嗣		
		萬進 無嗣		
		萬岳 生三子	有科 失傳	
			有魁 生二子	天聰
				天睿
			有蘐 失傳	
宗養 生一子	三槐 何村住			
宗聖 生五子	妙麒 生二子	萬程 生一子	勝耀 無嗣	
		萬稷 外出四川		
	妙麟 生二子	萬貴 生一子	勝業 生二子	君成
				君賢 無嗣
		萬廣 無嗣		
	妙龍 生二子	萬聰 生一子	尚遇 生三子	鳳高 無嗣
				鳳卜 附祀
				鳳雛
		萬達 生二子	尚簡 生三子	鳳翔
				鳳池
				鳳九 出繼
			尚典 立一子	鳳九
	妙鸞 生一子	萬置 生一子	勝昌 生二子	鳳榮
				鳳元 失傳
	妙鵲 生三子	萬秩 生三子	觀從 生二子	鳳德
				鳳文
			觀福 生一子	亞才 高明住
			觀保 無嗣	
		萬益 生二子	尚書 失傳 高明住	
			尚禮 生一子	紹弟 高明住
		萬宜 生五子	尚仁 生一子	鳳召 失傳

			尚紀 生三子	鳳翔 失傳
				鳳喈
				鳳享 無嗣
			尚惠 生二子	燕寬
				燕悅 失傳
			尚肄 生三子	仕進 順德桂洲住
				品進
				會進 順德桂洲住
			尚美 生一子	仕廉 高明住
寧 生一子	謙 生二子	萬寶 立一子	勝紀 生三子	帝恩
				帝錫
				帝膏
		萬財 生三子	勝紀 出繼	
			勝綸 生二子	帝寵
				帝冑
			勝絲 生一子	帝榮 附祀
喬 生三子	思 生一子	萬理 無嗣		
	儒 生一子	萬善 生一子	勝經 生一子	帝拱
	佳 生一子	萬瑞 生一子	亞勇 大岸住	
秉常 生二子 道據	芳業 考授正八品無嗣			
	芳業 生一子	萬軸 附祀愛榕祖		
秉禮 生一子	芳泰 生二子	萬為 無嗣		
		萬作 生四子	尚節 生四子	帝簡 帝舉 帝永 帝英
			尚賢 生一子	天聖
			尚學 生一子	帝德
			尚祿 生一子	天遇 順德桂洲住
秉義 生二子	芳梅 生一子	萬采 生一子	尚考 生一子	亞亮 失傳
	芳柏 生一子	萬鵬 生一子	尚負 生一子	連壽 失傳
秉仁 生三子	芳檜 生一子	萬乘 生二子	尚著 往廣西	
			尚郢 附祀懷榕祖	
	芳梧 生一子	萬育 生二子	尚籌 生二子	善文
				善政
			尚[illegible] 生一子	善材

- 秉智 生二子
  - 芳槐 生一子
    - 萬表 生四子
      - 尚達 生二子
        - 善養 貴連順德 住
        - 善由 失傳
      - 尚通 附祀
      - 尚選 生一子
        - 善章
      - 尚逵 生三子
        - 善賢
        - 善孝
        - 善樂 失傳
  - 芳桂 生一子
    - 萬年 生四子
      - 尚賓 生三子
        - 開先
        - 康先 失傳
        - 進先
      - 尚拔 生二子
        - 善慶
        - 善諍 失傳
      - 尚霖 生三子
        - 善議 無嗣
        - 善泳
        - 善謙
      - 尚國 生二子
        - 序帶
        - 科帶
  - 芳干 生一子
    - 萬昌 生一子
      - 孟孫 生三子
        - 善敬 無嗣
        - 善甫
        - 善志
- 秉潤 生一子
  - 芳芷 生二子
    - 萬彪 生一子
      - 聯科 失傳
    - 萬周 生三子
      - 逢科 生四子
        - 大成
        - 引成
        - 序成
        - 裕成 失傳
      - 應科 無嗣
      - 貴科 無嗣
- 國洪 生一子
  - 武孫 生四子
    - 萬庇 生二子
      - 紹昆 龍順德住
      - 紹英 龍順德住
    - 萬佑 生二子
      - 紹綸 生六子
        - 社元
        - 社昌
        - 社遇
        - 社恩 無嗣
        - 社賢
        - 社亮 無嗣
      - 亞克 龍順德住

		萬宣 生一子	紹鵬 生一子	社孫 順德黃連住
		萬裕 生一子	紹保 生二子	帝孫
				勝寬 無嗣
國英 生二子	達芳 生一子	萬策 無嗣		
	達禮 生一子	萬載 生二子	紹瑜 失傳	
			志科 失傳	
國杰 立一子	達義 生一子	萬顯 生一子	明德 失傳	
國賢 生三子	達名 生一子	萬禎 生三子	紹鳳 生二子	應福 失傳
				應韜
			紹鸞 生一子	家望 無嗣
			紹龍 生二子	帝俸 無嗣
				帝高
	達德 無嗣			
	達義 出繼			
國才 生二子	達上 生一子	萬邦 失傳		
	達成 無嗣			
國榮 生一子	達積 生一子	萬烈 生一子	四弟 生一子	文德
國俊 生二子	達秋 生一子	萬奇 無嗣		
	達和 生二子	萬孚 無嗣		
		萬福 生二子	紹璋 生三子	文元
				文享 早亡
				嘉元
			紹瑯 生二子	帝元
				貴元
一見 生二子	泰聰 生二子	萬鍾 生一子	好弟 生一子	癸發
		萬庇 失傳		
	泰貴 無嗣			
一勉 生二子	泰聖 生一子	萬嵩 生一子	好弟 生一子	癸發
	泰賢 生二子	萬樂 無嗣		
		萬禮 無嗣		
一明 生一子	泰營 生二子	萬勝 無嗣		
		萬會 生一子	繼德 失傳	
聖長 生一子	亞道 失傳			
聖和 生二子	觀志 無嗣			
	觀德 生二子	祖泰 生一子	舒榮 失傳	
		祖權 東安住		

士積 生一子	觀一 無嗣			
諭 生三子	益進 生一子	萬能 無嗣		
	益佑 生二子	萬高 生三子	廟科 生一子	觀明
			廟勝 無嗣	
			廟經 無嗣	
		萬遠 無嗣		
	益登 生一子	萬溢 生一子	榮科 失傳	
讓 生三子	益勉 生二子	萬物 生二子	效知 生一子	裔雄
			效覺 生一子	裔俊 無嗣
		萬金 生二子	效聖 無嗣	
			效孟 生三子	應鴻
				應昆
				應鰲
	萬勵 吏員 生二子	萬春 倉大使升福建漁溪巡宰 生一子	效曾 吏員任守備 生三子	應科
				應庠
				應第 無嗣
		萬爵 茂名縣據 生一子	效才 生一子	應元
	益謙 生五子	萬卷 羅定州據 生四子	聖就 無嗣	
			聖年 生一子	應朝
			聖開 出繼	
			聖魁 生三子	文生 失傳
				會生 失傳
				同生 失傳
		萬璧 吏員生一子 立一子	祖厚 早亡	
			聖開 生一子	貴生
		萬葉 生一子	聖學 無嗣	
		萬選 生二子	聖宗 生一子	社帶
			文宗 生二子	社相
				壬相
		萬枝 生二子	繩祖 無嗣	
			榮祖 生三子	壽麟 無嗣
				祥麟 無嗣
				仲麟
蘊 生一子 番禺縣吏	益方 生二子	萬合 無嗣		
		萬詵 生二子	廟元 生二子	公義
				公相 失傳

			廟舉 生二子	公輔
				公瑞
蓋 生一子	益中 生一子	孟祥 失傳		
芝 生二子	益豫 生二子	萬樸 生二子	三級 無嗣	
			三綱 生三子	觀爵
				觀富
				觀貴
		萬信 生一子	三畏 生五子	觀漢
				觀魏 往廣西住
				觀趙 往廣西住
				觀楚 往廣西住
				觀齊 往廣西住
	益敏 生三子	萬雅 生三子	好問 生三子	觀祚 失傳
				觀庇
				觀理 失傳
			好學 生一子 立子	觀玉 早亡保同
			好友 生五子	觀同
				三同
				保同 出繼
				福同
				廣同
		萬灶 生一子	好檢 無嗣	
		萬五 生三子	好臣 生一子 從化縣 墓	觀令
			好詔 生二子 從化內 墓	觀宰
				觀皎
			好禮 生三子	觀允 無嗣
				觀來 無嗣
				觀儒 無嗣
蘭 生三子	益敬 無嗣			
	益彰 生一子	萬吉 生二子	孔鐸 生三子	洋客
				翰客
				殿客
			孔屏 生二子	籍客
				桂客
	益善 生二子	萬蓍 生三子	孔讓 無嗣	
			孔嬗 生二子	觀聰 無嗣

義有 生一子
籌 生一子
汝興 原在營當 生一子
士麟 生二子
士成 生二子
士廉 生一子
鴻 嘉靖丙午經魁 捷進士任常熟縣 知事升雲南道御 史生二子
鶚 庠生生六子
鷁 生一子

泰德 高明住
益衆 無嗣
肅錦 隨營當伍 失傳
桂聯 生三子
桂芳 無嗣
綉豸 生一子
綉鸞 廣西南寧 沙街住
君弼 生二子
裕長 生一子
裕新 立一子
舜臣 庠生生三 子
直臣 生三子
廷臣 生二子
周臣 庠生生一 子
柱臣 生一子
世臣 庠生生一子
良臣 失傳

萬則 生五子
萬延 生一子
萬壽 失傳
萬芳 失傳
林壽 失傳
萬冀 失傳
萬祺 失傳
春 庠生納監 生二子
積真
道真 庠生無嗣
昌真
慧真
守真
積真 出繼
靜真
觀保
琰真
元真
社秀
社長

孔圖 早亡
孔惠 無嗣
孔文 生二子
孔揚 無嗣
孔輝 生二子
孔芝 生二子
維垣 九江住
希藻 往九江住
希藩 往九江住

觀參 無嗣
觀策
觀覺
觀敏 無嗣
觀奇
觀俊
觀韞

鸞 生一子	帝臣 失傳			
鵬 生一子	應麟 潮陽縣住			
萬超 生二子	宗典 生三子	茂良		
		茂聰		
		茂英		
	宗城 生二子	茂昌		
		茂文		
萬河 生二子	宗法 生一子	琳		
	宗延 生二子	茂元		
		茂魁		
萬恭 生一子	世儒 生一子	茂相		
於儉 生四子	一舉 生一子	婆孫 自萬延起俱往九江及省城住	亞二 失傳	
	秀舉 生一子	桂珍 生一子	仕成 失傳	
			仕有 失傳	
	茂舉 無嗣			
	晚舉 無嗣			
復忻 生一子	天聖 無嗣			
有斐 生二子	養心 生一子	桂英 生二子	遇蓮 失傳	
			遇蘭 失傳	
	養氣 生二子	桂葶 生三子	效恩 無嗣	
			效寵 生二子	家和
				家讓 無嗣附祀秀房
			仕應 生二子	家玉
				家璉
		桂芳 生三子	仕恩 生一子	日進
			仕顯 無嗣	
			仕高 生一子	茂第 生一子
三才 生二子	日榮 廣西榕縣巡簡生二子	桂龍 廣西榕縣住		
		桂鳳 廣西榕縣住		
	日華 出繼			
帝德 立一子	日華 生一子	桂雄 無嗣附祀季房		
贊龍 生二子	尚經 生三子	觀紀 生一子	效元 生二子	社庇
				社存 無嗣
		觀伍 生四子	效豪 生三子	首榮
				顯榮 無嗣
				[illegible]榮

贊臣 生一子
贊文 生一子
贊鵬 生二子
鉞 生一子
鑑 生一子
銳 生二子
鏗 生二子
大山 生一子
大麒 生三子
大魁 生一子

尚柱 生四子
尚偉 生一子
尚雄 生三子
尚政 登州住
尚柱 登州住
亞二 失傳
在思 生三子
在謙 吏員無嗣
在忠 生一子
在德 無嗣
在誠 無嗣
愈良 無嗣
在簡 無嗣
在節 無嗣
在策 生二子
愈積 生三子

觀烈 無嗣
愷 無嗣
悌 無嗣
情 順德住
性 順德住
萬逞 無嗣
理致 生一子
理禎 生二子
理常 無嗣
萬卓 無嗣
萬慶 無嗣
萬旺 無嗣
萬喜 生二子
祖禎 生四子
祖祥 無嗣
萬安 生一子

效奇 生一子
效祥 生一子
效文 生二子
效魁 生二子
閏科 往四會住
亞志 東安住生一子
鎰 生二子
鑑 無嗣
官榮 生一子
官貴 生一子
官恒 無嗣
官太 無嗣
賡瑞 無嗣

進榮
社慶
社龍
社獅 無嗣
帝孫
友孫
亞安 失傳
乙弟 無嗣
戊弟 無嗣
明質 無嗣
才質 無嗣

大麟 生二子		萬康 生一子	社奇 附祀	
		萬寧 高州住		
	愈强 生二子	萬英 失傳		
		萬雄 失傳		
	愈洪 無嗣			
宗德 生一子	融 生一子	萬寶 失傳		

十七世	十八世	十九世	二十世	二十一世
社富 生二子	蕃衍 生一子	卓有 無嗣		
	蕃茂 生二子	甲有 無嗣		
		振有 無嗣		
文炯 生四子	祖德 失傳			
	祖錫 失傳			
	祖賜 生四子	帝保 往廣西		
		上保 無嗣		
		福保 無嗣		
		祿保 無嗣		
	祖榮 生一子	真濟 生一子	賜實 失傳	
文耀 生二子	觀佑 生一子	社保 生一子	自實 失傳	
	觀璉 外出			
文輝 生一子	新德 無嗣			
迪存 生四子	先開 生二子	帝綱 生一子	始兒 生三子	國長 清遠住
				二長 清遠住
				三長 清遠住
		帝相 生一子	文學 生三子	自長
				勝長
				恩長
	先明 無嗣			
	先聖 生二子	帝佑 生二子	結實 失傳	
			結子 生四子	近長 失傳
				環長 失傳
				科長 失傳
				第長 失傳
		帝負 生二子	瀚實 生二子	幸長
				望長 早亡
			瀾實 失傳	
	先現 無嗣			
天德 生三子	閏九 無嗣			
	鵬九 生二子	發喜 生一子	培饒 生一子	深榮
		盛喜 生四子	贊饒 早亡	
			冠饒	
			國饒 生四子	輝潛
				輝甜

天聰 生二子	士玗 生二子	士璋 布政司掾生二子立一子	士球 生一子	士興 生二子
進九 早亡；聯九 生一子；聘九 無嗣	光啓 生三子 吏員；光壯 生三子	光大 立一子；光義 無嗣；光有 立一子	光海 邑庠生三子	光有 出繼；光暘 生二子
興喜 生三子	浮 附祀朝東祖；池 失傳；漢 生一子；江 恒樅子孫永遠祀奉；恒 生三子；樅 生一子	校 立一子 吏員；鴻 生二子	柱 生一子；校 出繼；楹 生一子 吏員	鵬 生三子
杰饒 生二子；桂成 生五子；桂安 生四子；桂林	金聲；家聲 無嗣；仁聲 早亡；韶聲 生一子；頌聲 生三子	浩聲 無嗣入崇祀祠；魚躍 無嗣；昆躍 無嗣	宏聲 生一子；揚聲 生一子；浩聲 出繼	桂粱 生一子
輝四 無嗣；輝五；輝田；輝苟 無嗣；輝燦；輝純；輝振 失傳；輝良 出繼；輝應 早亡；輝暢 無嗣；輝讓 無嗣；輝苗 無嗣；輝獻	亨泰 失傳；元泰 無嗣；光泰；彰泰 早亡		上遠；羽耀 無嗣入崇祀祠	科舉 失傳

第一代	第二代	第三代	第四代	第五代
士勤 生三子	貴儒 生三子	鶴 生二子	燕梁 生一子	福耀 失傳
			楠梁 生一子	德耀 失傳
			平躍 生三子	張耀
				基耀
				尾耀 無嗣
			鯨躍 生二子	參耀
				喜耀
				爵耀 早亡
				祿耀
		鹗 生二子	鯉躍 生三子	翼耀 無嗣
				角耀 無嗣
				星耀
			鈇躍 無嗣	
		鴻 出繼		
		鵲 生五子	鮦躍 生三子	新騷 早亡
				商耀 無嗣
				胃耀 無嗣
			魰躍 生三子	婁耀 早亡
				勝耀 早亡
				娣耀 早亡
			魛躍 早亡	
			津躍 早亡	
			鮫躍 生五子	畢耀 無嗣
				以耀 無嗣
				道耀 無嗣
				富耀 早亡
				曉耀 無嗣
	宜顯 出繼			
	三儒 生二子	鴿 生二子	志躍 無嗣	
			江躍 無嗣	
		俊 無嗣		
喜弟 生一子	偉甫 生四子	觀惠 生三子	尚魁 生二子	連科
				連九 無嗣
		觀宦 生二子	尚元 往海南	
			尚品 往海南	
			尚聘 生一子	祖賜

			尚相 生二子	祖佑
				祖禧 失傳
		觀朝 無嗣		
		觀振 生一子	尚帶 生三子	連壁
				連城
				連開 早亡
喜泮 生二子	偉鐸 生二子	觀卜 生四子	尚院 生一子	連長
			尚帝 生二子	連勝 無嗣
				連州 無嗣
			尚稔 生二子	連登
				連芳 無嗣
			尚寬 生二子	連珠
				連泰
		觀撰 生一子	宗發 外出	
	偉釗 生一子	觀節 無嗣		
喜敏 生三子	偉燧 生二子	觀龍 無嗣		
		觀棖 生二子	士魁	
			正魁 生一子	連柏
	偉綬 生二子	觀泰 生二子	元魁 立一子	文清
			賜魁 生一子	文清 出繼
		觀鐃 生一子	高魁 生一子	秋成
	偉簪 生一子	觀讓 失傳		
喜壁 生三子	宗顯 生一子	端品 失傳		
	宅顯 無嗣			
	富顯 生一子	睿品 生三子	無嗣	
			生二子	始興 無嗣
				永興
			生五子	同興 無嗣
				新興 早亡
				善興
				齊興
				全興
喜瓚 生一子	定顯 生二子	義品 生二子	裕發 失傳	
			本發 失傳	
		占品 生一子	舜發 失傳	
喜周 立一子	宜顯 生四子	鴒品 失傳		

		春品失傳		
		支品失傳		
		鵠品生一子	賢發無嗣	
喜七生一子	安育失傳			
紀名生一子	壽添生二子	公卿失傳		
		見卿失傳		
帝名生二子	一添生三子	宜卿生三子	抗祥生二子	葉秀無嗣
				枝秀失傳
			龍祥生一子	鍾秀失傳
			會祥生一子	章秀
		宜仲生二子	迎祥生二子	有生生
				達生生
			禮祥生五子	来生生
				同生生
				才生生
				準生生
				光生生
		宜寵生三子	星祥生二子	始生生往高州住
				溢生生往高州住
			洪祥生七子	祖勝早亡
				祖平
				祖元無嗣
				祖儉
				祖纘
				祖明
				祖柏無嗣
			發祥外出	
	二添外出			
善名生二子	賜添生一子	桂興生二子	永祥生一子	全生生無嗣
			雲祥生七子	復生生
				裕生生早亡
				聯生生
				聚生生無嗣
				裔生生
				六生生早亡
				琭生生

- 亞有 生一子 順德黃連住
  - 亞貴 生一子
    - 義勝 生一子
      - 文富 生一子
        - 張帶 俱往黃連住
- 帝師 生二子
  - 胤龍 生二子
    - 公先 恩賜八品 生三子
      - 家嚴 失傳
      - 信嚴 早亡
      - 國嚴 失傳
    - 富先 生二子
      - 樂嚴 無嗣入祟祀祠
      - 廣嚴 失傳
  - 胤輝 生三子
    - 從先 生一子
      - 端嚴 早亡
    - 賢先 生二子
      - 祖嚴 生二子
        - 連枝 早亡
        - 茂枝
      - 芳嚴 失傳
    - 貴先 生三子
      - 品嚴 生一子
        - 萬好
      - 昌嚴 生五子
        - 瓊枝 早亡
        - 丁著
        - 文著 無嗣
        - 朝著 早亡
        - 清著 無嗣
      - 君嚴 無嗣
- 進添 無嗣
- 帝陞 生四子
  - 胤開 生一子
    - 五真 生一子
      - 三狗 生二子
        - 順開 無嗣
        - 順寬
  - 胤佳 生三子
    - 族性 生一子
      - 會狗 失傳
    - 懼性 生一子
      - 二狗 生三子
        - 順長 失傳
        - 順連 失傳
        - 順志 失傳
    - 日性 生四子
      - 福朝 生四子
        - 順言
        - 順英 失傳
        - 順益
        - 順榮 失傳
      - 賜朝 生二子
        - 順科 失傳
        - 順發 失傳
      - 閏朝 失傳
      - 有朝 失傳
  - 胤芳 無嗣
  - 胤光 生一子
    - 添性 失傳
- 帝侯 生三子
  - 胤秀 生三子
    - 結成 失傳

	胤顯 失傳			
	胤洪 生二子	利成 生一子	興發 外出	
		才成 外出		
		長明 失傳		
		長蔭 失傳		
帝錫 順德縣據 生三子	胤禧 失傳			
	胤禎 生一子	真庇 生一子	祖裔 外出	
	胤勝 失傳			
泰順 生一子	卜麟 生二子	一鸞 生一子	騰起 無嗣	
		一鵬 無嗣		
泰宏 生一子	兆宰 生五子	登仕 生三子	萬興 生一子	君來 無嗣
			才興 失傳	
			作興 失傳	
		登潤 失傳		
		登讓 失傳		
		登貴 失傳		
		登信 失傳		
貴才 生五子	公帶 生四子	福聯 生二子	登魁 生三子	志信 失傳
				連信 無嗣
				恒信 無嗣
			義登 生二子	長出族缺其名
				吉開 無嗣
		永聯 生一子	悦元 生一子	志富 外出
		康聯 立一子	科元 生三子	興邦
				志邦
				安邦 早亡
		泰聯 生三子	秋元 生一子	珠成 失傳
			科元 出繼	
			穗元 無嗣	
	公兆 生四子	成聯 生三子	文元	祖發 無嗣
			章元 生二子	祖錫
				祖賜 早亡
			華元 生四子	祖發 出繼
				祖蔭
				祖光
				祖耀 早亡

		萬聯失傳		
		國聯生一子	朝陽失傳	
		智聯恩賜九品生一子	朝元失傳	
貴芳生一子				
	公錫無嗣			
	公就無嗣			
	公惠生一子	官聯生二子	殿元生二子	潤富
				新富失傳
			聖元生二子	啓發
				寧發失傳
	公潤生一子	開聯生三子	福元生二子	觀秀
				和秀
			海元無嗣	
			錦元無嗣	
貴德生一子	公壽生二子	綱聯生一子	汝魁失傳	
		紹聯生三子	桂元生一子	昌秀
			揚元早亡	
			良元生二子	瓊秀無嗣
				時秀
貴營生二子	公甫生二子	紀聯生三子	極元生三子	澤秀無嗣
				煜秀無嗣
				昆秀早亡
		會聯生三子	品元生一子	炳秀無嗣
			凌元生二子	鐘秀佛山住
				柏秀佛山住
			燦元生三子	森秀
				俊秀
				煥秀
			雄元生一子	沛秀無嗣
			拱元早亡	
	攜山失傳			
平生一子	公旦失傳			
之喜生二子順德住	呂堯順德住			
	呂朋順德住			
之瓊生一子順德住	亞卿順德住			
祖寬生六子	宏贍生四子	家隆生三子	敏基生五子	尚禮無嗣

祖健 生一子　承德 生一子　巨開 生五子

舉瞻 生一子　廷瞻 生一子　殿瞻 生三子　聖瞻 生二子　擇瞻 生二子　進瞻 生二子　帝信 生一子　公保 失傳　義保 生二子　運保 生一子

家安 失傳　家暢 生四子　家振 早亡　家羙 生一子　家悅 生一子　家懷 生一子　家忱 無嗣　家環 早亡　家恒 無嗣　家松 無嗣　家維 生二子　家鰲 早亡　家平 往沙滘住　家勝 往沙滘住　志平 失傳　景新 往百色　景輝 往百色　景萬 往佛山住

緜基 生三子　戊基 早亡　榮基 無嗣　耀基 無嗣　沛基 無嗣　潤基 早亡　肇基 生五子　始基 生三子　開基 生一子　咸登 生一子　聯登 早亡

尚舒　尚興　尚順 無嗣　尚廉　尚純　尚亨 無嗣　萬石 早亡　尚選 早亡　連枝　連桂 早亡　連科　尚桓 無嗣　尚楨 早亡　尚瑶 失傳　尚謙 失傳　尚道 無嗣

	佑保 生二子	景有 早亡		
		景浩 無嗣附祀亮江祖		
	全保 生二子	景晃 無嗣附祀亮江祖		
		景淇 無嗣附祀亮江祖		
社才 生一子	日茂 早亡			
同公 生三子	日長 失傳			
	日携 失傳			
	日桂 生一子	永泰 生一子	秋成 生二子	啓蕃
				啓著
同志 生二子	日秀 生一子	永受 生一子	錦成 失傳	
	日槐 失傳			
天時 生一子	日富 無嗣			
應期 生二子	帝拔 生一子	美成 生一子	啓瑞 恩賜八品 生二子	恢緒
				贊緒
	帝恒 失傳			
應球 生二子	帝高 生五子	玉成 無嗣		
		康成 生三子	新妹 早亡	
			可來 生三子	世英 早亡
				世雄
				世勇
			可勝 外出	
		子成 無嗣		
		德成 生二子	可貴 生一子	世久
			可緒 生三子	世海 早亡
				世和
				世鈞 無嗣
		福成 生二子	長大 生一子	禎祥
			長元 生一子	禎禧
	帝珍 無嗣			
	帝政 無嗣			
應運 生五子	帝猷 生二子	協麟 生三子	遠慎 生一子	世煜 無嗣
			遠燦 生一子	世良
			遠題 早亡	
		協鄒 無嗣		
	帝創 生三子	協蘭 無嗣		
		協藻 無嗣		

- 帝載 無嗣
- 帝垣 生三子
  - 協收 無嗣
  - 協陽 生一子
    - 遠悠 生二子
      - 世顯 無嗣
      - 世儒 早亡
  - 協星 生二子
    - 遠達 生四子
      - 世豪
      - 世永 無嗣
      - 世芳 無嗣
      - 世學 無嗣
    - 遠弼 生五子
      - 世彥
      - 世胤
      - 世亮 無嗣
      - 世騰 早亡
      - 世賢 早亡
- 五美 生五子
  - 協宿 生二子
    - 遠紹 無嗣
    - 遠述 無嗣
  - 協元 恩賜八品 生一子
    - 遠貴 無嗣
  - 協魁 生二子
    - 遠裔 生一子
      - 世仰 無嗣
    - 遠嗣 生四子
      - 世金 無嗣
      - 世安
      - 世康
      - 世祿 無嗣
  - 協三 生三子
    - 遠椿 早亡
    - 遠發 無嗣
    - 遠澤 生六子
      - 世彪 早亡
      - 世邦
      - 世喜 早亡
      - 世彩
      - 世江 無嗣
      - 世莊
  - 協宗 生二子
    - 遠秋 無嗣
    - 遠潤 外出
  - 協棠 生二子
    - 遠義 生三子
      - 世蒼 早亡
      - 世次 早亡
      - 世訓 早亡
    - 遠順 生二子
      - 世章
      - 世錦

應芳 生一子	阿洪 失傳			
社胤 生一子	帝朝 早亡			
社魁 生三子	帝駒 生一子	協盛 無嗣		
	帝周 無嗣			
	帝戎 恩賜八品 生二子	森 生二子	遠宋 生一子	世添
			遠富 生一子	隨母去
		杰 無嗣		
社太 生一子	帝教 恩賜八品 無嗣			
應昌 生三子	元安 生三子	公發 無嗣		
		英發 生四子	桂芳 早亡	
			鴻芳 早亡	
			念祖 無嗣	
			旺祖 生一子	酬泉 無嗣
		出繼		
	元和 生一子	德發 無嗣 崇祀祠入		
	元樂	無嗣		
閏連 恩賜八品 生二子	遠茂 考授從八品生二子職名洪材	湛淩 無嗣		
		汕淩 無嗣		
	日茂 生三子	長智 生一子	成倫 居省城	
		衍智 外出		
		升智 生三子	滿堂 居省城	
			祥倫 居省城	
			十全 居省城	
閏三 生四子	宗茂 失傳			
	成茂 無嗣			
	祥茂 生一子	興福 生一子	河清 生二子	有泉 無嗣
				貴泉 無嗣
	榕茂 失傳			
麟祥 生二子	來安 失傳			
	極安 失傳			
應謀 生四子	帝安 生一子	貴魁 無嗣 崇祀祠入		
	帝賢 生三子	聯魁 無嗣 崇祀祠入		
		福魁 無嗣 崇祀祠入		
		緒魁 無嗣 崇祀祠入		
	帝南 生一子	癸發 生二子	耀蒼 無嗣	
			順蒼 生一子	輝泉

應謨 生一子
應讓 生六子
生一子
尚迪 生二子
尚榮 生一子
尚本 生三子

帝九 生四子
觀安 失傳
帝節 生一子
帝通 無嗣
帝簡 無嗣
帝策 無嗣
帝和 生二子
帝會 無嗣
生一子
得占 生二子
禮占 無嗣
雄占 失傳
自占 生一子
三占 生二子
殿占 生二子

成魁 無嗣
明魁 無嗣
辰魁 外出
金魁 外出
祖帶 失傳
妹帶 無嗣崇祀祠入
長帶 無嗣崇祀祠入
公貴 生一子
公尚 生二子
雍德 生三子
公勝 生一子
天勝 生三子
二勝 立一子
公裔 生二子
公保 生二子

北海 失傳
乙有 失傳
已有 失傳
曉通 生一子
鎮通 生一子
四通 失傳
士賢 失傳
璇璣 生四子
瑛璣 出繼
珠機 失傳
瑛璣 生二子
宗慶 生四子
新慶 早亡
景菊 生一子
升菊 生一子

登仕 失傳
朝仕 失傳
如陵
如定 無嗣
如安 早亡
如冬
如興
如恒
潤福
賜福 早亡
聯福
明福 失傳
永福 失傳
永全 失傳

尚義 生三子	成占 無嗣			
	生一子	公運 失傳		
一俊 生四子	必占 無嗣			
一杰 生三子	三平 無嗣			
	三實 無嗣			
	三顯 早亡			
	三達 無嗣			
	三育 生一子	五常 無嗣		
	三錫 生四子	五典 無嗣		
		五徽 生三子	大量 生一子	文開
			大理 失傳	
			大晃 生二子	應開 無嗣
				明開 外出
		五國 無嗣		
		五進 無嗣		
	三振 生二子	五勝 生二子	大富 生一子	奮 外出
			大倫 生一子	奮驢
		五朝 生二子	大周 失傳	
			大林 生三子	奮勝
				奮意
				奮高
一保 生一子	三智 早亡			
一信 生三子	三順 無嗣			
	三捷 生一子	遠繁 生二子	明德 無嗣	
			秋德 南雄住	
	三勝 生四子	遠茂 生三子	純德 早亡	
			成德 生一子	嘉憲
			瑞德 生一子	嘉應
		遠譽 生二子	存德 早亡	
			在德 生一子	嘉福 失傳
		遠聞 生一子	爾德 失傳	
		遠英 生四子	良德 生三子	嘉孟 無嗣
				嘉平 失傳
				嘉谷
			耀德 生二子	嘉樹 無嗣
				嘉禾 無嗣

一倫 生二子	三遇 生二子	遠庇 立一子	令德 生一子	嘉秀
		遠祚 生三子	經德 生四子	嘉會 無嗣
				嘉財
				嘉禮
				嘉懷 失傳
			令德 出繼	
			昭德 出繼	
	三進 生一子	遠悅 立一子	昭德 生二子	嘉顯 無嗣
				嘉廷
逢吉 生一子	三略 生一子	應舉 無嗣		
逢熙 生二子	三槐 早亡			
	三華 早亡			
就孫 生二子	三相 失傳			
	三堂 失傳			
康瑞 生四子	賓志 無嗣			
	賓享 早亡			
	賓亮 生一子	撰言 生一子	士敬 無嗣	
	賓培 早亡			
貴龍 生一子	賓奭 生一子	正言 外出		
康裔 生一子	賓廷 生二子	睿長 失傳		
		睿元 失傳		
康猷 生一子	賓尚 無嗣			
偉量 生二子	賓師 生一子	擢言 立一子	士杰 無嗣	
	賓客 立一子	雅言 生三子	士忠 早亡	
			士孝 生一子	領鳳 外出
			士勝 早亡	
偉佐 生一子	賓居 生一子	興言 生一子	士魁 外出	
偉任 生一子	賓恭 生二子	慎言 生三子	士杰 出繼	
			士英 生一子	鳴鳳
			士達 無嗣	
		則言 生二子	士觀 無嗣	
			士彬 無嗣	
偉裕 生一子	賓章 生五子	雅言 出繼		
		學言 無嗣		
		顧言 無嗣		
		樂言 無嗣		

		順言 無嗣		
倬爵 生一子	賓清 生五子	在遷 失傳		
		君成 失傳		
		君志 生一子	士勇 無嗣	
		君美 失傳		
		君興 失傳		
倬學 生二子	賓興 立一子	知言 生二子	士雄 生一子	文鳳 住信宜高州
			士紳 生二子 恩賜八品	見鳳 失傳
				蛟鳳
	賓服 生三子	聖言 生二子	士奇 生一子 恩賜八品	錦鳳 失傳
			士安 生一子	錦鳳 出繼
		知言 出繼		
		富言 生二子	士槐 生一子	無嗣
			士桂 生一子	色鳳
倬達 生二子	賓王 生五子	仁言 生一子	士强 無嗣	
		孝言 無嗣		
		善言 生二子	士鵬 無嗣	
			士棟 生一子	丁鳳 外出
		悖言 生三子	士鰲 無嗣	
			士瓊 無嗣	
			士環 無嗣	
		鼎言 生二子	士滔 無嗣	
			士統 無嗣	
	賓臣 生一子	綵言 生二子	士廣 生一子	和鳳
			士剛 生二子	祥鳳
				照鳳 無嗣
倬顯 生三子	賓敬 生二子	文言 生二子	士龍 生二子	品鳳
				遇鳳 出繼
			士光 立一子	遇鳳
		永言 生一子	士寧 無嗣	
	賓謙 無嗣			
	賓濟 生二子	宏言 無嗣		
		徵言 生一子	士亨 無嗣	
倬彥 生一子	賓谷 生二子	侃言 生二子	士行 無嗣	
			士驥 生三子	騰鳳 無嗣
				滿鳳 無嗣

		述言 生三子	士仰 生一子	金鳳 無嗣
				瑞鳳 無嗣
			士藻 立一子	德鳳 無嗣
			士器 生三子	堂鳳
				德鳳 出繼
				海鳳 無嗣
以振 生二子	機明 生三子	啓順 無嗣		
		啓聰 生二子	應龍 往蘇州	
			應鳳 往蘇州	
		啓惠 無嗣		
	機定 生三子	桂標 無嗣		
		桂魁 外出		
		桂枝 生三子	壽珠 生一子	保養 失傳
			康太 生一子	英養
			壽德 生二子	安養 外出
				來養 外出
以言 生二子	會聰 生二子 遷大杏住	帝順 生二子	年勝 生一子	長孫 失傳
			庇勝 生一子	成興
		帝坤 生一子	真勝 生一子	紹遠
	受聰 生一子	帝和 生一子	聯勝 生三子	長德 無嗣
				長成
				長興 無嗣

十七世	十八世	十九世	二十世	二十一世
肙先 生一子	觀弟 生一子	阿富 生一子	壽禄 生三子	阿騷 失傳
				阿五 失傳
				阿六 失傳
天麟 生二子	君長 生二子	蘭玉 生三子	寧馨 生一子	喜德 失傳
			寧安 生一子	喜觀
			缺名（達訓） 生二子	缺名（達訓）
				喜慶 無嗣
		芝玉 生一子	寧昌 生三子	獻能
				獻基
				獻莊
	君甫 生三子	誠通 生一子	寧聲 生二子	萬冠
				善冠
		文通 無嗣		
		時通 無嗣		
天鵬 生四子	君卿 生二子	懷玉 生一子	廣仁 生一子	士翰 無嗣
		廷玉 生一子	缺名（達訓） 生一子	士佳 失傳
	君相 生三子	徽玉 生三子	廣暢 生一子	潤更
			廣校 無嗣	
			廣用 早亡	
		文玉 生一子	廣緒 無嗣	
		純玉 恩賜八品 生三子	廣志 生二子	士亨
				士寧
			廣帶 生二子	士益
				士勝
			廣明 生二子	士有
				士保
	君佐 無嗣			
	君澤 無嗣			
康長 生四子	宗擯 生四子	社雄 生一子	堂梅 生一子	懷宗
		社恩 無嗣		
		社連 生一子	佳有 生四子	因宗
				啓宗
				其宗
				賢宗
		社庸 生四子	堂如 失傳	

	宗勝 生一子	社養 往廣西		
	宗庇 失傳			
	宗福 外出			
			堂在 生三子	紹開
				紹揚
				紹平
			堂進 無嗣	
			堂升 失傳	
連卿 生一子	學堅 無嗣			
群生 生二子	殿章 生一子	奕然 失傳		
	殿谷 生二子	朝燕 生三子	才寬 無嗣	
			文寬 早亡	
			齡寬 生一子	騷仔 無嗣
		義燕 失傳		
文聰 生二子	五穩 生二子	亞鷄 失傳		
		二鷄 失傳		
	晚穩	閏新 失傳		
彌覺 生二子	君保 生一子	新勝 無嗣		
	觀保 無嗣			
三覺 生三子	來香 生一子	春玉 生二子	乙長 生三子	有才
				應才
				日才
			辰光 無嗣	
	義香 生一子	長興 無嗣		
	有香 生一子	炳壽 生一子	洪昌	
祖養 生二子	有祥 生一子	令發 生一子	大弟 失傳	
	有德 生三子	振元		
		振乾		
		振坤 俱往廣寧		
祖佑 生二子	社龍 生二子	定安 生二子	新福 無嗣	
			新興 生二子	潤成
				富成
		萬安 失傳		
	社元 生一子	遠發 生一子	新廣 立一子	紹昌 原名利才
文附 生二子	瑞典 無嗣			
	瑞介 生一子	三妹 生一子	流源 生二子	柏壽
				永壽

文佐 生二子	瑞錦 無嗣			
	瑞環 無嗣			
挺繁 生一子	孕秀 生一子	石琚 失傳		
喻義 生二子	春開 生一子	觀龍 生一子	二帶 失傳	
	細開 生二子	帝賢 失傳		
		帝在 失傳		
喻信 生一子	初福 生一子	偉聯 無嗣		
喻權 生三子	春發 生一子	君壽 生一子	大汪 無嗣	
	秋發 生一子	君勝 生二子	維大 生一子	萬平 無嗣
			富大 早亡	
	庚發 生一子	君朝 失傳		
喻禮 生一子	嘉燕 生三子	得珠 生三子	昌發 無嗣	
			盛發 生三子	敬才
				會才
				添才
			康發 生三子	偉才 早亡
				聚才
				秋才
		定珠 生六子	榮發 生四子	一才
				二才
				三才 早亡
				錫才 早亡
			華發 早亡	
			祖發 生三子	本才 無嗣
				利才
				見才 無嗣
			宗發 生六子	雄才 早亡
				昭才 出繼 改名紹昌
				金才 早亡
				進才
				新才 早亡
				尚才
			錦發 生三子	益才 無嗣
				振才 早亡
				德才 早亡
			長發 無嗣	

		明珠 生一子	冬發 生二子	滿才
				敏才 無嗣
積養 生一子	祿珍 無嗣			
公養 生二子	萬種 生二子	應謨 失傳		
		光發 生六子	源來 生二子	有枝
				倫枝
			源玉 生二子	全枝 早亡
				奕枝
			源士 生一子	德枝 早亡
			源才 生三子	英枝 早亡
				連枝
				球枝
			源仲 生一子	純枝
			源聚 生二子	和枝
				佐枝
	萬鋆 生一子	偉韜 無嗣		
阿順 生二子	有權 生一子	聚興 生五子 往橫江住	保養 生一子	鳳鳴 失傳
			保受 生一子	東枝
			水養 無嗣	
			華福 無嗣	
			保珠 生三子	滿容 橫江住
				滿安
				滿蘇 橫江住
	有經 失傳			
子直 生一子	社璣 高州住			
初捷 生一子	孟奇 失傳			
初法 生一子	昌奇 生一子	阿順 生四子	宗慶 生一子	兆榜 失傳
			宅慶 失傳	
			榮慶 失傳	
			安慶 失傳	
初旺 生四子	昌退 早亡			
	社報 生一子	閏壽 生四子	純大 無嗣	
			偉大 早亡	
			可大 無嗣	
			言大 無嗣	
	有報 生一子	永壽 失傳		

- 初荐 生二子
  - 三報 無嗣
  - 昌政 生一子
    - 德勝 生一子
      - 大求 無嗣
  - 昌弟 生二子
    - 嗣勝 生六子
      - 大享 生三子
        - 祖祐
        - 祖錫
        - 祖庇
      - 大開 無嗣
      - 大倫 生三子
        - 祖發 失傳
        - 祖柱
        - 祖梁 失傳
      - 大登 無嗣
      - 大麟 早亡
      - 大科 早亡
    - 尚勝 失傳
- 康澤 生四子
  - 有兆 生五子
    - 進壽 無嗣
    - 會壽 生一子
      - 文啓 生二子
        - 華帶
        - 儒帶
    - 秩壽 生三子
      - 文祥 生二子 附祀倉宇祖
        - 寬大 早亡
        - 珠大 無嗣 附祀倉宇祖
      - 文聚 生三子
        - 丁大
        - 鰲大
        - 遠大
      - 文勝 生二子
        - 輝大
        - 禮大 早亡
    - 元壽 生一子
      - 文思 生一子
        - 路龍
    - 士壽 無嗣
  - 有瓊 無嗣
  - 有佩 生三子
    - 悅壽 生一子
      - 觀松 生二子
        - 萬春 無嗣
        - 萬猷 無嗣
    - 積壽 生二子
      - 觀德 無嗣
      - 觀童 生三子
        - 秋霖
        - 昊霖 無嗣
        - 樹霖 早亡
    - 五壽 生四子
      - 見德 早亡
      - 信德 無嗣
      - 聚德 早亡
      - [illegible]

	有保生一子	廣壽生一子	日新生一子	科舉無嗣
祖澤生一子	有琳立一子	興壽無嗣		
帝澤生二子	有運生四子	真壽生三子	文達生四子	祖帶失傳
				連帶失傳
				賜帶失傳
				恩帶失傳
			文遺失傳	
			文保早亡	
		興壽出繼		
		榮壽生一子	文開生七子	長帶
				年帶無嗣
				興帶
				發帶
				達帶
				祿帶
				依帶無嗣
		美壽失傳		
	有財生一子	華壽生六子	文藻生一子	仁帶
			文松無嗣	
			文升無嗣	
			文斗無嗣	
			文石生一子	從帶無嗣
			文倉早亡	
滋澤生二子	康健無嗣			
	再健生二子	長齡無嗣		
		長茂生一子	儒泰生一子	士振
候澤生一子	社健生五子	敬壽生二子	偉善往廣西	
			悅善往廣西	
		三壽生一子	富善生三子	學大
				福大
				量大無嗣
		為壽生二子	聖善生一子	順昌
			裕善無嗣	
		開壽生一子	永善失傳	
		祿壽生一子	明善失傳	
遙澤生二子	觀演生一子	貴壽無嗣		

	觀戴生二子	現壽生一子	紹祥失傳	
		吉壽生三子	士英往廣西	
			士華往廣西	
			士榮往廣西	
誠名生一子	觀元生二子	維福失傳		
		維兆失傳		
康祚生一子	亘和早亡			
康烈生一子	亘安生一子	用壽生二子	春牛無嗣	
			春發外出	
初壁生二子	玉豹無嗣			
	康豹生一子	長成失傳		
社壁生一子	應周生一子	帝順生一子	瑞珖無嗣	
聖裔生二子	應通生一子	帝紹失傳		
	應科生一子	帝錫失傳		
子良生二子	亞宸無嗣			
	帝從生一子	添保生一子	瑞朝失傳	
聖德生一子	光典生一子	天聯生一子	可球生一子	丙光無嗣
初裔生一子	亞湯失傳			
初祚生二子	國佐失傳			
	國評失傳			
康子生三子	有貴失傳			
	有平失傳			
	有聯失傳			
康裔生一子	有恒生三子	公壽無嗣		
		奇壽生一子	東壁生一子	廣茂失傳
		志壽失傳		
儒生二子	祚興生一子	兆成生二子	元定生一子	違訓缺名 無嗣
			元安失傳	
	祚昌生一子	兆聯外出		

十七世	十八世	十九世	二十世	二十一世
善紀生二子	觀虬 失傳			
	禮虬生一子	錫祥 失傳		
善紀生一子	觀麟 附祀季房			
善選生三子	禮虬生一子	錫福生三子	為梅生一子	逢立
			為憲 失傳	
			為光生一子	逢逵 無嗣
		健福生一子	為冠生三子	逢有 失傳
				逢日
				逢高
		賜福生一子	為勝生二子	逢昌
				逢興 無嗣
	觀鶚生一子	錫棨生一子	宏歡生二子	仕爵
				仁寧 無嗣
	觀鳳生三子	錫魁生三子	宏勝 失傳	

	天裕生一子						逢弟生三子			拱弟生二子	善謙生一子		
	長民生三子	有参 失傳			有閏生三子		有保生一子	康保 失傳		社保生一子	有同 附祀季房		
	觀信生三子	順添 失傳	和添 失傳	成添 失傳			壽添生二子			貴添生二子			
	復科生三子				肇雄生一子		帝雄生二子		成友 失傳	成就 失傳		宏珠 無嗣	宏成生一子
士海	文佳 彦選巡宰				文元	文千 無嗣	文佳						美發

崇杰生二子
崇茂生一子
添禄生二子

長德生三子
長義生一子
祖賢生一子
初丙生二子
初癸生二子

觀載生一子
觀裔 無嗣
福臨生二子
茂臨 失傳
富臨 失傳
成臨生一子
孫榮 無嗣
君載生一子
君義 失傳
杜栽 早亡
開載生一子

戊秤生一子
實開 失傳
公卿生一子
公泰生二子
公右 恩賜八品 生一子
祖旦 失傳
祖念 失傳

士龍
正弟
文郎 失傳
文耀 失傳
文開
文會

天麒生一子			初貴生一子		日喜生三子			日明生一子				日蟾生一子	
貴麟生二子			宗發生二子		裔先 失傳	裔賓 失傳	裔好 外出新會	裔芝生二子				智猷生二子	
錫章生一子		錦章生一子	成戚 早亡	成名 失傳				初元生三子			社元 失傳	帝廣生三子	
燦霖生二子		德霖生一子						大庚生一子	大廣生一子	大賢生二子		大來生二子	
應熊 無嗣	應才 無嗣	遂熊						福和 失傳	新和	貴和 失傳	瑞和 失傳	興和	義和

天聰生二子	天球生二子	天庇生二子	天鳳生三子	帶興生一子	
士勝生一子	帝長 失傳 帝盛 失傳	帝思 失傳 三益 失傳	帝現生三子 帝典 外出 帝廩 洲住 順德桂	帝閏生二子	
富言生一子			昌泰生一子 忠泰生一子 倫泰 失傳	祖恩 失傳 祖福 外出	帝連 失傳
國開 失傳			菊英 附季房祀 福英 失傳		大經生一子 大科 失傳
					炳和 失傳

							天睿生三子
士騰生二子							士奇生四子
成言生二子		義言生三子					進吉生四子
春開生二子	社開生一子	新開生四子	興開立一子	振開生三子	嘉開生二子	杰開出繼	應開生一子
光寧失傳 宜寧無嗣	在寧	邦寧出繼 顯寧 斌寧 修寧	邦寧	廣寧 啓寧 錦寧	綏寧 海寧		永寧

迪開生三子
- 安寧無嗣
- 福寧無嗣
- 滄寧無嗣
泰言立一子
- 杰開無嗣

順言生三子
- 石開生一子陽山住
  - 道寧陽山住
- 爵開生三子陽山住
  - 樂寧陽山住
  - 興寧陽山住
  - 滿寧陽山住
- 貴開陽山住

亨言生四子
- 兆開生一子
  - 輝寧
- 秩開生二子
  - 湘寧早亡
  - 壽寧
- 敏開生四子
  - 鍾寧早亡
  - 羽寧
  - 科寧無嗣

士鸞生二子

芳言生六子

義芳立一子

旋開 出繼 改名尚開

右開生三子

蕃開生二子

祖開 出繼

昆開生一子

丁開生四子

禄開 無嗣

祖開生一子

日寧早亡

著寧

聚寧 失傳

珍寧 失傳

禧寧 無嗣

卷寧

以寧

合寧 早亡

梅寧

茂寧 失傳

若寧 失傳

寶寧 無嗣

君成生一子	鳳雛生一子	鳳翔生一子	鳳池生三子				
士德 序選巡宰 生三子	裕太生二子	帝帶 外出	載太生一子	渭太 失傳			
發言生三子	發言生二子	恒言 失傳	式燕生一子	式中 失傳	汪涵 無嗣		
酉開生五子	寅開生一子	陽開立一子	奕開生一子	世開 失傳	廷康 失傳		
泉寧	郁寧 出繼	官寧	玉寧 早亡	思寧	詢寧	郁寧 無嗣	濟寧

鳳九 生二子　鳳榮 生三子

佐太 生一子　呂太 生一子　裔太 生二子　饒太 無嗣　裕宗 無嗣　裕祖 生一子

爵福 失傳　爵位 生二子　葉昌 失傳　鎮昌 外出　孔大 生五子

進業 失傳　廷業 失傳　士城 生一子　義成 生二子　三成 失傳　四成 生三子　五成 生一子

連進 無嗣　永泰 失傳　來泰 失傳　謙進 早亡　吉進 無嗣　尚進 早亡　廣進 無嗣

帝膏生一子	帝錫生一子	帝恩生一子	品進生一子	仕進生一子	燕寬生一子	鳳喈生一子	鳳翔生一子		紹弟生二子	鳳德生一子	
德庇生二子	康惠失傳	康澤生一子	至寶失傳	玖 順德桂洲住	繁肯失傳	得寶失傳	克繩生一子	德志生三子	潤志生一子	桂太失傳	裕弁無嗣
金山生一子		積裔失傳					孔育生一子	萬評生一子 國評生一子 孔評生一子	達訓 缺名 無嗣		
仕貴生一子							甘醴	文豪生一子 文進無嗣 沺霈生二子			
祥元無嗣								永昌無嗣 裕昌無嗣 其昌無嗣			

帝寵 生一子
帝胄 生一子
帝拱 生一子
帝簡 生一子 立一子
帝舉 生三子
帝永 生三子

祖庇 生一子
觀庇 生二子
康養 失傳
觀右 早亡
觀雄 生一子
觀佐 生一子
觀雄 出繼
觀連 沙邊住 生二子
觀乾 無嗣
觀發 生一子

銘山 生一子
積顯 無嗣
積學 生二子
積善 失傳
得貴 失傳
恩松 生一子
昌就 失傳
昌勝 失傳
愛松 失傳

仕開 生一子
仕輝 無嗣
仕球 生二子
炎培 失傳

占元
覺元 無嗣
潘元 無嗣

	觀能 往安南			
帝英 生一子	觀傣 生二子	友松 外出 實松 外出		
天聖 生一子	觀錫 生一子	見戴 失傳		
帝德 生一子	安寧 生一子	祖 生一子	書中 無嗣	
天遇 生二子	勝宰 朝宰 俱順德桂洲住			
善文 生三子	兆魁 無嗣 高魁 生一子 廷魁 無嗣	維松 生二子	新科 生一子 春科 失傳	長庚
善政 生三子 監道據	觀魁 生三子	錦松 生一子 青松 生一子 升松 生四子	天賜 無嗣 天福 失傳 天授 失傳 天蔭 失傳	

			善村 府生四子 據											
純魁 生一子	緯魁 生一子		繹魁 生二子				世魁 生二子		占魁 生一子					
式玟 生一子	式老 無嗣	式环 生一子	式監 生一子	齡松 立一子			秀松 生三子		碧珠 生二子					
德枝 生四子		天勝 早亡	德勵 生一子	天就 無嗣	天祿 生一子	天就 出繼	天佑 失傳	天納 生一子	天户 生一子	天球 生四子				天培 失傳
恒發			新林 無嗣		敬祥			善揚 無嗣	瓊揚	錦源 無嗣	殿源	浩泉	浩源	

善賢 生四子　善彰 生一子　善養 生一子

金魁 生三子　銘魁 生一子　大壽 生一子　維魁 順德黃連住　絃魁 生一子

式良 生三子　式榮 無嗣　朱棠 無嗣　式璜 生四子

居仁 無嗣　德賢 生一子　德勝 早亡　德穎 生五子　德誨 生一子

新秋　新會　新安　新興　新冬　新發　新苗 無嗣　紹發　耀發 失傳　滿發

志魁 生五子

式奇 生二子
式均 生二子
式琳 生二子
式郎 生四子

居義 無嗣
居禮 無嗣
菩蔭 無嗣
福蔭 早亡
興燕 生二子
興堯 生二子
翰兼 失傳
興緒 無嗣
興立 生二子
興如 生五子

錫南 失傳
錫喜 無嗣
錫泰 早亡
錫味
蒲盛 早亡
蒲必 早亡
蒲振
蒲騷 早亡
蒲茂

鈿魁 生四子										
式矩 生二子	式琬 生三子			式興 生一子	式璠 生三子					
興仁 無嗣	興騷 早亡	興達 生一子	興信 無嗣	興任 無嗣	興裕 生二子	興元 生二子	興創 生一子	興祥 無嗣	興卓 生二子	
		蒲開			廷進 無嗣 四進 無嗣	蒲揖 失傳 蒲銳	蒲銳 早亡		蒲川 無嗣 蒲扳 無嗣	蒲標 早亡 蒲直 無嗣

善孝 生二子	開先 生一子	進先 生一子	善慶 生一子				
大魁 生一子	達訓缺名 生一子	一鳳 生二子	仕魁 佛山住	大福 生一子			
式華 無嗣	式昌 立一子	式韜 無嗣	新騷 早亡	達訓缺名 生一子	致富 無嗣	致安 無嗣	昌期 生二子
興邦 無嗣	尚開 生二子	國器 無嗣	報本 生五子				
清蘭	清桂 無嗣	閏揚 失傳	大揚 早亡	輝揚	泗揚	念揚	

			務本 早亡	
善詠 生二子	國魁 無嗣			
	介魁 無嗣			
善諫 生二子	三魁 外出			
	四魁 無嗣			
序帶 生二子	大興 生二子	昌如 無嗣		
		昌倫 無嗣		
	大廷 生一子	昌齡 生二子	珠慶 生二子	池揚 早亡
				昭揚 失傳
			紳慶 無嗣	
科帶 生一子	大乾 生一子	昌隆 無嗣 附祀孔猷祖		
善甫 生一子	閏建 生三子	致中 生二子	朝英 失傳	
			朝進 生一子	連德
		致和 生一子	朝光 失傳	
		致祥 百色住		

善志 生三子	徵魁 失傳			
	德魁 生二子	至大 立一子	學仁 失傳	
		金姑 生二子	學仁 出繼	
			學海 失傳	
	復魁 失傳			
大成 生一子	三德 生二子	富興 生一子	文斌 生三子	祖明 早亡
				祖勝
				祖順 無嗣
		富榮 生一子	文泰 失傳	
引成 生二子	社德 生一子	富祥 生一子	文光 失傳	
	佑德 生一子	富長 失傳		
序成 生二子	祿德 生三子	富長 附祀孔猷祖		
		富偉 失傳		
		富堅 失傳		
	再德 外出			

社元 生二子　社昌 生二子　社遇 生一子　社賢 生一子　帝孫 生一子　應韜 生一子

受科 生一子　燕科 順德住　張帶 恩賜八品 生一子　義章 生一子　石科 順德龍潭住　從科 順德龍潭住　阿才 生一子　有貴 無嗣

閏秋 順德住　冬發 生三子　冬焰 生五子　社添 無嗣

成林 生一子　富林 早亡　桂林 生一子　坤林 早亡　彬林 生二子　便林 生一子　以林 早亡　志林 無嗣

敦典　能典　彩造　彩雲 無嗣　彩國

帝高 生二子
文德 生二子
文元 生四子

有勝 生三子
有科 生一子
芝賢 失傳
芝琳 生二子
天泽 生一子

春魁 生三子
明魁 無嗣
晚魁 無嗣
實魁 立一子
維績 恩賞六品職銜無嗣
維鏞 職名維綱 生六子
日泰 生四子

家寬 無嗣
家連 無嗣
家樂 無嗣
福燕 失傳
福文 早亡
福璉 早亡
福珙 早亡
福臻 早亡
福璣 生一子
福奎 早亡
福蔭 無嗣

包萬 外出

新桐	福綏 無嗣			
勝桐 早亡	福兆 生六子			
寶桐 早亡				
理桐 早亡				
尚桐				
	福英 外出			
			天從 無嗣	
晉楚	福相 生一子	泰成 生四子	天籍 生四子	
晉興	福靜 生四子			
晉壽 無嗣				
晉爵 無嗣				
晉鐃				
	福球 無嗣			

											嘉元 生三子		
天詔 恩賜八品 生三子									天富 生二子		天閏 生二子		天壽 無嗣
遂成 無嗣	聚成 無嗣	九成 無嗣	泰星 生三子			三星 無嗣	輝星 無嗣		日士 無嗣	日洪 無嗣	日柱 無嗣	日翰 生二子	
福燕 出繼			始相 無嗣	汝相 生一子	道相 生一子							其亨 生一子	其味 無嗣
				新闢	進儉							廷標 無嗣	

帝元生一子	貴元生二子		癸發生一子				觀明生一子	裔雄生二子
天章無嗣	天恩無嗣	天宗生一子	義寬生三子				閏聯無嗣	士升生三子
		昌大生一子	亞興早亡	亞呆早亡	五興生三子			佑先生一子 / 敬先生二子 / 慶先生一子
		福狗早亡			長有生三子	長有生一子 / 進有生一子		念祖生一子 / 念孫失傳 / 念成失傳 / 念聖生一子
					祥開早亡 / 賜開 / 就開	發開無嗣 / 坤開無嗣		本赤無嗣 / 廣福

						應鴻 生一子	應昆 生一子	應鰲 生五子		
士勝 生一子						觀禄 生一子	觀璉 失傳	觀任 生一子	觀敉 生二子	
君庇 生二子						文先 外出		魁先 附祀	魁[illegible] 序選巡宰 馳贈武略騎尉 生二子	魁上 生三子
念長 生二子		念六 生三子						文會 生二子	文光 勒封武略騎尉 生二子	文華 序選巡宰 生三子
保赤	嵩赤	福赤	四福	五福				卿發	卿雲 邑武癢名緯韜	卿福 國學生 監名兆平
									卿禄 乾隆乙科武舉榜名倫	卿襄
										卿元
										卿領

	觀試 附祀		文燦 生二子	卿品
				卿錦
			文佳 生一子	細妹
	觀聯 生一子	嘉謀 生一子	文齡 生二子	卿翰 無嗣
				卿緒 無嗣
	觀千 生四子	嘉猷 附祀		
		嘉貽 生三子	文經 附祀	
			文成 附祀	
			文貴 附祀	
		嘉志 附祀		
		嘉仁 附祀		
應科 生二子	開懷 無嗣			
	開萬 無嗣			
應攘 生一子	開宗 無嗣			

應元生三子	開揚無嗣			
	開聰生二子	亞歡失傳		
		奕歡失傳		
	開顯生二子	伯歡生二子	文厚無嗣	
			文信外出	
		多歡生一子	文忠無嗣	
應朝生二子	帝發無嗣			
	帝邦無嗣			
貴生生一子	帝昌生三子	泰來無嗣		
		泰宏無嗣		
		泰能生一子	御魁失傳	
社帶生二子	康有失傳			
	連有無嗣			
社相生一子	帝有生一子	泰謙生二子 恩賜八品	秋元生二子	世揚
				錫揚

仲麟 生一子
公義 生一子

開發 失傳
美報 生四子

萬志 生四子
順志 生五子

秩元 生五子 職名元 庠進 選字
開隆 生二子
作隆 無嗣
帝隆 生二子
珠隆 無嗣
進隆 失傳
三隆 失傳
德隆 失傳

繼祖
鉅揚
釗揚
裔揚 早亡
鈞揚
成才
成會
成倉 早亡
成騷 早亡

公輔 生一子					公瑞 生二子		觀爵 生二子
義寶 生三子 住華夏新村					裕報 生一子	三報 外出	潤滿 生二子
奮志 生一子	奮五 無嗣	成長 生一子	豪長 生一子	言長 生一子 住華夏新村	堅志 外出	榮舉 無嗣	榮啓 生三子
赤隆 生二子	璧隆 失傳	張隆 無嗣	紹箕 生一子 住華夏新村	紹周 生一子 住華夏新村	作裘 往廣西		煒長 生五子
成開 無嗣	成貴		憲光 住華夏新村	告光 住華夏新村			英彩
							利彩 早亡
							禧彩
							正彩

				耀彩 早亡
			謙長 生二子	靛彩 早亡
				檔彩
			秩長 生一子	權彩
	潤遠 生二子	榮亮 生三子	英長 生二子	永保 早亡
				奕保 無嗣
			升長 生三子	順保 無嗣
				興保
				九保 無嗣
			朝長 外出	
		榮芳 失傳		
觀富 生二子	潤身 生二子	榮宗 生二子	日聖 生二子	新在 沙邊住
				在金 沙邊住
			美聖 沙邊住	
		榮祖 生四子	拱聖 沙邊住	

			聰聖生一子	新端沙邊住
			駒聖沙邊住	
			晚聖沙邊住	
	潤洋無嗣			
觀貴生二子	潤考生二子	棠宦生一子	鯨長生一子	鄧家無嗣
		棠子生一子	柱長早亡	
	潤多生四子	棠德無嗣		
		棠錦無嗣		
		棠耀外出		
		棠祥無嗣		
觀漢生三子	名興生三子	懷仁無嗣		
		懷義生三子	恒用失傳	
			萬有生二子	日寬失傳
				全寬失傳
			千有失傳	

	高興 往順德黃邊	懷德 出繼		
	士興 無嗣			
觀庇 生二子	缺名（違訓） 生一子	阿湛 出繼		
	帝烏 立一子	阿湛 往順德		
保同 生一子	潤發 生二子	卓昇 生一子	林大 生三子	錦雄 無嗣
				錦有
				錦騰
		缺名（違訓） 生一子	林秀 生二子	貴平
				貴遠
觀同 生一子	瑞壁 失傳			
三同 生三子	帝柱 生一子	卓勝 生一子	林茂 生四子	錦華
				錦麗
				錦梅
				錦開 無嗣

	福同生一子	廣同生一子	觀合生一子	觀宰生三子				
帝祥無嗣 帝仰無嗣	帝日立一子	潤旦無嗣	潤孝沙頭岸住	潤屋生四子				
	懷德生三子			卓觀無嗣	卓孩生二子	卓簡生二子		卓誠立一子
	鼎無嗣 本無嗣 信往百色入贅				顯熾生一子 顯輝失傳	全芳生三子	全五出繼	全五無嗣
					東成失傳	錦和 錦元 錦來		

	潤君生一子	卓禮生三子	全升無嗣	
			全會早亡	
			全厚早亡	
		卓佑無嗣		
	潤才生三子恩賜八品	卓豐生一子	全明失傳	
		卓禮出繼		
觀蛟生二子	潤德生二子	卓言生一子	如願失傳	
		卓都生一子	如恩生二子	秋魁省城住
				春魁省城住
	潤廣生一子	卓賢生二子	如松無嗣	
			如泉失傳	
觀萊生二子	潤富生一子	卓隆失傳		
	潤遐無嗣			
洋客生一子	嘉會生二子	藹士生一子	賜雄生一子	振宗
		藹龍生二子	伯達生三子	振剛

觀覺生五子　觀策生三子　殿客生一子　翰客生二子

大有生五子　大貴外出　大賢附季房祀　大義生二子　大申無嗣　喜報失傳　嘉倚失傳　嘉爵失傳

士瑤生二子　士成無嗣　文成失傳　祖成生三子

進昌生二子　建英早亡　樂英早亡　新英無嗣　伯昌無嗣

閏開無嗣　振榮　振輝

閏歷
閏珠
閏平無嗣
閏定無嗣

進倉生三子

士能無嗣
士國無嗣
士星無嗣

大暢外出
大量生一子
大仰無嗣

士陵失傳

觀奇生一子
章保生一子
春燕生一子
啓明生一子
福餘無嗣

觀俊生一子
有德生三子
春松生一子
啓光生二子
福緒無嗣
福弛無嗣

春柏生三子
啓鐘生四子
福裔早亡
輝紹

觀韞生二子 | 家和生二子 | 家玉生一子

成德生二子　必德無嗣 | 同長失傳　義長失傳 | 文第生二子

春桂早亡 | 春茂生一子　春和生一子 | 英漢生七子

啓潼生一子　啓錦早亡 | 啓泰生一子 | 啓邦外出 | 全明生三子　全勝生二子

輝燃　輝朋早亡 | 輝富出外 | 福釗早亡 | 保騷早亡　保遠無嗣　保宗早亡 | 保禮　保章

	社庇生三子	日進生一子	家璉生一子											
	在宗生四子	科第失傳	蘊第失傳											
芝懷失傳	書懷生一子					德漢立一子								
	萬子失傳					全慶生三子	全興立一子				全福生四子	全敬早亡	全恩早亡	全慶出繼
				保林	保光早亡	保貴早亡	保亮	保儒	保亮出繼	保昭	保珍			

		美懷生二子	萬科生一子	新發
			萬和無嗣	
		志懷生一子	萬舉生二子	新富
				新貴失傳
	惠宗無嗣			
	惠祖生二子	秋懷生二子	萬明生六子	新榮
				新華
				新騷早亡
				新茂
				新基
				新業早亡
			萬爵早亡	
		玉懷往廣西		
首榮生二子	在國生二子	書忠		
		書囊 俱順德 往洲往		

世榮生三子
- 在恩 順德桂洲住
- 在邦 無嗣
- 在權 無嗣

社慶生一子
- 在琛 失傳

社龍生二子
- 在養 外出江南
- 在新 外出

帝孫生五子
- 在明 無嗣
- 在文 外出
- 在科 外出
- 在廷 立一子
  - 見懷 生一子
    - 萬益 無嗣 入崇祀祠
- 華璋 生五子
  - 勝懷 生一子
    - 萬成 失傳
  - 舉懷 出繼
  - 明懷 生一子
    - 萬壁 無嗣
  - 見懷 出繼
  - 敬懷 外出

友孫生一子
在標立一子
舉懷生一子
萬才失傳

二十一世	二十二世	二十三世	二十四世	二十五世
自長立一子	炳華生一子	壽德無嗣		
勝長生三子	炳華出繼			
	秋華生三子	悅富生一子	會才無嗣	
		閏富生一子	汝騷	
		祥富早亡		
	裔華無嗣			
恩長生一子	煥華無嗣			
幸長生二子	順華生二子	錫富無嗣		
		堂富無嗣		
	彥華早亡			
深桊生二子	遇錦生二子	大珠生四子（欑忠）	灼新生一子	瑞田
			慶新	
			加新	
			燦新	
		細珠即文忠生一子		
	遇棉			
渾潛生一子	遇相			

輝甜生二子		輝五生三子			輝田生一子	輝燦生二子		輝純生三子			輝獻生一子	光泰生二子	
遇昭早亡	遇丙生一子	大騷外出	二騷外出	三騷外出	遇登	遇佳生二子	遇標	遇波	遇清	遇冬	新騷早亡	炳開早亡	發開生二子
	得全					耀忠生三子 照忠無嗣							瑞芳生二子
						慶新生一子 強新生一子 維新							
						永泉 德輝							

喬芳

上遠生三子

遇開生五子

才芳生五子

雲漢早亡

秦漢

星漢早亡

洪漢早亡

松漢

芬芳生五子

三騷早亡

廣漢

英漢

新漢

七騷早亡

錦芳生三子

滿漢

朝漢早亡

輝漢

騰芳

成開早亡
榮開生三子

林芳生八子 生十子
杰芳生二子
華芳生五子

騷漢早亡
鯪漢生一子
恩漢早亡
澤漢
煜漢生二子
燎漢
炆漢生二子
椅漢生二子
桃漢
十漢
銓漢
銘漢
永漢早亡
森漢早亡
棉漢早亡
煒漢早亡

標禮
標恒
標逵
標明
標洪
標成
標太
標顯

	張耀生一子	基耀生一子	參耀生一子	喜耀生一子
	勝奇無嗣	有成吏員生二子	廷魁生三子	祥魁生三子
錫芳早亡		麗芳 慶芳	聯芳無嗣 茂芳生四子 允芳無嗣 奇芳無嗣 賢芳無嗣	銘芳早亡 銓芳早亡
甜漢			昭漢 冬漢生一子 江漢 河漢	
			標榮	

	禄耀生三子									星耀生四子			連科生一子
	登魁生三子			二魁早亡	經魁生五子					彥魁生一子	高魁早亡	貫魁早亡	應魁無嗣
榴芳生二子	元芳無嗣	鈴芳早亡	定芳		灼芳生二子	銳芳	培芳早亡	盤芳	渾芳隨母外出	棣芳無嗣			
偉漢生二子 國漢生二子					洪漢 永漢生一子								
恩榮 展鵬 德榮 智榮					標 銓								

阿才失傳	

祖賜生五子						祖佑生一子	連璧生一子	連城生二子						
吉慶外出	衍慶生二子		余慶外出	雄慶外出	閏慶外出	善慶早亡	新有生一子	新定生二子						
	能文無嗣	能仁無嗣					能秀無嗣	能興生二子		能養生四子				
								其祥早亡	柏祥	壯祥	裕祥生二子		世祥生一子	煊祥
											日章	韶章	福章	

	新名 生一子	能婢 生一子	教祥 生一子	富深
連長 生一子	柱材 無嗣			
連登 生三子	棟材 生一子	滔秀 無嗣		
	橋材 早亡			
	機材 早亡			
連珠 生三子	彬材 生四子	錦錫 無嗣		
		輝錫 無嗣		
		健錫 無嗣		
		洪錫 早亡		
	棋材 無嗣			
	潔材 生一子	基錫 生二子	長根 生一子	銓發
			長遠	
連泰 生八子	大騣 早亡			
	居材 早亡			
	應材 早亡			
	權材 無嗣			
	意材 生三子	陶錫 外出		
		現錫 外出		
		千錫 外出		
	桓材 早亡			
	細騣 早亡			
	杞材 生四子	襟錫 無嗣		
		潛錫 生一子	長廉	
		注錫		
		當錫 早亡		
連柏 生三子	森廣 早亡			
	榮廣 生一子	能干 生一子		
	紹廣 早亡			
文清 生三子	丁材 早亡			
	鉅富 生一子	能昭 生一子	待祥	
	開富 生一子	能佳 生二子	大騣 早亡	耀章
			新騣 保祥生三子	遠章
				維章

秋成 生一子	潤章 失傳			
永興 生五子	昌隆 生一子	世康 生五子	作贊 生六子	壽年 萬年 景年 潤年 貫年
	坤隆 早亡 騷隆 早亡		作聯 無嗣 作棉 無嗣 作田 無嗣 作廣 生三子	成年 志強 志光
	聚隆 生一子	世朗 生一子	作求 外出	
	福隆 國學生 生五子	世響 無嗣 二騷 早亡 三騷 早亡		
		世忠 生一子	作基 早亡	
		世儒		
善興 生一子	兆隆 生二子	世焰 生一子	新騷 早亡	
		世藏 生三子	作祥	
			作堅 生三子	樹年 浩年 樂年
			作慶 生一子	郁年
齊興 生三子	昆隆 早亡			
	新隆 早亡			
	添隆 生五子	世熙 生一子	作儀 生一子	永年
		世英 生二子	作圖 新騷 早亡	
		世良 生三子	作為 作團 作盤	
		世杰 生三子	作霖 作燊	

		世勤 生三子	作新	
		世勤 生三子	作梅	
		世勤 生三子	作慈	
		世勤 生三子	作驥	
章秀 生三子	亮進 外出			
章秀 生三子	高進 生一子	接江 早亡		
章秀 生三子	興進 無嗣			
有生 生二子	萬進 生九子	順江 早亡		
有生 生二子	萬進 生九子	利江 生六子	桂芬 早亡	
有生 生二子	萬進 生九子	利江 生六子	龍芬 早亡	
有生 生二子	萬進 生九子	利江 生六子	會芬 早亡	
有生 生二子	萬進 生九子	利江 生六子	獻芬 外出	
有生 生二子	萬進 生九子	利江 生六子	作芬 外出	
有生 生二子	萬進 生九子	利江 生六子	象芬	
有生 生二子	萬進 生九子	余江 生一子	領芬 生三子	人和 港和 觀和
有生 生二子	萬進 生九子	接江 無嗣		
有生 生二子	萬進 生九子	汝江 生二子	衿芬	
有生 生二子	萬進 生九子	汝江 生二子	禮芬	
有生 生二子	萬進 生九子	喬江 無嗣		
有生 生二子	萬進 生九子	七江 早亡		
有生 生二子	萬進 生九子	八江 生七子	棉芬 無嗣	
有生 生二子	萬進 生九子	八江 生七子	棟芬 生二子	紹和 慶和
有生 生二子	萬進 生九子	八江 生七子	照芬 生三子	詠和 金和 次和
有生 生二子	萬進 生九子	八江 生七子	新驥 早亡	
有生 生二子	萬進 生九子	八江 生七子	新驥 早亡	
有生 生二子	萬進 生九子	八江 生七子	新驥 早亡	
有生 生二子	萬進 生九子	八江 生七子	七芬 外出	
有生 生二子	萬進 生九子	昆江 生四子	楊芬 無嗣	
有生 生二子	萬進 生九子	昆江 生四子	佑芬 生三子	勇和 根和 志和
有生 生二子	萬進 生九子	昆江 生四子	新驥 早亡	
有生 生二子	萬進 生九子	昆江 生四子	牛芬	
	廣進 生四子	鉻江 生二子	鐵芬	

		祺江 生一子	[illegible]芬 淦芬	
		堯江 無嗣		
		七江 早亡		
達生 生二子	昭進 無嗣			
	連進 無嗣			
來生 生二子	毅進 生一子	志江 生一子	培芬	
	謀進 無嗣			
同生 生二子 立一子	初進 早亡			
	秩進 早亡			
	樂進 生三子	添江		
		熾江 無嗣		
		禎江 無嗣		
才生 生二子	南進 早亡			
	允進 生二子	容江 早亡		
		恩江 生二子	流芬	
			聯芬	
準生 生一子	滿進 生三子	務江 生二子	澄芬 生二子	新騷 早亡
				樵和
			燕芬 生九子	新騷 早亡
				二騷 國和 文和
		坤江 生三子	樹芬	
			鐘芬	
			桂芬 早亡	
		煜江 生四子	禧芬 早亡	
			新騷 早亡	
			蝦芬	
			焕芬	
光生 生五子	宇進 無嗣			
	補進 早亡			
	宙進 生六子	崧江		
		享江 早亡		

祖平 生一子
祖儉 生四子
祖繼 生三子
祖明 生三子
復生 生一子

樂進 出繼
海進 生十子
榮珍 生二子
富珍 早亡
占珍 生一子
勇珍
道珍 生三子
勝珍 生一子
儼珍
浩珍
旬珍
玉珍
進珍 無嗣
文進 無嗣

秋江
錫江
河江 早亡
淡江 生二子
杏江 無嗣
炎江
枝江 無嗣
發江 無嗣
五江 早亡
煊江
溢江
猷江
定江 早亡
十江 早亡
盛江 生二子
純江 無嗣
泮江
湘江
曉江
香江
良江

永芬 生三子
偉芬 生一子
喜芬
祥芬

樹德
樹堅
樹銘
沛麟

裔生 生二子	韜進 生一子	謙舒 無嗣		
	滾進 無嗣			
	霖進 生二子	鵬舒 生三子	昭芬 無嗣	
			苟芬 生三子	文和 偉和 柏和
			禧芬 早亡	
		暢舒 無嗣		
緣生 生一子	仕進 早亡			
張帶 生一子	重喜 順德黄連住			
茂枝 生三子	紹緒 生一子	始雄 生三子	利標 早亡	
			利泉 早亡	
			利忠	
	宫緒 生二子	景雄 生二子	利通 生三子	福來 福元 福贊
			利添 早亡	
	維緒 生五子	理雄 生三子	利能 早亡	
			利鐸 早亡	
			利苟 早亡	
		裕雄 無嗣		
		祥雄 早亡		
		四雄 早亡		
		定雄 早亡		
萬好 生三子	德緒 生三子	周雄		
		禮雄 無嗣		
		樂雄 無嗣		
	津緒 無嗣			
	顯緒 早亡			
丁著 生一子	容根 無嗣			
順寬 生一子	玉燕 無嗣			
順言 生一子	瑞燕 無嗣			
順益 生一子	全燕 早亡			

達訓 缺名 生一子	宣富 生二子	偉文 生三子	成燦 無嗣	
			成亮 無嗣	
			成金 無嗣	
		仰文 無嗣		
興邦 生二子	槐芳 無嗣			
	坤芳 生一子	應垣 無嗣		
專邦 生二子	定芳 生一子	應鐘 生六子	乃鎏 生三子	富棉
				富洪
				富良
			乃耀 早亡 生三子	富輝
				富澤
				富江
			乃材 生二子 生二子	富昌
				宣明
			乃禄 外出	
			乃春 生二子	富盛
				富國
			乃溪 外出	
祖錫 生二子	汝彥 無嗣			
	汝佶 生三子	錦如 無嗣		
		盛如	景渠	
			景榮	
			景楠	
祖蔭 生六子 國學生	汝臧 生二子	瀚如 生三子 邑庠生	景祥 無嗣	
			景球 無嗣	
			景濂 生一子	煥萊
		英如 無嗣		
	汝遵 生二子	淦如 無嗣		
		桂如 無嗣		
	汝逵 無嗣			
	汝瑚 生二子	佑如 早亡		
		安如 無嗣		
	汝琚 無嗣			
	汝珠 生一子	裕如		
	汝根 早亡			
	業桂 生二子	蘭芳 生四子	南長	
			南慶 生二子	適用
				新騷 早亡
			南永 早亡	

		蘭瑞 生三子	南柱 生三子	達燃
				達朗
				達灼
			南潘 無嗣	
			南翰 早亡	
啓發 生一子	卓林 早亡			
觀秀 生一子	麟照 無嗣			
和秀 生一子	日照 失傳			
昌秀 生一子	福松 生三子	養大 生四子	成濂	
			鏡濂	
			棣濂	
			晚濂	
		悠大 生二子	華濂	
			二騷	
		樹大 無嗣		
時秀 生二子	福榮 早亡			
	福善 生一子	秋大		
森秀 生二子	福照 生二子	宗漢 失傳		
		宗義 失傳		
	福豐			
俊秀 生一子	福御 無嗣			
煥秀 生一子	福炎 生一子	邦大		
尚樂 生一子	協啓 生四子	混耀 生一子	瑞祥 生二子	紹珠
				新騷 早亡
		混煥 生二子	瑞禄 早亡	
			瑞禧	
		混燦 無嗣		
		混煜 生五子	瑞英 生一子	洲泰
			瑞雄 生一子	潘泰
			瑞釗 生一子	
			瑞廷 無嗣	

			瑞斌 無嗣	
尚舒 生二子	協融 無嗣			
	協章 無嗣			
尚興 生四子	協鏜 生一子	混煊 生三子	瑞河 早亡 瑞次 早亡 瑞錫	
	協監 無嗣 協鈴 無嗣 協銓 無嗣			
尚廉 生二子	協春 生四子	混信 無嗣 混戊 早亡 混宇 早亡 混著 無嗣		
	協喬 生六子	混載 生二子	瑞通 早亡 瑞香	
		混兆 早亡		
		混梅 生一子	瑞苟 早亡	
		混淦 早亡 混祿		
		混鋈 生一子	瑞標 早亡	
尚純 生二子	協輝 早亡			
	協豐 生五子	混裔		
		混滿 無嗣 混仲 早亡 混四 早亡		
		混五 生五子	瑞新 早亡 瑞池 早亡 瑞江 早亡 瑞泰 早亡 瑞牛	
連枝 生二子	協彪 早亡 承恩 無嗣			

逵科生二子	協綸早亡		
	承先生一子	玉宸生一子	瑞朝早亡
啓蕃生一子	益旺早亡		
啓著生四子	急旺無嗣		
	添旺無嗣		
	貴旺無嗣		
	晚旺失傳		
恢緒生二子	爵珍生一子	日調外出	
	爵登早亡		
纘緒生二子	爵成早亡		
	爵明往順德住		
世雄生二子	三弟無嗣入崇祀祠		
世勇生一子	爵盛生一子	長智無嗣	
世玖生一子	爵韜生二子	長倫無嗣	
		長生外出	
世和生二子	爵騷早亡		
	爵墜無嗣		
禎祥生一子	爵泰失傳		
禎禧生三子	泰傳無嗣		
	泰杰生二子	長佳無嗣	
		長交外出	
	泰修無嗣		
世良生一子	爵林無嗣		
世豪生三子	爵官無嗣		
	爵華生三子	長允生一子	森遠無嗣
		長丁無嗣	
		長璧生一子	懷遠無嗣
	爵榮無嗣		
世彥生二子	爵慶生三子	長瑞無嗣	
		長賡無嗣	
		長均附祀兒江祖	
	爵旺無嗣		

世胤生二子	爵丕生一子	長純生一子	光遠早亡	
	爵候無嗣			
世安生二子	爵寧無嗣			
	爵儒生四子	長賢生一子	舀遠	
		長田		
		長富早亡		
		長煖生一子	材遠	
	爵善生三子	長勝無嗣		
		長進		
		長清		
世康生一子	爵高無嗣			
世邦生一子	新桃生八子	長貴生二子	能遠	
			仲遠	
		長寬生一子	月生	
		長珊		
		長鉅		
		長培生四子	雄遠	
			次遠早亡	
			三遠早亡	
			盛遠	
		長六早亡		
		長七		
		長八生一子	定遠	
世彩生一子	爵輝生一子	長崧生二子	潤遠	
			熾遠	
		長幼		
		長三早亡		
世莊生二子	爵聯生一子	長全生一子	寄遠	
	爵創生一子	長符		
世彰生一子	爵嘉東莞住			
世錦生一子	爵行外出			
潞添生五子	炳賢生四子	長浦		

迪賢 無嗣
錫賢 無嗣
湛賢 無嗣
會賢 無嗣

長涇
長榮 外出
長鑾

輝良 生二子
達明
達勝

如陵 生二子
新貴 生四子
益學 早亡
自學 早亡
禮學 早亡
成學 無嗣
新發 生一子
志學 外出

如冬 生二子
新才 生二子
盤學 無嗣
近學 外出
新進 無嗣

如興 生二子
九來 生三子
文明 生三子
維梁 無嗣
維照 生二子
顯鎮
顯鏡
維柱 生一子
顯祺
文升 生三子
維林
維泉
維農
文德 無嗣
春來 生二子
文利 早亡

		文娣 生四子	維焯 維邦 維浩 維佑	
如恒 生一子	新來 生一子	文現 早亡		
閏福 生一子	炳芳 生二子	利章 無嗣 定章 早亡		
聯福 生三子	信芳 無嗣 茂芳 無嗣 錦芳 生二子	利斌 無嗣 利餘 生一子	維閏 生一子	顯成
文開 生三子	同章 生一子	汝廣 生一子	享基 生六子	大騷 早亡 二騷 早亡 福炎 福鈿 福騷 福華
	德章 壽章 早亡			
奮驢 生一子	聚星 無嗣			
奮勝 生二子	煥才 無嗣 國才 生一子	汝球 生十子	繼成 早亡 繼二 早亡 繼三 早亡 繼四 早亡 繼五 早亡 繼六 早亡 繼七 早亡 繼八 一子 繼九 早亡 繼十 早亡	福耀
	耀才 無嗣			
奮意 生四子	就才 立二子	汝載 生十子	繼昌 繼全 繼德 早亡 繼鴻 繼藻	

奮高 生二子	凌才 生二子	汝淮 生三子	繼忠 繼義 早亡 繼明 早亡 繼福 早亡 繼孝	
			繼咸 繼茂 繼爽	
		汝松 無嗣		
	盛才 生三子	汝載 出繼		
		汝順 無嗣 汝淮 出繼 汝和 無嗣		
	遇才 生二子	汝揚 生二子	繼聰 無嗣 繼科 無嗣	
		汝瑶 立一子	繼程	
	堯才 生五子	汝潜 生八子	大騣 早亡 二騣 早亡	
			繼淦 生二子	大騣 早亡 福有
			繼谷 繼教 繼釗 繼七 早亡 繼八 早亡	
		汝達 生十六子	繼波 早亡 繼浩 早亡	
			繼況 生三子	福日 福丙 早亡 福漢 早亡
			繼四 早亡 繼尚 早亡	
			繼滿 生四子	福至 早亡 二騣 早亡 福珠 福根
			繼林	福全 早亡

嘉憲 生一子　嘉應 生一子　嘉谷 生二子　嘉燕 生八子

祖昌 生一子　祖登 早亡　祖恩 生三子　祖扳 生一子　喬輝 生六子

汝琚 生一子　汝澤 生十一子　汝標 光緒辛卯科武舉人 生四子　興忠 無嗣　有進 早亡　有志 無嗣　有成 早亡　有洪 早亡　兆倫 生二子　兆棠 生一子　達訓 缺名 生二子　兆球 無嗣　兆海 外出　兆相 生一子

繼十一 早亡　繼慶 生一子　繼英 生二子　繼申 生一子　繼蘇 早亡　繼珠 生一子　繼棟 生一子　繼胡 早亡　繼二 早亡　繼三 早亡　繼四 早亡　繼五 早亡　繼熾　繼媛　繼程 出繼　繼九 早亡　繼十 生二子　繼騷　繼元 生四子　志豪　志洪　志聰　繼錢　繼江　繼本　啓元　啓杰　啓明　啓河　啓湖　啓林

福備　福毅　克敵　家材　福灌　福巨 早亡　福彬　福流 早亡

嘉翼 生四子	喬林 生一子	兆藝 生一子	啓滿 早亡	
	喬才 生四子	兆佳 生一子	啓鏵 生三子	新騷 早亡 洪珍 孔珍
		兆隆 無嗣 兆庚 早亡 兆邦 早亡		
	喬枝 無嗣			
	喬芳 生二子	兆錫 生二子	啓騷 早亡	
			啓燦 早亡	
		兆樞 早亡		
	喬著 生一子	兆梁 生四子	啓允 生一子	始珍
			啓義 啓崧 啓康 無嗣	
	喬業 生二子	兆驥 生五子	啓流 啓發 啓榮 啓勝	
		兆清 無嗣		
	喬蓁 生一子	兆鵬 生一子	啓煊	
	喬修 早亡 喬寵 早亡 喬蔭 早亡 喬瓊 無嗣			
嘉爵 生三子	喬經 生一子	兆普		
	喬祥 無嗣			
	喬慎 生三子	兆鐺 生五子	榮騷 早亡 榮二 早亡 榮不大 榮標 榮洪 生四子	達成 達强 達華 達文
		兆泮 無嗣 兆東		
嘉秀 生四子	萬安 立一子	興池 生二子	自煥 自泰	
	萬官 立一子	興干 生三子	自成 生三子	

- 萬相 早亡
- 萬勝 生四子
  - 祺江 生一子
    - 自生 生三子
      - 國柱 早亡
      - 國思 早亡
      - 國新 早亡
    - 自會 無嗣
  - 興干 出繼
  - 興亮 生一子
    - 自培 無嗣
  - 興池 出繼
  - 興惠 生一子
    - 自綿 生一子
      - 得勝 早亡
- 嘉會 生一子
  - 萬福 早亡
- 嘉財 生五子
  - 萬富 無嗣
  - 萬貴 無嗣
  - 萬榮 無嗣
  - 萬華 無嗣
  - 萬有 早亡
- 嘉禮 生六子
  - 萬吉 早亡
  - 萬章 早亡
  - 萬新 早亡
  - 萬標 早亡
  - 萬秋 早亡
  - 萬遠 生二子
    - 興漢 無嗣
    - 興贊 生一子
      - 仕壬 生一子
- 鳴鳳 生三子
  - 新枝 往沙溶住
  - 安枝 往沙溶住
  - 全枝 往沙溶住
- 蛟鳳 生一子
  - 勝湖 生一子
    - 鎮倫 無嗣
- 色鳳 生四子
  - 勝裕 立一子
    - 紹倫 生一子
      - 成茂 無嗣
  - 勝坤 失傳
  - 勝福 失傳
  - 勝楠 生三子
    - 紹倫 出繼
    - 紹仰 生五子
      - 柏茂
      - 永茂 無嗣
      - 高茂 出繼
      - 宏茂 生三子
        - 英章
        - 英本
        - 英周

和鳳 生三子	勝舉 立一子	紹協 立一子	年茂 無嗣	
			高茂	
		紹恒 生八子	宇茂 出繼	
			江茂 早亡	
			樹成 早亡	
			念茂	
			木茂 無嗣	
			六茂 早亡	
			七茂 早亡	
			水茂	
	勝發 生四子	紹恒 出繼		
		紹興 失傳		
		紹熙 立一子	宇茂 無嗣	
		紹光 生一子	桃茂 無嗣	
	勝運 無嗣			
祥鳳 生二子	勝學 早亡			
	勝保 無嗣			
品鳳 生一子	勝章 無嗣			
堂鳳 生一子	勝昌 無嗣			
英義 生二子	祖庇 無嗣			
	祖福 無嗣			
成興 生一子	源德 生四子	勝運 無嗣	羽光 無嗣	
			羽來 無嗣	
			羽貴 生一子	長弟
		聚彩 早亡		
		聚昆 生一子	羽球 生一子	群弟
		聚友 早亡		
紹達 生一子	文玖 無嗣 佛山住			
長成 生三子	自明 失傳			
	三明 失傳			
	自志 失傳			

仲房二十一世	二十二世	二十三世	二十四世	二十五世
喜歡 生三子	新榮 無嗣			
	新正 無嗣			
	新貴 生三子	遇春 無嗣		
		遇冬 無嗣		
		遇清 無嗣		
缺違名訓 生三子	世學 無嗣			
	世倉 生一子	遇枝 無嗣		
	世維 無嗣			
獻能 生五子	祖光 生五子	廣養 早亡		
		廣義 早亡		
		廣忠 早亡		
		廣成 早亡		
		全弟 生二子	顯來 早亡	
			本發 無嗣	
	祖輝 生四子	廣培 出繼		
		廣陰 無嗣		
		廣降 早亡		
		廣雲 生二子	福來 生三子	啓勝 未娶
				潤勝
				耀勝
			南來	
	祖耀 立一子	廣培 生三子	清來 生三子	朋勝
				達勝
				堯勝
			秋來 生一子	湛倫 早亡
			芬來 生二子	發倫 早亡
				長倫 早亡
	祖壁 無嗣			
	祖要 往順德大良			
獻基 生一子	祖力 出繼			
獻莊 立二子	祖力 生二子	廣勤		
萬冠 生一子	巨朋 生四子	廣恩 生一子	勝根 生一子	慶堅
		悦錦 生二子	桐章 生一子	滿保
			廣章	

		[illegible]錦 早亡		
		洋錦 無嗣		
		勇錦 無嗣		
善冠 生三子	巨貞 生二子	潤錦 無嗣		
		文錦 生一子	鑑章	
	巨攀 生二子	燦錦 生二子	敬章 早亡	
			燮章	
		君錦 生一子	浩章 生一子	惠保
	巨通 無嗣			
潤騷 生二子	新元 無嗣			
	新福 無嗣			
士亨 生四子	新發 生二子	汝冲		
		汝漢		
	新科 生一子	汝枝		
	新魁 生四子	汝慶 生三子	淡培 生一子	利南
			炎培 早亡	
			冬培	
		汝周 生三子	牛培 生五子	利彬
				利灶
				利貞
				利順
				利益
			啓培 早亡	
			三牛 早亡	
		汝劉		
		汝祥 無嗣		
	新禧 生一子	汝丁 無嗣		
士寧 生二子	新田 無嗣			
	新才 生四子	伯成 生二子	俊洛	
			俊步	
		伯直 生三子	俊生	
			俊定	
			俊朝 以上五人俱外出	
		伯全		
		伯聯		
士益 生一子	新猷 生一子	汝根		

士勝生二子
士有立一子
士保生四子
懷宗生一子
因宗立一子
啓宗生一子
其宗生一子
賢宗生一子
紹開生四子
紹揚生三子

新豪無嗣
新作生二子
新國生一子
新國出繼
新居
新冠生二子
新相無嗣
高柏生三子
高致生二子
高珠
高致出繼
高咸生二子
高賜生三子
高贊無嗣
高榮生五子
高接
文海生三子

汝報生二子
汝求生一子
汝嵩生二子
汝礪
汝添生一子
裕凌
寬凌
晚凌
興凌
亨凌
德凌
波凌
熾凌
溢凌
健凌
溪凌生五子
煥凌早亡
晃凌早亡
坤凌生一子
仿凌早亡
保凌早亡
滿凌生一子

渣培早亡
溢培早亡
有培
康年早亡
澤年生二子
玲培生二子
富銳生三子
富明生一子
富景生一子
富稔生一子
富標生一子
富永生三子
富漢生三子（即圖權）

利權
利滔
利鈞
瑞泉
瑞揚
瑞榮
瑞劍
瑞釗
瑞鍾
瑞賢
瑞强
喆麟
喆彬
喆基

	文卓 生二子	接凌 早亡		
		喧凌		
	文照 生二子	輝凌 生二子	國林 生一子	偉賢
		申凌	國元	
紹平 生二子	高球 無嗣			
	高耀 無嗣			
有才 生四子	容開 生一子	鄧賢		
	容柏 生一子	自勝		
	容柏 生一子	象賢		
		進榮 生六子	大妹 生二子	炎
				洪根
			大初 生二子	端明
				端全
			大全 生二子	培有
				錦培
			大四 生一子	世英
			大五 早亡	
應才 生三子	容簡 生二子	保同 外出	大開 生六子	少基
		保亮 外出		雄
				松
	容落 無嗣			森
	容暘			添
				根
潤成 生二子	澤謙 生二子	朗賢 生六子	近冬 生一子	週康
			溢冬 無嗣	
			春冬 生三子	崇康
				志康
				真康
			年冬 早亡	
			五冬 早亡	
			六冬 無嗣	
		余賢 早亡		
	澤信 生二子	滔賢 早亡	明冬	
			利冬	
		海賢		
富成 生二子	允暘 早亡			
	澤光 生一子	端賢 無嗣		
紹昌 生一子	澤沛 生三子	棟賢 生五子	熾冬	
			卓冬 生一子	棉康
			煊冬 生一子	濂康
			盈冬 早亡	
			桂冬	

柏壽 生一子
永壽 生一子
敬才 生三子
會才 生五子

艷光 生四子
艷標 生一子
以卓 生三子
登卓 生三子
高卓 無嗣
彥卓 生五子

暖賢 早亡
河賢 早亡
文彬
文寬
文超 俱無嗣
文興
文英 生五子
獻良 生六子
奕良 無嗣
煜良 生二子
朝良 生二子
遇良 早亡
騷良 早亡
佶良 生土子

章綿 生一子
相綿 早亡
淦綿
銘綿
五弟 早亡
巧綿 早亡
澤綿
秩綿 生二子
禮綿 生二子
植綿
禄綿 生六子
藝綿 早亡
炎綿
在綿
灝綿 生六子
履綿
祺綿 生七子

旋培 無嗣
慶嵩
慶泉
慶倫
慶光
慶斌
慶堅
慶聰
慶焰
慶城
慶常
慶初
原培 早亡
曉培 早亡
甜培 早亡
潛培
新騷 早亡
有培
南培
[illegible]培

	能綿	
	時綿 生一子	綱培 早亡 新騷 早亡 新騷 早亡 養培
	五更 早亡	
	六更 早亡	
	七更 早亡	
	八更 早亡	
	創綿	
	世綿	
滔良 生四子	紹綿 生三子	善培 生一子 衍培 應培
	活綿 早亡 岳綿 早亡 業綿 早亡	
緒良 生二子	暢綿 生四子	榮培 早培 佐培 早亡 燦培
	述綿 早亡	
裕良 生七子	喜綿 早亡 經綿 桃綿 義綿 早亡 六綿 早亡 七綿 八綿	
保良 早亡 浩良 早亡 浩良 早亡 景良 早亡 享良 生五子	恂綿 早亡	
	松綿 早亡	
	昌綿 生一子	約培 早亡

聚才生三子				添才生五子													
篆卓無嗣 殿卓早亡	達卓生一子	君卓無嗣	權卓生二子	安卓早亡	恒卓生四子 縣卓早亡					儉卓生四子							
	駒良早亡 志良生一子 維良生一子	德良	壽良 柱良早亡		訓良生一子 眷良早亡 汝良早亡	厚良早亡 念良早亡 棣良 必良早亡		立良早亡 協良早亡		悅良生五子			怡良生四子	玉良生三子	拾良生二子		勝良早亡
	法綿 多綿生一子				華綿				溢綿無嗣 新騷早亡 同綿早亡 豪綿無嗣	延綿生一子	心綿	忠綿生一子	流綿 讓綿	杞綿生一子 曠綿生二子 贊綿早亡	翰綿 立綿		五綿 祥綿生一子
	均瑞									裔培	永培	賀培		枝培 注培 盛培			文培

才	卓	良	綿	培
秋才生三子	成卓無嗣			
	齡卓無嗣			
	墜卓無嗣			
	洪卓生三子	必良生三子	校綿生一子	法培
			和綿無嗣	
			偉綿生一子	進軒
		又良生三子	意綿	
			栈綿生二子	均培
				樂倍
			當綿生一子	晉培
		六弟早亡		
一才生一子	裔卓無嗣			
二才生七子	千卓生五子	鉅良早亡		
		政良早亡		
		子良早亡		
		仲良生二子	錦綿	
			根綿	
		教良生一子	嘉綿	
	山卓生五子	清良早亡		
		池良生二子	靜綿	
			夾綿生二子	玲培早亡
				景慶
		仕良早亡		
		煥良生二子	潘綿早亡	
			漢綿早亡	
		監良		
	積卓生三子	大良生一子	江綿無嗣	
			湛綿	
			莊綿	
		余良		
	鳳卓早亡			
	金卓早亡			
	笑卓早亡			
	年卓早亡			
進才生三子	孔卓早亡			
	騷卓早亡			
	來卓生三子	順良無嗣		
		樹良生一子	祚綿	
		潤良		
尚才生六子	騰卓早亡			
	章卓早亡			

滿才 生一子
有枝 生二子
倫枝 立一子
奕枝 生一子
連枝 生三子
球枝 生六子
純枝 生一子

聯卓 生三子
堯卓 生一子
喬卓 生六子
道卓 生一子
興卓 生二子
聰帶 生四子
坤帶 出繼
坤帶 生一子
宗帶 省城住
賓帶 生二子
姚帶 早亡
佑帶 無嗣
奮帶 早亡
初帶 無嗣
閏帶 早亡
川帶 早亡
明帶 生一子
興帶 生四子
繼帶 生四子

翁良 早亡
弼良 早亡
昭良 往韶關住
驥良 無嗣
俱早亡
谷良 生五子
定良 早亡
允良
祝良 生一子
佳良 無嗣
守良 無嗣
舉良 無嗣
迪良 無嗣
珠良 早亡
盛良 早亡
錫良
惠良
本良 早亡
金良 生一子
交良 外出生一子
桂良
煒良 早亡
湛良 早亡
作良 生一子

壯綿 生一子
竈綿 生八子
三綿 生五子
新騷 早亡
輝綿 生五子
瑞綿 無嗣
建綿
多綿
樂綿

慶申 慶汶 慶堂 慶滿 慶杰
慶流 慶發 慶和 慶秋
慶榮 慶祥 慶卓 慶財

和枝 生一子	宮帶 早亡			
佐枝 生二子	炳帶 外出			
	新帶 早亡			
東枝 生二子	參帶 生二子	兆良 早亡		
		顯良		
	鉅帶 生一子	就良 生一子 往禪山住	準綿	
滿安 生一子	根帶 橫江住			
祖佑 生一子	胤波 無嗣			
祖錫 生四子	胤權 無嗣			
	胤江 無嗣			
	胤必 出繼			
	胤華 無嗣			
祖庇 立一子	胤必 無嗣			
祖柱 生一子	當權 無嗣			
華帶 生二子	貴發 生二子	良和 生一子	鏡祥 生一子	定卓
		良森 早亡		
	英發 生二子 入崇祀祠	良以 生一子 入崇祀祠	洪祥 無嗣 入崇祀祠	
		良羽 無嗣		
儒帶 生四子	源發 生一子	良弼 生八子 候選巡政廳	大騷 早亡	
			勝祥 生四子	定桓
				定靜 早亡
				定嫌
				定芬 生三子
			珍祥	
			四騷 早亡	
			五騷 早亡	
			熾祥 生一子	定坤
			呈祥	
			添祥 生三子	定珠
				定二 早亡
				新騷 早亡
	泗發 生四子 義敘八品	大生 早亡		
		良善 生一子	恩祥 無嗣	
		良言 早亡		
	廣發 生四子 義敘八品	良吉 早亡		
		新生 早亡		

丁大 生五子	鰲大 生一子；遠大 生四子
右發 早亡；祖發 立一子；連發 立一子；達訓缺名 生一子；再發 早亡；宗發 生一子	閏發 早亡；喜發 生一子；順發 生三子；永發 無嗣；興發 生三子
良鋮 生二子；良楫 生六子；良淳 麟祥著祥兼祀；儀興 生二子；意興 無嗣；儀興 出繼；意興 出繼	過興 無嗣；泰興 立一子；盛興 生三子；錦興 生二子；享禮；添禮；津禮 生三子
麟祥 生二子；著祥 生一子；逢祥 無嗣；守祥 無嗣；新騷 早亡；四騷 早亡；五騷 早亡；耀祥；汝祥 無嗣；昆祥 無嗣	鳳祥；安祥；根祥 生二子；鳳祥 出繼；堯祥 生四子；瑞祥 生一子；睿祥 生五子
定熹 早亡；二枚 生一子；大枚	定球；定鐸；定淦；二更 早亡；三更 早亡；四更 早亡；定榴；定錢；定堅 早亡

輝大生三子	平發無嗣 法發無嗣 齊發無嗣			
			寧祥生四子	定國早亡 定德早亡 定蘇
				定燦 定漢 定森 定清
			河祥	
路龍生三子	冬富生二子	萬興生二子	社珠生五子	啓祥早亡 啓匡早亡 啓芳早亡 啓香早亡
	成富生二子 新富失傳	聚興生一子	社朝	定河
			振鰲	
秋霖生四子	洋輝生五子	福興無嗣 裔興早亡 祿興無嗣 榮興無嗣 華興無嗣		
	澤輝無嗣 滿輝生三子	來興生一子	干祥	
		賜興		
		仁興生二子	在祥	
			祖祥生二子	定全
				定基
	添輝早亡			安
長帶生二子	德富生四子	牛才 狗才無嗣 羊才無嗣 來才生四子	棉祥生二子	定義

	盛富 生二子	廣才 無嗣 過才 生一子	溢祥 無嗣 潜祥 生一子 入祥 生四子 義祥 住省城	定蘇 定波 定標 定樹 定林 定全
興帶 生二子	炳富 生二子	添才 生二子	賜養 生三子 世養 生六子	定芳 生一子 新騷 早亡 定鋼 定邦 生二子 定騷 早亡 定嚴 定權 定韶 定樵
		長才 生二子		
	潤富 無嗣			
發帶 生一子	基富 生三子	珠才 輝才 著佑 住省城		
達帶 生二子	元富 無嗣 勝富 無嗣			
祿帶 生五子	全富 生六子	大鵬 大萬 大有 大四 早亡 大鰲 大海 生二子	蔭隆忠 蔭隆孝	
	玉富 無嗣 満富 生二子	大滔 生七子	蔭隆標 蔭隆堯 蔭隆坤 早亡 蔭隆清 蔭隆暄	

		大坮	蔭昭 蔭潤	
	堂富 無嗣	大維 生一子	新騷 早亡	
		大光 無嗣		
		大利 生三子	蔭其 早亡 二妹 生一子 四妹 生一子	
仁帶 生五子	錦富 生二子	有成 外出 有就 往新會住		
	耀富 無嗣			
	廷富 生三子	有連 生二子	必祥 無嗣 福祥 無嗣	
		有林 無嗣 有秋 無嗣		
	如富 無嗣 允富 早亡			
士振 軍功五品 生一子	長滿 生二子	鉅堂 生五子	大騷 早亡	
			心坮 生一子	西良 早亡
			三騷 早亡	
			心廷 生四子	進元 生一子 進海 進才 進全
		釗堂 生二子	心暢 新 早亡 心怡 早亡	
	長潤 國學生 生三子	汝堂 議敘五品 生三子	業祥 生二子	進和 早亡 定鏌
			垣祥 早亡 德祥 生一子	定能 早亡
		棨堂 立一子	心容 無嗣	
		華堂 生二子	心容 出繼 心豪	
學大 生三子	長帶 無嗣 長順 出繼			

福大立一子	長進出繼
順昌立一子	長順佛山住
	長進無嗣

二十一世	二十二世	二十三世	二十四世	二十五世
逢立生一子	務庶立一子	成經生一子	其根	
逢日生三子	務榮早亡			
	務華無嗣			
	務富生一子	成英失傳		
逢高生四子	務享立一子	成永失傳		
	務多生五子	成文無嗣		
		成朋生三子	其求	
			其洪	
			其林	
		成宏早亡		
		成就無嗣		
		成亮無嗣		
	務邦生五子	成秋生五子	其翰	
			其滔出繼	
			其占	
			其象生一子	德華
		成細立一子	其滔	
		成永出繼		
		成才生三子	其良	
			其篆	
			其味生一子	二牛
		成悌早亡		
	務聖無嗣			
逢昌生四子	務本生六子	新騷早亡		
		成登早亡		
		成進無嗣		
		成君早亡		
		成經無繼		

	務賢 早亡 務生 無嗣 務安 早亡	成千 無嗣		
仕爵 生三子	奴婢 生一子 奴旺 早亡 奴平 早亡	成臻 早亡		
美發 生一子	務彩 無嗣			
文佳 生二子	遠光 無嗣 祥光 無嗣			
文元 生四子	以光 無嗣			
	乾光 生一子	繼同 生二子	炳和 瑛和 外出	
	仕光 無嗣 定光 無嗣			
士華 生四子 序選巡宰	迎斌 生三子	繼志 生一子	春和 生二子	錦枝 錦桃
	秀斌 立一子	繼獻 生二子	秋和 無嗣 理和	
		繼臨 早亡		
		繼彰 生二子	江和 外出 養和 早亡 梓和 無嗣	
	儀斌 職名安泰 生三子 即用縣尉	繼彰 出繼		
		繼昭 生一子	潤和 生三子	錦康 無嗣 錦佳 錦流 無嗣
	遂斌 無嗣			
士海 生一子	耀斌 失傳			
士龍 生一子	堯斌 生三子	繼祖 無嗣 繼平 無嗣 繼光 生一子	棉和	
正弟 生二子	錫斌 生六子	繼中 早亡 繼知 早亡 繼羊 無嗣		
		繼狗 生四子	星和 生四子	順隆

一	文開 生一子；文會 生一子；遂能 生四子；新和 生二子
二	盛斌 早亡；錦元 早亡；登朝 生二子；須勤 生二子；須儉 生三子；須桂 早亡；須監 無嗣；進升 往桂洲住 生四子；尚升 往香山黃圃住
三	繼松 無嗣；繼能 生八子；炳焯 生一子；炳標 早亡；御開 無嗣；啓開 生一子；寧開 生二子；柏開 無嗣；燊開 無嗣；聯興；勤興；阿九；阿觀 生二子
四	相和；壽和 生二子；柱和；嘉和 生一子；有和 生三子；福和 生三子；昌和 生二子；貴和 生一子；紹和；晃和；柏和；興和 無嗣；來享 無嗣；盛享 無嗣；繼享；樵端；錫端
五	順景；順錫；順成；順利；順勝；順求；順釗；順華；順發；順標；順廣；順邦

興和生二子	章升生三子	達君無嗣		
		盛君無嗣		
		汝君生一子	德良	
	順升生一子	錫君生四子	惠良生二子	容旺
				容弟
			權良無嗣	
			留良無嗣	
			衿良無嗣	
義和生一子	元升生二子	超君無嗣		
		茂君無嗣		
在寧生一子	善才無嗣			
	心才早亡			
	作才生二子	佶忠生一子	壽康	
	地才生一子	兆忠生一子	汝春生二子	廣盛
				廣達
修寧生一子	德才生五子	建忠生一子	藻榮	
		其忠生一子	浩榮	
		元忠		
		享忠早亡		
		成忠		
邦寧生一子	居才外出		汝釗生三子	廣紹 廣卓 廣斌
廣寧生一子	樂才無嗣		汝鋒生一子	廣溢
啓寧生三子	熾才生一子	珍湖生三子	汝金生一子	廣杰
	意才生二子	拔湖生四子	汝明	
			汝桐生四子	廣稔 廣余 廣强
		允湖	汝基生一子	廣欣
	接才生三子	就湖生三子	汝根無嗣	
			汝泮生二子	廣樹 廣稔
		揖湖生一子	汝均生一子	廣華
		初湖	汝登生二子	廣太 廣元
錦寧生三子	潤才			
	占才生二子	堯忠生三子	汝慶無嗣	
			汝來生二子	廣柏 廣枝
		流忠	汝平生一子	廣威
	志才生二子	為忠		
綏寧立一子	信才生二子	滔隆		

		潛隆生四子	汝榮生三子	廣鏗 廣堅
			汝錫	
			汝河生二子	廣泉 廣輝
			汝本生二子	廣佳
海寧生五子	信才出繼			
	令才生一子	達隆		
	寬才無嗣			
	亮才生三子	蚤隆無嗣		
		宇隆		
		新隆早亡		
	運才無嗣			
永寧生四子	成才生三子	仕隆生一子	汝堂	
		裕隆生一子	汝澄	
		浩隆生六子	汝九生三子	廣慶 元禧 廣志
			汝南	
			汝東	
			汝淦	
			汝鎮	
			汝江	
	喜才生二子	昌隆		
		紹隆早亡		
	沛才生二子	厚隆早亡		
	高才無嗣			
輝寧生一子	拾才外出			
	富才無嗣			
	進才無嗣			
	利才無嗣			
著寧生一子	緒才生七子	監湖外出		
		鉅湖無嗣		
		鍰湖外出		
		多湖外出		
		敖湖外出		
		堅湖外出		
卷寧生三子	柏才生三子	周湖生一子	宜興	
		潘湖		
		祥湖		

		澤湖早亡		
		林湖生一子	汝綱生一子	
		南湖生一子	春榮	
		北湖		
以寧生一子	盈才失傳			
梅寧生一子	岸才生四子	元湖		
		相湖		
		津湖		
		瑗湖		
泉寧生一子	健才生二子	偉湖		
		新湖早亡		
官寧生一子	干才生四子	悦湖生一子	海良	
		庚湖出繼		
		貞湖		
		相湖早亡		
恩寧生二子	賢才早亡			
	義才早亡			
	添才生一子	近湖		
	益才無嗣			
	桂才無嗣			
	遇才無嗣			
濟寧生一子	昭才早亡			
占元生二子	聚有			
	近有無嗣			
長庚生二子	阿顯早亡			
	阿光失傳			
浩源生六子	堂禮早亡			
	同禮出繼			
	純禮生一子	其太無嗣		
	儒禮生一子	恢太		
	柏禮生二子	猷太		
		惟太		
	鈿禮生一子	禧太生一子	鏡平生三子	禮顯
				材顯
				法顯
浩泉立一子	周禮無嗣			
殿源生四子	廣禮生一子 居省	蘇太無嗣		
	秉禮 無嗣 居省			

	政禮 居省			
	閑禮 居省			
瓊揚 生二子	崇禮 生一子	宏太 無嗣		
	敦禮 生一子	培太 無嗣		
敬祥 生二子	汝漢 生一子	炳昆 無嗣		
	汝成 生二子	培楠 早亡		
		炳林 外出		
恒發 生三子	勝才 無嗣			
	現才 無嗣			
	瑞才 失傳			
滿發 生二子	蔭才 生一子	高太 生一子	錢平 生六子	述顯
	自才			昭顯
				堯顯
紹發 生一子	鴻才			達顯
				榮顯
				英顯
新發 生三子	仕勤 生四子	聯太 早亡		
		閏太 早亡		
		庚太 無嗣		
		利太 無嗣		
	仕有 生一子	珍太 生一子	千平	
	仕英			
新冬 生三子	仕載 生二子	開太 生三子	況平 早亡	
			贊平	
			澤平	
		祥太 生二子	在平	
			朗平 早亡	
	仕繼 無嗣			
	仕富 生一子	廣太 生二子	健平	
			任平	
新興 生一子	仕政 生一子	寬太 早亡		
新安 生四子	仕禮 無嗣			
	仕應 無嗣			
	仕昆 無嗣	忠太		
		尚太		
		曉太	華平 生二子	蔣敏
				杰敏
		當太 生二子	强平 生二子	健敏
				志敏
	仕明 無嗣			
新會 生一子	仕良 生六子	莊太 生一子	錦平	

新秋 生二子	仕成 生五子	機太		
		海太 生二子	珠平 生四子	偉顯 南顯 强顯 全顯
			棉平 生一子	啟顯
		亨太		
		旋太		
		橋太 生一子	鋭平 生三子	耀榮 耀輝 耀廣
		凌太		
		枝太 生二子	高標 嗣堂	
		全太		
		生太		
		星太		
	仕坤 早亡			
錫味 生一子	錦全 生二子	赤桐 淡桐		
蒲振 生一子	仕鰲 生五子	萬桐 早亡		
		樂桐 生三子	權垣 早亡	
			榜垣	
			錫垣 生二子	求圻 淦圻
		壽桐 早亡		
蒲茂 生一子	仕仰 生一子	聯倉 無嗣		
蒲偉 生一子	苟　生一子	福才 無嗣		
蒲開 生六子	根基 無嗣			
	深基 生二子	坤長 妹長		
	添基 生二子	全長		
		佑長 生一子	湛垣 生一子	小明
		贖長 生一子	滿垣 生二子	杭援 忠援
	溢基 生一子	金長 早亡		
	潦基 無嗣			
	教基 早亡			
清蘭 生二子	業才 生一子	象桐		
	迪才 無嗣			
輝揚 生一子	志昆 生一子	勝恩 生三子	紹隆 紹芳 紹城	

泗揚 生一子	耀昆			
念揚 生二子	和禮 早亡			
	鉅昆 生一子	勝洛		
連德 生二子	應聰 失傳			
	然聰 失傳			
祖勝 生三子	英貴 早亡			
	啓能 生一子	湛光 立一子	慶淦	
	啓旺 生一子	炳光 生四子	慶瑞 生五子	輝遠 津遠 廣遠 棉遠 國遠
			慶淦 出繼	
			慶蘇 早亡	
			四蘇 早亡	
敦黃 生三子	有旁 早亡			
	有幸 生四子	初靖 生一子	仕英 生二子	啓良 啓陽
		初牛 早亡		
		初芬 早亡		
		新騷 早亡		
	有崧 早亡			
典能 生二子	有德 無嗣			
	有泰 早亡			
彩造 生一子				
包萬 外出				
新桐 兼祀有聯				
尚桐 生三子	有泉 早亡 初銘兼祀			
	有聯 生三子 兼祀朧伯	初銘 生一子 兼祀朧伯	佐英 生一子	硯宗
	職名炳賢補用知知縣花翎五品頂戴鎮平縣知事	榜名鼎元奉旨獎給舉人出身分禮部司務農林部主事		
晉楚 生二子	有盛 生四子	初植 生四子 生五子	棠英 生二子	紀良 紀炘
			達英 早亡	
			冕英 早亡	
			鏡英 生一子	宗偉
			炎英 生三子	德甜 德祥 德華
		初權 生二子	志信	
		初苗	志勇	家弘
		初宏 生四子	韜光 無嗣	
			和光 早亡	

- 晉興 生二子
  - 有敬 早亡
  - 有才 生一子
    - 初珍 無嗣
- 晉鐃 生一子
  - 有題 無嗣
- 新開 生六子
  - 有恒 無嗣
  - 有幹 無嗣
  - 新騷 早亡
  - 有煊
  - 有林
- 進儉 生三子
  - 有剛 早亡
  - 有鐺 早亡
  - 有枝 生三子
    - 初遠
    - 初業
    - 初柱
  - 有發 生一子
    - 初丁 生六子
- 就開
- 賜開
- 廣福 生二子
  - 紹德 生一子
    - 祖澤 無嗣
  - 紹能 生二子
    - 祖社 無嗣
    - 祖恩 無嗣
- 保赤 生二子
  - 紹麟 [illegible] 職名綸
    - 祖榮 生三子
      - 英毬 生一子
        - 錫齡
      - 小毬 生一子
        - 錫銓
      - 艷毬 生六子 六品軍功
        - 錫齡 出繼
        - 錫銓 出繼
        - 錫標 [illegible]
        - 錫福 早亡
        - 錫爵 早亡
        - 錫祥 無嗣
    - 祖輝 早亡
    - 祖耀 生二子
      - 興毬 生一子
        - 錫墉
      - 魁毬 無嗣
    - 祖光 早亡
  - 紹憲 早亡
- 嵩赤 生二子
  - 樑材 生二子
    - 祖華 生二子
      - 北堂 早亡
      - 北桂 生二子
        - 錫梯
        - 錫泰

	㮾柱生一子	祖國生二子	北鈕	
			北墫	
		祖級無嗣		
福赤生二子	紹馴生一子	求聚生二子	北成生六子 職名廷楷 貢戴花翎 補用府通判	錫萬早亡
				錫安
				錫慶
				錫懷早亡
				錫漢早亡
				錫德早亡
			北海生三子 職名一新 貢戴花翎 補用都閫府	錫洪
				錫榮早亡
				錫江早亡
	紹昌無嗣			
四福生一子	紹梅生一子	根珠生一子	北協	
五福生一子	紹明生三子	華東失傳		
		華照失傳		
		華河失傳		
卿發生四子	恩芳生三子	以和生二子	志聰立一子	贊祥
			志浩立四子	淦祥
				澤祥
				正祥
				贊祥出繼
		以信無嗣 職名佐清 順德協右營外委		
		以端無嗣		
	恩寵生一子	以敦立一子	志静	
	恩遠生三子	以約生四子	長次三俱早亡	
			志元生二子	鉅祥早亡
				雲開
		以鎮生三子	志怡生二子	煥棠
				桂棠
		以時生三子	志規	
			志養	
			志韻	
			志謙早亡	
			志静出繼	

卿雲 生七子 邑武庠 庠名緯韜
卿福 生五子 國學生 監名兆平
卿禄 生四子 乾隆乙卯科武舉 考授全省塘務府 榜名彦倫
卿襄 生五子

恩苗 生一子
恩萱 無嗣
恩勇 早亡
恩榮 無嗣
恩茂 無嗣
恩蒲 早亡
恩莊 生一子
恩祖 生一子
恩誥 立一子
恩昭 早亡
恩波 生三子
恩濟 生三子
恩裕 立一子
恩普 生四子
恩開 早亡
恩進 早亡
大廷 生十子

以敬 生一子
以善 早亡
以流 生一子
以勤 無嗣
以湖 生一子
以周 生二子
以貢
以嚴 生一子
以湖 出繼
以琚 無嗣
以初 生一子
以仁 生二子
以仁 出繼
以讓 生三子
以衡 生一子
以禮 無嗣
奔揚 繼先蔡祀
鷹揚 生三子 誥贈奉政大夫

志庸 生二子
志太
志圓
志泮
志相
志本 生二子
志廉
永高 早亡
志鑾 生二子
志懷 早亡
志暢 無嗣
志堅 生三子
志河 早亡
繼光 生六子 國學生 候選府同知

沛祥
賜祥 早亡
添榮
添松
迎祥
呈祥
吉祥
永祥
棉祥 早亡
麟祥 國學生 監名安邦

大仰 生一子
大儀 出繼
大佐 出繼
大任 生一子

輝揚 早亡
森揚 生二子
賡揚 生二子
翅揚 生二子
高揚 繼調兼祀
菊揚 繼壽兼祀
宇揚 生一子 從九品
福揚 繼強兼祀
恂揚 生一子
清揚 繼滔兼祀

繼坤 立一子
繼乾 生一子
繼樑 生五子
繼調 生二子
繼銷 早亡
繼垣 早亡
繼強 生八子 五品職銜
繼滔
繼壽 生二子 兼祀菊揚
繼章 早亡

勝祥
勝祥 出繼
滓祥
煒祥 星州
蘇祥 早亡
銘祥 早亡
烺祥 早亡
裕祥
啓祥
燿祥
騷祥 湛露兼祀
芬祥 湛金兼祀
連祥
秩祥
衍祥
鑑祥
業祥 國學生監名 定邦師範生 名藝濤
攀祥
鏗祥
鉦祥 旨賞五品頂戴 拔補營千總
權祥 邑武庠 官名廷修
楫祥 國學生 監名景榮
保祥 早亡 湛傑兼祀
降福 早亡 湛泉兼祀

卿元 立一子	大儀 無嗣			
卿領 立一子	大佐 生二子	景揚 早亡 秋揚 無嗣		
卿品 生二子	大安 附祀素祖行 大寬 附祀素祖行			
卿錦 生一子 附祀行素祖	逵訓 缺名 無嗣			
細妹 生二子	大秉 早亡 大猷 附祀學祖仲			
世揚 立一子生一子	作基 早亡 守基 祀兆杞兼			
錫揚 生一子	建基 無嗣			
繼祖 立一子	培基 生四子	蘇 早亡 心 早亡 兆林 外出 松 早亡		
鉅揚 生六子	培基 出繼 楠基 無嗣 廣基 生六子	兆祥 早亡 兆熙 早亡 兆鏗 早亡 兆柏 生四子	維垣 維安 維江 早亡 維珠	
		兆芳 生一子	維堯	
		兆芬 早亡		
	漢基 無嗣 成基 生二子	應倫 早亡 兆桐 生一子	維驥 早亡	
	文基 生四子	兆兼 早亡 兆簡 生五子	維概 生二子	鎰 能
			維忠 維椅 維金 新騷 早亡	
		兆教		

釗揚 生八子

始基 生一子
守基 出繼
壯基 生五子

兆棟 早亡

兆鐸

兆杞 生五子 兼祀伯守基

新騷 早亡
二騷 早亡
維拔 兼祀伯公守基
維佳
維柄

兆騷 早亡
兆吉 生一子 生三子
兆豐
兆年

維準

國基
鈿基 生五子

兆斌 早亡
兆光 早亡
兆永
兆沛
兆科

升基 生二子

兆平 生二子 生四子

維池 早亡
維妹 亦谷

兆謙 生一子

維澾

旋基 生三子

兆崧 早亡
兆河 早亡
兆生

鑛基 生三子

兆廉
新騷 早亡
兆松

鈎揚 生五子 國學生 監名燦垣

長基 生二子
熠基 生六子

兆藻
兆熄
兆卓
兆澎
兆勇
兆富
新騷 早亡
兆燕

蘇基 早亡

	祐基生二子	兆錦生一子		
		兆淮生二子		
成才生三子	長興生三子	新福生一子	用瑶無嗣	
		新挺生二子	用登無嗣	
			用鑾生一子	潽良
		新陰生二子	用緖生三子	縣良
				德良
			用千	慶良早亡
	長發生一子	新驄早亡		
	長仁無嗣			
成會生一子	長勝生三子	新意無嗣		
		新培		
		新奇生三子	潤榮	
			潤波	
			潤全	
成貴生一子	長渠早亡			
憲光生三子	應宏生五子	維清失傳		
		維瑶生四子	長次三俱早亡	
			拔開生一子	成壎
		維琨早亡		
		維庸生四子	連開生二子	成村
				成樂
			富開生二子	成梅
				成枝
			大開	
			四開早亡	
		維敏早亡		
	應有失傳			
告光生二子	應泰生四子	維平失傳		
		維顯失傳		
		維時失傳		
		維由生一子	志開	
	應祥生四子	維和早亡		
		維益早亡		

英彩 生四子
禧彩 生一子
檔彩 生二子
權彩 生二子
興保 生一子
錦有 生一子
錦騷 生一子
貴平 生三子
貴逵 生三子

松林 生一子
悦林 早亡
遇林 生三子
晲林 早亡
景林 生一子
允林 生三子
放林 生三子
炳林 無嗣
壁林 無嗣
金水
拱平 生四子
信平 無嗣
萬春 生二子
萬富 生二子
萬爵 無嗣
萬順
萬德 生三子

維以
維坤
海榮 生一子
鑑榮 生五子
奈榮 早亡
拔榮 早亡
樂榮 生一子
本榮
顯榮 早亡
江榮
喜榮 外出
堯榮 早亡
聶榮 外出
福樹 生三子
福楠 生一子
福漢
福求 生二子
興泰 生二子
興猷
允自
永自
新騷 早亡
[illegible]

焰芳
秦芳 早亡
汝芳 早亡
鄧芳 早亡
蘇芳 早亡
成鍋 已故
玲芳
燿南 海南
柱南 香港
[illegible]

	萬開 生四子	福標		
		福貴 早亡		
		福錦 生二子	賜其 賜棨 注棨	
		福玲 早亡 福祿		
錦華 生二子	端平 生一子 廣平	國輝 失傳		
錦麗 無嗣 錦梅 生一子	芳平 生一子	國貞		
錦和 無嗣				
錦元 生三子	裕平 生一子	福基 早亡		
	全平 生一子 祜平 早亡	福葵		
錦來 生八子	新平 生七子	福祥 生一子	佐永	
		新驟 早亡 福厚 福添 早亡 福賜 生五子 福安 福盛 生二子		
	昌平 無嗣 瑞平 無嗣 維平 生一子 紹平 早亡	新驟 早亡		
	清平 生三子	福慶 生一子 福澄 福湖		
	昭平 生一子 志平	福餘		
振宗 生一子	滿枝 無嗣			
振剛 立一子	保枝 生二子	日元 生一子	廣連	
		應元 生二子	廣賢 廣孝	
振輝 生四子	和枝 無嗣 材枝 生五子	惠元		

		以元		
		旺元 生一子	廣洛	
		偉元		
		卓元		
振榮 生二子	保枝 出繼			
	盛枝 無嗣			
	連枝 生一子	騷元		
	成枝 生一子	相元		
閏開 生四子	恢寧 早亡			
	養寧 無嗣			
	潛寧 外出			
	果寧 無嗣			
閏歷 生四子	葵寧 早亡			
	東寧 無嗣			
	西寧 無嗣			
	魏寧 無嗣			
閏珠 生四子	聚寧 生三子	汝韶 生一子	以莊	
		汝芬 生二子	正章	
			正標	
		汝勤 早亡		
	寶寧			
煇照 生三子	興矩 無嗣			
	興訓 無嗣			
	興勇 早亡			
煇燃 無嗣				
保禮 生二子	凌翰 生一子	尹進		
	凌教 早亡			
保章 生二子	凌調 生三子	滾進 早亡		
		登進		
		澄進		
	凌容 早亡			
保珍 生三子	凌泰 生三子	垣進		
		東進 早亡		
		南進 早亡		
	凌符 早亡			
	凌[illegible] 生二子	[illegible]進 早亡		

- 保昭 生五子
  - 凌良 立一子
    - 松進
  - 凌安 生一子
    - 松進 出繼
  - 凌北 生七子 生八子
    - 一至五俱早亡
    - 蘇進 生六子
    - 赤進 生二子
    - 八進 無嗣
  - 凌浩
  - 凌苟 生一子
    - 焜進
- （上接）鏵進 生三子
  - 遇占
  - 遇端
  - 新騷 早亡
- 保儒 生七子
  - 凌森
  - 凌衆 早亡
  - 凌邦 早亡
  - 凌蘊
  - 凌桔
  - 凌紹 生一子
    - 水進
  - 凌藻
- 保亮 出繼 生五子
  - 凌强
  - 凌河
  - 凌鑑
  - 凌基
  - 凌樞
- 保林 生五子
  - 凌滿 早亡
  - 凌珠
  - 凌載 生三子
    - 橋進
    - 高進 早亡
    - 漢進
  - 凌養
  - 凌純
- 新富 生一子
  - 騰開 生四子
    - 先童 早亡
    - 羣進 生三子
      - 恒源 生五子
        - 壯業
        - 培業
        - 爣業
        - 燕業
        - 藎業

		驥進 生一子	秩源 早亡	
			福源 生二子	端業
			泗源	佐業
		貫進 生二子	騷源	
			洪源 生一子	廣業
新榮 生二子	成林 生三子	添進		
		來進 生三子	遇容 生一子	發權
			遇明 生一子	達權
			遇坤 生一子	漢權
		達訓 缺名 生二子	遇享	
			遇永 生二子	三珠 富權
	健林			
新華 生四子	同林 無嗣			
	相林 生一子	興進 往陽山住		
	才林 出繼			
	吉林 早亡			
新茂 生二子	胖林 生四子	凌進 無嗣		
		顏進 生三子	樵芬	
			會芬 生二子	言權 毅權
			仲芬 生二子	澤權 鐵權
		德進 生一子	苡芬 生一子	銳權
		敬進 無嗣		
	眷林 生三子	魁進 無嗣		
		梯進 無嗣		
		報進 生一子	棉芬	
新基 立一子	才林 生一子	順進 往連州住		

		初箏 早亡 初棉 生三子 初學 生二子	新騷 早亡 耀光 大騷 早亡 二騷 早亡 阿騷 早亡 新騷 早亡	

孟房

二十四世	二十五世	二十六世	二十七世	二十八世
會才 無嗣				
汝騷				
灼新 生一子	瑞田			
慶新 權忠子四子				
嘉新				
燦新				
銘新 文忠子				
雲漢 早亡				
秦漢				
星漢 早亡				
洪漢 早亡				
松漢				
三騷 早亡				
廣漢				
英漢				
新漢				
七蘇 早亡				
滿漢				
朝漢 早亡				
輝漢				
蘇漢 早亡				
淩漢 生一子	標禮 生三子	文海 生一子	淇銘	
恩漢 早亡		文波		
燡漢		文康		
煋漢 生二子	標恒			
	標遠			
爒漢				
楠漢 生二子	標成 生一子	文韓		
	楠泰			
桃漢				
炆汉 生二子	標明 生一子	永健		
	標洪			
拾汉 生一子	標顯			
偉漢 生二子	恩榮 生一子	子健		
	展鵬			
國漢 生二子	德榮			
	智榮			

子方錦

子方錦

杰芳子	銓漢 銘漢				
華芳子	永漢 森漢 棉漢 烊漢 甜漢 四早俱亡				
	昭漢				
	冬漢 生一子	標榮 生二子	燦明 生一子 亮明 玉明	文燁	
	江漢 河漢				
	洪漢				
	永漢 生一子	標銓			
	其祥 柏祥				
	壯祥				
	裕祥 生二子	日章			
		韶章 生二子	樂成 桂城 生一子	景初	
	世祥 生一子	福章 生三子	佑成 生二子	炎恒 炎錫	
			德成 生一子 數成	兆湛	
	煊祥				
坤能子	教祥 生二子	富深 富冬			
基錫子	長根 生一子	銓發			
	長逵				
淸錫子	長康				
能昭子	侍祥				

能昭子

- 侍祥
- 大蘇 生一子
  - 耀章 生一子
    - 志成
- 保祥 生三子
  - 廷章
  - 維章 生二子
    - 詠康
    - 詠斌
- 作贊 生五子
  - 壽年 生三子
    - 良生 生二子
      - 志超
      - 慶超
    - 柱生 生一子
      - 達超
    - 杜生 生一子
      - 安超
  - 萬年 生二子
    - 偉生
    - 勇生 生一子
      - 毅超
  - 景年 生一子
    - 永生
  - 潤年 生一子
    - 健生 生一子
      - 權超
  - 貫年 生二子
    - 銘生
    - 錦生
- 作聯
- 作棉
- 作田
- 作廣 生三子
  - 成年
  - 志强 生一子
    - 筠樺
  - 志光
- 作求 外出
- 作基 早亡
- 新蘇 早亡
- 作祥
- 作堅 生三子
  - 樹年
  - 浩年
  - 樂年 生一子
    - 榮生
- 作慶 生一子
  - 郁年
- 作儀 生一子
  - 永年 生一子
    - 廣志

世英子

- 作圖
- 新蘇 早亡

世良子

- 作為
- 作團
- 作盤

- 世杰三子
  - 作標
  - 作新
- 世勤三子
  - 作梅
  - 作慈
  - 作騏
- 利江六子
  - 桂芬 早亡
  - 龍芬 早亡
  - 會芬 早亡
  - 獻芬 外出
  - 作芬 外出
  - 象芬
- 余江子
  - 頒芬 生四子
    - 象和 早亡
    - 仁和 早亡
    - 港和 生二子
      - 新英 生一子
        - 錦康
      - 留英 生一子
        - 錦泳
    - 觀和 生一子
      - 偉英
- 汝江六子
  - 衿芬
  - 禮芬
  - 棉芬 無嗣
  - 棟芬 生二子
    - 紹和 生一子
      - 榮英
    - 慶和 生一子
      - 坤英
  - 照芬 生三子
    - 泳和 生一子
      - 斌英
    - 金和 生一子
      - 堯英
    - 賜和 生一子
      - 熾英
- 新蘇 早亡
- 新蘇 早亡
- 新蘇 早亡
- 七芬 失傳
- 勝芬 無嗣
- 佑芬 生四子
  - 大和 早亡
  - 勇和 生一子
    - 明英
  - 根和 生一子
    - 標英
  - 志和 生一子
    - 煜英
- 新蘇 早亡
- 牛芬

鐵芬 無嗣
鋒芬 無嗣
淦芬 無嗣
培芬
流芬 無嗣
聯芬 無嗣
澄芬 生二子
- 新蘇 早亡

燕芬 生九子
- 樵和 生三子
  - 林英 生六子
  - 洪英 生一子
    - 錦烽
  - 澤英
- 長子 早亡
- 共和 早亡
- 邑和 已故
- 四子 早亡
- 敬和 已故
- 國和 生二子
  - 德明
  - 健明
- 七子 早亡
- 文和 生四子
  - 浩明 生一子
    - 家熙
  - 潤明
  - 潔明 生一子
    - 志榮
  - 家明
- 鑒和 早亡

子江坤
樹芬 無嗣
鍾芬 無嗣
桂芬 早亡
禧芬 早亡
新蘇 早亡
永芬 生二子
- 樹德
- 樹堅
- 樹銘

偉芬 生一子
- 沛麟

子中應　偉文子　子雄理　子雄景　景雄子　始雄子　子舒朋　子江威　子江…

蝴芬
煥芬
喜芬 無嗣
祥芬 無嗣
昭芬 無嗣
苟芬 生四子
禧芬 無嗣
利標 早亡
利泉 早亡
利忠
利通 生三子
利添 早亡
利能 早亡
利鏵 早亡
利苟 早亡
成燦 無嗣
成亮 無嗣
成金 無嗣
乃鎏 生三子
乃耀 早亡
乃材 生三子

文和 生一子
偉和 生一子
柏和
福來 生二子
福元 生四子
福贊 無嗣
富棉 生三子
富洪 生一子
富粱 生三子
富輝

志青
國英
國明 早亡
桂明 生二子
長次 二子早亡
仲明 生二子
錦明 生二子
永光
永强
永杰
永源
永康
永堅

兆昌
紹輝
紹權 生一子
紹坤
紹强
紹添

健鋒

富澤 生一子
- 永安

富江 生二子
- 永泉
- 永恒

乃六 生二子
- 富昌 生一子
  - 永邦
- 富明

乃春 生二子
- 富盛 生一子
  - 永丁
- 富國

乃溪 失傳

廣如子
- 景渠 無嗣
- 景桑 無嗣
- 景楠 出外

翰如子
- 景祥 無嗣
- 景球 無嗣
- 景濂 生一子
  - 煥萊 外出

蘭芳子
- 南長
- 南慶 生二子
  - 達用
  - 新蘇 早亡

子芳蘭
- 南永 早亡
- 南顯

子瑞蘭
- 南柱 生三子
  - 達燃
  - 達朗
  - 達灼
- 南潘 無嗣
- 南翰 早亡

養大子
- 南濂
- 鏡濂
- 棣濂
- 晚濂

悠大子
- 華濂 無嗣
- 二蘇 早亡

煜耀子
- 瑞祥 生二子
  - 紹珠
  - 新蘇 早亡

煜煥子
- 瑞祿 早亡
- 瑞禧
- 瑞英 生一子
  - 洲泰
- 瑞雄 生一子
  - 潘泰

子明文 维柱 生一子 — 顯祺
维照 生二子 — 顯鏡 生一子 — 雄文 生一子；顯鎮 無嗣
维梁 無嗣

长全子 寄遠 生一子
长崧子 熾遠 生一子；潤遠 生一子
长八子 定遠 生一子
长培子 盛遠 生一子；三遠 早亡；次遠 早亡

雄遠
长宽子 月生
长贵子 仲遠；能遠
长暖子 材遠 生一子
长贤子 滔遠 無嗣
长纯子 光遠 早亡
长璧子 懷遠 無嗣
长允子 森遠 無嗣
玉宸子 瑞潮 早亡

焜五子 瑞牛；瑞泰 早亡；瑞池 早亡；瑞新 早亡；瑞標 早亡
焜梅子 瑞苟 早亡
焜載子 瑞香；瑞通 早亡
焜煊子 瑞錫；瑞次 早亡；瑞河 早亡
焜煜子 瑞斌 無嗣；瑞廷 無嗣 … 成泰

耀輝 生一子 — 宇灝

文升子

- 維林
- 維泉
- 維農
- 維焯
- 維邦
- 維浩
- 維佑 生四子
  - 顯發 生一子
    - 學文 生一子
      - 耀榮
  - 顯潮 生一子
    - 基文
  - 顯寶 生一子
    - 偉文
  - 顯崧 生二子
    - 健文
    - 堅文
- 維潤 生一子
  - 顯成
- 享基 生六子
  - 大蘇 早亡
  - 二蘇 早亡
  - 福焱 無嗣
  - 福田 生六子
    - 兆安 生一子
      - 允勇
    - 兆輝 生一子
      - 允良
    - 兆全 生一子
      - 允彪
    - 兆和
    - 兆强 生一子
      - 允倫
    - 兆銘 生二子
      - 允釗
      - 允成
  - 福蘇 早亡
  - 福華

汝球子

- 繼成 早亡
- 繼二 早亡
- 繼三 早亡
- 繼四 早亡
- 繼五 早亡
- 繼六 早亡
- 繼七 早亡
- 繼八 生一子
  - 福耀
- 繼九 早亡
- 繼十 早亡
- 繼昌
- 繼全
- 繼德 早亡

子載汝
繼德 早亡
繼鴻
繼藻
繼忠
繼義 早亡
繼明 早亡
繼福 早亡
繼孝

子載汝
繼咸
繼茂
繼爽

子揚汝
繼聰 無嗣
繼科 無嗣

子瓊瑶汝
繼程

大蘇 早亡
二蘇 早亡
繼淦 生二子

子潜汝
繼谷
繼教
繼釗
繼七 早亡
繼八 早亡
繼波 早亡
繼悅 早亡

大蘇 早亡
福有

福日 生四子
福丙 早亡
福漢 早亡
四蘇 早亡

光漢 已故
兆權 生二子
新蘇
兆基

志杰
志雄

子達汝

繼四 早亡
繼尚
繼滿 生四子
　福棉 已故
　六蘇 早亡
　福長 生四子
　　育成
　　育才
　　育良 生一子
　　　德彰
　　育源
　福耀 生二子
　　兆恢 生一子
　　　學海
　　光享
　福志 早亡
　二蘇 早亡
　福珠 已故
　福根 生三子
　　家輝 生一子
　　　永堅
　　家勾
　　家良 生一子
　　　永峰
繼林 生一子
　福全 早亡
繼華 早亡
繼九 早亡
繼十 早亡
繼十一 早亡
繼慶 生一子
　福備 生三子
繼英 生二子
　福毅 生一子
　　永昊
　福堅 生二子
　　永峰
　　永國
繼申 生一子
　克敵
繼蘇 早亡
繼珠 生一子
　家材

子居汝

繼棟 生一子
　福灌 生一子
　　兆敏 生一子
　　　盛
繼胡 早亡
繼二 早亡
繼三 早亡

兆樑子 啓義
啓允 生一子
兆錫子 啓燦 早亡
啓蘇 早亡
兆佳子 啓鏵 生三子
兆藝子 啓湛 生三子
兆相子 啓林
啓湖
啓河
兆棠子 啓明 出繼
兆倫子 啓杰
啓元
汝標子 繼本
繼江 生二子
繼錢
汝澤子 繼元 生四子
繼蘇
繼周 生一子
繼拾 生二子
繼九 早亡
繼程 生四子
繼媛
繼熾 生五子
繼五 早亡
繼四 生二子

始珍
孔珍
洪珍
新蘇 早亡
志聰 生一子
志洪 生二子
志豪 生一子
福流 早亡
福彬 生二子
福巨 早亡
銘宗 生一子
福光 生一子
福麟
福麟 生三子
福輝 生二子
洛開 生一子
啓輝 生一子
啓明 生一子
啓光 生二子
啓樹 生三子

兆波
兆廣
兆森
兆倫
兆祥
兆明
明
紹軍
紹濤
紹靜
紹暉
紹文
紹新
紹俊
國淇
健淇
偉淇
貝淇
敏淇
劍淇

紹仰子	宏茂	生三子	英韋		
	高茂	出繼			
	永茂	無嗣			
	柏茂				
紹倫子	成茂	無嗣			
興贊子	仕壬	生一子	賀根	早亡	
興惠子	自綿	生一子	得勝	早亡	
光亮子	自培	無嗣			
興干子	自會	無嗣			
	自生	生三子	國新	早亡	
			國恩	早亡	
			國柱	早亡	
	自成	無嗣			
興池子	自泰				
	自煥				
兆當子	榮洪	生四子	達文	生一子	毅名
			達强		
			達華	生一子	兆基
			達成		
	榮標	生二子	達聰		
			達德		
	榮尖				
	榮二	早亡			
	榮蘇	早亡			
兆鵬子	啓煊				
兆騏子	啓勝				
	啓榮				
	啓聯				
	啓發				
	啓流				
	啓康	無嗣			
	啓崧				

紹恒子

年茂 無嗣
英章
英本
英周

宇茂 出繼
江茂 早亡
豐茂 早亡
念茂
木茂 無嗣
六茂 早亡
七茂 早亡
水茂

紹光子

桃茂 無嗣

聚慶子

羽光 無嗣
羽來 無嗣
羽貴 生一子
長弟
群第

聚昆子

羽球 生一子

耀忠子

補二十四耀忠
永泉
德輝

維新

孟房朝參祖

二十四世	繼熾 生五子					繼程 生四子				繼周 生一子
二十五世	啓樹 生三子	啓光 生二子	啓明 生一子	啓輝	啓開 生一子	福輝 生二子	福麟 生三子	福麒	福光 生一子	銘宗 生一子
二十六世	劍祺 敏祺 勇祺	偉祺 健祺	剛祺		俊祺	紹新 紹文	紹暉 紹静 紹濤		紹軍	明
二十七世										
二十八世										

二十四世	永培 生四子					永發 生二子			
二十五世	洪崧 生一子	洪満 生一子	洪標	洪玖 生三子		洪良 生六子			
二十六世	慶滔	慶紹 生一子	慶杰 生一子	慶材 生一子	慶善	慶超 生二子		慶昌	慶華 生一子	慶文 生一子
二十七世		福基 生二子	福恩	福浩		福方	福志 生一子	福泉	福祥
二十八世		雲程 雲毓					雲峰		

	二十四世	二十五世	二十六世	二十七世	二十八世
子培廣	秋來 生一子	湛倫 早亡			
	清來 生三子	朋勝 失傳			
		達勝 失傳			
		堯勝 失傳			
	南來 無嗣				
子雲廣		耀勝 生一子			
	福來 生三子	啓勝 無嗣			
		潤勝 生二子	紹華 生一子	勁康	
			健華 生二子	文康	
			錦華		
全弟子	本發 無嗣				
仲房	顯來 早亡				
		洪健			
		洪全 生四子	慶輝 生一子	紀敏	
			慶彬		
			慶其 生一子	致華	
			慶强 生一子	致恒	
		洪通 生四子	慶堂 生二子	福彬	
				福元	
			慶細 生一子	福勝	
			慶廣 生二子	福成	
				福根	
			慶昌		
		洪賢 生一子	慶林		
	永清				
	永餘	江就 生二子	慶生		
			慶科		
			慶榮 生一子	福康	
			慶成 生一子	福偉	

芬來 生二子
桐章 生一子
廣章 無嗣
鑑章 無嗣
故章 早亡
變章 失傳
浩章 生一子
淡培 生一子
炎培 早亡
冬培 外出雲南省住
牛培 生五子
啓培 早亡
三牛 早亡
伯成子
俊洛
俊步
伯直子
俊生
俊定
俊朝
以上五人俱外出
汝衆子
渣培 早亡
溢培 早亡
汝求子
有培 失傳
康年 早亡
澤年 生二子
汝添子
玲培 生二子

發倫 早亡
長倫 早亡
滿保 失傳
惠保 生一子
利南 失傳
利彬 無嗣
利竈 已故
利貞 失傳
利順 失傳
利益 生二子
利權 生二子
利滔
利鈞 生二子

雄仔 生一子
永安 生一子
永强 生二子
景智
景文 生一子
永堅

新騷
錦祥
錦雄
展峰

子玲溪

	利昌 生二子	永豪		
		永杰		
		永邦		
富銳 生三子	瑞泉			
	瑞揚 生二子	家文		
		家榮		
	瑞良			
富明 生一子	瑞劍 生三子	新權 生一子	卓偉	
		新輝		
		新耀		
富景 生一子				
富稔 生一子				
富標 生一子	瑞釗 生一子	宇斌		
國權 即富漢生三子	浩麟 生二子	兆峻		
		兆均		
	浩基			
	浩彬 生一子	兆峰		
富永 生三子	瑞鐘 生一子	尚干		
	瑞强			
	瑞賢 生二子	尚承		
		尚儒		

子思廣

勝根 生一子	慶堅 生一子	仲華		
國霖 生一子	偉堅			
國源				
大妹 生二子	輝炎 生三子	耀全 生一子	家成	
		錦全 生二子	家榮	
			家樂	
		細全		
	洪根 生二子	偉全		
		銘全		

大初 生二子	瑞明 生五子	滿全 生一子	志成
		滿堂	
		滿祥	
		滿蘇	
		滿洪 生一子	志華
	瑞光		
大全 生二子	培有 生二子	永泉	
		永生	
	錦培		
大泗 生一子	世英 生一子	洪華	
大五 早亡			
大開 生六子	少基 生一子	志標 生一子	俊輝
	權 生一子	志勇	
	松 生二子	志强	
		志亮	
	森 生一子	志斌	
	添 生一子	志康	
	根 生一子	志楊	
近冬 生二子	遐康 無嗣		
	錢康 無嗣		
溢冬 無嗣			
春冬 生三子	棠康 生二子	勝祥	
		慶祥	
	志康 生一子	家祥 生一子	文軒
	真康 生四子	滿祥 生一子	冠忠
		健祥 生一子	冠生
		漢祥 生一子	冠杰
		佳祥	
朗賢子			
年冬 早亡			
五冬 早亡			
六冬 無嗣			
滔賢子			
明冬 失傳			
利冬 失傳			

文英子

熾冬　無嗣
卓冬　生一子
棉康　外出
煊冬　生一子
濂康
盈冬　早亡
桂冬　生一子
健康　生二子
滿添　生二子
培基
漢明
滿輝　生一子
子謙

章綿　生一子
旋培　無嗣
相綿　早亡
淦綿　無嗣
銘綿　無嗣
五弟　早亡
巧綿　早亡
澤綿　無嗣
秩綿　生六子
慶國
慶二
慶崧　生一子
以仁
慶銓　生四子
啓德
啓兆　生一子
安邦
啓勝　生二子
鎮邦
興邦
慶椿　生一子
啓利
慶瑞
啓源
慶倫　生五子
啓榮
啓熙　生一子
家立
啓鴻　生一子
家駿
啓堯　生一子
家能
慶光　生二子
啓泰
啓良

子良獻

植綿 無嗣
祿綿 生六子
- 慶斌 生二子
- 慶强 生一子
- 慶堅 生二子
- 慶聰 生二子
- 慶煊 生一子
- 慶城 無嗣
- 慶常 生一子
- 慶差

啓輝 生二子
- 家忻
- 家浩

啓瑋
啓琮
啓邁 生一子
- 新蘇

啓致
啓舜 生一子
- 加卓

啓政
啓申
啓琛
子敬

子良焜

藝綿 早亡
炎綿 無嗣
在綿 無嗣
灝綿 生六子
- 原培 早亡
- 曉培 早亡
- 甜培 早亡
- 潛培 無嗣
- 新蘇 早亡
- 有培 早亡

履綿 無嗣
祺綿 生七子
- 南培 無嗣
- 新蘇 早亡
- 册培 早亡
- 撰培 無嗣
- 新蘇 早亡
- 養培 生五子

香生 生一子
- 歷安

新蘇 早亡
良生 生二子
- 志安

子良載

			宇安	
		慶生　生一子	冠安	
		棨生　早亡		
	七培　早亡			
能錦　無嗣		福生　無嗣		
時錦　生一子	業培　生三子	澤生		
		養生		
五蘇　早亡				
六蘇　早亡				
七蘇　早亡				
八蘇　早亡				
創錦　生一子	輝培　生一子	漢生		
十蘇　早亡	照培			
世錦　生三子	娣培			
	秋培			
紹錦　生三子	善培　生一子	東生　生一子	路德	
	衍培　生一子	鐵生		
	應培　無嗣			
活錦　早亡				
岳錦　早亡				
業錦　早亡				
暢錦　生四子	棨培　無嗣			
	早培　無嗣			
	佐培　早亡			
	燦培　生二子	利生　生二子	健安	
			泳安	
		炳生　生一子	永安	
述錦　早亡				
喜錦　早亡				
經錦　無嗣				
桃錦　無嗣				
義錦　早亡				

子良獻

六綿 早亡　七綿 無嗣　八綿 無嗣　恂綿 早亡　松綿 早亡　昌綿 生一子　祥綿 生一子　五綿　立綿 無嗣　翰綿 無嗣　贊綿 早亡　曠綿 生二子　杞綿　讓綿 無嗣　流綿 無嗣　忠綿 生一子　心綿 生一子　延綿 生一子　濠綿 無嗣　同綿 早亡　新蘇 早亡

約培 早亡　文培 生一子　盛培 生二子　鑄培 生三子　大子 早亡　二子 早亡　枝培 生二子　賀培 生一子　永培 無嗣　裔培 生二子

國生　劍橋　英賢　卓生 生二子　偉生 生二子　寵生 生一子　泳生　沛生　啓宏　啓超 生二子　啓安 生一子

潤安　宏安　達安　成安　森安　家强 生一子　家榮 生一子　斌萃

聲恒　聲航

子良教 子良仲　子良佑　子良必　子良志 子良維

[illegible]綿 無嗣		
華綿 生二子	學培 無嗣 覺培 無嗣	
多綿 生一子	均瑞	
才綿 無嗣		
法綿 無嗣		
校綿 生一子	波培 生二子	建生 景生
和綿 無嗣		
偉綿 生一子	慶文 生一子	進軒
意綿		
棧綿 生二子	均培 樂培	
當綿 生一子	晉培	
錦綿 無嗣		
根綿 無嗣		
嘉綿 無嗣		
靜綿		
爽綿 生二子	玲培 早亡 景慶 無嗣	
潘綿 早亡		
嘆綿 早亡		
江綿 無嗣		
湛綿 無嗣		
在綿 無嗣		
祚綿 無嗣		
壯綿 生一子	慶言 生二子	啓船 啓昌
竈綿 生八子	大 早亡	
	慶波 生一子	啓强 生一子
	慶鏜 生二子	啓雄 啓櫟
	四 早亡	

子揆良　子以良子和良子良就子良作子良交子良全子良祝　子良谷

三綿 生五子
新蘇 早亡
輝綿 生五子
標綿 生一子
瑞綿 早亡
建綿 無嗣
多綿 無嗣
樂綿 無嗣
準綿 無嗣
鏡祥 生一子
洪祥 無嗣
大蘇 早亡
勝祥 生四子
珍祥 無嗣
四蘇 早亡
五蘇 早亡
熾祥 生一子

五 早亡
慶申 生一子
慶滿 生一子
慶杰
大 早亡
慶鎏 生一子
慶和 生一子
慶發
慶秋
大 早亡
慶榮 生一子
慶焯
慶祥
慶財
慶偉
定卓 無嗣
定垣 無嗣
安靜 早亡
定賺 無嗣
定芬 生三子
定坤 無嗣

啓泉
啓文
啓峰
啓聰
啓楊

呈祥 無嗣				
添祥 生三子	定珠 無嗣			
	定二 早亡			
	新蘇 早亡			
恩祥 無嗣				
麟祥 生二子	定熹 早亡			
	二枚 生一子			
著祥 生一子	大枚 生二子	厚基 無嗣		
		紹基 生二子	楚明	
			楚亮 生一子	新蘇
逢祥 無嗣				
守祥 無嗣				
新蘇 早亡				
四蘇 早亡				
五蘇 早亡				
耀祥 無嗣				
汝祥 無嗣				
子泰興子興儀				
昆祥 無嗣				
鳳祥 無嗣				
安祥 無嗣				
子興盛				
根祥 生二子	定球			
	定鏵			
鳳祥 出繼				
子光錦				
堯祥 生四子	定淦 無嗣			
	二蘇 早亡			
	三蘇 早亡			
	四蘇 早亡			
瑞祥 生一子	定榴 早亡			
睿祥 生五子	定錢 生三子	銓基 生二子	楚奇	
			楚聲	
	定堅 早亡			
	定國 早亡			

子興來 子興聚 子興萬 子禮津

寧祥 生四子	定德 早亡			
	定蘇 生三子	佑基 生二子	楚亮	
			楚權	
		偉基 生一子	楚僑	
		賢基 無嗣		
		沛基 生一子	楚恒	
		永基 生一子	楚揚	
	定燦 無嗣			
	定漢 無嗣			
	定森 生二子	佐基 生三子	楚强 生一子	浩醒
			楚輝	
			楚勇	
		潤基 生二子	楚榮	
			楚峰	
	定清 無嗣			
河祥 無嗣				
社珠 生五子	啓祥 早亡			
	啓匡 早亡			
	啓芳 早亡			
	啓香 早亡			
	定河 無嗣			
社朝 無嗣				
振鰲 無嗣				
干祥 無嗣				
在祥 無嗣				
祖祥 生三子	定全 生一子	國文 早亡		
	定基 生三子	國堅 生二子	楚明	
			楚雄 生一子	浩然
		國太 生一子	楚彬	
		國賢 早亡		
	定安 早亡			
棉祥 生二子	定義 生一子	國洪 生一子	楚杰	

		定鏘 無嗣			
	溢祥 無嗣				
	潜祥 生一子	定波 無嗣			
	八祥 生五子	大 早亡			
		啓香 早亡			
		定樹 生四子	偉基 生一子	楚超	
			洪基 生二子	楚成	
				楚鐘	
			錦基 生一子	楚煜	
			福基 生一子	楚權	
				楚倫	
		定林 生四子	永基 早亡		
			志基 生一子	楚坤	
			甜基 生一子	楚盛	
			銳基		
來才子		定標 生二子	紹基		
			廣基		
		定金 生一子	銘基 生一子	楚浩	
遇才子	義祥 住省城				
	賜義 生三子	定芳 生二子	和基 早亡		
			順基 生三子	楚文	
				楚尚	
添才子				楚培 生一子	凱擯
		新蘇 早亡			
		定鋼			
	世義 生六子	定邦 生二子			
		新蘇 早亡			
		定嚴			
		定權			
		定韶			
		定樵			
大海子	陰忠 失傳				

- 陰孝 失傳

大滔子
- 陰標 失傳
- 陰堯 失傳
- 陰坤 早亡
- 陰清 失傳
- 陰喧 失傳
- 陰昭 失傳
- 陰潤 失傳

大維子
- 新蘇 早亡

大利子
- 陰其 早亡
- 二妹
- 四妹

有連子
- 必祥 無嗣
- 福祥 無嗣
- 大蘇 早亡
- 心培 生一子
  - 良
- 三蘇 早亡

鉅堂子
- 心蜓 生四子
  - 進元 生一子
  - 進海 無嗣
  - 進才 失傳
  - 進金 失傳
- 心暢

汝堂子
- 業祥 生三子
  - 進和 早亡
  - 定饌 早亡
  - 定强
- 垣祥 失傳
- 德祥 生一子
  - 定能 早亡

華堂子
- 心容 無嗣
- 心豪 失傳

父	二十四世	二十五世	二十六世	二十七世	二十八世
成經子	其根 無嗣				
	其求 無嗣				
成朋子	其洪 失傳				
	其林 失傳				
成秋子	其翰 失傳				
	其滔 出繼				
	其占 生二子	祥興 無嗣			
		祥利 生三子	忠輝 生一子	蘊恒	
			忠偉 生二子	蘊麒	
				蘊麟	
			忠毅		
	其象 生一子	德華			
成細子	其滔 失傳				
成才子	其良 無嗣				
	其篆 失傳				
	其味 生一子	二牛 生二子	偉金		
			偉文 生一子	志波	
繼同子	炳和 無嗣				
	焕和 外出				
繼志子	春和 生二子	錦枝			
		錦桃			
繼獻子	秋和 無嗣				
	理和 失傳				
繼彰子	江和 外出				
	養和 早亡				
	梓和 無嗣				
繼昭子	潤和 生三子	錦康 無嗣			
		錦佳 生二子	永開 失傳		
			均開 生三子	慶祥	
				淦祥 生一子	權生
				樂祥 生二子	偉生

阿觀子　寧開子　召開子　炳卓子　繼能子　繼狗子　繼光子

惠良 生二子
容旺 生一子
學賢 生五子
國洪 生一子
道明

德良

錫端 無嗣
樵端 無嗣
繼亨 失傳
盛亨 無嗣
來亨 無嗣
興和 無嗣
相和
晃和 早亡
紹和
貴和 生一子
昌和 生二子
福和 無嗣
有和 生三子
嘉和 生一子
柱和 無嗣
壽和 生二子
相和 無嗣
星和 生五子
綿和 無嗣

順邦
順廣 無嗣
順標 無嗣
順發 失傳
順華 失傳
順釗
順求 無嗣
順勝 生一子
順利 無嗣
順成 生一子
順四 早亡
順窩 無嗣
順景 生二子
順隆 生二子
錦流 無嗣

洪平
志漢 生一子
石平 早亡
偉平 早亡
治平 無嗣
海平 生一子

耀欣
永强

毅生

				偉洪 生一子	道晃
				四洪 早亡	
				標洪 生二子	道星
					道昌
		容弟 無嗣			
錫群子	權良 無嗣				
	留良 無嗣				
	袊良 無嗣				
	壽康 無嗣				
兆忠子	汝春 生二子	廣盛			
		廣達 生一子	家保		
提忠子	藻榮 無嗣				
其忠子	浩榮 無嗣				
珍朋子	汝劍 生三子	廣紹 生一子	文溪		
		廣卓 生一子	文毅		
		廣斌			
	汝鋒 生一子	廣溢 生一子	文博		
	汝全 生一子	廣杰			
拔朋子	汝桐 生四子	大子 不入族			
		廣稔 生一子	文禮		
		廣餘 生一子	文江		
		廣強 生一子	文權		
	汝基 生一子	廣欣 生二子	文錦		
			文偉		
	汝森 早亡				
就朋子	汝根 無嗣				
	汝洋 生二子	廣樹 生一子	永強		
		廣陰 生一子	永成		
	汝均 生一子	廣華 生一子	錦權		
翁朋子	汝登 生二子	廣泰			

太子悅胡子南胡子林胡子周胡子　浩隆子　裕隆子 仕隆子　潛隆子　子興儀　子興儀

汝慶 無嗣
汝來 生二子
汝平 生一子
汝榮 生四子
汝錫 無嗣
汝河 生二子
汝本 生二子
汝堂 無嗣
汝澄 外出
汝九 生四子
汝南
汝東
汝淦 無嗣
汝鎮 外出
汝江 外出
宜興 早亡
汝綱 早亡
春榮 早亡
海良 無嗣
鏡平 生三子

廣源 生一子
廣柏 生一子
廣枝 生一子
廣威
廣鏗 生一子
廣鉅 早亡
廣堅 生二子
廣棉 早亡
廣攀 早亡
廣泉 生一子
廣輝 生二子
廣佳 生一子
元禧 外出
二 早亡
廣慶 生一子
廣志 生一子
禮顯

嘉倫
文璣
文燁
發坤 生一子
江鋒
永鋒
發健
發波
發沛
文聰
文暉
濱 生一子

耀麟
俊深

高太子
- 鐵平 生六子
  - 柏[illegible]
  - 發顯
  - 近顯
  - 釗顯
  - 堯顯 生二子
    - 慶華
    - 慶權
  - 達顯 生一子
    - 慶波
  - 榮顯 生一子
    - 慶鏗
  - 英顯 生一子
    - 慶昌

珍太子
- 干平 外出

開太子
- 悅平 早亡
- 贊平 外出
- 澤平 外出

常太子
- 在平 外出
- 朗平 早亡

廣太子
- 健平 無嗣
- 任平 外出

當太子
- 華平 生二子
  - 蔣敏
  - 杰敏 生一子
    - 思豪
- 强平 生二子
  - 健敏 生一子
    - 景斌
  - 志敏 生一子
    - 景亮

壯太子
- 鄧平

海泰子
- 珠平 生四子
  - 偉顯 生一子
  - 南顯
  - 强顯
  - 全顯
- 棉平 生一子
  - 敬顯 生一子
    - 慶倫

橋太子
- 銳平 生三子
  - 輝榮 生一子
    - 卓鴻
  - 輝輝 生一子
    - 文鼎
  - 輝廣

枝太子
- 高標 外出
- 嗣堂 外出

亮楓子
- 炎垣 生二子
  - 典圻 外出
  - 新更 早亡
- 榮垣 早亡

樂桐子
- 權垣 早亡
- 榜垣 無嗣
- 錫垣 生三子
  - 永圻 生三子
    - 文偉
    - 文嘉
    - 文浩 生一子
      - 子俊
  - 照圻 早亡
  - 淦圻 未娶

佑長子
- 湛垣 生一子
  - 小明

廣長子
- 滿垣 生二子
  - 抗援
  - 忠援 生一子
    - 蝦仔

勝因子
- 紹隆 外出
- 紹芳 外出
- 紹城 外出

炳光子
- 廣瑞 生五子
  - 輝遠 未娶
  - 津遠 生一子
    - 基立
  - 廣遠 生一子
    - 南思
  - 棉遠 生一子
    - 樂民
  - 國遠
- 慶淦 早亡
- 慶更 早亡
- 四更 早亡

初請子
- 仕英 生二子
  - 啓良 生二子
    - 建康
    - 建樂
  - 啓陽

初銘子
- 佐英 生一子
  - 宗硯

- 達英 早亡
- 冕英 早亡
- 鏡英 生一子
  - 宗偉 生一子
- 炎英 生四子
  - 大 早亡

德甜 生一子 — 健欣
德祥
德華 生一子 — 健潮

棠英 生二子 — 紀良、紀忻

初權子
智信
智勇 生一子 — 家弘

初宏子
韜光 無嗣
和光 早亡
新蘇 早亡
輝光 失傳
大蘇 早亡
二蘇 早亡

初梯子
熾光 生三子
- 銘坤 生三子 — 廣海、廣洋、廣泳
- 銘強 生一子 — 廣俊
- 銘登

流光 生二子
- 銘曉 生二子 — 廣財、廣釗
- 銘河 生二子 — 廣通、廣源

潤光

初學子
阿蘇 早亡
新蘇 早亡
光垣
光熾 生二子 — 育祺、珈祺

初丁子
光熙 生二子 — 樂仁、樂信
四子 早亡

祖榮子　祖輝子　祖華子　祖國子

光榮
光明

英毬　立一子
小毬　立一子
艷毬　生六子六品軍功
興毬　生一子
魁毬　無嗣
北堂　早亡
北桂　生二子
北鉗　無嗣
北壎　生四子
北成　生六子職名廷樸賞戴花羽補用府通意大利

錫玲
錫銓
錫玲　生一子
錫銓　出繼
錫標　無嗣
錫福　早亡
錫爵　早亡
錫祥　無嗣
錫墉　無嗣
錫梯　無嗣
錫泰　無嗣
錫瀚　無嗣
錫祺　生三子
錫杰　生一子
錫希　未娶
錫萬　早亡
錫安　失傳

策兼　生四子
偉兼　生一子
成兼　生二子
棠兼　生二子
禮兼　生一子

詠觴　生二子
詠基　生一子
詠陶　生二子
詠炎　生一子
詠邦
詠輝
詠明
詠雄
詠發
詠忠

練强
練成　生一子
練正
練燦
練雄
練翔

求聚子 根珠子 以和子 以敦子 以約子 以鎮子 以時子

北海 生三子 職名一新 賞戴花羽補用都閫府
北協 失傳
志聰 立一子
志浩 生四子
志静 無嗣
長次三俱早亡
志元 生二子
志怡 生二子
志規 無嗣
志養 無嗣
志款 失傳
志謙 早亡
志静 出繼

錫慶 無嗣
錫懷 早亡
錫漢 早亡
錫德 早亡
錫洪 生二子
錫榮 早亡
錫江 早亡
淦祥 生三子
澤祥 無嗣
正祥 無嗣
贊祥 出繼
鉅祥 早亡
雲開 生三子
焕棠 無嗣
桂堂 生一子

龍兼
鳳兼
湛珠 無嗣
湛隆 生一子
湛浦 生二子
湛歷 生二子
湛盧 生一子
湛博 生一子
湛江 生二子

桂綿 生一子
洪綿 生一子
光綿 生一子
輝綿
嘉綿
勛綿
勁綿 生一子
日綿
沛綿

鶴玲
鶴勇
鶴展
鶴謙

以散子 以流子 以胡子 以周子 以嚴子 以和子 以仁子 以讓子 以衡子 鷹揚子

志庸 生二子
- 沛祥 失傳
- 賜祥 早亡

志太 失傳

志圓 失傳

志泮 失傳

志相 失傳

志本 生二子
- 添榮 外出
- 添松 外出

志廉

永高 早亡

志鑾 生二子
- 迎祥 失傳
- 呈祥 失傳

志懷 早亡

志暢 無嗣

志堅 生三子
- 吉祥 失傳
- 永祥 失傳
- 棉祥 早亡

志河 早亡

繼先 生六子國學生候選府同知
- 麟祥 國學生監名安邦
- 降福 早亡
- 保祥 早亡
- 楫祥 生三子國學生監名景榮
  - 湛素 早亡
  - 湛杭 無嗣
  - 湛湘 生三子
    - 榮綿
    - 德綿
    - 應綿
- 耀祥 生一子邑武庠官名廷修旨賞五品頂戴板補營千總
  - 湛鰲
- 鉦祥 無嗣

鏗祥 生三子
- 次 湛理 早亡

恂揚子　宇揚子　翅揚子　庚揚子　森揚子　兆柏子　光芳子　兆同子

繼滔　無嗣
繼强　生八子五品職銜
繼垣　早亡
繼銷　早亡
繼調　生二子
繼樑　生五子
繼乾　生一子
繼坤　立一子
維垣　失傳
維安　早亡
維江　早亡
維珠　失傳
維堯　失傳
維騏　早亡

攀祥
業祥
鑑祥
衍祥
秩祥
連祥
芬祥
耀祥
蘇祥
啓祥　無嗣
豫祥　無嗣
良祥　早亡
銘祥　早亡
蘇祥　早亡
煒祥　外出
渤祥　無嗣
勝祥
勝祥

湛玉　生三子

汝綿　生二子
錫綿　生二子
勝綿

志雄
志輝
志均
志標

兆杞子

- 維柄 生二子
  - 基能 生二子
    - 允明 生一子
      - 永耀
- 維佳 外出
- 維板 外出
- 二蘇 早亡
- 新蘇 早亡

兆蘭子

- 維金 生四子
  - 錫能 生一子
    - 允健
  - 灼能 生一子
    - 允均 生一子
      - 務恒
  - 華能 生二子
    - 允彬
    - 允溪 生一子
      - 務深
  - 柱能 生二子
    - 允權
    - 允泰 生一子
      - 務當
- 維椅 早亡
- 維忠 生六子
  - 炳能 生二子
    - 允醒
    - 允强 生一子
      - 務鍇
  - 五能 早亡
  - 浩能 生一子
    - 志華
  - 三能 早亡
  - 桂能 無嗣
  - 標能 生五子
    - 允鑄 生一子
      - 務宏
    - 允淦 生二子
      - 務彭
      - 務文
    - 允鉅 生一子
      - 務初
    - 允聯
    - 允湛
- 維概 生三子
  - 撰能 生四子
    - 允鏘
    - 允明
    - 允鎏
    - 允堂 生三子
      - 務德
      - 務中
      - 務正
  - 二能 早亡
  - 溢能 無嗣

兆吉子 維準 早亡			
維考 生二子	長能 生一子	允業	永洪
		允堅	永耀
	德能		
	燦能 生一子	柏欣	
三 早亡			
維新 無嗣			
兆平子 維池			
維錢 生二子	世雄 生二子	嘉超	
		嘉進	
維森 生四子	文恩 生一子	駿熙	
	文錦		
	文瑞		
	文輝		
維谷 生二子	文强 生一子	嘉堂	
	文梯		
兆謙子 維縫			
新福子 用瑶 無嗣			
新挺子 用登 無嗣			
用變 生一子	潛良 外出		
兆錦子 維大 早亡			
維棉 生一子	勇能		
兆淮子 維一 早亡			
維材 生一子	智能		
	永能		
新蔭子 用緒 生三子	縣良 失傳		
	德良 外出		
	慶良 早亡		
用千 無嗣			
新奇子 潤榮 外出			
潤波 外出			

維瑶子	潤全 外出			
	長次三俱早亡			
	拔開 生一子	成壎 外出	永漢	
			永鴻 生一子	潤深
	連開 生二子	成材 外出		
		成樂 外出生一子	永珠 生一子	俊彬
維膺子	富開 生二子	成枚		
		成枝 生一子	永沛 生一子	俊基
	大開 外出			
	四開 早亡			
維由子	志開 外出			
海榮子	滔芳 無嗣			
鑑榮子	秦芳 早亡			
	汝芳 早亡			
	鄧芳 早亡			
	蘇芳 早亡			
	成鍋 無嗣			
福樹子	玲芳 無嗣			
	順女 生三子	然昌 生一子	永超	
		松昌 生一子	永華	
		錫昌		
	順四 生四子	富昌 生一子	永峰	
		仲昌 生一子	永安	
		餘昌 生一子	永春	
		日昌 生一子	永秋	
	順六 生一子	燦榮 早亡		
	佐耀 生二子	橋昌 生一子	永祥	
		熾昌 生一子	永剛	
福求子	佐生			
	佐廣			
興太子	耀南 無嗣			
	柱南			
福光子	新蘇 早亡			

福棉子　福六子　福祥子　福次子　福威子　福慶子

埗全　無嗣

賜其　早亡

注榮　生三子
- 銘旺　生一子
  - 初坤
- 暖旺　生一子
  - 初輝
- 根旺　生一子
  - 初杰

注現

注瓊

注満

佐永
- 大　早亡
- 振堯　生一子
  - 文杰
- 振輝　生一子
  - 宗彥

佐儀　早亡

佐國　生三子
- 振廷　生一子
  - 家卓
- 振強
- 振劭　生一子
  - 家豪

佐森　生一子
- 志文

佐鵬　早亡

佐禮　生一子
- 成堅

佐二　生三子
- 材堅　生一子
  - 家顯
- 洛堅　生一子
  - 家欣
- 錦堅　生一子
  - 家棉

佐三　早亡

佐養　生一子
- 信堅

佐恒　生二子
- 勝堅　生二子
  - 家輝
  - 家榮
- 達堅

佐一　早亡

佐桃　生一子
- 沛堅

佐賢　生二子
- 文堅　生一子
  - 家標
- 應堅　生一子
  - 新丁

佐秋　生二子
- 華堅
- 明堅　生一子
  - 新丁

日元子 廣連 外出

應元子 廣賢 無嗣
廣孝 外出

旺元子 廣洛 外出

汝韶子 以莊 生三子

汝分子 正章 無嗣
正標 早亡
遇占 失傳
遇端 失傳

鐸進子 新蘇 早亡

遇佳 生一子 — 文權 生一子 — 發初
遇明 生二子 — 輝權、英權

蘇進子 遇光 生一子 — 應權
遇泉 生一子 — 煒權
遇五 早亡
遇全 生一子 — 杰權

赤進子 遇添
遇景 早亡

恒源 生五子 — 壯業 生七子 — 一至七子無嗣
培業 無嗣
燦業 無嗣
燕業 無嗣
盡業 生一子 — 楚裕 無嗣

群進子 秩源 無嗣
福源 生二子 — 秩、端業 無嗣、佐業 無嗣

騏進子 泗源 無嗣
蘇源 早亡

貫進子 洪源 生一子 — 廣業 失傳

來進子 遇容 生一子 — 發權 生二子 — 國強、國保

儀興子

遇明 生一子
- 達權

遇坤 生一子
- 漢權 生四子
  - 銘初 生一子 — 永强
  - 鑄初 生一子 — 永健
  - 錦初 生二子 — 永標、永彬
  - 鉅初 生一子 — 永康

遇亨 早亡

遇永 生五子
- 三珠 早亡
- 富權 早亡
- 三子 早亡
- 有權 生七子
  - 榮初
  - 華初 失踪
  - 輝初 失踪
  - 廣初 生一子 — 智毅
  - 嘉初
  - 鴻初 失踪
  - 良初
- 志權 生五
  - 明初 五
  - 聲初 人
  - 偉初 居
  - 旭初 澳
  - 安初 門

樵芬 失傳

會芬 生二子
- 言權

顧進子

仲芬 生二子
- 毅權
- 澤權 生一子
  - 乃堅
- 鐵權 生三子
  - 乃基
  - 乃添
  - 乃聰 生一子 — 家盛

報進子 法進子

苡芬 生一子
- 銳權 無嗣

棉芬

衎烈堂世行錄

1至17世

良登羅氏家訓

當謂父史之教不先則子弟之率不謹用述

祖宗家訓以傳奕世遵守

一大小宗祠當潔浄神收藏祭器積貯田租三房子孫不得在祠雜劇歌戲迎神賽會堆積禾草放　修整器物門前不許曬晾至若婚聘喜事待客筵宴聽輪匙事畢灑掃封門無致損失祭器祠宇日后稍有傾圮立為設法修理勿得玩視若待大壞工費浩繁適滋不孝

一大小宗蒸當祖息専供祭祀之需司主守者同值年提調公乃心勤乃事毋妄費毋侵漁用之辦祭品用之修祠墓有余生而取息為萬世永之基若子孫有昧義忘本欺心負騙神人共怒稽諸明嘉靖初年有三人將祭田投獻勢宦其不孝具名百世不能改也厥子孫亦遂流落不振后之人當深思而猛省

一遇祭祠祭墓輪年提調領銀辦儀範期灑掃厥明香燈

壺盞齊備子孫盛服齊集分別尊卑班次主祭就位行禮各
宜肅誠毋得喧嘩致失禮體倘若不冠不履的踏闖亂祭
畢罰跪玉香一枝幼稚責在父兄代跪以為不教訓者戒
祭祀收支數目提調開列粘祠衆知
一子姪當冠隨意請實賓禮而字焉俾其弃而幼志勉勵
成人既冠除親伯叔外余皆呼字不必沿習行賀不宜設酒
盛飲主家只備果酒照常叙會俾得知其有字可已家薄
不能者聽其自便
一娶婦悉依家禮舉行遇有期喪以上不許鼓樂其酒席
稱家有無隨意延請請及者只科銀二分為河頭禮如有贈
的的答俱用折儀至於梅酌亦隨意延請無則止之及歸
婦歸妯娌備茶相會只請新婦一家乃見誠敬不在遍請
宗族至於嫁女亦的裁省冗費茶酒隨便約行之
一結親莫論貧富須擇閥閱相登若苟慕其財既以不得
下户議及之恐滋玷辱慎之戒之

一親喪各量身家竭力營辦棺的此乃送終大事祭葬盡誠勿尚浮文勿信師巫勿蹈火化勿泥風水的延暴露始葬時迨及既葬式遵家禮行事往吊者一茶而退其當行奠禮者俱用代儀毋煩主家三義謝吊稱家厚薄預日聞衆各率奠儀一分列名封送

一四時追祭乃子孫追遠之思須備物盡誠其　先人所嗜興時物之為務要潔净前期齊戒儀文度數悉放家禮行之毋得忽略

一孝道百行之原父母之恩昊天罔亟晨昏定省朝夕奉養稱家厚薄但能孝心純至即累困列鼎與啜菽水飲水皆可盡歡非專養口體也惟期承顔順志而已敢有忤逆輕則痛責重則鎖械於祠俟雙親意悔乃釋所謂五刑之屬三千而罪莫大於不孝戒之戒之

一伯叔兄弟倫紀名分所關無論親的但為弟侄卑輩者當效誠敬之節間有財產不平只許在家中從容評理如各執

一端具情赴　祠聽族長正副衿耆從公處斷敢有動的觸忤尊考勤者重責十五荆有服倍之

一閨門男女之節嚴分内外為婦人者勤於中饋不下堂皆為男子者論有别之倫理叔雖卑不可有同言之嫂事難急不宜有授受之親勿謂至親而無間勿謂疏遠而錢妨此正風俗大節所聲不可苟也告而子孫各遵教命間有幫遠不檢敗度痛責永遠出祠

一鄰里鄉堂睦凡事饒讓毋因小事而致争端鄉人倘有干犯吾族須平氣寬容事有不平聽鄉約處之其吾族有越分欺壓鄉里者宗法具在不得狥庇

一士家工商乃治生之要子孫有雅負美資父兄教以舉業莫异小費量其不足以大有為者責之家工商賈仰事俯育庶得立身行藏不在人后如有不讀不耕不工不商是乃父兄之過族長正副指摘仍不約束致令子弟游手好閑朋歌市肆酗酒凶横聚集賭博偷竊無賴徒家法誡希若是屢誡不悔與

夫拐騙强搶合族首報奴究革其永遠不許入祠食月父兄家長罰月三年

一富貴貧賤命禀於天勸我族衆各宜安分已其在富貴者當積陰德以遺后不可射利以吞貧其在貧薄者當勤藝業以持家不可逞强以肆害天道昭未有不福善而禍淫者各當自省

一治家全在勤儉入世貴乎正經告爾族衆各事本業的勉營謀毋學戲劇毋習棒拳毋發時失業毋奢侈傷財務期衣食充足爺事俯育不落人后至於處世勿逞刀壓弱勿起唆詞訟勿挾仇造謗勿當陷善良勿行使假銀以及一切詐偽等事庶幾不招是非不惹禍患苟其不然非惟壞祖規訓先以敗家辱身流為卑汙下賤甚至敗谷傷化玷辱家門者從家法懲治革其永遠不許入祠食胙敢有不服即送官正罪

一族人相争由其不思祖宗一派乃爾犯者先有家長評息之若不服投族長分其曲直公處越理其者責十荆再不服

聽被豁者聞官族正副公質其罪不苟

一兄弟之義同氣連枝世間最難得者各宜顧念勿因毫芒小利弃兄弟如路人勿因妯娌之言致門户分割獨不觀興旺之家皆由和睦所致慎之慎之

一卑幼有不是處在尊長從容訓誨所謂中也養不中才也養不才故人樂有賢父兄也間有横逆不受教者當以禮責之毋得出拳觸犯有傷禮教若卑幼順受而尊長毆辱過當者

議罰

一興禮勸學故家遺俗之首務也在勤者勸其勉勵惰者論其勤勞子孫文武科的考學院試大宗小宗各助卷資銀七錢式分文武生員科考吏滿給由考職如之文武新進大宗助書金銀叁兩六錢孟仲季三房亦各助銀貳兩八錢八分文武鄉科大宗小宗各助卷資銀壹兩文武鄉科中式大宗三房各助書金銀兩照新進加倍中副榜戚拔貢亦如之文魁的扁大宗三房各助銀壹兩中副榜中武魁戚拔貢的扁大宗三户務

助銀亦如之文武會試大宗三房各助程儀銀伍大員授職進京抽選如之文武中進士大宗三房各助書金銀照鄉科加倍文進士的大宗三房各助銀貳兩武進士的扁大宗三房各助銀仍如之年高德邵　恩賜冠帶與及捐班審功大宗助袍金銀壹兩各小宗助袍金柒錢貳分所助雖薄亦默萬激動之一機也至子孫酉荅助項除位高禄厚義助蒸嘗毋庸置議外其余銓授九品八品照數雙倍遠嘗升任七品六品五品三倍遠嘗府道以上五倍遠嘗均於任内遣子侄來回以充蒸嘗以裕后人助領之本

一敬老尊賢鄉族之盛事大小宗遇祭頒胙無分老少賢遇一體均派惟年登六十以上者多派一分七十以上者多派二分八十以上者多派三分九十以上者多派四分祖嘗充裕則送猪首金壹元百歲以上送金猪壹體約重八十觔如有旌表送建監銀伍兩生監吏員多派一分舉貢多派二分進士多派三分其仕宦間任九品八品者如之七品六品五品多派四

分四品以上派十分身居父老行止可議容從子侄者均停其
多派
一族有孝子順孫義夫節婦鄉稱善士會衆分別支大宗
銀辦禮優奬勒石於祠備載於譜以為后世勸
一子孫赴祠稟事須要柔聲下氣據理直陳聽候公斷倘
未明允不妨從容辯白毋得高聲攘臂互相嗔怒違者罰跪再
不肯免首受教責十荆

祖宗呈請禁約

廣州府南海縣為早嚴家訓以勵勸的以挽頽風事據廣州府南海縣番禺三水各學生員羅萬象羅瑞通羅舜臣羅道真族老羅惟佐羅道南等呈稱族自珠璣宋的南海枝派綿遠世夭縉紳代有宗主專司主祭另推齒德長副依祖岳訓鈐束子姓循禮法近因日久法弛入心頑梗或逞强凌弱或倚眾暴寡或恃富呑貧畏法者有戒則從悖逆者戒而復叛甚至送官正罪反遭箝制似此凶横若不請示申飭恐宗法日隨奸頑益肆呈乞給示曉諭仍請印發紀惡簿一扇仰族長副收執之罪罪之等情到縣該本縣知縣陳看得家廟之設匪直妥先靈正名已也所望后之若雲若初若昆來者一惟法守是遵毋隨體辱親而蒙羞於祖斯不負設立之意耳玆據羅族之請示申飭置簿紀惡而令后人斤斤焉有當矣除既往姑置不究外合行給示曉諭為此示論羅族子姓知悉今后務遵祖宗家法毋得違犯仰族長將發去紀惡簿一扇查照收執如有干犯名義

悖逆交游匪類為惡作歹許秉公填簿按季繳查拘究毋得籍
此報怨亦毋得徇私隱庇若互争小過聽家長拘唤送祠責戒
敢有不服紀録簿内其能自新即與注明開釋宗子乃族之嫡
裔司主祭者務要誠如遇祭期早到祠墓提調祭品敢有偷安
慢祖罪有攸的須至告示者

萬歷四十二年五月　初五　日給

祖宗創立法制

思木本念水源時無是心所慮粗鄙近利者往往因堅吝而强阻剛愎自用者往往執偏見而故違不有合同無以一志向傳合同仰見

先人貽謀之書善幾同族子孫所當世守而勿替

立合同族長羅惟粹承嗣孫樂章族副宏佐惟積希濟道綽朝錫道宣瑞舉起潛居道提調仨純岳才冲陽等為添建大宗祠堂并買田桃葉前案先年積貯銀一百五十兩零八錢收箱尚未完七十二兩六錢有奇大約工料支用未敷衆議於人丁不分老少同簽銀兩湊用今暫每丁起銀一錢以冬收完納一半年終盡完間有不能納銀者做工準兑如有執拗不簽名出銀即是不義子孫不許入祠享胙若新添丁查出照簽銀數目補納入祠公用永為定例即自萬歷壬寅清明及祠宇工竣祭祖簽名之人享胙不必以房分人丁多寡為言蒸嘗田祖地利三房山首同收同支辦祭糧差照數貼納其未完本利銀兩

上緊送納支用若恃頑拖欠承祀孫與族長副提調赴官呈追
如有一人不去即是跪串拖負一并公舉出官各項使用均支
大宗當銀立合同一樣三本付孟樂章仲房道綽季房惟粹各
執一本永遠存照
萬歷辛丑八月　二十七　日立

萬歷間有
十二世庠生諱桂同妻妾區樂陳氏生前立侄三才為繼
不及二年將桂田屋賣盡且獲罪于繼母告奉
憲司批府縣署招詳允杖責三才退繼追究各買主田價給銀
壹拾捌兩族長領回買田所收子粒養贍二氏當時合眾公議
買田恐二氏日食不敷將銀生息供其日贍至萬歷戊戌冬二
氏淪故支銀依禮治喪三棺合葬蜆殼崗外將現在銀一十五
兩九錢二分買田二畝一分七厘八毫餅入大宗祠流祭其原
用銀四兩四錢責才永守祠令其朔望生辰死忌香燈燒衣之
費準住屋租不許變賣至清明日三房山首三人將牲儀果酒
至桂墓祭奠仍勒碑石以垂永久以昭公道雲

設立江南會規制

古之稱三不朽者太上立德其次立功功與德并著則功與

德均垂固無論為國家樹偉績殊勳炳耀於的常竹帛間即為
鄉當立一法建一業亦可載諸家乘以留貽於后代也我族
始祖以勤儉起家蓄積無多留余亦寡越數十世支派滋蕃
而蒸嘗薄加以向來子姓糧務多不清納貽累匪輕春秋祀事
幾於不斷自嘉慶十二年設立錢糧會兩季分收早完　國課
而
祖業輕微依然如故不有人焉維持調獲於其間恐后數十
世支派愈蕃而蒸當益薄也迨明年春幸得十九世孫允光等
為
祖宗倡義建挑坑內大塘唯是坑稅二十四畝有奇計值千
有余金素非
始祖產業又非盡族姓私田的集眾議以原價償回而此時
當箱無銀頓形支絀於族內特設江南會其會友則
孔猷祖　静翁祖　静翁祖　仲的祖　翔宇祖　名儒祖
恒巷祖　允光　友聰　敏魁　敏爵　如山

如斌 卜仰 官榮 官榮 裕賢 超長 明長 朝的
昌大 世能 卜昌 朝茂 儀勝 卜陰 秀大 鬱寧
繼業 政佳 德培 以勤 如斌 恩普 朝頌 德新
匯聽 朝扳 朝德 朝貴 廣勝 宏勝 閏元 位登
世長
共四十五位每人先捐銀三十兩共得銀一千三百五十兩由是鳩工浚樂不一年而挑塘之事以成於今每歲供回番銀一百二十兩并會酒銀六兩要皆即塘租之入息為供會之取資倘或有余貯之箱内以備將來祭祀之需其當日之勞心焦思有如此者余生也晚不獲與諸族毗弟親承其事言念創業維艱允光等倡率於前數十人助成於后其功俱不可湮没而不傳但欲垂久遠須議立成規的與族内紳耆酌定自后即會滿日仍將會酒銀六兩於清祭時辦儲胙肉分頒原日做江南會酌名會友后來頂名者不得符與列用昭奬勵之意更以明塘之所自來蓋推原高會初心本欲助資祭典今籍斯塘后世當

祀不替且有余財或以養老或以與國使用的至當不得异事
取給濫費有的成業致忘前人晝之苦心夫以諸君子為
始祖經營積産竭力盡財亦不過效孫子之微勞曷敢矜
言已績而后之人樂其樂利其利又烏可没其功緊維我族姓
千有余人而
始祖所當創得不下數事即后有孝子賢孫仰維先代成
烈罔俾諸君子專美於前庶幾共效勤勞后先輝映光昭家乘
并季不朽是余之厚望也夫
道光六年歲在丙戌十一月冬日嫡派孫壽德書

建設錢糧會章程

當謂意之美者法必良善作原歸於善成善始尤貴於善終蓋

朝廷莫重於 國課而間的必先於正供此

上諭所為有完錢糧以省催科之訓也我族錢糧向是伏隆四十四 四十五圖五甲八甲户口即羅永祀原屬伏隆七圖十甲畸令自明末已丑始編入丹桂二十一圖九甲輪納糧差爾時各家克勤本業急公奉 上歷數百年來要皆依限完納稱為好義良里迨嘉慶初年或因時歲凶歉而取盈不足或被胥吏侵漁而轉輸莫繼遂乃因循延緩積久日深不免徒役之征求時覺追呼之苦楚計無復之法從此立嘉慶丁卯十九世孫允光二十世孫超長敏爵二十一世孫朝功如斌等倡議建設糧會令各户開清稅畝過割明析始則藉如斌暫捐數百全以完舊久繼則創立族内典賣挂號之例以別新收開除諸當事力任勤勞克臻美備議以每年正月十二日憑契過稅兑收例銀倘有

瞞隱延遲罰以每兩利息五分又準於邊年十一月初六日在
大宗祠征收各户條米限以三日內清繳條總赴局完納永垂
定例違例者仍罰每兩　利息五分至冬祭日責在該股着令欠
户交清斷難寬貸允光等耄老倦勤貽謀盡善緩是推舉儀勝
為總理磷選德昌諒謙廣與等為佐理厥后分任則有衍昌卓
佳榮亘德洋殿光元光為光諸人韋相效力并奏厥能常守三
限之條久絕催科之累迄今三十餘載户口悉遵成的莫敢抗
違實由允光等創始於前而儀勝等善成於后俾族姓安居享
業樂效輸將共明先公后私之大義仰承　國家經書之成規
庶幾奕冀相傳磷舉英明接理罔俾發弛以斷前人立意之美
而毋忘乎作法之良用志家乘以垂不朽焉
道光二十三年歲在癸卯三月清日嫡派壽德立

良登羅氏世行録

一世

諱輔字廷相號樵居宋嘉右五年庚子九月初八降生於南
雄珠璣里元佑年間來廣東娶妻彭氏奠宅茲土終於宋靖康
無年丙午四月十七享壽六十七擇次年建炎丁未辛亥月庚
申日合葬烏飯罔甲向之原生三子　諱章　諱卓　諱準

伏帷

樵居公積德累仁恩流百世德行事業歷代偉聞罄筆難於
盡書其貽謀善策首置烏飯罔山地次買蟾麻罔周圍捌拾伍
丈連土名小令沙眼步抱木屈等處田一就共税肆拾玖畝有
奇傳流收租辦祭后因蟾麻罔突被方佐等藉勢既佶合族會
思當業豆可置之莫問時十二世孫諱廣挺身狀赴
憲司告批府縣勘實斷回給有印帖付照的訟用度浩繁捐
資不一議將當田各責濟急前業斷還是亦藉托
祖之靈庇也帷是租息淡薄祭品欠豐合族簽銀生息續買

沙眼步抑木屈東了及罔凹等處田地并前共税貳拾叁畝零
迨至萬歷年間拜祭老少齊集見祠淺狭介義簽資置買土名
罔凹巽向地段添創前堂鳩工鼎建祠前明堂即是大街築有
攔河磚牆一道以為街邊東接龍蟠里門樓口落水巷石級西
通祖社前大路自頭門的前滴水至攔寺闊壹丈叁尺餘其時
建祠磚石灰瓦梁料諸般用費不敷遂將麥弓首根林薄頭等
田變賣外尚存原税貳拾畝零分派三房收入羅永祀羅昌業
羅承永户藉糧差乾隆辛亥冬合族老少又以祠前明堂狭隘
價買羅茂户大業户税糖壹口并前案園地東邊羅明户税塘
於壬子新正闔族子孫派工挑通以為月池四百築起西原大
路植水榲南築塘基植荔枝果木東迄北角就各子孫地路園
場的日街邊攔牆拆移築開塘邊約貳丈有奇　同治丁卯祠宇
剥落闔族會商於本里各子姓除捐簽外每丁科銀壹元公舉
孟房二十一世孫祖陰仲房二十二世孫廣發季房二十一世
孫釗揚肩其任鳩工庀材倒堂重建添設后樓一座并兩便廂

房厨房又買置左邊餘地一段深至后樓外於二月經始十月
落成焉　光緒乙酉老少又見祠前地段狹淺再置田畝將塘增
潤基擱寺築開二丈有奇以為明堂即現在基地是也除大街
外擱牆里一帶地盡屬當地其塘地稅米仍存存原户内外年
糧差役俱照數貼該户藉子孫辦納至於前后陸續添置各處
土名税米邊年循例照數貼與輪納歲收租銀興生放各利息
永為拜祭項需用

二世

孟諱章字公充號荇川樵居長子母彭氏生于宋崇寧二年癸未四月初二終于宋淳熙四年丁酉八月十日一享壽七十五妻南岸湯氏合葬沙浦東罔寅向之原二子　遠引　遠勝

伏帷

荇川公生平儉勤自守孝友相傳處世淡然不尚華麗既箕裘之永紹遂堂橫以昭垂建祠坑表坊坐寅向申兼甲庚后枕罔春前帶魚塘挹山水之秀氣鐘毓之録淑寄焉自置沙涌東罔地一以為葬地該稅壹畝叁分由宋及元迄明歷代傳流罔有變易迨萬歷年間被土著陳光占葬一經知覺闔房子孫與伊理明當面清丈監界為據南至分水圩深壹拾貳丈五尺北至羅仲房填分界深壹拾叁丈五尺西至來龍平埔潤柒丈東至勘脚潤伍丈前后左右餘地不準子孫葬填盜賣至于所立蒸常嘗稀少后之宗裔日盛祭品欠周至明嘉靖庚申闔房伏義捐資隨時積聚萬歷甲戌衆見祠宇淺狹添買地段修建越

康熙壬申重修迨日久桷瓦朽壞至嘉慶庚午老少商議將嘗
項餘疑鳩工庀材又復重修且將祠外餘地築開欄牆以壯觀
瞻自庚午重修至同治甲戌越六十五載風霜久蝕棟宇幾頹
集祠衆議平基重建群情允協除捐簽外每丁科銀壹員購料
及買地段起深數尺并建廂房一座厨房一所於祠前擁度更
築開數丈原日地脚有碑存據其前時陸續置買土名小令南
了麥張首墩等田地共税陸拾餘畝以八世孫永祀庠名開户
納糧歲收租谷永遠供祭此户向是伏隆堡七圖十甲畸令后
于明末乙丑循例開的圖闔排釃執充為丹桂堡二十一圖九
甲排户迄今族衆以為羅永祀户為 户辦納糧差歷久不忘益
見創垂之書善爾

二世

仲諱卓字公詣號芹水樵居次子母彭氏生于宋崇寧五年丙戌九月初十終于宋淳熙十五年戊申十一月十九享壽八十三妻彭氏合葬沙浦東罔東各之原生三子　遠達　遠華　遠俊

伏帷

芹水公生平相傳天資聰敏喜讀儒書克敦孝北躬率勤儉恤貧好施晚年嘗自言曰人皆以多田遺子孫吾之所遺不在多也為吾后者當有不耕吾田而食吾力者矣其秉黎好德之真如此原建祠在祠宇一座之左囑遺祭田肆拾餘畝至萬歷間子孫益盛覺祠淺狹癸巳歲以所遺祭田之癸丑科學子孫義助銀兩生息置買祭田以豐祀事日久祠宇壞料于乾隆巳未老少咸集議將前項田轉典購料重修及后　祖嘗又薄嘉慶間孫衆陸續聯會置買祠前法塘原嘗塘沙泥淤積淺不堪耕或論丁起工或捐資祖項計挑三百多金始能活魚迨道光

壬午溯厥前修祖祠已八十四載棟宇朽爛通房老少集祠謀
修踴躍捐簽越歲鳩工庀材以成其事 光緒乙酉又以祠宇破
壞集衆樂輪另每丁科銀壹元倒堂重建買地添設左邊廂房
一座購料興工仲春經始仲冬告成去故鼎新貽謀有自願后
人免繩祖武勿替萬年焉

二世

季諱準字公式號秫莊樵居三子母彭氏生于宋大觀三年己丑十二月二十四終于淳熙二年乙未六月初八享壽六十七妻本里林氏合葬金竹頭岡戌向之原一子　遠撫

伏惟

秫莊公生平孝友賦性慈祥持身正大接物謙恭喜讀儒書好究地理自置金竹頭村前全岡以為葬地歲收岡租藉資祭典故此岡遂名為羅岡地以人傳也迨寶慶年間三世考妣陪葬前后營建墓阜三座由宋及元迄明歷代傳流岡有變易后被土著黄仇二姓霸奪占葬故九世孫堅挺身控理時因劃立新縣地屬三水奸沉不結以致墳墓左右土著侵略流墳地中立大阜三個横闊二丈二尺阜后留有餘地上立后土阜三介左右界石二條横闊二丈二尺上自后土石界下至拜壹下級岡路深長六丈路外尚有行走道路而墳地前后横闊參差者皆由土著略占之教訓盍通岡本是我祖錢全置之地乃被霸

止存如此而已祖既無收地迭遭占甚矣遠山之難也我族寬厚家仁慈繼世墳地界外置之不理殊料乾隆二十二年丁丑二月突被土匪陸簡夫在於墓后餘地右側盜葬其父清明拜墳知覺十七也孫家讓同帝廣抱控經三水縣批着拐杖正查覆陸簡夫即時立限起的還地伊族保陸光緒等沿劍繳后土鋤挖家讓復出控理又經三水縣批發三水司傳集族保陸光緒等眼同勘明鋤挖謀侵實情嚴飭修復界址均有文案存據

宗祠創於嘉靖庚申合房樂輸銀兩置買罔凹地段木料建造巽向宗祠一座三進康熙丁亥重修又陸續置南了等處祭田萬歷癸酉以羅承永告立蒸嘗户籍收税輸將后緑嘗 微薄遂於嘉慶庚午聯議同立江南義會共得會銀叁百九拾六圓置買村尾長塘壹口歲入租銀永遠供祭光緒丁丑祠宇蝕於内外霜爰議樂捐另每丁科工費銀壹元衆推二十一世孫鈞楊總其事倒堂重建添設左便厨房一座置祠前一帶地段改正明堂二月粉工仲冬告竣聿觀厥成焉願世世子孫永守勿替

三世

遠引字阜躬荇川長子母湯氏生于宋紹興庚午七月二十四終于嘉定丁丑十一月初四享壽六十八妻李村李氏合葬白雲洞三子　茂書　茂典　鷄栖遠勝荇川次子母湯氏遷居新會鷄嶺住

遠達字阜俗芹水長子母彭氏生于宋紹興全酉正月十五終于嘉定庚辰四月初六享壽六十八妻金甌陸氏合葬沙罔一子　茂材

遠華字阜樸芹水次子母彭氏生于宋紹興戊寅十月初一終于嘉定辛卯九月初四享壽七十四妻蘇村蘇氏合葬沙罔西向之原一子　茂高

遠俊字阜赤芹水三子母彭氏生于隆興甲申八月初一終于端平甲午五月十九享壽七十一妻丹竈梁氏合葬沙罔一子　茂英

遠撫字阜雲秫莊子平林氏生于乾道丙戌七月十七終于

寶慶丁亥十二月二十享壽六十二妻白坭陳氏合葬金竹頭

羅罔四子太榮 太亮 伯和 伯義

四世

茂書字遷帙遠引長子母李氏生于慶元乙卯二月初二終于開慶己未四月十八享壽六十五妻登雲周氏合葬白周一子其丕

茂典字廷褒遠引次子母李氏生于嘉泰辛酉正月初六終于咸丙寅十一月初一享壽六十六妻雲津吴氏合葬沙冈二子其昌 其烈

鷄栖字文鳴遠引三子母李氏生于嘉壬戌六月十八終于淳佑辛亥三月初四享年壽五十歲妻沙頭岸馮氏千往沙頭岸住合葬梅步獅子冈坐乙向辛兼卯酉一分之原一子 玄禎

伏惟

文鳴公生于孝友廉明貞强簡重喜讀儒書不求聞達惟以躬耕樂道有莘野之遺風遂因 祖妣馮氏發有妝簾田地由良登符徒居沙頭岸就業奠宅兹土長發其祥寢昌寢熾乃創建永錫堂宗祠於以保世滋大馬暇思我 公之垂訓后人也

崇尚儉樸務黜侈汰首尊六行次重五經蓄詩書之遺澤孔長
益嘆 祖德之貽謀盡善也以故堂構規模奕葉重新春秋匪
懈食報魚窮后嗣遂繼繼繩繩於勿替雲

四世

茂材字廷后遠達子母陸氏生終莫考妻黄氏合葬烏飯罔

南向之原無嗣

茂高字杞遠華子母蘇氏生于宋紹興庚戌三月初八終於

淳佑辛丑十月初十享年五十二妻丹竈謝氏合葬白雲罔一

子 應良

茂英字廷菊遠俊子母梁氏生于嘉泰辛酉十月初一終于

景定甲子七月二十九享壽六十四妻横村劉氏合葬白雲罔

一子 應孫

太榮字朝貴遠撫長子母陳氏生于開禧丁卯十月初四終

于咸戊辰八月十七享壽六十二妻清塘陸氏合葬后罔一子

嗣孫

太亮字朝鑾遠撫次子母陳氏生于嘉定甲戌六月初七終

于祥興已卯七月十三享壽六十六妻花厘夏馮氏合葬沙罔

一子 廣明

伯和字朝善遠撫三子母陳氏生娶終我莫考無嗣

伯義字朝奉遠撫四子母陳氏生于嘉定庚辰六月二十一移居就業於雲津堡羅村鄉奠宅兹土終于祥興己卯正月初三享壽六十妻丹竈謝氏合葬茅地圍生一子　寒松

五世

其丕字自張茂書子母周氏生于宋寶慶丙戌六月初九終于元至元已丑四月初五享壽六十四妻百濬關氏合葬飛鵝地二子 承祖 彦忠

其昌字自悠茂典長子母吴氏生于宋端平丙申七月初七終于元大德戊戌十月初八享壽六十三妻孔邊孔氏合葬長坑尾二子 冠 樸

其烈字自功茂典次子母吴氏生于宋淳佑戊申三月二十一終于元大德丙午正月十三享年五十九妻上頭馮氏合葬坑表地二子 屈 扈

應良字代求茂高子母謝氏生于宋紹定戊子二月初三終于元至元已丑六月二十四享壽六十二妻上坑葉氏合葬后岡二子 振宗 振龍

應孫字代及茂子母劉氏生于宋嘉熙已亥四月初七邑庠生終于元至元乙酉六月十六享年四十七妻孔千孔氏合

葬蚺蛇罔四子　端仁　端義　端智　端禮
嗣孫字貽祚太榮子母陸氏生于宋淳佑丁未八月十八
終于元泰定甲子十一月初四享壽七十八妻丹桂梁氏合葬
沙罔四子　均玉　均政　廷玉　美玉
廣明字九淵太子母馮氏生于宋淳佑庚戌三月初一終
于元至大戊申九初四享年五十九妻大坑梁氏合葬沙罔生
五子　原治　原生　原圭　原諒　原道

孟房六世

承祖字孝裔其丕長子母關氏生于宋寳佑戊午九月初十終于元延佑甲寅十二月十四享年五十七妻新村郭氏合葬后罔一子 玄大

彦忠字勿欺其丕次子母關氏生于宋咸淳乙丑四月初五終于元元充甲戌八月十一享壽七十妻本里何氏合葬東罔嘴三子 志廣 悦廣 悦桂

冠字尚唐其昌長子母孔氏生于宋景炎丙子二月十七終于元至正癸巳十一月初四享壽七十八妻勞邊勞氏合葬沙坑尾二子 渥 宜

僕字尚卿其昌次子母孔氏生于元至元壬午六月初十終于至正辛卯五月十八享壽七十妻大的張氏合葬陳屋罔一子 一卷

屈子方臨其烈長子母馮氏生于元至元乙酉正月十六終于至正庚寅九月初四享壽六十六妻上冲麥氏合葬劉屋

岡四子 谷保 歷保 增保 獲保

扈字方牧其烈次子母馮氏生于元元貞丙申十月二十

終于至正辛卯六月初四享年五十六妻本里陳氏合葬劉屋

罔一子 尚爵

仲房六世

振宇字滋蔓應良長子母葉氏生于宋景定癸亥正月二十八終于元至順辛未八月二十七享壽六十九妻丹竈王氏合葬白雲罔二子　廣乘　廣保

振龍字滋稼應良次子母葉氏生于宋咸淳已巳五月十一終于元延佑戊午二月二十六享年五十妻本里區氏合葬白雲罔二子　廣興　廣晚

端仁字乃慈應孫長子母孔氏生于宋咸淳庚午七月初九終于統充乙亥五月十八享壽六十六妻雲津吴氏合葬馮崗無嗣

端義字乃禎應孫次子母孔氏生娶終葬莫考無嗣

端智字乃灼應孫三子母孔氏生于宋祥興和月二十終于元至正癸未六月初六享壽六十五妻金甌陳氏合葬后罔三子　完念　完宗　完寄

端禮字乃中應孫四子母孔氏生于元至甲申六月二十

六終于至順壬申九月初八享年四十九妻鄧村鄧氏合葬后

罔一子　宥霖

季房六世

均玉字仲珎嗣孫光長子母梁氏生于元至元乙酉二月初七終于至正癸未四月二十七享年五十九妻蘇村徐氏合葬后岡二子　悦達　悦進

均政字仲學嗣孫光次子母梁氏生于元至元庚寅九月二十五終于至正丁酉七月十四享壽六十八妻上冲黃氏合葬沙岡四子　孟賢　仲賢　季賢

黃保仲季黃保俱往廣城太平橋住

廷玉字仲瓊嗣孫三子母梁氏生于元至元甲午四月初四終于至正癸巳九月十一享壽六十妻金利李氏合葬蜆殼岡二子　閏隆　閏榮

美玉字仲圭嗣孫四子母梁氏生終葬莫考妻劉氏一子

高俊　往九江住

原治字仲理廣明長子母梁氏生于元至元辛巳二月十三終于元統甲戌四月初五享年五十四妻金甌陸氏合葬飯

籮罔二子 戊興 戊隆
原生廣明次子母梁氏生終葬莫考無嗣
原圭字仲琪廣明三子母梁氏生于元至元戊子七月十
八于至正壬午二月十四享年五十五妻黄氏合葬蟾麻罔
一子 士雍
原諒字仲清廣明四子母梁氏生于元元貞丙申十月初
五終于至正甲辰正月二十六享壽六十九妻鳳果周氏合葬
罔嘴地一子 子貴
原道字仲程廣明五子母梁氏生終葬莫考妻符氏三子
德養 義養 孝養 俱往清遠住

孟房七世

玄大學渾窿承祖子母郭氏生于元大德癸卯八月初八終于明洪武戊申二月十九享壽六十六妻本里區氏合葬庵邊地三子 永祀 永襟 永年

志廣字陸貝彥忠長子母何氏生于元大德己亥五月十七終于至正乙已一月十六享壽六十七妻勞邊勞氏合葬后罔三子 得銘 得鈦 得貴

悅廣字麗貝彥忠次子母何氏生于元大德丙午二月初一終于至正壬寅六月初四享壽五十七妻西城何氏合葬后罔一子 示掌

悅桂字藍貝彥忠三子母何氏生于元至大已酉十月初五終于明洪武辛亥正月十九享壽六十三妻西城游氏合葬坑表一子 示周

渥字欽職冠長子母勞氏生于元至治壬戌七月初二終于至正甲辰九月初六享年四十三妻大杏杜氏合葬沙罔一

子　民善

宜字虔利冠次子勞勞氏生于元泰定乙丑十月初八終于

明洪武癸丑七月初九妻黄牛罔蘇氏合葬坑心一子　千善

一卷字明時幞子母張氏生于元致和戊辰四月初二終

于明洪開丁巳九月初三享年五十沙杏潘氏合葬飛鵝地一

子　學兒

谷保字守防屈長子母麥氏元至順庚午三月二十八終

于至元丁未三月初一享年三十八妻伏水陳氏合葬沙罔一

子　細奴無嗣

萬保字守温屈次子母麥氏生于元元至癸酉十月十九

終于明洪武戊寅五月二十七享壽六十六妻山根馬氏合葬

黄地一子　祖養

增保字守益屈三子母麥氏生于元至正辛巳二月初七

終于明洪武庚辰六月十二享壽六十妻孔氏合葬馮罔二子

李受　志受

獲保字守正屆四子母麥氏生于元至正甲申八月初六終于明洪武辛未正月初七享年四十八妻蘇村王氏合葬白雲岡一子　阿悌　失傳

尚爵字養尊扈子母陳氏生娶終葬莫考一子　民得

仲房七世

廣乘字令受振宗長子母王氏生于元至大己酉六月十五終于明洪武己未十二月二十享壽七十一妻灣頭杜氏合葬白雲岡三子　以仁　以進　以義

廣保字天眷號松林振宗次子母王氏生于元皇慶壬子五月初八終于明洪武甲寅十一月初五享壽六十三妻杜氏合葬沙岡生二子　杏儀　杏儀

廣興字令合振龍長子母區氏生于延祐甲寅八月十二終于至正壬辰六月初一享年三十九妻登雲帥氏合葬沙岡

無嗣
廣晚字令季振龍次子母區氏生于延佑戊午六月初四
終于明洪武壬戌九月二十八享壽六十五妻金甌程氏合葬
沙岡一子　康護
完念字寓誠號竹心端智長子母陳氏生于皇慶癸丑七
月二十八終于明洪武丙寅十月初六享壽七十
四妻丹灶梁氏合葬坑頭一子　税得
完念字寓誠號雲亭端智次子母陳氏生于延佑丙辰八
月十九終于明洪武戊午三月二十九享壽六十
三妻本里劉氏合葬劉屋岡一子　道奴
完奇字寓泒號笙澗端智三子母陳氏生于延佑己未九
月初一終于洪武丁卯九月初九享壽六十九妻登雲顔氏合
葬岡尾一子　帝受
宥霖字利牆端禮子母鄧氏生于延佑丁巳二月初四終于至
正丙甲七月内享年四十妻張氏合葬中堂岡無嗣

季房七世

悦逵字尚奇均玉長子母徐氏生于至順庚午四月初十

終于洪武辛酉正月初四享年五十二妻雲津李氏合葬后岡

二子　康馭　康驥

悦進字尚升均玉次子母徐氏生于元統甲戌二月十八

終于洪武癸酉八月二十享壽六十妻孔氏合葬后岡一子

乙禄

孟賢字尚達均政長子母黄氏生于泰定丁卯九月十五

終于洪武庚午正月十九享壽六十四妻大沙劉氏合葬沙岡

三子　恭　敬　肇

仲賢均政次子母黄氏往廣城太平橋住

季賢均政三子母黄氏往廣城太平橋住

黄保均政四子母黄氏往廣城太平橋住于洪武二十九

年為鹽徒事遣戍龍水生一子　以成

閏隆字尚盛廷玉長子母李氏生于至順辛未十月二十

終于洪武丙子九月初十享壽六十六妻孔邊吴氏合葬后岡
一子　祥
閏榮字尚顯廷玉次子母李氏生于元統甲戌十一月初
四終于洪武乙亥八月十四享壽六十二妻伏水
陳氏合葬后岡一子　阿奴
高俊字文父美玉子母劉氏生于至順壬申正月初六往
九江住終于洪武乙亥七月十六享壽六十四妻林氏合葬鳳
山一子　銘
戊興字尚立原治長子母陸氏生于元天歷戊辰十一月
十一終于明洪武甲子二月十二享年五十七妻丹竈鄧氏合
葬后岡一子　永全
戊隆字尚富原治次子母陸氏和于至順壬申十一月初
十終于洪武丙子三月二十九享壽六十五妻本里林氏合葬
沙岡一子　懷績
士雍原圭子母黄氏生終葬莫考失傳

子貴尚華原諒子母周氏生于元泰定乙丑七月初一終
于明洪武辛亥十二月十二享年四十七妻大渦謝氏合葬沙
岡一子　禄奇

孟房八世
永祀字元集玄大長子母區氏生于元至正壬午二月初
一邑癢生公殫心理學通達時務以癢名開户向在伏隆七圖
十甲畸圀于明末已丑編入丹桂二十一圖九甲本族以為總
户辦納糧差終于永樂庚寅四月十九享壽六十九妻杜滘龔
氏合葬庵邊生三子　鎬　鈺　錡
永襟字元放玄大次子母區氏生于至正戊子五月二十
八終于永樂丁酉七月初五享七十妻大里梁氏合葬后岡三
子　官保　儒保　勤保

永年字元固玄大三子母區氏生終莫考妻陳氏合葬沙岡
無嗣
得銘字汝鏤志廣長子母勞氏生于元統甲戌二月初五
齊力超辰國朝定位埰集戎伍終于洪武辛巳六月二十享壽
六十八妻蘇村陳氏合葬后岡地無嗣
得鐵字汝鉞志廣次子母勞氏生于至正壬午五月初八
終于洪武壬午三月初二享壽六十一妻西城何氏合葬后岡
無嗣
得貴字汝財志廣三子母勞氏生于至正丁亥九月十七
終于永樂甲午六月十五享壽六十八妻大沙劉氏合葬后岡
三子　金鎮　金鐸　寅保
示掌字日運悅廣子母何氏生于至正癸未四月十三吏
員終于永樂壬辰正月初七享壽七十妻孔氏合葬后岡二子
帝華　桂華
示周字曰行悅桂子母游氏生于至正戊子八月十九終

于永樂乙酉七月二十六享年五十八妻百滘潘氏合葬后岡
一子　宗華
民善字代先渥子母杜氏生于洪武已酉三月十八尚武
從戎終于永樂癸卯六月初六享年五十五妻登雲劉氏合葬
沙岡四子　乙秀　孟秀　貴秀　能秀
千善字泉宜子母蘇氏生于元至正庚寅十一月初四于
明洪武丁卯二月初七享年三十八葬后岡妻竹逕關氏無嗣
學兒字通籍一卷子母潘氏生于至正壬寅四月二十四
好勇善射垛集戎行終于永樂戊子十月初八享壽七十六妻
橫江陸氏合葬庵邊一子　舍奴
祖養字奉桃屬保子母馬氏生于洪武戊申五月二十九
終于永樂壬辰九月十四享年四十五妻百滘周氏合葬白雲
岡二子　四仔　晚奴
李受字曰取增保長子母孔氏生于洪武庚戌正月初十
有能有勇挺身報國垛集戎行終于宣德壬子十一月十八享

壽六十三妻大渦張氏合葬中堂岡二子　康德　康成

志受字曰和增保次子母孔氏生于洪武辛亥五月十九

終葬莫考妻張氏二子　三仔　五仔

民得字曰制尚爵子母吴氏生于洪武乙卯九月二十三

終于永樂壬寅二月初六享年四十八妻金甌陸氏合葬中堂

岡一子　甲成

仲房八世

以仁字叔惠廣成長子母杜氏生于至正癸巳八月初十性情温厚慮遠思深國初重武俗尚從戎或勸之公曰吾以安遺子孫不以役累之也遂不聽且戒兄弟以勿為終于洪武辛巳十一月十七享年四十九妻潘溪張氏合葬沙岡一子直長

以進字叔謹廣乘次子母杜氏生于至正己亥正月十九終于永樂辛丑三月初六享壽六十三妻竹逕關氏合葬圓岡

一子　禄存

以義字叔譽廣乘三子母杜氏生于至正甲辰十月十七終于永樂戊戌九月十九享年五十五妻小杏何氏合葬中堂岡

二子　元芳　元芬

李儀字廷威號良溪廣保長子母杜氏生于至正癸巳七月二十六邑癢生終于永樂乙未正月十八享壽六十三妻潘溪甘氏合葬梅步岡生四子　順榮　順宗　順祖　順慶

杏儀字廷植廣保次子母杜氏生于至正戊戌四月十四

終于洪熙乙巳八月十四享壽六十八妻大沙劉氏合葬中堂
岡一子　長福
康護字曰見廣晩子母程氏生于至正丁酉七月初十終
于永樂辛丑十二月十九享壽七十五妻新羅張氏合葬圓岡
一子　有才
稅得字叔富完念子母梁氏生于至正已亥七月初八終
于永樂辛丑二月初六享壽六十三妻小杏陳氏合葬岡尾二
子　文聚　騰聚
道奴字叔理完宗子母劉氏生于至正丙申五月十九終于
永樂乙酉二月初七享年五十妻孔氏合葬沙岡一子　文炳
帝受字思報完寄子母顔氏生于至正庚子七月二十八終
于洪武庚寅九月初二享年四十一妻蘇村陳氏合葬后岡二
子　觀制　觀儀

季房八世

康馭字叔賢悦逵長子母李氏生于洪武戊申七月初六
恩例壽官冠帶榮身終于正統丙辰五月初四享壽六十九妻
大沙何氏合葬蜆殼岡二子　彦享　彦芳

康驥字叔良悦逵次子母李氏生于洪武庚午四月二十
二終于永樂庚子六月十三享年三十一妻坑頭梁氏合葬后
岡一子　彦長

乙禄字叔倖悦進子母孔氏生于洪武乙卯二月十九終
于正統戊午正月初七享壽六十四妻沙滘周氏合葬后岡四
子　屏　細全　墜　堅

恭字叔端孟賢子長子母劉氏生于至正丁未九月十九
終于宣德庚戌三月十一享壽六十四妻丹竈梁氏合葬沙岡
二子　福聚　德聚

敬字叔莊孟賢次子母劉氏生于洪武甲寅八月初六吏
員終于宣德丙午六月初九享年五十三妻丹竈張氏合葬沙

岡一子　教
肇字叔興孟賢三子母劉氏生于洪武丁已四月十十六
終于正統甲子十二月初一享壽六十八妻勞邊游氏合葬沙
岡二子　胡保　三保
以成字繼宗黄保子母簡氏生于洪武甲寅三月十六往
放城太平橋住終于宣德辛亥六月二十享年五十八妻趙氏
合葬茅山二子　庚子　鏡
祥字叔禎閏隆子母陳氏生于至正辛丑七月二十二終
于宣德庚戌十月初十享壽七十妻大沙林氏合葬圓崗一子
祖保
阿奴字康善閏榮子母陳氏生于至正乙巳二月十九諳
諫弓馬垛集戎行終于宣德已酉六月十二享壽六十五妻大
坑甘氏合葬后岡一子　浩
銘字華鼎高俊子母林氏生于至正辛卯三月十六赴京
歷事終于永樂甲申七月二十一享年五十四妻陳氏合葬鳳

山一子　孫立
永全字叔載戊興子母鄧氏生于至正戊戌九月二十五
終于宣德戊申七月二十七享壽七十一妻渦村李氏合葬白
雲岡三子　德進　蔭祖　閏祖
懷績字叔余戊隆子母林氏生于洪武己酉九月初六終
于永樂辛丑二月初八享年五十三妻潘溪馮氏合葬上坑岡
一子　癸有
禄奇字叔清子貴子母謝氏生于至正乙巳正月十八終
于永樂甲辰七月二十四享壽六十妻本里楊氏合葬劉屋岡
三子　祖余　祖佑　祖信

孟房九世
鎬字櫝宜永祀長子母梁氏生于洪武乙卯八月初四終
于正統壬戌十月初五享壽六十八妻本里何氏合葬庵邊二
子　致沛　致鄉
鈺字筐宜永祀次子母梁氏生于洪武甲子二月十五終
于成化巳丑九月初七享壽八十六妻旺邊蘇氏合葬飛鵝地
二子　俊旺　妃保
奇字笥宜永祀三子母梁氏生于洪武辛未六月十一終
于成化巳丑二月十七享壽七十九妻蘇村黄氏合葬后岡一
子　蘇保
官保永襟長子母李氏失傳
儒保永襟次子母李氏失傳
勤保字從般永襟三子母李氏生終葬莫考妻孔邊吴氏
三子　帝奴　觀奴　帝立
金鎮字警艾號興善得貴長子母劉氏生于洪武癸丑九

月十一任驛宰終于正統甲子六月二十四享壽七十二妻南
風坑潘氏合葬白雲岡又名坑表岡坐子向午兼壬丙之原三
子　永雄　永芳　永廉
金鐸字警道得貴次子母劉氏生于洪武乙未二月初八
終于宣德戊甲八月十三享年五十妻伏水陳氏合葬榕山岡
一子　永潤
寅保字禄樂得貴三子母劉氏生于洪武乙丑四月十九
終于正統庚申正月二十享年五十六妻莊邊黄氏合葬黄泥
地一子　成立
帝華字耀享示掌長子母孔氏生于洪武癸亥十月初四
終于正統丁卯八月十六享壽六十五妻西海郭氏合葬大坑
岡一子　逢端
桂華字耀成示掌次子母孔氏生于洪武丙寅七月二十
七邑椂終于景泰甲戌四月十九享壽六十九妻丹竈楊氏合
葬坑表一子　道存

宗華字耀充示周子母潘氏生于洪武戊辰五月二十終
于景泰庚午七月二十三享壽六十三妻孔邊吴氏合葬后岡
二子　必舒　必展
乙秀字孔姜民善長子母劉氏生于洪武乙卯六月十八
終于景泰乙亥三月初五享年五十七妻李村李氏合葬村心
岡二子　牛仔　公孫
孟秀字孔榮民善次子母劉氏生于永樂甲申九月十七
于天順甲申八月初一享壽六十一妻上坑伍氏合葬沙岡六
子　納　紳　縉　純　維　綢
貴秀字孔富民善三子母劉氏生于永樂戊子正月十一
終于天順壬午四月初一享年五十五妻丹桂張氏合葬岡五
子　白平　白慶　潮　輝　澗
能秀字孔裕民善四子母劉氏生于永樂癸巳二月二十
七終于成化丁亥八月二十享年五十五妻小東何氏合葬沙
岡二子　騷奴　道師

舍奴字仲保學兒子母陸氏生于洪武巳卯九月十一終
于成化丁亥二月二十八享壽六十九妻清塘鄧氏合葬庵邊
三子　妃長　英長　觀長
四仔祖養長子母周氏生終葬莫考妻陸氏生二子
巢保俱失傳
晚奴字仲暹祖養次子母周氏生于洪武辛巳十二月十
三終于成化丁亥正月十九享六十七妻大岸吴氏合葬屈龍
岡生五子　福全　志全　壽全　名全　真全
康德李受子母張氏往鹽步住
康成李受子母張氏往鹽步住
三仔志受子母張氏生終葬莫考失傳
五仔志受子母張氏生終葬莫考失傳
甲成字耀南民德子母陸氏生于永樂甲午七月十八終
于天順壬午三月初六享年四十九妻隔海吴氏合葬岡尾二
子　慈孫　善孫

仲房九世

直長字孟喬以仁子母張氏生于洪武乙亥四月初一日

終于正統已巳六月十六享年五十五妻新村郭氏合葬白雲

岡一子 奉宗

禄存字耀星以進子母關氏生于洪武丁丑十月二十四

終于正統丁卯九月初五享年五十一妻大沙何氏合葬后岡

一子 完

元芳字孟鬱以義長子母何氏生于洪武辛巳七月初六

終于成化乙酉七月十二享年六十五妻本里陳氏合葬沙岡

四子 能 明 寶 貴

元芬字孟卿以義次子母何氏生于永樂丁亥二月二十

六終天成化丙申八月初六享壽七十妻白坭鄧氏合葬中堂

岡一子 庚政

順榮字光選李儀長子母甘氏生于洪武戊寅四月十七

終于天順癸未七月二十五享壽六十六妻岡頭林氏合葬梅

步岡生四子　應滿　應高　應宣　應遠

　順宗字光紹李儀次子母甘氏生于洪武辛巳十月十四月祭官終于天順己卯九月初二享年五十九妻西城潘氏合葬沙岡　道安　道全

　順祖字光孝李儀三子母甘氏生于永樂甲申七月十四終于成化辛卯六月十六享壽六十六妻登雲帥氏合葬后岡一子　妃佑

　順慶字光遠李儀四子母甘氏生于永樂丙戌正月初四終于成化丙申四月二十六享壽七十一妻上冲高氏合葬中堂岡二子　阿記　稅記

　長福字光善杏儀子母劉氏生于洪武癸亥四月初七終于宣德丁未六月初八享年四十五妻上冲麥氏合葬屈龍岡一子　化聚

　有才字可備康護子母張氏生于洪武癸酉六月十九終于天順戊寅三月初四享壽六十六妻百滘關氏合葬榕山岡

一子　祖盛
文聚字可集稅得長子母陳氏生于洪武丁卯六月初五
終于宣德戊申六月二十一享年四十二妻區村區氏合葬岡
頭一子　慶受
勝聚字可全稅得次子母陳氏生于永樂辛卯十二月初
四終于正統丙辰九月十八享年二十六妻孔氏葬莨考一子
壬仔
文炳字可昭道奴子母孔氏生于洪武乙亥二月初八終
于成化乙酉八月二十八享壽七十一妻西城游氏合葬圓岡
二子　有全　有盛
觀制字考作號鯉津帝受長子母區氏生于洪武乙丑正
月二十七終于正統甲子十二月初八享壽六十妻大杏張氏
合葬中堂岡二子　禹龍　田慶
觀儀字考動帝受次子母區氏生于洪武巳巳九月十六
終于景泰庚午四月初四享壽六十二妻本里陳氏合葬后岡

一子　禹達

季房九世

彦享字孔雄康馭長子母何氏生于永樂戊子八月二十七終于天順辛巳六月十七享年五十四妻大沙林氏合葬蜆殼岡一子　税仔

彦芳字孔猷康馭次子母何氏生于永樂已亥正月初二納充縣吏終于成化已丑四月初十享年五十一妻大仙岡譚氏合葬后岡二子　帝蔭　帝養

彦長字孔宏康驥子母梁氏生于永樂戊子四月十九終于成化乙酉八月初四享年五十八妻清塘鄧氏合葬后岡一子　忠

屏字孔翰乙祿長子母周氏生于永樂戊子二月初九終于成化甲午八月十四享壽六十七妻勞邊勞氏合葬后岡一子　抑

細全字孔潘乙祿次子母周氏生于永樂辛卯五月十七終于至正戊辰十月二十四享年三十八妻大坑甘氏合葬后

岡二子　長潤　二潤
升字孔羽中冲乙禄三子母周氏生于永樂甲午九月二十
七終于成化庚子二月初七享壽六十七妻小杏陳氏合葬岡
嘴二子　晨　昊
堅字孔哲乙禄四子母周氏生于永樂丁酉正月十八終
于天順辛巳四月初一享年四十五妻大岸吴氏合葬黄坭地
一子　永任
福聚字孔立恭長子母梁氏生于洪武辛巳六月初八終
于景泰癸酉九月初一享年五十三妻杜氏合葬后岡一子
所全
德聚字孔績恭次子母梁氏生于永樂己丑七月二十終
于成化辛丑九月初五享壽七十三妻彭氏合葬后岡二子
所定　所安
教字孔化敬子母張氏生于永樂辛卯四月十七公學問
有余謀猷甚善有孝有德有威有嚴事肅曹而應倉大使如保

未子同來暮之歌終壽莫考妻劉氏合葬沙岡二子　所保
所杰
有保字孔禮肇長子母游氏生于永樂甲午十二月二十
九終于天順辛巳八月初八享年四十八妻孔邊吴氏合葬沙
岡一子　所佑
三保肇次子母游氏生終葬莫考　無嗣
庚子字世興以成長子母趙氏生娶終葬莫考　無嗣
鏡子字世隆號厚昌以成次子母趙氏生于滿武癸酉四
月初十終于正統庚申十月初四享年四十八妻陳氏合葬廣
城大北門外彌陀山三子　緣　安　政
祖保字孔道祥子母林氏生于洪武壬午八月初四終于
正統戊午二月十九享年三十七妻本里區氏合葬沙岡一子
藍
浩字孔汪阿奴子母甘氏生于永樂庚寅五月初一終于
成化癸巳八月二十享壽六十四妻西海郭氏合葬后岡一子

玄清

孫玄字宗華號和叟銘子母陳氏生于洪武辛巳八月初

四終于天順甲申十月二十享壽六十四妻古氏合葬新會龍

蟠山一子　維政

德進字孔行永全長子母李氏生于洪武丙子七月十六

終于天順丁丑九月初一享壽六十二妻蘇坑黄氏合葬沙岡

二子　聰　奭

蔭祖字孔通永全次子母李氏生于洪武辛巳二月初四

終于天順戊寅四月十二享年五十八妻大杏陳氏合葬后岡

二子　帝保　善保

閏祖字孔攸永全三子母李氏生于永樂甲申十二月初

九終于成化辛卯正月二十二享年六十八妻孔氏合葬沙岡

一子　泰保

癸有字孔位懷績子母馮氏生于永樂丁亥七月二十四

終于成化乙未十一月初九享壽六十九妻沙滘周氏合葬沙

崗一子　所宜
祖余字孔繁禄奇長子母楊氏生于永樂癸未九月二十
九終于天順甲申二月十五享壽六十二妻本里何氏合葬飯
籮崗二子　所珈　所瑛
祖佑字孔繁禄奇次子母楊氏生于永樂戊子正月初六
終于天順庚辰七月十八享年五十三妻清塘陸氏合葬白雲
崗一子　所庇
祖信字孔卿禄奇三子母楊氏生于永樂辛卯八月二十
二終于成化戊子五月十七享年五十八妻正坑伍氏合葬后
崗二子　税積早亡　税蔭早亡

孟房十世

致沛字繼周鎬長子母何氏生于永樂乙酉二月二十四
終天成化甲午七月初三享壽七十妻大果鄧氏合葬后岡二
子　世禮　世禄
致鄒字繼孟鎬次子母何氏生于永樂己丑四月二十六
終于成化辛卯六月初六享壽六十三妻伏水陳氏合葬白雲
岡二子　世奇　世昌
俊旺字繼瑾鈺長子母蘇氏生于永樂癸巳二月二十二
終天成化丙申四月初四享壽六十四妻蘇村陳氏合葬閣邊
三子　世沾　世廣　世清
妃保鈺子母區氏往恩平住
蘇保字繼宇奇子母黄氏生于洪熙乙巳十一月十一終
于成化丁未七月初六享壽六十三妻吴氏合葬后岡一子
世善
帝奴字懷祀勤保長母吴氏生天永樂丁亥五月十四終

于天順甲申六月十七享年五十八妻大渦黄氏合葬后岡一
子　世表
觀奴字懷覽勤保次子母吴氏生于永樂壬辰三月初四
終于天順癸未正月初九享年五十二妻區氏合葬黄坭地二
子　初泰　二泰
帝立字懷成勤保三子母吴氏生于永樂丙申八月二十
七終于成化乙未六月初九享壽六十妻赤勘陳氏合葬圓岡
二子　世及　妃清
永雄字繼續金鎮長子母潘氏生于永樂乙未二月十四
終于天順辛巳五月十九享年四十七妻孔氏合葬后岡二子
朝信　朝遠
永芳字繼色金鎮次子母潘氏生于永樂庚子十月十八
終于成化庚子二月十六享壽六十一妻沙塘角梁氏合葬后
岡三子　朝平　朝滿　朝近
永廉字繼揚金鎮三子母潘氏生于永樂甲辰五月初五

終于成化辛丑二月初九享年五十三妻李村李氏合葬岡頭
二子 朝慎 朝宗
永潤字繼濡保子母梁氏妻鄧氏一子 建帶往信宜行伍
逢端字繼初帝華子母郭氏生于永樂癸巳六月二十三
終于成化戊戌七月初五享壽六十六妻大棗周氏合葬后岡
二子 昶 辛保
道存字繼褒桂華子母楊氏生于永樂乙未九月十九連
州吏終于景泰甲戌二月初四享年四十妻莊邊梁氏合葬岡
頭一子 細晚
必舒字是暢宗華長子母李氏生于永樂丁酉四月初三
終于成化壬辰五月十七享年五十六妻勞邊王氏合葬坑表
四子 汝孝 汝弟 汝忠 汝節
必展字是敷宗華次子母李氏生于永樂辛丑九月初五
終于成化庚子七月初九享壽六十妻大坑甘氏合葬后葬莫
考 無嗣

牛仔乙秀長子母李氏生終葬莫考　無嗣
公孫乙秀次子母李氏往信宜當軍妻馮氏生一子祖觀
　納字時服孟秀長子母伍氏生于洪熙乙巳正月二十四
終于弘治辛亥五月十九享壽六十七妻莊邊梁氏合葬沙岡
二子　翠青　翠玉九江住
　紳字時服孟秀次子母伍氏生于宣德己酉十月初八幼
讀儒書復夢吞于紋烏長游泮水屢麈戰于棘闈一專志在賓
興運滯未能釋竭終于弘治戊申四月初七享壽六十妻雲津
馮氏合葬沙岡大地西向之原生二子　萬敖　萬倉
　縉字時佩孟秀三子母伍氏生于宣德癸丑十一月初二
終于成化戊戌三月十三享年四十六妻赤勘林氏合葬沙岡
一子　普保
　純字時玉孟秀四子母伍氏生于正統戊午六月初一終
于弘乙卯正月十一享年五十八妻本里區氏合葬沙岡一子
廷柱

維字時待孟秀五子母伍氏生于正統丙戌三月十八終
于弘治辛亥七月十九享年五十妻大杏陸氏合葬沙岡一子
廷英
綢字時重孟秀六子母伍氏生于正統乙丑五月初八終
于弘治己酉二月十八享年四十五妻赤勘陳氏合葬沙岡二
子　廷正　廷綾
白平字時中貴秀長子母張氏生于正統戊辰七月初五
終于成化戊戌十一月初十享年二十一妻沙水劉氏合葬沙
岡一子　廷愷
白慶字時適貴秀次子母張氏生于景泰丙子四月二十
終于正德甲戌二月十九享年五十九妻何氏合葬村心岡二
子　貴全　貴惠
潮字時隱貴秀三子母張氏生于天順乙卯八月初九終
于嘉靖丁酉八月二十六享壽七十九妻孔氏合葬沙岡一子
苟養無嗣遺有土名麥弓首根田三斗為祭祀并幫軍之用

輝貴秀四子母張氏生終葬莫考妻高氏一子　論往順
德住
潤字時潤貴秀五子母張氏生于成化辛卯二月十七終
于嘉于靖丙申六月初九享壽六十六妻潘氏合葬沙岡無嗣
遺有土名麥弓首根田三斗為祭祀并幫軍之用
騷奴能秀長子母何氏生于成化庚子七月初二終葬莫
考妻楊氏一子　廷表
道師能秀次子母何氏生終葬莫考無嗣
妃長字繼功舍奴長子母陸氏生于正統癸亥十月初八
終于弘治丙辰二月初六享年五十二妻伏水陳氏合葬飛鵝
地一子　廷鈞
英長字繼言舍奴次子母陸氏生于正統丁卯七月十七
終于正德丙寅二月十八享壽六十妻林氏合葬白雲岡一子
廷灼
觀長字繼光舍奴三子母陸氏生于景泰庚午九月二十終于

正德辛巳四月初五享壽七十二妻薛氏合葬中堂岡一子
廷灼
福全字繼熙晚奴長子母吳氏生于正統丙辰十月十九
終于弘治壬子十一月十九享年五十七妻竹逕關氏合葬屈
龍岡二子　妃盛　妃俊
志全字繼由晚奴海外僑胞子母吳氏生于正統己未五
月初八終于成化丁未四月二十七享年四十九妻大沙何氏
合葬白雲岡二子　德盛　德容
壽全字繼齡晚奴三子母吳氏生于正統丙辰四月十四終于
弘治辛亥十月初十享年四十六妻大杏陸氏合葬上坑岡一
子　德長
名全字繼藩晚奴四子母吳氏生于景泰壬申二月十二終于
正德丙子正月二十五享壽六十五妻白水塘徐氏合葬坑心
一子　德定
真全字繼復晚奴五子母吳氏生于景泰丙子五月十四終于

弘治乙丑三月初初二享年五十妻新生郭氏合葬坑心一子

德實

慈孫字繼能甲戌長子母吴氏生于正統戊午正月二十終于

弘治甲子四月十四享壽六十七妻華夏馮氏合葬中堂岡一

子　妃敬

善孫字繼賢甲戌次子母吴氏生于正統乙丑九月十四終于

弘治己酉六月十七享年四十五妻登雲帥氏合葬杏尾一子

太成

仲房十世

奉宗字永誠直長子母郭氏生于宣德乙卯二月初九言有物行有恒才猷廣大器度恢宏考充都司令吏終于弘治甲寅五月初六享壽六十妻梁氏合葬沙岡五子　碧　琛　清

相　瑋

完禄存子母何氏生終葬莫考無嗣

通字允作元芳長子母陳氏生于正統丁巳六月十六終葬莫考妻何氏一子　伊保

明字允熙元芳次子母陳氏生于正統辛酉四月十八終于弘治癸丑二月十八享年五十三妻游氏合葬屈龍岡一子

阿鄧

寶字允重元芳三子母陳氏生于正統丁卯十二月十四終于正德丙子十月初八享壽七十妻沙水劉氏合葬白雲岡二子　達寧　達宏

貴字允用元芳四子母陳氏生于景泰庚午九月初九娶

終葬莫考二子　文舉　文用
庚政字允濟元芬子母鄧氏生于正統乙丑七月十七終
于弘治壬子四月十一享年四十八妻孔氏合葬后岡一子
妃祖
應滿字于溢順榮長子母林氏生于宣德庚戌二月初一
終于弘治戊申七月初五享年五十九妻鳳果周氏合葬馮岡
頭一子　靖
應高字于邊順榮次子母林氏生于宣德癸丑三月十三
宣力效勞名委質為民父母多粉來慕之歌任典吏終于弘治
庚申九月十九享壽六十八妻上冲杜氏合葬沙岡三子　瓚
聚　瑶
應宣字于詔順榮三子母林氏生于正統丙辰十月初九
終于成化壬寅六月初三享壽年四十七妻西城潘氏合葬岡
表二子　寬　松
應遠字于耀順榮四子母林氏生于正統己未七月初八

終于正德丙寅八月十四享耆六十八妻蘇村徐氏合葬馮岡
頭三子 珍保 豪 威
道安字于逸號樂静順宗長子母潘氏生于正統壬戌十
二月初一終于嘉靖乙未二月初一享壽九十四妻葉氏合葬
西邊坑松岡一子 泰
道全字于行順宗次子母潘氏生于正統甲子四月初九
終于正德丁卯九月二十二享壽六十四妻上冲高氏合葬中
堂岡二子 瑞 坤
妃佑字于幸順祖子母帥氏生于正統辛酉八月十八終
于弘治甲子五月十六享壽六十四妻石涌馮氏合葬白雲岡
二子 全 承
阿記字伯祥順慶長子母高氏生于景泰庚午七月十八
娶終莫考二子 大廣 細廣
税記字伯記 慶次子母高氏生娶終葬莫考一子 福
化聚字永思長福子母麥氏生于宣德己酉十月初六終

于弘治庚戌六月十七享壽六十二妻石涌馮氏合葬白雲岡
二子　俊　裳
祖盛字永念有才子母關氏生于正統辛酉八月十八終
于弘治戊午二月二十四享年五十八妻蘇村陳氏合葬沙岡
一子　雙頂
慶受字善余文聚字母區氏生于宣德辛亥二月十一終
于天順癸未正月二十享年三十三妻李村李氏合葬后岡一
子　觀育
壬仔勝聚子母孔氏生終葬莫考無嗣
有全字善周文炳子母游氏生終莫考妻李氏一子　阿俊
西南住
有盛字善富文炳次子母游氏生終葬莫考妻杜氏一子
戊甲失傳
禹龍字祭雍號安流觀制長子母張氏生于永樂丁酉六
月初八月嚴有翼無怠無荒其行已也恭其事上也敬都司知

印終于正統乙丑十一月初四享年二十九妻陸氏合葬白雲
岡一子 稅長
田慶字廣善觀制次子母張氏生于宣德壬子五月十九
終于成化丁未二月初四享年五十六妻丹竃梁氏合葬白雲
岡一子 阿三
禹達字廣才觀儀子母陳氏生于宣德丁未八月十四終
于弘治辛亥三月十三享壽六十五妻上冲麥氏合葬沙岡二
子 金保 妃仔

季房十世

税仔字子糧彥享子母林氏生於正統丙辰八月初九終於弘治丁巳七月初三享壽六十二妻吳氏合葬蜆殼岡一子宗

帝蔭字子龍彥芳長子母譚氏生於正統庚申二月初八終於弘治乙丑三月　九享壽六十六妻孔氏合葬蜆殼岡三子泰孫　泰真　泰妃

帝養字子修彥芳次子母譚氏生於正統戊辰六月十五吏員終於正德己巳九月十九享壽六十二妻孔氏繼娶劉氏合葬蜆殼岡三子　三聘　孔氏出三復　三省俱劉氏出

忠字子直號永豪彥長子母鄧氏生於景泰辛未正月十八終於正德丁卯九月二十九享年五十七妻冲霞王氏合葬后岡三子　悌　慈　蓉

柳字子强屏子母勞氏生於天順丁丑成七月初八終於正德庚午五月十八享年五十四妻李村李氏合葬后岡一子

福信
長潤字子澤細全長子母甘氏生於正統壬戌十月初一
終於弘治己酉七月初八享年四十八妻沙水劉氏合葬后岡
一子 泰成失傳
二閏字文細全次子母甘氏生于景辰庚于五月初七終
于弘治壬戌二月十四享年五十三妻大杏杜氏合葬后岡一
子 泰昭
晨字子興升長子母陳氏生於景泰癸酉七月十九終於
天正德辛巳正月十七享壽六十九妻李氏合葬后岡二子
稅真 晚實
昊字子遇升長子母陳氏生終葬莫考妻何氏一子泰宗
無嗣
永任堅子母吴氏生終莫考無嗣
所全字子成福聚子母杜氏生於正統戊午八月十九終
於弘治甲寅二月初六享年五十七妻大沙劉氏合葬后岡二

子鮮統詵

所定字子在德聚長子母吴氏生於景泰辛未五月十四
終於弘治乙丑二月二十二享年五十五妻大果陳氏合葬后
岡一子 志保無嗣

所安字子居德聚次子母吴氏生於天順已卯八月十一
終於正德乙亥九月十一享年五十七妻西城潘氏合葬后岡
二子 原紡 原績

所保字子行教長子母劉氏生於正統已巳四月初九終
於嘉靖已丑七月十六享壽八十一妻沙涌杏陳氏合葬后岡
三子 明浩 明受 明貴

所杰字子英教次子母劉氏生於天順戊寅三月二十三
吏員終於正德丙寅二月二十八享年四十九妻蘇村黄氏合
葬后岡二子 明亮 明輝

所佑字子庇胡保長子母吴氏生於景泰甲戌八月十七
終於正德辛未十月十九享年五十八妻赤勘陳氏合葬后岡

三子 大弟 二弟 細三
緣字子先鏡長子母陳氏生於永樂丙申六月初六終於
成化乙未十月初三享年壽六十妻馮氏合葬金利一子 宣
安字子貴鏡次子母陳氏生於永樂癸卯九月初二瀧水
所住終葬莫考妻潘氏一子 貴
政字昭德號碧雲鏡三子母陳氏生於宣德乙卯七月初
二終於正德丁卯十月二十享壽七十三妻黄氏合葬金利都
黄岡堡廖家村一子 世昌
藍字子翠祖保子母區氏生於宣德乙卯七月初六終葬
莫考妻陸氏一子 宗任無嗣
玄清字子廉浩子母郭氏生於正統已未十二月初七終
葬莫考妻陳氏一子 帝寧
維政字群理號淡交孫玄子母古氏生於洪武辛酉六月
初九終於成化乙酉九月十一享壽八十五妻間氏繼娶古氏
合葬白鶴岡二子 珊 坤俱古氏出

聰字子明德進長子母王氏生於宣德癸丑正月二十七
終於成化丙午二月二十二享年五十四妻沙水陸氏合葬蟾
麻岡一子　文廣
是字子豪號秫坡德進次子母王氏生於正統丁巳九月
十六終於嘉靖庚寅八月十六享壽九十四妻黃氏合　後岡
三子　顯　文滄　大
帝保字子堯蔭祖長子母陳氏生正統癸亥四月二十三
終於弘治甲寅九月十二享年五十二妻渦村李氏合葬後岡
一子　真福
善保字子懿蔭祖次子母陳氏生於正統己巳七月十七
終於正德丙寅六月二十六享壽六十八妻本里何氏合葬白
雲岡一子　德
泰保字子寧閏祖子母孔氏生於正統辛酉七月十四
終於成化甲辰七月十九享年四十四妻丹竈王氏合葬沙岡
三子　文福　文富　文瑞

所宜字子象癸有子母周氏生於正統壬戌二月初九終
於正德辛未九月初二享壽六十九妻新羅張氏合葬沙岡一
子　泰生
所垧字子璋祖餘長子母何氏生於正統戊午六月初三
終於弘治癸丑七月十三享年五十六妻陳氏合葬飯羅岡一
子　由
所瑛子子璉祖餘次子母何氏生於正統辛酉正月初五
終於正德乙卯四月十六享壽七十九妻本里區氏合葬飯蘿
岡二子　秋保　秋成
所庇字子相祖右子母陸氏生於正統癸亥七月十七終
於嘉靖壬午二月十五享壽八十妻八十妻張氏合后岡一子
元壽

孟房十一世

世烟字尹祝致沛長子母鄧氏生於正統戊辰七月初八終於嘉靖戊子二月二十享壽七十一妻何氏合葬後岡一子

綉　綺

世禄字允祈致沛次子母鄘氏生于景泰甲戌七月二十一終于嘉靖甲申二月二十享壽七十一妻何氏合葬后岡一子

繼聯

世奇字宗偉致鄒長子母陳氏生娶終葬莫考無嗣八終於喜靖己丑六月初八享壽七十四妻林氏合葬後風一子　妃宗

世沾字廷真俊旺長子母陳氏生於成化己亥八月初六終於嘉辛酉十一月初三享壽八十三妻杜氏合葬後岡一子

宗達

世昌字允肖致鄒次子母陳氏生于景泰乙亥四月十八終于嘉靖辛丑六月初八享壽七十四妻林氏合葬　后岡一子　妃宗

世廣字廷寬號南泉俊旺次子母陳氏生於弘治辛亥六
月二十二終於萬歷甲申九月初八享壽八十三妻蘇村陳氏
合葬后岡二子　宗顏　宗閔
世清字廷潔俊旺三子綫陳氏生於弘治庚申七月初八
終於嘉靖丁卯三月二十三享壽六十八妻何氏合葬后岡一
子　宗孔
世善字廷芳蘇保子母吴氏生於景泰丙子七月二十七
終於正德丁丑二月十二享壽六十一妻王氏合區后岡二子
克魁　克隆
世表字太豪帝奴子母王氏生終葬莫考妻陳氏一子冬
無嗣
初泰字本監觀奴長子母區氏生於正統丁卯三月初八
終於嘉靖癸巳正月初五享壽八十六妻李氏合葬白雲岡一
子　上啓
二泰字本由觀奴次子母區氏生於成化丁亥三月三十

終於嘉靖己未二月二十四享壽九十三妻李氏合葬庵邊二
字上進　上可
世及字天錫帝立長子母陳氏生終葬莫考妻何氏一子
士高
妃清字天然帝立次子母陳氏生娶終葬莫考無嗣
朝信字國孚永雄長子母孔氏生於成化癸巳九月十三
終於嘉靖丁巳四月十七享壽八十五妻孔氏合葬后岡三子
鐃光　四妃
朝遠字國久號連興次子母孔氏生於成化戊戌十二月
初九終於隆慶己巳十月十一享壽九十二娶妻終葬莫考五
子　采住陽江　曰宏　曰仁　曰仲　曰儒
朝平字國靜號連安永芳長子母梁氏生於成化乙酉正
月十九終於嘉靖癸巳四月二十五享壽六十九妻方氏合葬
后同一子　貴遇
朝滿字國吉號連升永芳次子母梁氏生於成化辛卯五

月十八終於嘉靖庚申十一月初四享壽九十五閔氏合葬后
岡一子　阿冬
朝近字國賛永芳三子母梁氏生於成化甲午二月二十
七終於嘉靖戊申三月十八享壽七十五妻西城何氏合葬后
岡二子　列　釗
朝慎字國守永廉長子母李氏生娶終葬莫考生二子　阿
龍　阿鳳俱往官窰住
朝宗字本源永廉次子母李氏生於弘治戊申十月十三
終於嘉靖癸亥七月十六妻陸氏合葬后岡三子　璋　策　曦
建成五子母鄧氏生終葬莫考　往信宜住
昶字本曙逢端長子母周氏生娶終葬莫考一子　帝長
辛保字本佑逢端次子母周氏生娶終葬莫考失傳
細晚字本大道存子母梁氏生娶終葬莫考失傳
汝孝字承先必舒長子母王氏生終莫考妻區氏合葬后
岡一子　緑青

汝弟字奉先必舒次子母王氏生終莫考妻周氏合葬后
岡一子　緑瓊
汝忠字奉顔必舒三子母王氏生終莫考妻何氏合葬后
岡二子　蘇齊　蘇正
汝節字本畲必舒四子母王氏終莫考妻孔氏合葬后岡
一子　英俊
汝廉字本潔必展子母甘氏生娶終葬莫考生二子　任長
任芳
觀祖字　公孫子母馮氏生於宣德癸丑六月十六往信
宜在所繼伍終葬莫考妻葉氏生三子　綉之　綉舉　表實
俱往信宜住
翠青字色偉納長子母梁氏生於景泰庚午四月初五終
於正德戊辰二月十一享年五十九妻大杏薛氏合葬沙岡三
子　太寧　尹保　文和
翠玉字色珍納次子母梁氏生於景泰壬申九月初一終

於正德甲戌十一月初六享壽六十三妻大仙岡陳氏合葬村

心岡二子　文安　文仔　俱九江住

萬敎字餘用紳長子母馮氏生於成化壬辰八月初一終

於嘉靖壬子二月二十一享壽八十一妻大杏梁氏合葬沙岡

二子　文頌　文顒

萬倉字積用號覔江紳次子母馮氏生於成化甲午正月

初十終於嘉靖癸卯九月十七享壽七十妻丹桂廖氏合葬沙

岡三子　文繪　文約　文總

普保字廣用縉子母林氏生終葬莫考妻林氏三子　穗

積俱廣城鐳巷住

廷柱字德華純子母區氏生於成化壬辰二月十二終於

嘉靖甲午三月二十九享壽六十三葬莫考妻大欖梁氏一子

道源九江住

廷英字德繼維子母陸氏生於成化戊子五月初八終於

嘉靖甲午九月二十三享壽六十七妻區村潘氏合葬沙岡二

子　觀棋　觀俊

廷正字本直綱長子母陳氏生於成化甲午十月初十終於嘉靖癸巳十二月二十八享壽六十八妻同里林氏合葬沙岡二子　文遂　文敔

廷綾字池舟綱次子母陳氏生於成化丙申五月二十終於嘉靖丙午二月初四享壽七十一妻鄧氏合葬沙岡一子　武壽

廷愷字子敏白平子母劉氏生於成化乙未九月初四終於嘉靖戊子二月十三享年五十四妻陳氏合葬沙岡一子　妃泰

貴全字子茂白慶長子母何氏生娶終葬莫考無嗣

貴惠字子德號南橋白慶次子母何氏生於弘治辛酉七月初八終於萬歷己卯八月十九享壽七十九妻孔邊李氏合葬沙岡二子　文偉　文杰

苟養潮子母孔氏生終葬莫考付祀

瑜輝字母高氏生終葬莫考往順德住
廷表字子端騷奴子母楊氏生娶終葬莫考生一子　蘿
失傳
廷鈞字啓用妃長子母陳氏生于成化甲午七月十七終
于加清乙未八月十九享壽六十二妻蘇坑李氏合葬白雲岡
一子　元積
廷約字啓蒙號静宇英長子母林氏生於成化庚子九月
十七終于嘉靖癸卯四月十四享壽六十四妻本里陳氏合葬
中堂岡二子　元秘　元種
廷灼字啓祥號静齊觀長子母薛氏生於成化辛卯正月
十八終于正德丙子四月二十八享年四十六妻伏水陳氏合
葬梅步大良山一子　元科
妃盛字子仲福全長子母關氏生于成化乙未五月十四
終于嘉靖甲午四月十二享壽六十妻莫氏合葬屈龍岡四子
季華　季成　梓橋　梓翠

妃俊字子泰俊福全次子母關氏生於成化戊戌九月十
一終於嘉靖癸丑二月二十二享壽六十四妻本里區氏合葬
屈龍岡四子　世魁　世璋　世重　世元
德盛字應泰志全長子母何氏生於成化乙酉十月十一
終於嘉靖乙未二月二十享壽七十一妻吴氏合葬獅子岡三
子　畔　宏　弼
德容字應厚志全次子母何氏生於成化戊子三月十一
終于嘉靖壬辰七月十六享壽六十五妻吴氏合葬后岡無嗣
德長字應光壽全子母陸氏生於成化丁酉十二月初一
終于嘉靖庚子二月初二享壽六十四妻區氏合葬岡一子
引
德定字應可名全子母徐氏生於成化癸卯六月初八終于
嘉靖乙巳七月初八享壽六十三妻黎氏合葬屈龍岡二子
世美　世亮
德實字應允真全子母郭氏生於弘治戊申七月十八終

于嘉靖丙午正月二十五享年五十九妻陸氏合葬屈龍岡一

子　護

妃敬字應文孫子母馮氏生于成化丁亥四月二十九終

于嘉靖甲申九月初九享有年五十八妻孔氏合葬白雲岡二

子　文順　文郁

太成字應就善孫子母帥氏生於成化甲午五月二十三

終于嘉靖乙未九月初一享壽六十二妻蘇氏合葬大坑尾二

子　文韜　文略

仲房十一世

碧字舜偉奉宗長子母梁氏生于天順戊寅三月十九任

倉宰終于嘉靖丁亥七月十八享壽七十一妻沙滘何氏合葬

白雲岡一子　昭

琛字舜璋奉宗次子母梁氏生于天順庚辰正月二十六

終天嘉靖庚寅七月十一享壽七十一妻陳氏合葬后岡二子

朝用　朝俊

清字舜奇奉宗三子母梁氏生于天順甲申八月十八終

于嘉靖乙酉九月初一享壽六十二妻陳氏合葬后岡一子

智

相字舜珩奉宗四子母梁氏生于成化丙戌二月初七終

于嘉靖戊戌七月十六享壽七十三妻周氏合葬沙岡一子

世奇

瑋字舜英奉宗五子母梁氏生于成化己丑六月二十二

終于嘉靖己亥八月十四享壽七十一妻梁氏合葬沙岡三子

經紀　需

伊保能子母何氏生終葬莫考　無嗣

阿鄧明子母游氏生娶終葬莫考二子　倫　信

達寧字世康寶子母劉氏生于成化丙申五月十九終于

嘉靖甲午四月十六享年五十九妻吉贊左氏合葬白雲岡一

子表

達宏寶次子母劉氏生終葬莫考無嗣

文舉長子母　氏生終葬莫考失傳

文用貴次子母　氏生終葬莫考失傳

妃祖字世紹廣政子母孔氏生于成化壬辰三月十一終

于嘉靖甲辰八月初一享享壽七十三妻本里陳氏合葬沙岡

二子　文慶　文善

靖應滿子母周氏生終葬莫考失傳

瓚字世磷應高子母杜氏生于天順壬午七月初十終于嘉靖

癸未九月初四享壽六十二妻馮氏合葬沙岡三子　元正　二

正　三正
聚字世圖應高次子母杜氏生于成化丙戌二月初一終于
嘉靖丙申九月十一享壽七十一妻謝氏合葬沙岡一子　繼
宗
滔字世璣應高三子母杜氏生于成化庚寅六月十四終
于嘉靖已丑正月二十享壽六十妻葉氏合葬后岡一子　繼
福
寬字世泰應宣長子母潘氏生娶終葬莫考一子　永辛
松字世才應宣次子母潘氏生于成化已丑八月十一終于嘉
靖辛卯七月十七享壽六十三妻新生梁氏合葬白雲岡三子
永德　永方　永富
珍保字世勇應遠長子母徐氏生于成化丁亥七月十八
終于嘉靖壬午九月初八享年五十六妻吴氏合葬白雲岡三
子　道清　道明　道澄
豪字世强應遠次子母徐氏生于成化庚三月十三終于

嘉靖丁亥九月十九享年五十八妻梁氏合葬白雲岡三子

新受　新德　宏玄

威應遠三子母徐氏生終葬莫考無嗣

泰字世和道安子母葉氏生于成化壬辰四月廿十終于

嘉靖壬寅十一月初一享壽七十一妻陳氏合葬中堂岡二子

弁　衣

瑞字世球道全長子母高氏生娶終葬莫考生二子　希

賢　希旦

坤字世雄道全次子母高氏生于成化戊戌正月十二終

于嘉靖丁亥八月十九享年五十妻高氏合葬地堂岡三子

堅　謹　慎

全字世周妃佑長子母馮氏生于天順壬午七月十九終

于嘉靖衛未四月十一享壽六十二妻周氏合葬沙岡三子

祥　武　滄

承字世同妃佑次子母馮氏生于成化乙酉四月二十八

終于嘉靖丁酉二月十四享壽七十三妻陸氏合葬沙岡三子
一湛　一澈　一汪
細廣大廣俱阿記子母　氏生終葬莫考失傳
福稅記子母　氏生終葬莫考失傳
俊字世杰化聚長子母馮氏生娶終葬莫考二子　鑾
妙
裳化聚海外僑胞子母馮氏生終區莫考無嗣
雙頂祖盛　子母陳氏生終葬莫考二子　妃佑　妍
觀育字子思應受子母李氏生于景泰丙子三月十四終
于正德乙亥七月十八享壽六十妻王氏合葬大坑四子　良
紀　良二　良三　良四
阿俊有全子母李氏往西南住
戊甲有盛　子母杜氏生終葬莫考失傳
稅長字徒賦號一壥禹龍子母陸氏生于正統戊辰九月
十一終于弘治甲寅五月初八享年四十七葬莫考妻蘇氏一

子 先

阿三田慶子母梁氏生娶終葬莫考一子 引保

金保字從三號松隱尚達長子母麥氏生于正統戊辰五
月五終于正德丙寅七月二十一享年五十九妻丹竈符氏合
葬后岡三子 芳 滋 舫

妃仔字徒敬次子母麥氏生于景泰庚午四月初三終于
弘治辛酉正十七享年五十二妻陳氏合葬沙岡一子 阿弟

季房十一世

宗稅仔子母吴氏生娶終葬莫考三子　道正　道俊　道福　俱往清遠板塘村住

泰孫字應玄號凄雲帝陰長子母孔氏生于景泰壬申二月二十終于嘉靖丁酉七月十三享壽八十六妻石涌馮氏合葬蜆殼岡六子　志秋　志節　志曉　志冬　志厚　志陽

泰真字應才帝蔭次子母孔氏生于景泰丙子五月初七終于正德乙亥十月初八享壽六十妻赤堪陳氏合葬蜆殼岡二子　志皋　志和

泰妃字應勉帝陰三子母孔氏生于天順辛巳九月初四終于嘉靖壬午正下八享壽六十二妻梅步何氏合葬蜆殼岡二子　志綱　志紀

三聘字應達號一樂帝養長子母孔氏生于成化丙戌十二月二十八終于正德丁丑十二月二十二享年五十妻沙涌棗杜氏合葬蜆殼岡一子　志錫

三復字應遂帝養次子母劉氏生于成化丁亥四月初七
終于嘉靖甲午七月十二享壽六十八妻蘇村徐氏合葬蜆殼
岡　無嗣
三省字文達帝養三子母劉氏生于成化癸巳七月十四終于
嘉靖辛丑九月初七享壽六十九妻梅步何氏合葬蜆殼岡二
子　志表　志正　悌子　忠良子母王氏生終葬莫考蘇氏
生二子阿連　阿句慈字始興忠次子母王氏生于成化庚子
六月十六享壽六十一妻雲津顏氏合葬後岡三子　瑶
蓉字應馨忠　三子母王氏生娶終葬莫考一子會時往順德住
福信字應文抑子母李氏生終葬莫考李氏二子文庚　細庚
出繼
泰成長潤子母劉氏生終葬莫考失傳
泰昭字應奎號鶴所二潤子母杜氏生于弘治辛酉九月十六
終于萬歷丙子六月二十享壽七十六妻孔邊吴氏合葬後岡
一子　焯稅真字德正晨長子母杜氏生于弘治已未十一月

十四終于嘉靖戊戌五月初四享年四十妻李氏合葬后岡立
一子　細庚晚實字德厚號華山晨次子母杜氏生于弘治癸
亥四月二十六終于萬歷已父十一月十九享壽七十七妻陳
氏繼娶梁氏合葬後岡二子　文荐陳氏出天瑞梁氏出泰宗
字德理吴子母何氏生娶終葬莫考無嗣鮮字廷翠所全長子
母劉氏生終葬莫考二　子二元三元俱往官窰往詵字廷澤號
受泉所全次子母劉氏生于弘治甲子九月十三終于萬歷甲
戌二月二十九享壽七十一妻徐氏合葬後岡三子　覆盛
覆振　覆餘志保所定子母潘氏生于正德辛未七月二十九
終于嘉靖甲寅二月初一享年四十四妻方氏合葬後岡一子
文鳳原績字廷禄所安次子母潘氏生于正德丙子正月初十
終于隆慶已巳九月初二享年五十四妻小泰黄氏合葬後岡
一子　文鴻　明浩字應光所保次子母陳氏生娶終葬莫考
妻潘氏合葬後岡一子　文聰　明受字應光所保次子母陳
氏生娶終葬莫考一子無嗣　明貴字應知所保二子母陳氏生

終莫考妻區氏合葬後岡三子 文厚 文深 文源 明亮
字本促號静翁所潔長子母黄氏生于成化壬寅
十月初二終于嘉靖丁巳五月初一享壽七十六妻新生梁氏
合葬後岡一子 文轍 明輝字本昌所潔次子母黄氏生于成
化丙午十月十六終于嘉靖壬子九月十三享壽六十七妻梁
氏合葬後岡東向之原勘下至羅萬户屋後梁氏葬在上地一
級二子 文綱 文樂 大弟字應孟所右長子母陳氏生于弘
治已酉七月二十終于嘉靖庚戌四月二十享壽六十二妻許
氏合葬後岡一子 文潤
二弟字應仲所右次子母陳氏生于弘治壬子正月初十終于
嘉靖癸已十月十六享年壽四十二妻上冲周氏合葬後岡二
子 文長 文典 細三字所右三子母陳氏生于弘治丙辰
六月十一終于嘉靖甲寅九月初二享年五十九妻李氏合葬
後岡二子 文福 文祐
宣緣子母馮氏生終葬莫考無嗣貴安子母潘氏生終葬莫考

貴安子母潘氏生終葬莫考妻吴氏一子　應奇
世昌字廷杰號處静政子母黄氏生于成化乙未十二月
終于嘉靖戊申二月十七享壽七十四妻周氏合葬金利都黄
岡堡唐家村蟛解地三子鎮　欽　鑑
宗任藍子母陸氏生終葬莫考無嗣
帝寧玄清子母陳氏往茅洲住生終葬莫考二子　宗保
勝養
珊字汝瓊號沃齋維政長子母古氏生于永樂丙申七月
初九弘治辛酉科亞魁任福建延平府永安縣知縣清白賢能
保民重士拒劉瑾開銀礦以貢公累民且意非　聖旨力沮之
然終使已得牌矣劉瑾誣公殺人捕逮凌轢備至公不為色動
俄而邑民溝溝往日瑾害吾父母官我泉蓋死之由是下政聲
益著民德之建祠永安縣學宫之左春秋祀為延平府名宦有
傳終于嘉靖癸亥五月十九享壽八十八配室朱氏孺人側室
宋氏合葬馬墓山二子　憲出朱氏　忠言出宋氏

坤字汝璋維政次子母古氏生于永樂己亥八月十三終
于成化癸巳九月初一享年五十五妻陸氏合葬白鶴岡一子
進
文廣字公約號古榕聰子母陸氏生于弘治辛酉三月二
十終于嘉靖丁卯十一月十九享壽六十七妻孔氏合葬飯羅
岡三子　鎮東　鎮南　鎮中
顯字應壁號南樵奭長子毋黄氏生于弘治癸亥六月十
八由吏員任廣西興安驛丞嘉靖甲寅八月初六終于任所扶
柩還鄉享年五十二妻金甌區氏合葬圖嘴地立一子　林
文滄字應源奭次子母黄氏生于弘治乙丑十月二十八
終嘉靖乙酉二月十六享年四十五妻大仙岡
陳氏合葬後岡二子　桂奭　林出繼
大鵾字鳳翔號古松爽三子母黄氏生于弘治甲子四月
十七考充縣吏終于嘉靖甲寅八月十四享年五十一妻麥氏
合葬蟾麻岡無嗣

真福字應潮帝保長子母李氏生于弘治乙丑四月初二
終于嘉靖甲子十二月十三享壽六十妻王氏合葬岡嘴二子
弦　貿
德字應智善保子母吴氏生娶終葬莫考一子　上策
文福字元直泰保長子母王氏生終莫考妻伏水陳氏合
葬沙岡二子　士長　細盛
文富泰保三子母王氏往順德住
文瑞泰保三子母王氏往順德住
泰生所宜子母張氏生娶終葬莫考二子　文高　文序
由字應道所垧長子母陳氏生于成化甲午七月初十終
于弘治壬戌十一月二十八享年二十九妻陳氏合葬飯籮岡
二子　璇　常
秋保字榮之所瑛長子母區氏生于弘治戊申正月二十
二終于嘉靖甲寅二月十七享壽六十七妻區氏合葬后岡三
子　廣　庠　序

秋成字景實所瑛次子母區氏生終莫考妻鳳果周氏合
葬沙岡二子廉　翼
元壽字以禮所庇子母張氏生于成化丙申十月初六終
于嘉靖戊戌七月初七享壽六十三妻曾氏合葬蜆殻岡一子
潔

孟房十二世

綉字庭錦號東崖世禋長子母何氏生于弘治丁巳三月初二公居嫡裔少讀儒書屢試不第轉步蕭曹納撥縣據兩考完滿未仕歸家宅心温厚制行端方推為族旅長祀事孔明鈐朱子姓各遵禮法因

始祖祭田先被投獻乃倡族家簽銀生息另置產業積蓄租利命侄秉常等重建祠宇接修譜系并塋墓光前裕后惟公之力居多也終于萬歷甲戌五月二十三享壽七十八妻蘇村陳氏合葬后岡未向之原一子 鸞

綺字庭號古泉世禮次子母何氏生于正德癸酉正月二十四參佐衛令吏赴京考中正八品就職授湖廣應城典吏壓廣西永利州幕致仕歸家終于萬歷庚辰十一月十六享壽六十八妻李氏合葬后岡二子 大韶 大夏

繼聯世禄子母鄧氏生終莫考妻利氏合葬后岡無嗣

妃宗字以元世昌子母林氏生于弘治庚申二月二十三終于

嘉靖丁卯八月二十八享壽六十八妻本里區氏合葬后岡一
子　開
宗達字道顯世沾子母杜氏生于弘治戊午十一月二十
四終于隆慶壬申七月二十享壽七十五妻梁氏合葬后岡無
嗣遺下土名田三斗永遠拜祭
宗顏字道賢世廣長子母陳氏生于嘉靖甲申十一月十四終
于萬歷丁亥二月初五享壽六十四妻梁氏合葬后岡無嗣
宗閔字道明號澗松世廣次子母陳氏生于嘉靖乙亥六
月初四終于萬歷丁酉十一月十七享年五十九妻勞邊徐氏
合葬后岡四子　文綱　文紀　文統　文緒
宗孔字道儒世清子母何氏生于嘉靖壬午十一月初一
終于萬歷甲戌十月初八享年五十三妻蘇村陳氏合葬后岡
二子　文綸　文經
克魁字道輝世善長子母王氏終莫考妻小樂黄氏合葬
后岡三子　文充　文充　文宏

克隆字道興世善次子母王氏生娶終葬莫考無嗣

冬字國任世表子母陳氏生娶終葬莫考無嗣

上啓字時明初泰子母李氏生于弘治癸酉六月二十終

于嘉靖壬戌六月二十享壽七十妻何氏合葬巷邊岡一子

衣綬

上進字朝東二泰長子母李氏生于弘治庚戌二月二十

終于嘉靖庚申十一月二十五享壽七十一妻沙寮杜氏合葬

烏飯岡坐早向寅之原一子　秀芳

上可字慎美號南所二泰次子母李氏生于弘治丁巳二

十一終于隆慶庚午二月十二享壽七十四妻何氏合葬合白

雲岡三子　衣袖　衣襯　衣禮

士高字子祥世及子母何氏娶終葬莫考一子　衣結　無

嗣

饒朝信長子母孔氏生終葬莫考往官窰住

光字德曙朝信次子母孔氏生于弘治戊午六月初六終

于嘉靖丁丒二月二十四享壽七十妻陳氏合葬后岡　一子

嘉和

四仔朝信子母孔氏順德黎村住

遠長子母往陽江住

曰宏朝遠次子娶終葬莫考二子　存德　惟德

曰仁朝遠三子生娶終葬終莫考二子　惟漢　惟敬

曰仲朝遠四子生娶終葬莫考三子　惟祥　惟相　惟

業

曰儒朝遠五子生娶終葬莫考三子　惟恩　惟錦

惟誠

貴遇字邦爵朝平子母方氏生于弘治辛酉七月十一終

于嘉靖壬寅閏五月十五享年四十二妻梁氏合葬后岡一子

嘉猷

阿冬朝滿子生娶終葬莫考二子　以成　以才德紅岡

住　俱往順

列字景叙朝近長子母何氏生正德戊辰八月初七終于
嘉靖癸亥六月十二享年五十六妻大渦李氏合葬后岡一子
嘉會
釗字景達朝近次子母何氏生于正德甲戌四月十二終
于喜靖丙午十月二十五享年三十三妻甘氏合葬后岡一子
嘉賢
阿龍愼長子往官窰住
阿鳳朝愼長子往官窰住
璋字可文朝宗長子母陸氏生于正德已巳三月十七終
于嘉靖丙午十月十三享年三十八妻大仙岡陳氏合葬后風
一子　嘉志
策字可詔號古岡朝宗次子母陸氏生于正德辛未終葬
莫考妻麥氏三子　嘉惠　嘉榮出繼　嘉善　曦字可大號
悦槐朝宗三子母陸氏生于正德乙亥四月初八終于萬歷戊
戌十二月十五享壽八十四妻蘇坑陳氏合葬后岡一子　嘉

榮
帝長字可成昶子母孔氏生娶終葬莫考一子　鳳
綠青汝孝子母區氏生娶終葬莫考生二子　木序　木禎
綠瓊字用之汝弟子母周氏生終莫考妻陳氏合葬后岡
三子　太保　太盛　太能
蘇齊字挺瑞汝忠長子母何氏生終莫考妻陳氏合葬后岡一
子　朋諒
蘇正字挺秀汝忠次子母何氏生終莫考妻陳氏合葬后
岡一子　榮諒
英俊字挺任汝節子母孔氏生終莫考妻湯氏合葬后岡
二子　太奇　太慶
任芳汝廉長子生娶終葬莫考一子　永隆
任長汝廉次子生娶終葬莫考一子　永升
綉之觀祖長子母葉氏生娶終葬莫考五子　文時　文
魁　文本　文清　文猷往信宜住

綉舉觀祖次子母葉氏生娶終葬莫考一子　元憲住信宜
表實觀祖三子母葉氏生娶終葬莫考三子　武選　武
振　武相
太寧字汝靖翠青長子母薛氏生天成化庚戌七月十六
終于嘉靖庚戌四月十一享壽六十一妻本里楊氏合葬村心
岡三子　錦　粤　裔俱往九江住
丑保字汝順號伏溪翠青次子母薛氏生于弘治戊申六
月十九終于嘉靖戊子二月十八享壽八十一妻九江曾氏合
葬九江登雲亭山二子　明康　明綺俱九江住
文和字汝熙翠青三子母薛氏生娶終葬莫考無嗣
文安字彦明翠玉長子母陳氏九江住
文仔字彦舉翠玉次子母陳氏九江住
文顯字彦楊號前岡萬廒長子母梁氏生于弘治壬戌正
月二十三終于萬歷甲戌三月初六享壽七十三妻百滘周氏
合葬沙岡一子　明廣

文顥字彦輝萬廠次子母梁氏于正德甲戌六月十六終葬莫考妻樂高氏一子　鶴齡失傳

文繪字彦章號南圃萬倉長子母廖氏生于弘治甲子十月十七考撥縣掾役滿家居終于嘉靖癸丑四月十一享年五十妻杜氏繼娶馮氏合葬沙岡立一子　明海

文約字彦奇號懷堂萬倉次子母廖氏生于正德丙子六月十四終于嘉靖辛丑六月初十享年二十六妻伏水陳氏合葬沙岡二子　明東　明海出繼

文總字彦高號遠山萬倉三子母廖氏生于正德戊寅八月初十終于嘉靖甲辰十月十三享年二十七妻蘇村徐氏合葬沙岡二子　明伏　明登

穗普保長子母林氏飬生廣城雷巷住

稷普保次子母林氏肇慶府據生終葬莫考廣城雷巷住

道源字彦宗遷柱子母梁氏九江住

觀祺字永常遷英長子母潘氏生終葬莫考妻陳氏二子

嚴廣城住　引孫陽春住
觀俊字永杰號南田遷英次子母潘氏生于正德庚午十
月初五終于萬歷癸巳十一月二十七享壽八十四妻新郭氏
合葬沙岡二子　莊　貴孫高明住
文遂字彥行遷正長子母林氏生于弘治壬戌二月初四
終于嘉靖甲辰十一月初一享年五十三妻金甌區氏合葬沙
岡一子　明啓
文敬字彥從號順泉廷正次子母林氏生于正德甲戌十
月初九終于萬歷辛卯十月初十享壽七十八妻沙涌東陳氏
合葬岡嘴二子　明聰　明潤
武壽廷綾子母鄧氏終葬莫考無嗣附祀烏江祖
妃泰字以和遷愷子母陳氏生于正德甲戌十一月二十
終于萬歷辛卯十一月初二享壽七十八妻馮氏張氏合葬沙
寮地一子　明弟　張氏出
文偉字彥雄　號見樵貴惠子母李氏生子嘉靖癸卯九月

初六終于萬歷丁酉六月十一享年五十五妻本里劉氏合葬
沙岡二子　明相　明憲
文杰字彦豪號見山貴惠次子母李氏生于嘉靖丁未三
月初一終于萬歷癸丑十月初八享壽六十七妻順德劉氏合
葬沙岡一子　帝饒
蘿廷表子母　氏生終葬莫考失傳
元積字文學廷鈞子母李氏生于正德戊辰六月十九終
于嘉靖丁未七月初一享年四十妻陳氏合葬白雲岡二子
深　清
元秘字玄號對樵廷約長子母陳氏生于正德辛丑四月
十八終于嘉靖庚辰六月二十九享年四十妻潘氏合葬中堂
元種字文秀廷約次子母陳氏生終葬莫考無嗣
岡三子　忠　三志　誠
元科字伯明號對峰廷灼子母陳氏生于正德己巳七月
初五終于嘉靖甲寅四月十七享年四十六妻何氏合葬庵邊

岡三子　孔曾　孔賢　孔顔
季華字世顯妃盛長子母莫氏生于正德甲戌五月初五
終于嘉靖己酉十月十一享年三十六妻陳氏合葬屈龍岡二
子　士遠　士逵
季成字世芳號平所妃盛子母莫氏生于正德丙午六月
二十三終于萬曆甲午十月初九壽七十九妻謝化二子　士
逢　士昂
梓橋字世樂妃盛三子母莫氏生于嘉靖癸未正月二十
三終于萬歷甲申十一月十三享壽六十二妻謝氏合葬屈龍
岡二子　士朝　士勉
梓翠字世標號碧所妃盛四子母莫氏生于嘉靖庚寅十
月初十終于萬歷庚寅六月十三享壽六十一妻區氏合葬白
雲岡一子　士教
世魁妃俊長子母區氏生于弘治庚申六月十三終葬莫
考無嗣

世璋妃俊次子母區氏生于弘治癸亥正月二十六終于
嘉靖壬子二月二十九享年五十妻吴氏合葬屈龍岡一子
士祥
世重妃俊三子母區氏生于弘治丁卯二月二十五終于
嘉靖壬戌五月二十七享年五十六妻杜氏合葬屈龍岡一子
士喬
世元妃俊四子母區氏生于弘治壬申七月二十七終于
嘉靖已未六月十七享年四十八妻陳氏合葬屈龍岡二子
紹禄　紹祺
眸字世宗德盛長子母吴氏生于弘治乙丑十月二十五
終于嘉靖甲寅二月二十六享年五十妻伍氏合葬獅子岡一
子　道從
宏字世臣德盛次子母吴氏生于正德丙寅四月十九終
于隆慶六未七月二十四享壽六十六妻孔氏合葬獅子岡一
子　道通

弼字世甫德盛三子母吴氏生于正德庚午六月二十一
終于萬歷丙子十月初八享壽六十七妻何氏合葬獅子岡一
子　道舉
引字雲澗號歸獸德長子母區氏生于成化已亥三月十
四終于嘉靖辛丑二月二十享壽六十三妻陳氏合葬白雲岡
一子　申
世美德定長子母黎生于成化壬寅八月二十終于嘉靖
辛酉十月二十三享壽八十妻張氏合葬岡一子　振
世亮德定次子母黎氏生于成化丙午七月初八終于嘉
靖甲辰十月二十三享年五十九妻陳氏葬莫一子　允
護字世保德實子母何氏生于成化甲辰二月二十八終于
嘉靖辛亥十一月二十三享壽六十八妻何氏葬莫考一子
日奇
文順字德善妃敬長子母孔氏生終莫考妻區氏合葬沙
岡二子　益　盛

文郁字德周妃敬次子母孔氏生終葬莫考妻吴氏一子

盤

文韜字汝廣太成長子母蘇氏生終莫考妻區氏合葬沙

岡一子　標

文略字汝實太成次子母蘇氏生終莫考妻區氏合葬沙

岡一子　明爵

仲房十二世

昭字邦贊碧子母何氏生娶終葬莫考無嗣

朝用字邦佐琛長子母陳氏生于弘治已酉十一月初六終于嘉靖乙丑六月十八享壽七十七妻黎氏合葬大良山一子　尚賓

朝俊字邦杰琛次子母莫氏合葬沙岡無嗣

智字邦俊清子母陳氏生于弘治癸亥十二月二十終于嘉靖癸亥七月二十享壽六十一妻何氏合葬岡　昂　昦　杲

世琦字邦秀相子母周氏生娶終葬莫無嗣

經字堯正瑋長子母梁氏生于弘治甲寅三月二十一終于嘉靖癸亥八月初九享壽七十妻陳氏合葬沙岡一子　節

紀字廷俊瑋次子母梁氏生于弘治已未六月二古終于嘉靖癸丑二月二十享年五十五妻潘氏合葬白雲岡一子士龍

儒字廷信瑋三子母梁氏生于弘治甲子六月十三公少

習舉壯充高州府掃晚年鄉居授生徒成材者衆終于嘉靖丙
寅正月十七享壽六十三妻陳氏合葬后岡一子　衮衣
倫字曰仁阿鄧長子母　氏生娶終葬莫考生一子　珍才
早亡
信字曰義阿鄧次子母　氏生娶終葬莫考　無嗣
表達寧子母左氏生終葬莫考　無嗣
文慶字德余號良山妃祖長子母陳氏生于弘治戊午八
月十三終于嘉靖丁卯八月　二享壽七十妻本里陳氏合葬沙
岡生二子　天附　天興
文善字德清妃祖次子母陳氏生于弘治辛酉十月初三
終于嘉靖庚申四月十六享壽六十妻何氏合葬白雲岡一子
天相
元正字景亨贊長子　馮氏生娶終葬莫考　無嗣
二正字景贊次子母馮氏生娶終葬莫考生一子　文昌
三正字景直贊三子母馮氏生于弘治甲子十二月初八

終于嘉靖乙丑八月十九享壽六十二妻區氏合葬白雲岡二
子 文盛 文明
繼宗字承之號方塘聚子母謝氏生于弘治癸亥六月初
二終于嘉靖丙寅十一月初九享壽六十四妻鄧氏合葬沙岡
大地一子 奇鳳
繼福字眷之滔子母葉氏生娶終葬莫考無嗣
永辛寬子母倫氏生娶終葬莫考一子 阿道岸往
永德松長子母梁氏生娶終葬莫考一子 兆鳳無嗣
永方松次子母梁氏生娶終葬莫考一子 韶鳳住東莞
永富字世隆松三子母梁氏生于弘治壬戌七月二十終
于嘉靖壬戌八月初五享壽六十一妻徐氏合葬白雲岡一子
儀鳳
道清字以正珍保長子母吴氏生娶終葬莫考一子允賢
順德軍七住
道明字以諒珍保次子母吴氏生于弘治甲寅八月二終

于嘉靖丁酉九月二十一享年四十四妻杜氏合葬白雲岡三
子　師賢　師聖　師顔
道澄字以素珍保三子母吴氏生娶終葬莫考　無嗣
新受字伯叔豪長子母梁氏生于弘治辛酉九月初七終
于嘉靖癸亥五月十三享壽六十三妻倫氏合葬沙岡二子
保信
新德字伯善豪次子母梁氏生娶終葬莫考生二子可黑
帥邊住可紀岡頭住
宏玄字伯亨豪三子母梁氏生娶終葬莫考生一子澤官
窰三丫巷住
弁字邦用號裕齋泰長子母陳氏生于成化辛丑十月十
八終于嘉靖癸巳九月十八享年五十二妻大沙劉氏合葬梅
步岡二子　虞賓　虞治
庾字邦器泰次子母陳氏生于弘治癸卯有五月初五終
于嘉靖丁未十二月十一享年五十五妻陳氏合葬中堂岡一

子　虞恩
希賢字國典瑞長子生娶終葬莫考失傳
希旦字國相瑞次子母龍氏生于正德丙寅九月十七終
于嘉靖丁未六月十八享年四十二妻梁氏合葬白雲岡無嗣
堅字本剛坤長子母區氏生于弘治辛亥十月二十九終
于嘉靖壬子十一月十六享壽六十二妻黎氏合葬岡二子
士魁　士杰
謹字常呈中塘坤次子母區氏生于弘治乙丑十一月初
八終于嘉壬戌六月初三享年五十八妻陳氏合葬沙岡妾鄧
氏二子　雪芳　雪衷俱鄧氏出
慎字子真坤三子母區氏生娶終葬莫考無嗣
祥字子禎全長子母周氏生娶終葬莫考一子　孟
武字子堅全次子母周氏生娶終葬莫考三子　彥修
彥能　彥濟
滄字子海號對山全三子母周氏生于弘治丁丑四月初

一終于嘉靖癸巳八月十八享壽七十七妻李氏合葬沙岡無
嗣
一湛字元明號東塘承長子母陸氏生于弘治丙午三月
十二由吏員考中正八品回家省祭終于嘉靖庚戌四月十二
享壽六十五妻林氏繼娶李氏合葬白雲風一子彥聰李氏出
一澈字元卿承次子母陸氏生終莫考妻陳氏合葬白雲
岡一子彥舉
一汪字元瀆號南岡承三子母陸氏生終葬莫考妻何氏
一子彥居往高明住
鑾俊長子母氏生終葬莫考失傳
妙俊次子母氏生終葬莫考失傳
妃佑雙頂長子母氏生終葬莫考失傳
姸雙頂次子母氏生終終葬莫考失傳
良紀觀育長子母王氏生終葬莫考妻張氏一子權
良二觀育次子母王氏生娶終葬莫考無嗣

良三觀育三子母王氏生娶終葬莫考一子　國言無嗣
良四觀育四子母王氏生娶終葬莫考妻麥氏合葬后岡
二子　靖科　三科
先字廷泉號禄坪税長子母蘇氏生終莫考妻譚氏合葬
沙岡一子　毓
引保阿三子母　氏生終葬莫考失傳
芳字德茂號開叟金保長子母符氏生于成化戊子十月
十八終于嘉靖丁巳六月二十六享壽九十妻潘氏合葬烏飯
岡一子　道志
滋字德潤號翠菊金保次子母符氏生于成化丁酉閏四月
二十五終于嘉靖丙午六月十九享壽七十妻渦村麥氏合葬
烏飯岡三子　道盛　道奇　道章
方字德榮金保三子母符氏生于成化庚子六月十九終
于嘉靖辛丑十月初四享壽六十二妻陳氏合葬烏飯　岡三子
道寧　道本　道東

阿弟字德華妃仔長子母梁氏生于成化辛丑七月初八
終于嘉靖辛卯正月十一享壽六十一妻張氏合葬沙岡三子
李安　三安　四安

季房十二世

志秋字景中泰孫長子母馮氏生于弘治甲寅四月十五終于嘉靖壬子三月二十八享年五十九妻丹竈梁氏合葬蜆殼岡二子　賓　英

志節字景信泰孫次子母馮氏生娶終葬莫考無嗣

志曉字景明泰孫三子母馮氏生于弘治辛酉六月十八終于嘉靖乙丑九月初一享壽六十五妻上坑伍氏合葬蜆岡三子　善長　善興　善和

志冬字景潮泰孫四子母馮氏往金紫茅洲住

志厚字景深號愛梅泰孫五子母馮氏生于弘治壬子九月初二終于嘉靖癸亥二月二十二享壽六十二妻本里區氏合葬蜆殼岡三子　宗養　宗聖　宗明

志陽字景鳳泰孫六子母馮氏生于弘治乙丑二月十一終于嘉靖癸丑二月二十二享年五十九妻何氏合葬蜆殼岡一子　宗恕

志皋字景平泰真長子母陳氏生于弘治壬戌四月十六
終于嘉靖甲子五月十一享壽六十三妻本里何氏合葬蜆殼
岡二子　寧　喬出繼
　志和字景氣泰真次子母陳氏生于弘治甲子九月十一
終于嘉靖甲子十二月二十二享壽六十一妻潘氏合葬蜆殼
岡立一子　喬
　志剛字景由泰妃長子母何氏生娶終葬莫考無嗣
　志紀字景讓泰妃次子母何氏生於正德己卯二月二十
一終于嘉靖己未六月二十享年四十一妻杜氏合葬蜆殼岡
一子　二弟往廣城住
　志錫字景秀號愛容三聘子母杜氏生於弘治己丑二月
十五終于萬歷辛卯十二月二十六享年八二七妻沙塘角梁
氏合葬后岡巳向之原五子　秉常　秉禮　秉義　秉仁　秉智
　志表字景華三省長子母何氏生於正德丙子三月十三
終于萬歷己卯十月二十一享壽六十四妻區氏合葬蜆殼岡

一子　秉潤
志正字景茂三省次子母何氏生于嘉靖壬午六月十八
終于萬歷丁丑七月初七享年五十六妻丹竈梁氏合葬蜆殼
無嗣
璡字汝器悌長子母蘇氏生終妻莫考合葬后岡一子　國
洪
阿名字汝章號榕井悌次子母蘇氏生娶終葬莫考無嗣
紀字景維慈長子母顔氏生于弘治丁巳十二月初五終
于嘉靖癸丑九月二十五享年五十七妻赤勘陳氏合蜆殼岡
四子　國英　國杰　國賢　國才
鋼字景常慈次子母顔氏生于弘治壬戌六月十六終于
嘉靖癸丑三月二十三享年五十二妻冲霞梁氏合葬后岡二
子　國華　國榮
瑶字景禄慈三子母顔氏生于正德戊辰二月十五終于
嘉靖癸丑四月十四享年四十六妻大渦張氏合葬后岡一子

國俊
文庚福信長子母李氏生終葬莫考無嗣
焯　字朝立昭字母吴氏生于嘉靖丙午九月初九終于萬歷
丙午十月初一享壽六十一妻何氏合葬后岡一子　細章失
傳
細庚字朝重稅真繼子繼母李氏生母李氏生于嘉靖丙
戌二月十八終于萬歷甲午九月初九享壽六十九妻蘇村徐
氏合葬后岡立一子　一見
文薦字朝恩號悦松晚實長子母陳氏生于嘉靖丁亥十
二月二十五終莫考妻孔邊吴氏合葬后岡一子　一勉
天瑞字朝聖號見塘晚實次子母梁氏生于嘉靖戊申十
二月初四終葬莫考妻張氏二子　一明　一見出繼
覆盛字瑞昌詵長子母徐氏生於嘉靖戊子十月初六終
於萬歷壬辰五月初九享壽六十五妻麥氏合葬后岡二子
聖長　聖存

覆振字瑞榮誂次子母徐氏生於嘉靖辛卯四月二十一終於萬歷丙申八月十一享壽六十六妻本里劉氏繼娶大渦原氏合葬后岡三子　裴長劉氏出　鳳高鳳登俱原氏出

覆餘字瑞慶誂　三子母徐氏生於嘉靖戊戌十月二十終于萬歷壬辰十月十三享年五十五妻蘇氏合葬后岡一子聖和

文鳳字瑞祥原紡長子母方氏生于嘉靖辛丑十月二十六終于萬歷丁酉正月三十享年五十七妻黎氏合葬后岡一子　士積

文鴻字瑞舉號悅原績子母黄氏生于嘉靖壬寅閏五月初八終于萬歷辛亥五月初六享壽七十妻灣頭杜氏繼娶周村杜氏合葬后岡無嗣

文聰字魏名明浩子母潘氏生終莫考妻本里方氏合葬后岡一子　評

文厚字魏成明貴長子母區氏生終莫考妻本里何氏合

葬后岡無嗣
文深字魏周明貴次子母區氏生於正德辛巳十月初七
終于萬歷壬午十月初三享壽六十二妻丹竈梁氏合葬后岡
一子 諭
文源字魏汪明貴三子母區氏生于嘉靖丙戌四月十九
終于嘉靖癸亥六月二十三享年三十八妻陳氏合葬后岡無
嗣
文轍字魏敷號長灣明亮子母梁氏生于弘治癸丑六月
初六終于嘉靖己丑三月二十八享年三十七妻丹竈梁氏合
葬后岡大松岡一子 讓
文烔字魏賢號龍灣明輝長子母梁氏生于正德丁卯正
月初六終于萬歷癸未六月初一享壽七十七妻本里陳氏合
葬后岡二子 藴 藎
文樂字魏和號潮灣明輝次子母梁氏生于正德丁丑十
月初一納撥的掾勤慎善書選送按院效勞超參歷乙酉止北

聽選是年十一月十七終于北京奉勘合沿應付扶柩還鄉享
壽六十九妻金甌區氏合葬沙岡西向之原二子　芝　蘭
隆慶年間身任兵部當該南旋省祭縉紳送贈錦軸附列
贈羅君潮灣榮膺南旋序
今人之仁宦者以名成登籍為榮然榮者其寵也膺寵者
謂之臣是故求忠臣必於孝子之門振古如斯矣矧今
聖天子御亟之始求賢不類并重三途而孝義為之首倡誠盛
典也夫所謂孝者善繼而已矣今
羅君潮灣幼而穎敏馳志韓蘇沐洙泗之遺風莫遂雕龍之願
遂竟借於玉律意將不得於此而求於彼則其成功一也歷外
省臬司擊上嘉下樂勞形而弗恤也悖淺而弗為也爾考一心
六年息南征補京都澹然而静餾然而謹毅然而立介然而操
擅乎其外者由乎其内也彌績于銓曹名季登于貴籍則其首
焕峨冠躬文綉服穆肅其威儀徒容其度量燦著其聲華三尺
發身之榮不已見乎善繼之士耶他日受

命專城力襄政治為上為德為下為民此又潮灣之所裕為者也茲當旋舫之祭同鄉方君龍墩黎君屏山杜君月川子輩情弗忍別請言于余以華其行余也訥不善言故敢壯氏泰然言及之而不言謂之隱矧潮灣之忠之孝之榮又非可隱者姑叙此贈而最之之是為序

岩

隆慶歲次辛未正月朔吉日

賜進士出身南畿山西道監察御史鄉侍生同庵姚先泮

頓首拜撰

鄉侍生陳自得　方喜　梁天啓　黄道充　鄒得敷　黎

成憲　劉耀龍　潘天猷　張典　余士維　陳上　梁維遠

梁允修　蘇萬宣　杜一學　黄　江　張立誠　陳見賢

潘守敬　林有桂　杜文泰　符善　李宗茂　黄屏　蘇承恩

馮建禮　黄尚賢　頓首拜贈

文潤字伯榮大弟子母許氏生于正德辛巳十二月初二

終于萬歷壬午九月二十六享壽六十二妻麥氏合葬岳岡一子　義有

文長字一元二六長子母周氏生終莫考妻麥氏合葬后岡一子　萬有往廣城住

文興字一清二弟次子吉氏生終莫考妻本里方氏合葬后岡一子　籌

文福字一禄細三長子母李氏生終莫考妻陳氏合葬所岡無嗣

文佑字一龍細三次子母李氏生終莫考妻馬氏合葬后岡無嗣

應奇貴子母吴氏生娶終葬莫考一子　汝光　伍在營當

鎮字子静世昌長子母周氏生于弘治壬戌五月二十終于嘉靖甲子二月十八享壽六十三妻杜氏合葬北門無嗣

欽字子易號雲溪世昌次子母周氏生于弘治乙丑九月十十七終于萬歷乙亥十月二十享壽七十一妻潘氏合葬番

番禺縣武都大田堡南岡山一子　仕磷
監字子明號信堂世昌三子母周氏生于正德戊辰六月
初二終于萬歷庚寅九月二十一享壽八十三妻唐氏合葬廣
城小北門鳳凰三子　士成　士廉　士升
宗保帝寧長子母杜氏生終葬莫考失傳
勝養字叙卿帝寧次子母杜氏生娶終葬莫考生二子　振
華　振清　俱往清遠繼軍
憲字綱卿號容所珊長子母失氏生于弘治丙辰七月十
三嘉靖甲午科舉人任南京太湖縣知縣調湖廣宣化縣知縣
養士愛民告病致仕起復升郡丞終于萬歷已卯正月二十七
享壽八二四配室陳氏孺人側室葉氏合葬蟠龍山番禺縣志
書有載生三子　鴻　鶚俱陳氏出　益葉氏出
忠言字信高號前洲珊次子嫡母朱氏生母宋氏生于弘
治乙丑七月十三嘉靖癸卯科舉人終于嘉靖已巳十月初二
享年四十一配室陳氏孺人側室蘇氏合葬廣城白雲紅岡北

向之原二子　鸞陳氏出　鵬　蘇氏出

進字一卿號清所申子母陸氏生于嘉靖乙丑五月初十終于嘉靖壬戌九月十四享年五十八妻關氏合葬白鶴岡五子　萬儀　萬里　萬超　萬河　萬恭

鎮東字岳卿號良溪文廣長子母孔氏生于正德甲戌九月二十九由吏員考中正八品回家省祭終于嘉靖丙寅六月二十八享年五十三妻本里區氏合葬飯籮岡無嗣

鎮南字岳賢文廣次子母孔氏生于嘉靖甲申四月初三終于隆慶己巳六月初五享年四十六妻西城潘氏合葬飯籮岡一子　于儉

鎮中字岳權文廣三子母孔氏生于嘉靖丁亥十月初十終于萬歷丙戌八月二十八享壽六十妻何氏合葬飯籮岡二子復怡　復忻

林字少魁號雪梅顯繼子繼母區氏本生母陳氏生于嘉靖壬辰二月二十九終于萬歷己亥十一月初三享壽六十八

妻西南王氏合葬后岡三子 有斐 三才 帝德
桂字少楚號香泉文滄長子母陳氏生于嘉靖甲申六月
十六治易經嘉靖丙午蒙 學道陳 考進縣庠妻金甌區氏妾
陳氏未克紹嗣終于萬歷甲申二月十九享壽六十一遺田二
十五畝原立出繼嫡伯之胞弟林次子三才為后不二年間三
才悖逆蕩產丙戌春二氏狀赴
憲司告為毆母淹合事批送本縣經段蔣二大尹戚二尹
三案覆審得繼子將田盡賣二婦何依應于買主方達卯等名
下每畝追捕銀一兩貳錢約二十九兩零四分將九兩零四分
給二氏贍食二十兩給族長帷粹等公同買田聽二氏身后八
祠永遠蒸嘗三才斷回伊父各擬杖罪招申本司詳批羅三才
籍名承繼賣田產法應重究姑依擬的決仍加責三十方達卿
各照斷追價銀一給區氏陳氏一給族長羅帷粹買田公祠流
祭帷粹于萬歷壬辰十二月初八領得銀二十兩給照回還集
衆酌議欲將此銀買田計收于粒二氏日食似尚不敷將銀生

息供其口食羡餘俟創大宗祠成買田流祭至萬歷戊戌冬二
氏淪故支銀依禮治喪將三棺合葬后岡南向之原除計過年
供贍喪葬外計現在銀三十四兩八錢七分八厘陸繼將銀一
十八兩九錢五分五厘置買大宗祠后玄武居道地税一分五
厘又買朝錫土名東丫田税九畝四分五厘二毫俱收入羅昌
業户内糧差又買羅承永土名的南丫張涌田共税二畝一分
七厘税在承永户内糧差又買羅起勤土名南丫田税一畝九
分四厘五毫收入羅永祀户内此田賣取價銀修祠支用税已
於四十年大開割剩銀一十五兩九錢二分三厘買回香泉屋
一座三間價銀四兩一分七厘邊年冬祭預收供祭支用

弦字廷樂號兩岡真福長子母徐氏生于弘治戊午四月
初二終于萬歷戊寅十月初四享壽八十一妻本里方氏合葬
潤螺岡三子　贊龍　贊鵬出繼　贊臣

貿字廷易真福次子母徐氏生于弘治辛酉正月二十七
終于隆慶壬申六月十六享壽七十二妻陳氏合葬后岡一子

贊文

上策字朝典號自所德子母陳氏生于正德丙寅四月十八終于萬歷甲戌九月十三享壽六十九妻本里區氏合葬后岡立一子 贊鵬

士長字廷遠文福長子母陳氏生終莫考妻何氏合葬后岡一子 明倫無嗣

細盛字廷高文福次子母陳氏生終莫考妻伏水陳氏合葬后岡無嗣

文高泰生長子生終葬莫考失傳

文序泰生次子生終葬莫考失傳

璇字世美號西塘由長子母陳氏生于弘治甲寅三月初十充吏役滿不仕家居終于嘉靖丁巳八月初六享壽六十四妻梁氏合葬飯籮岡三子 鋮 鐸 監

常字世玉號懷壁由次子母陳氏生于弘治癸亥二月初五終于嘉靖丁未閏九月二十五享年四十五妻石涌張氏合

葬后岡二子　銳　鏗

廣字元博號蟾岡秋保長子母區氏生于弘治辛酉三月

初八考撥南雄府吏吏的德不仕居家時被方佐等既占祖嘗

蟾麻岡合族會思嘗業豈可置之莫問公即挺身狀赴

憲司告批府縣勘實斷回三房管業收租留祭給印信帖

照功垂萬世不配終于嘉靖丙午三月二十三享年四十六妻

蘇村黄氏合葬后岡立一子　大山

庠字元周號龍溪秋保次子母區氏生于正德丁丑十月

初九考撥憲司吏未滿嘉靖癸丑六月十三科官解享年三十

七妻蘿村陳氏合葬后岡一子　大麒

序字元般號龍泉秋保三子母區氏生于正德已卯九月

初七終于萬歷辛卯閏王月十四享壽七十三妻清塘鄧氏合

葬后岡三子　大魁　大山繼　大麟

廉字元輝秋成長子母周氏生終莫考妻麥氏合葬沙岡

無嗣

翼字德明秋戍次子母周氏生娶終葬莫考失傳

潔字永静元壽子母曾氏生于弘治庚戌三月十七終于

嘉靖庚子二月初七享年五十一妻本里陳氏合葬蜆殼岡一

子 宗德